그림으로 배우는
물리현상 이펙트

VIELBooks
비엘북스

그림으로 배우는
물리현상 이펙트

2018년 11월 20일 1판 1쇄 인쇄
2018년 12월 03일 1판 1쇄 발행

지은이 곤도게이타(Jet Studio Inc.)
감수 아카사키 히로유키(Jet Studio Inc.)
제작 Jet Studio Inc.
옮긴이 배현수
펴낸이 김종원
펴낸곳 비엘북스

주소 경기도 고양시 일산동구 경의로 47, 1-A동 207호
전화 070-7613-3606
팩스 02-6455-3606
등록 2009년 5월 14일 제 313-2009-107호
출판사 홈페이지 http://www.vielbooks.com
번역 문의 kanton7@gmail.com
도서 문의 vielbooks@vielbooks.com

ISBN 979-11-86573-28-0(13000)
정가 32,000원

이 책을 만든 사람들
기획 · 진행 비엘플래너스
교정 · 교열 비엘플래너스

IRASUTO DE WAKARU BUTSURIGENSHO CGEFUEKUTO LAB.by Keita Kondo

Copyright © 2017 Jet Studio Inc. All Rights Reserved.
Original Japanese edition published by Born Digital, Inc.

Korean translation copyright © 2018 by VIEL BOOKS
This Korean edition published by arrangement with Born Digital, Inc., Tokyo,through
HonnoKizuna, Inc., Tokyo, and Eric Yang Agency, Inc

First edition Printed 2018. Printed in Korea.

이 책의 어느 부분도 저작권자나 비엘북스 발행인의 승인 문서 없이 일부 또는 전부를 사진 복사나 디스크 복사 및 기타 정보 재생 시스템을 비롯하여 현재 알려지거나 향후 발명될 어떤 전기적, 기계적 또는 다른 수단을 통해 복사, 재생하거나 이용할 수 없음.

이 도서의 국립중앙도서관 출판예정도서목록(CIP)은 서지정보유통지원시스템 홈페이지(http://seoji.nl.go.kr)와 국가자료공동목록시스템(http://www.nl.go.kr/kolisnet)에서 이용하실 수 있습니다.(CIP제어번호: CIP2018037222)

시작하며

이 책은 '실사의 레퍼런스를 검증해서, CG 소프트웨어를 이용하여 모사하는 것'을 컨셉으로 [CGWORLD] vol.192 2014년 8월호부터 연재가 되었던 내용이 실린 책입니다. 모델링 및 애니메이션에서 제작하는 것들은 모든 현실의 물리현상 법칙을 기반해서 작품으로 완성되고 있습니다.

"그렇다면 이펙트도 막연히 만드는 것이 아니라, 현실에 기반한 제작 방법을 도입해야 하는 것이 아닐까?"라는 생각을 하게 되면서 이를 전달하기 위해 잡지 연재를 시작하게 되었습니다.

이런 생각에는 저의 쓰라린 추억이 있었기 때문입니다. 제가 제트 스튜디오(JET Studio)에 처음 입사한 후였습니다. 물론 학창 시절에는 이펙트의 제작 경험도 없었고, 이펙트 아티스트라는 직업이 있는지도 몰랐습니다. 처음에는 이펙트를 만드는 방법을 전혀 모르고 사내의 이펙터 데이터를 열어보거나, 튜토리얼 사이트를 찾아서 모방과 모사를 반복함으로써 필사적으로 제작 방법을 고민했던 기억이 납니다.

그렇게 고생하다 2년 차 중반에 어떤 프로젝트의 메인 이펙터로 제작에 참여할 수 있게 되었습니다. 이펙트에 조금씩 재미를 느끼기 시작하게 되었던 시기가 이때부터였던 것 같습니다.

동료와 이펙트 제작에 대해 서로 논쟁을 하는 중에 "아무 생각 없이 그냥 만들 뿐이네"라는 말에 저는 아무 대꾸도 하지 못했습니다. 많은 사람이 생각해낸 이펙트 제작법과 우수한 3D CG 소프트의 이펙트 툴에 의지해서 그냥 눈동냥으로 만들고 있을 뿐이었다는 것을 느낀 것입니다. 회사에서 시키는 대로 이펙트를 만들고 있었을 뿐, 흥미가 있던 것도 이펙터를 목표로 하고 있던 것도 아닌 저를 발견한 것입니다. 그걸 꿰뚫어 보는 것 같아 억울하고 부끄러웠지만 어쩔 수 없었습니다. 그럼 어떻게 하면 이펙트를 자신의 힘으로 만들었다고 가슴을 펴고 당당히 말할 수 있을까…….

그래서 내린 결론은 〈소프트웨어 및 툴을 사용하기 전에 이펙트 기초를 공부하기〉였습니다. 기초 물리현상과 구조를 알면 소프트웨어와 툴에 의존하지 않고 진정 나 혼자의 힘으로 이펙트를 만들었다고 자신 있게 말할 수 있는 것이 아닐까 하고 말입니다. 이런 생각을 하고 있을 때 마침 연재 제의를 받은 것입니다. 이 경험을 바탕으로 원고의 방향이 정해졌고, 연재를 시작한 지 3년이란 시간이 지날 무렵 단행본 출간이 결정되어 [그림으로 배우는 물리현상 이펙트]를 출간할 수 있었습니다.

연재가 끝난 지금도 저 자신은 아직 이펙트 제작에 대한 대답을 찾았다고 말하기 어렵습니다. 그러나, 이 책에서 소개하는 이펙트 제작의 접근 방법은 매우 중요한 "솔루션"이라 믿고 있습니다. 이 책을 보는 분들이 그 해답을 조금이라도 얻어서 이펙트 제작에 도움이 된다면 이처럼 기쁜 일이 또 없을 것입니다. 감사합니다.

**2017년 9월 주식회사 제트 스튜디오
곤도게이타(近藤啓太)**

CONTENTS

예제데이터의 이용에 대해 ·· 006
이 책의 사용 방법 ·· 008

CHAPTER 001

불

모닥불 ·· 010
촛불 ·· 020
라이터의 점화 ·· 032
가스렌지의 점화 ··· 042
전차포 ··· 052
수통 불꽃 ··· 062
로켓 엔진의 분사 ·· 076

CHAPTER 002

파괴, 폭발

벽돌 벽의 폭파 ·· 090
오두막의 폭파 ··· 100
유리의 폭파 ·· 110
전구의 폭파 ·· 124
충돌시험 ··· 136
광야의 폭발 ·· 148
다리 폭파 해체 ·· 158

CHAPTER 003 액체

- 비 ···································· 172
- 창문의 비 ···························· 184
- 탄산수의 분출 ························ 194
- 용광로 ······························· 206

CHAPTER 004 빛

- 아크 용접 ···························· 220
- 불꽃 ································· 230
- 불꽃놀이 ····························· 240

CHAPTER 005 응용편

- 불문자 ······························· 252
- 마법진 ······························· 266

COLUMN

이펙트 제작할 때 알아두어야 할 10가지 주의사항
····· 019、051、088、147、170、205、218、239、250、287

예제데이터의 이용에 대해

이 책에서 사용되고 있는 3ds Max의 씬 데이터 및 완성 동영상을 web 사이트에서 무료로 이용할 수 있습니다.
이용할 때는 아래 주의사항을 참고해서 저작권에 대한 라이선스 계약의 범위 내에서 이용해 주세요.

다운로드 방법

1 아래의 비엘북스의 홈페이지에 접속하면 관련된 예제데이터를 다운로드하실 수 있습니다.

다운로드 URL
www.vielbooks.com

2 예제데이터를 다운로드하신 후 압축 해제할 때 아래의 패스워드를 넣으시면 됩니다.

패스워드
Ta7_#uB4eMuJ

데이터 구성

씬 데이터를 압축해제하면, 아래 그림처럼 폴더구성이 되어 있습니다.

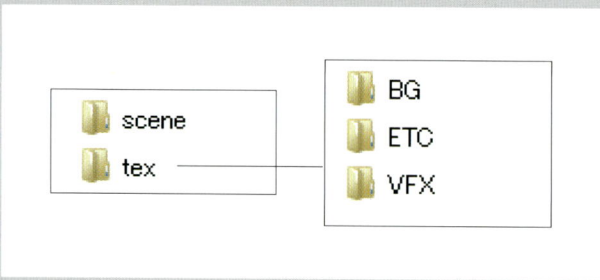

Scene 폴더
필요한 3ds Max 데이터가 있습니다. 씬 데이터가 복수 존재하므로 확인해 주세요.

tex폴더
사용하는 텍스쳐가 BG, ETC, VFX 등 사용에 따라 폴더로 분류되어 있습니다. 테마에 따라 수가 다릅니다.

주의사항

※제작 시에 사용된 씬을 배포용으로 재구성하고 있어서, 예제를 완전하게 재현한다는 보장은 없습니다. 일부 2차 배포가 금지되어 있는 텍스쳐 및 모델데이터에 대해서는 배포데이터에서 제외하고 있으므로 양해 바랍니다.
3ds Max 씬 데이터를 비롯한 모든 샘플 데이터는 저작물이며, 저작권은 해당 저작권자에게 귀속합니다. 책 구매자가 학습용으로 개인적으로 사용하는 것 이외의 사용은 절대 인정하지 않습니다. 도서관 등의 공공 기관 및 기타의 대출에 의한 데이터 이용도 금지합니다. 각종 네트워크나 미디어를 사용하여 데이터를 타인에게 양도, 판매, 전송, 복사하는 것 또는 인쇄물 및 전자미디어 등의 매체에 전재하는 것 등은 영리 목적, 개인 사용에 관계없이 모든 법률에서 금지합니다.

예제데이터의 사용방법

이 책의 예제데이터는 기본적으로 Autodesk 3ds Max 2016에서 사용하길 권합니다.

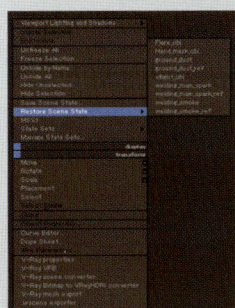 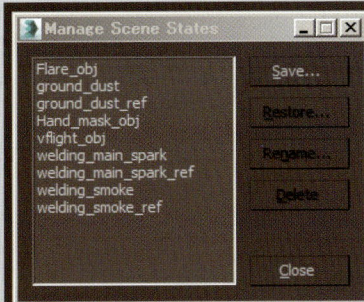 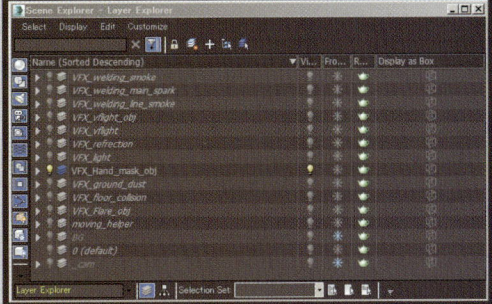

씬 데이터

Manage Scene States에서 제작한 각 이펙트의 레이어 구성이 기재되어 있으므로, 1개씩 확인할 수 있습니다.

렌더링

Batch Render...에서 각 이펙트가 리스트로 들어 있어서, Output Path에서 저장 위치를 임의 지정해서 렌더링해 주십시오. FumeFX 및 Phoenix FD 등의 시뮬레이션이 필요한 이펙트에 관해서는 각자 시뮬레이션한 후 렌더링해주십시오.

텍스쳐

Asset Tracking을 열어서 "Set Path"에서 tex폴더에 경로를 다시 지정할 수 있습니다. 2차 배포 금지되어 있는 텍스쳐를 제외하고 링크가 연결됩니다.

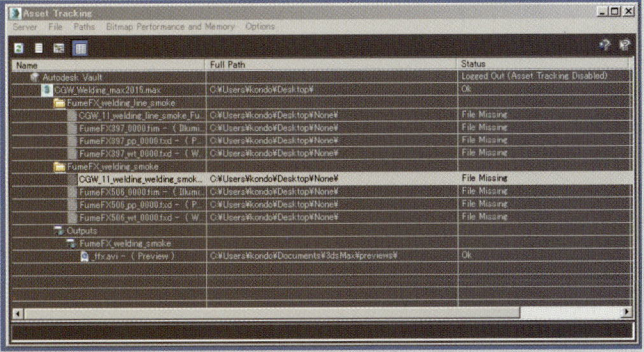

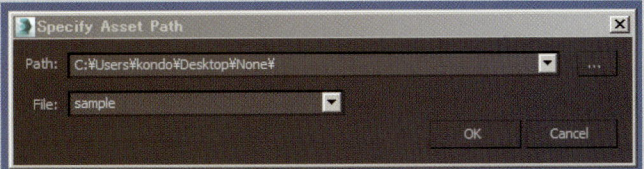

How to Use
이 책을 보는 방법

이 책은 일본에서 발행되는 월간 [CGWORLD]의 2014년 8월호(vol.192)~2017년 7월호(vol.227)에 연재된 "JET STUDIO Effect Lab."의 강좌를 일부 신규 콘텐츠를 추가 편집하고 제작 장르별로 분류하여 검색이 쉽도록 구성했습니다.

장르 구분

제작 테마를 장르별로 CHAPTER 001~005장으로 분류하고 있습니다. '불, 파괴, 폭발, 액체, 연기, 빛, 기타'의 7개 장르 중 해당되는 부분이 표기됩니다.

주요한 제작 어플리케이션

예제 제작에 사용한 주요 어플리케이션과 버전이 표시되어 있습니다. 표시된 버전보다 이전 버전의 어플리케이션에서는 작동되지 않을 수 있습니다.

STEP 등의 해설

제작 테마의 기초가 되는 현상의 구조, 이펙트의 제작 공정을 단계별로 설명하고 있습니다. 또한, 이 책의 해설은 실사 동영상(참조 동영상)의 현상을 CG로 모사하는 형식이지만, 권리상 동영상 자체의 URL 및 이미지는 개재할 수 없음을 양해바랍니다.

CHAPTER
001

불

대표적인 물리현상인 불은 아주 유명한 이펙트 요소입니다. 발생원 및 규모 등 상황에 따라 다양한 표정을 보여주고 제작방법도 다양합니다. 이번 챕터에서는 불이 만들어지는 다양한 구조 및 제작방법을 소개합니다.

CHAPTER 001

불 | 파괴 | 폭발 | 액체 | 빛 | 연기 | 기타

THEME | 01

불

모닥불

이 책의 예제들은 화려한 빛이 난무하며 빗발치는 파티클과 전신에서 뿜어나오는 아우라 등 이른바 상상으로 가공된 이펙트가 아닌, 불 / 물 / 바람 등 지구상에서 일어날 수 있는 '현실에 입각한 현상'에 대해 필자 나름의 관점으로 사진의 레퍼런스들을 참고하고 CG 소프트웨어를 이용하여 모사한 것입니다.

모사를 주제로 선택한 이유는 '이펙트도 뎃셍에서 시작해야 하지 않을까'라는 생각 때문입니다. 물건을 만들 때 가장 필요한 기술은 관찰력이라고 생각합니다. 모양과 색상, 움직임 같은 외형의 관찰은 물론 '불은 왜 뜨거운가', '불꽃이 불규칙적으로 움직이는 이유가 무엇인가'라는 '현상의 구조' 자체를 관찰하고 이해하는 것의 중요성과 즐거움을 느껴보기 바랍니다.

주요 제작 프로그램

- Autodesk 3ds Max 2012
- Adobe After Effects CS5.5
- FumeFX for 3ds Max 3.5.3

STEP 01 '형태'를 생각하기 - 사실은 삼각형이었다!

Particle Flow로 불의 형태를 정돈하기

레퍼런스 동영상을 보면, 불의 형태를 확인해 볼 수 있는데 그 실루엣은 삼각형으로 보입니다. 그 이유가 궁금해서 조사를 해 보았습니다.

불이 연소될 때 산소가 필요하기 때문에 가장 연소력이 강한 발화점을 중심으로 산소 농도가 적어집니다. 따라서 주위의 산소를 가지려는 힘(공기의 흐름)이 동작해서, 삼각형의 실루엣이 되기 쉽습니다.

우선 Particle Flow를 사용하여 삼각형 실루엣이 되도록 파티클의 움직임을 조정합니다.

1 삼각형의 실루엣 만들기

장작을 이미터(Emitter)로 하고, [Force]의 [Wind]에서 불의 형태를 재현하려고 했지만, 이대로는 파티클이 전체적으로 흩날려 버릴 수 있습니다 A. 그래서 새로운 오퍼레이터 [Find Target]을 추가하여 파티클을 삼각형 실루엣에 모이도록 조정합니다 B.

발화점인 중심부에 아이콘의 타깃을 배치하고, 불이 중심으로 모여 있는 것 같은 움직임을 표현했습니다.

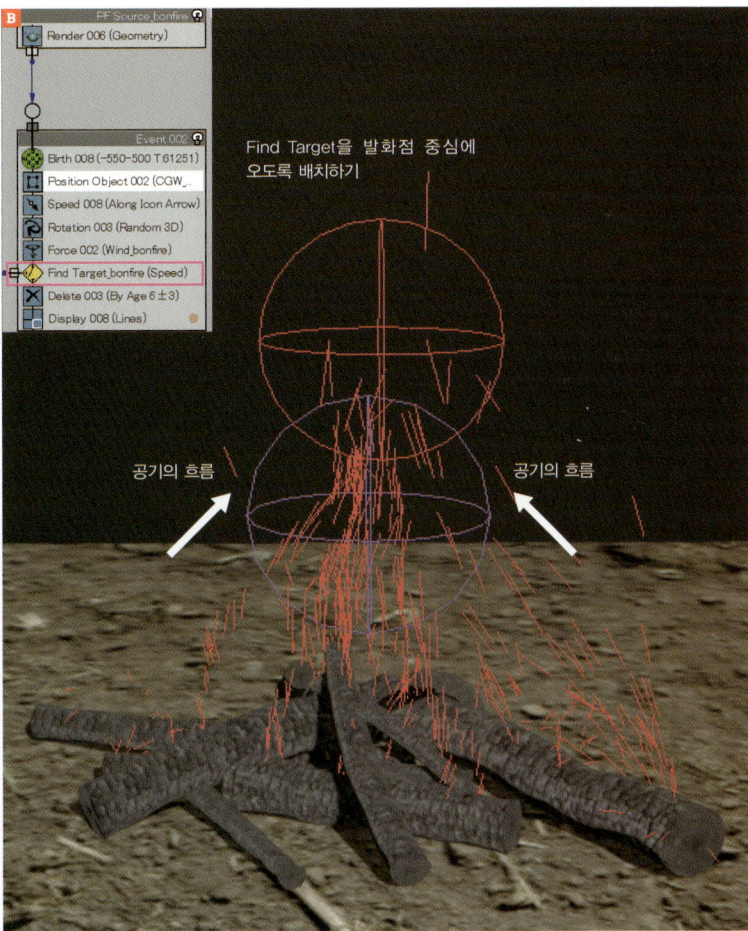

Find Target을 발화점 중심에 오도록 배치하기

공기의 흐름   공기의 흐름

STEP 02 '질감'을 생각하기 – 기세와 밀도가 중요하다

연료의 변화는 [Radius], 불의 기세는 [Fuel]에서 조정

즉시 FumeFX를 이용해서 불을 시뮬레이션을 해 보았지만, 본래 불꽃보다 전체적으로 밀도가 너무 높아서 기세 없이 밋밋한 느낌입니다. 불의 크기와 성장 상태 등의 질감은 연소 재질 및 바람의 강도, 기상, 기온 등의 다양한 요소에 영향을 받습니다. 불의 질감을 조정하기 전에 파티클에서 발생하는 Fuel의 움직임을 ParticleAge 기반으로 합니다.

1 [Radius]의 설정

STEP 01에서 준비한 파티클을 Source로 적용한 후, [Radius]의 항목에서 중앙의 [AFC 커브]를 ON으로 합니다. 기본적으로 Particle Age의 변화에 따라 연료의 크기가 변하도록 설정되어 있기 때문에, 나오는 시작은 작고, 중간에 단번에 크게 타오른 후 마지막은 완전히 연소되는 흐름을 생각하면서 커브를 만들어 줍니다. 이것으로 항상 일정한 크기로 Fuel이 나오지 않게 되어 밀도 값이 랜덤해집니다.

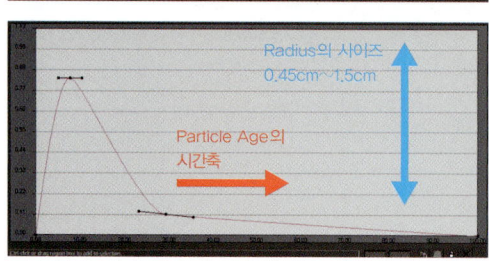

가로축에 Particle Age의 시간축, 세로축에 Radius(연료의 크기)로 커브를 만든다.

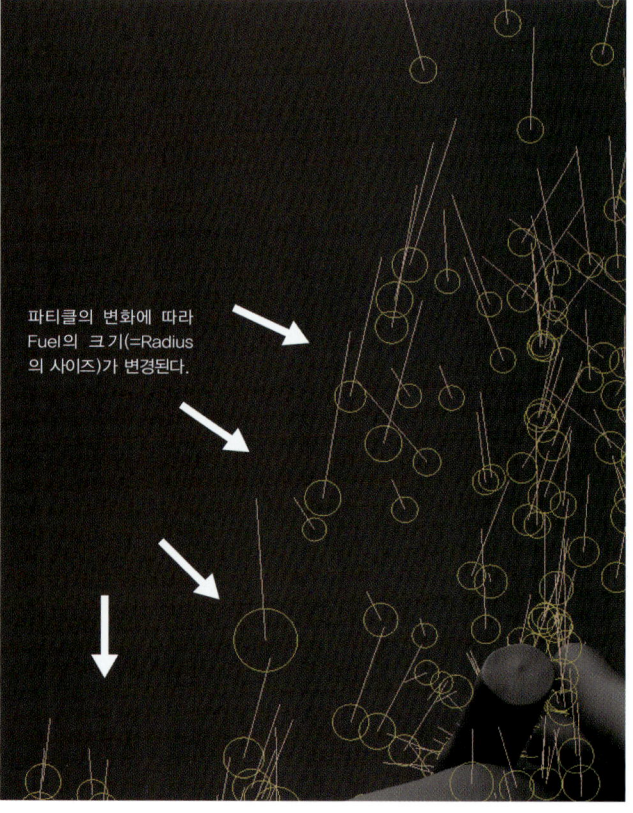

파티클의 변화에 따라 Fuel의 크기(=Radius의 사이즈)가 변경된다.

2 [Fuel]의 설정

Fuel 변화의 조정이 끝났다면, 다음으로 [Fuel] 파라미터에서 연소하기 위한 설정을 하겠습니다. 여기서 말하는 Fuel이라는 것은 불씨가 되는 '나무에서 휘발하는 기체'를 말합니다. 이 파라미터 내에서는 불이 타오르는 기세와 질감을 조정하고 있습니다.

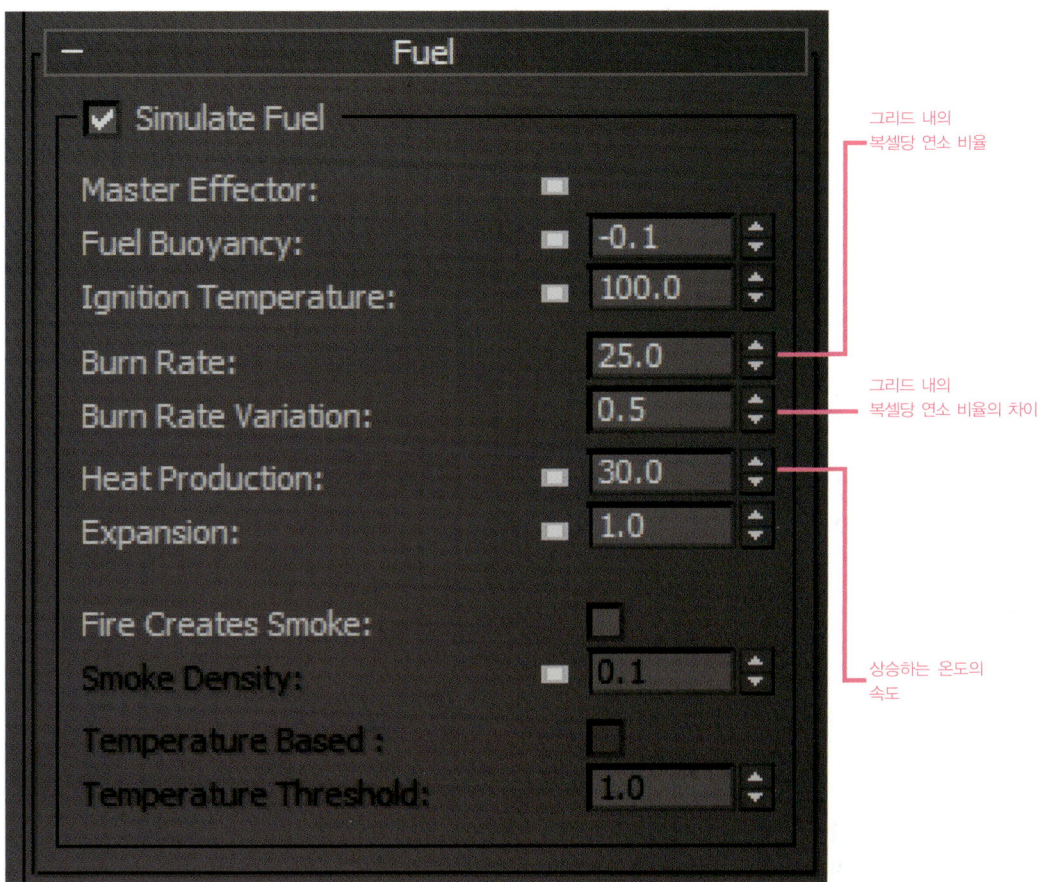

조정된 [Fuel] 파라미터, [Burn Rate](그리드 내의 복셀당 연소 비율), 편차 조정을 위한 [Burn Rate Variation], 연소했을 때의 온도 상승값[Heat Production]의 3가지를 조정하였습니다. 불의 세기와 크기에 대해서는 레퍼런스를 참조하면서 수치값을 반복해서 조정해 보세요.

STEP 03 '움직임'을 생각하기 – 실제는 빨랐다

FumeFX에서 불의 속도 조정과 팽창을 추가하기

평소 업무에서는 활활 타거나 반짝이는 불꽃을 만드는 기회가 많지만 이번 묘사에서 도전하는 레퍼런스 동영상을 보면, 이것이 상상을 초월하는 속도로 격렬하게 회전하고 있는 것을 알 수 있습니다. 이처럼, 상상과 실제 현상과는 약간 다릅니다.

1 불꽃의 움직임을 Turbulence로 재현

야외에서 볼 수 있는 모닥불은 주변의 바람이나 기온 등 환경에 큰 영향을 받기 때문에 실내 벽난로의 불보다도 불꽃이 격렬하게 움직일 것입니다. 이 움직임은 [Turbulence] 및 [Turbulence Noise]를 사용해서 표현합니다. 트위스트 방식에 변화를 주려면 각 좌표 값에 변화를 주면 됩니다.

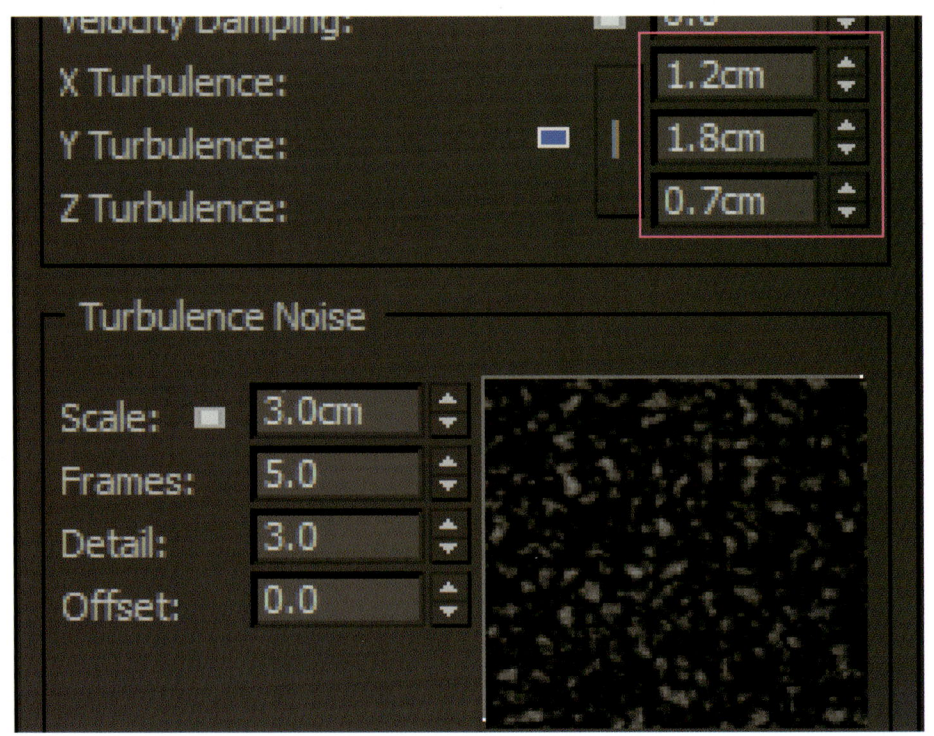

[Turbulence Noise]의 [Scale]은 [Spacing] 값의 5배가 기준값입니다. 각각 제작할 때의 [Spacing] 사이즈를 고려하면서 수치를 조정합니다.

2 불의 속도를 조정하기

또한 불의 속도에 의해 값의 강약도 변화되도록, Velocity 채널을 적용한 [Effector]를 [Turbulence]에 할당합니다. FumeFX에서는 [Time Scale]에서 전체 시뮬레이션 속도를 관리할 수 있어서 현실의 불에 적합한 속도로 조정합니다.

프리뷰에서 움직임을 확인하면서 최적의 값을 찾아갑니다.

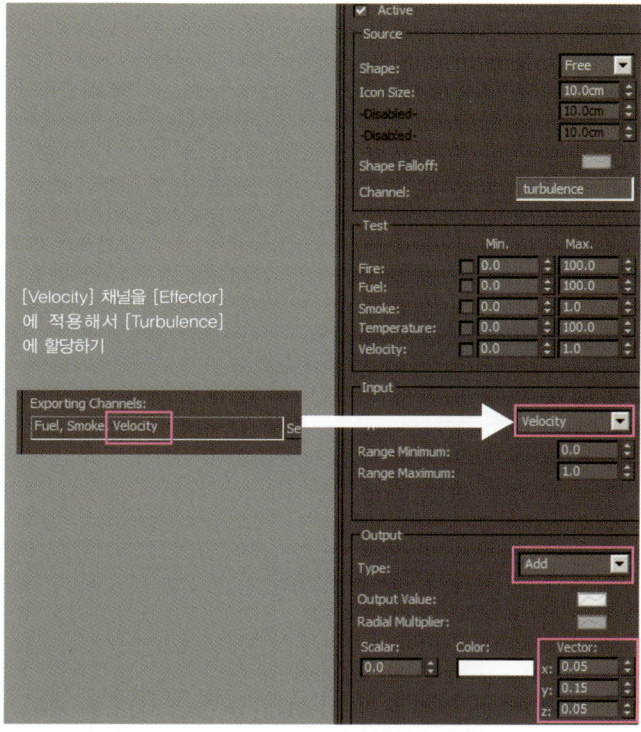

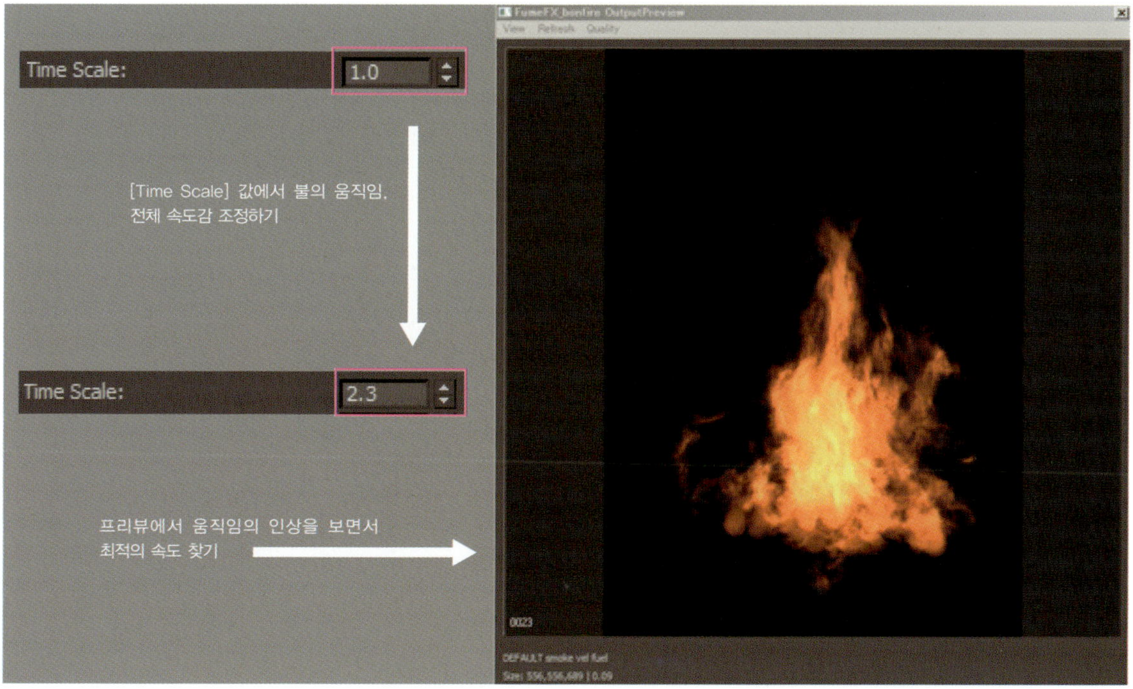

[Velocity] 채널을 [Effector]에 적용해서 [Turbulence]에 할당하기

[Time Scale] 값에서 불의 움직임, 전체 속도감 조정하기

프리뷰에서 움직임의 인상을 보면서 최적의 속도 찾기

STEP 04 '컬러' 생각하기 – 3가지 컬러가 중요하다

불을 3가지 [Color]로 색칠하기

'모양도 움직임도 나쁘지 않지만 뭔가 불꽃같지 않아!' 이러한 원인 중 하나로 생각해 볼 수 있는 것은 '불에 컬러폭이 없을 경우'입니다. 그래서 '세 가지 컬러'로 어떻게 불꽃의 색을 재현할 수 있을까 생각해봤습니다.

1 불의 3가지 위치

불은 크게 세 가지로 나눌 수 있습니다. 그것은 연료가 완전 연소해서 태운 '겉불꽃'과 그을음 등의 불순물이 발광하고 있는 '속불꽃' 그리고 그 두 개 사이의 '경계선'입니다.

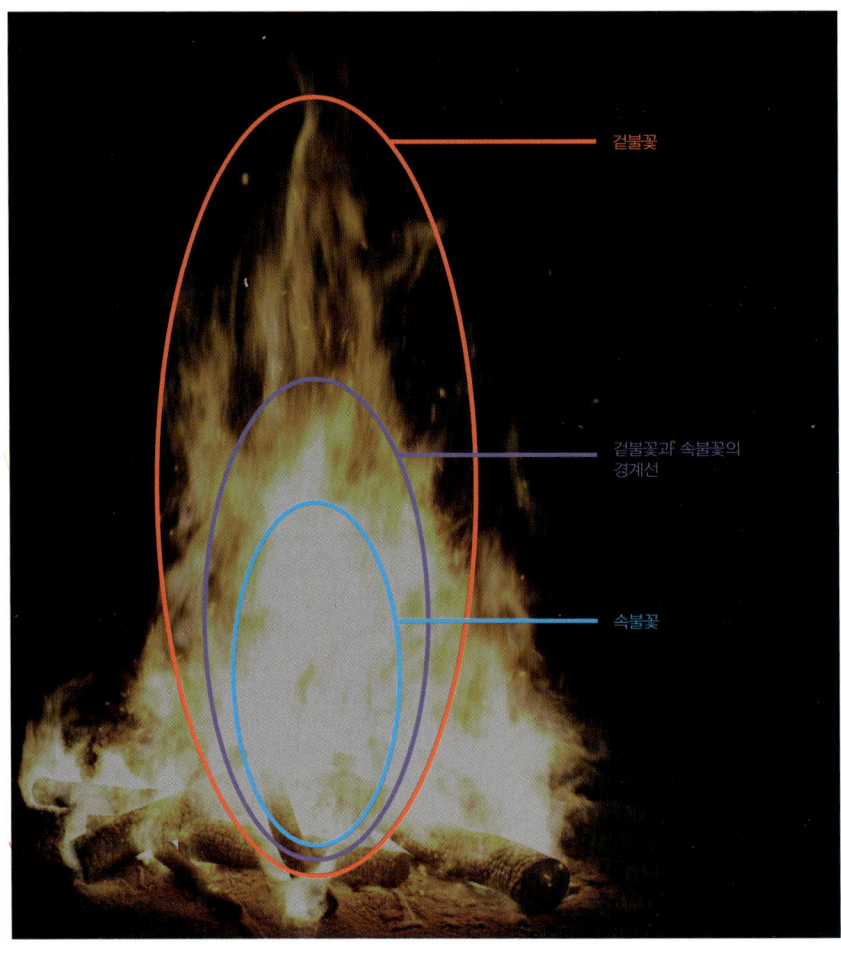

겉불꽃

겉불꽃과 속불꽃의 경계선

속불꽃

2 [Color]로 불의 컬러를 만들기

불의 컬러는 [Color]로 제어합니다. [Color]에는 연소량에 따라 색상을 변화시킬 수 있는 [Keyless Mode]가 준비되어 있기 때문에 미세 색상을 조정하려면 이 컨트롤러를 선택하면 됩니다. 레퍼런스를 확인하면서 겉불꽃의 컬러, 경계선의 컬러, 속불꽃의 컬러를 적용하고, 그라데이션이 자연스러운 경계선으로 표현될 수 있도록 배치합니다. 발광하고 있는 속불꽃의 컬러는 색상을 최대한 압축할 수 있는 컬러를 지정합니다.

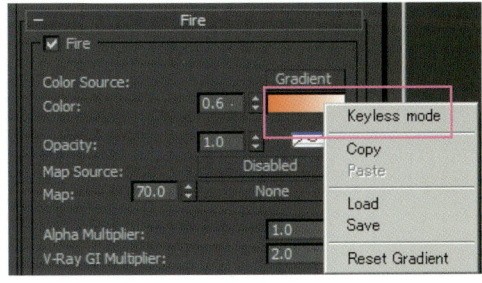

연소량에 따라 색상을 변화시키기 위해, [Keyless Mode]를 선택하기

컬러의 얼룩이 없도록 색감을 배치합니다. 컬러 바를 늘리면 색상 조정이 가능합니다. 필자는 이를 위해 디스플레이 두 대를 연결하고 최대한 늘여서 조정하고 있습니다.

[Color] 조정 전과 조정 후

STEP 05 '불꽃'을 생각하기 — 불꽃의 움직임도 중요하다

[FumeFX Follow]에서 랜덤하게 움직이는 불꽃 만들기

실제와 가까운 불을 만들었지만, 왠지 동영상의 불보다 허전한 느낌입니다. 그렇습니다! 불의 단짝인 불꽃을 아직 만들지 않았습니다. 불꽃은 모닥불에 의해 발생한 상승기류에 강한 영향을 받아서 매우 불안정한 공기 속을 떠돌며 예측할 수 없이 랜덤하게 움직이고 있습니다. 그것을 단순히 3ds Max의 [Create] 〉 [Force] 〉 [Wind]에서 제어하려고 해도 규칙성이 느껴집니다. 그래서 이번에는 좀 더 실제에 가까운 움직임을 재현하기 위해 [FumeFX Follow]를 사용하기로 했습니다.

1 [FumeFX Follow]의 설정

FumeFX를 시뮬레이션하기 전에 미리 [Exporting Channels]에 [Velocity] 채널을 등록합니다. 그리고 Particle Flow의 이벤트에 [FumeFX Follow]를 넣고 먼저 시뮬레이션한 FumeFX의 박스를 선택하면 불이나 연기로부터 얻은 움직임에 따라 파티클이 움직이기 시작합니다. 그 후에는 각 파라미터를 조절하여 좀 더 불꽃의 움직임처럼 보이도록 만들어 줍니다.

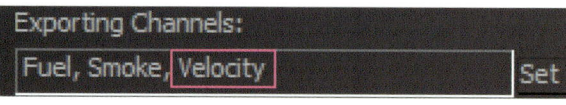

시뮬레이션 전에, [Exporting Channels]에서 [Velocity] 채널을 등록하기.

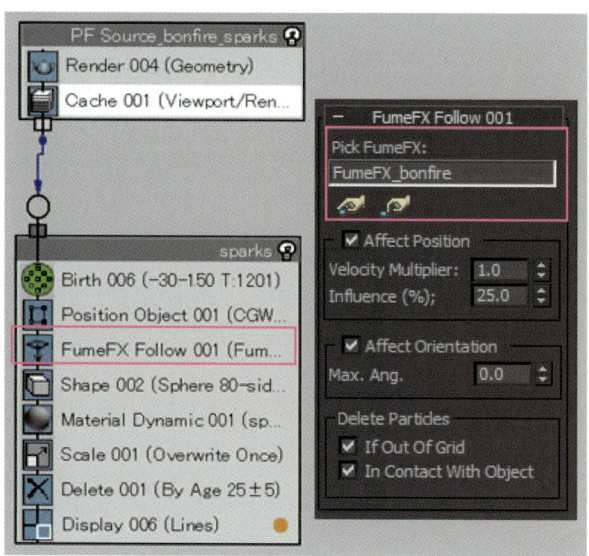

Particle Flow의 이벤트에 [FumeFX Follow]를 추가하고, 앞서 시뮬레이션한 FumeFX의 그리드를 선택(Pick)하면 불이나 연기로부터 얻은 움직임에 따라 파티클이 움직이기 시작함.

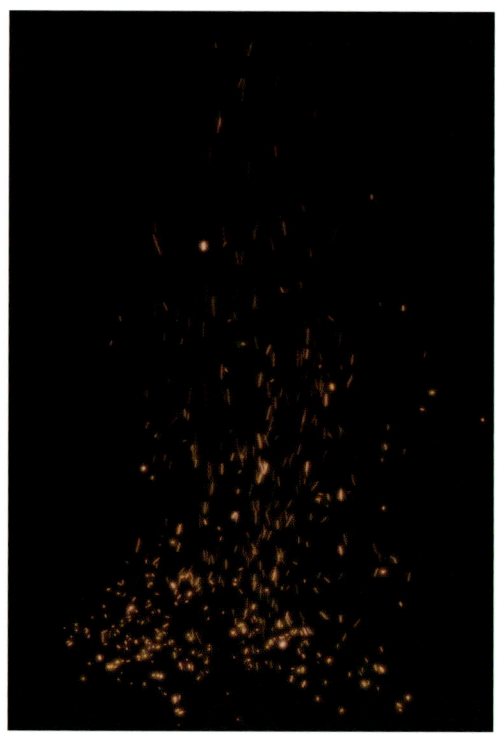

좀 더 불꽃의 움직임처럼 보이게 하기 위해, [FumeFX Follow] 파라미터의 [Velocity Multiplier] 등으로 불이나 연기의 움직임을 따라다니기 쉽게 하면 좋음.

COLUMN

이펙트 제작할 때 알아두어야 할 10가지 주의사항

'이펙트 제작할 때 알아두어야 할 10가지 주의사항'은 평소 필자가 이펙트 업무를 통해 느꼈던 중요한 포인트와 주의해야 할 점을 10가지 항목으로 정리한 것입니다.

01 >> 「자신만 이해할 수 있는」 데이터로 만들지 않기

누가 보더라도 알 수 있는 데이터를 만드는 것이 자신에게도 도움이 된다.

데이터 정리는 작업 효율성을 높이는 기본 기술 중 하나입니다.
3D CG 제작에서는 많은 사람들과 데이터를 교환하기 때문에 정리하지 않으면 업무지연으로 직결될 수 있습니다. 특히 이펙트 제작은 캐릭터나 배경 모델, 컴포지트 등 다른 업무와의 데이터 연계가 자주 일어나므로 더욱 주의해야 합니다.

회사에서 결정한 데이터 정리의 기본 규칙을 지키면서 좀 더 효율적인 데이터 구성이 되려면 '내가 없더라도 데이터를 본 사람이 이해할 수 있는가?'가 중요합니다.

즉, 제작자가 설명하지 않아도 이해할 수 있는 데이터가 가장 이상적인 규칙이라고 생각합니다. 이렇게 정리되면 제작의 효율화는 물론, 내가 지금 무슨 일을 하고 있는지 한눈에 파악할 수 있습니다. 그렇게되면 현재 제작 흐름을 빠르게 파악하고 냉정한 상태에서 이펙트 제작을 할 수 있게 될 것입니다.

가장 이상적인 것은 '내가 참여하면서 깔끔한 데이터로 정리하기'이므로 큰 오해가 없으시길.

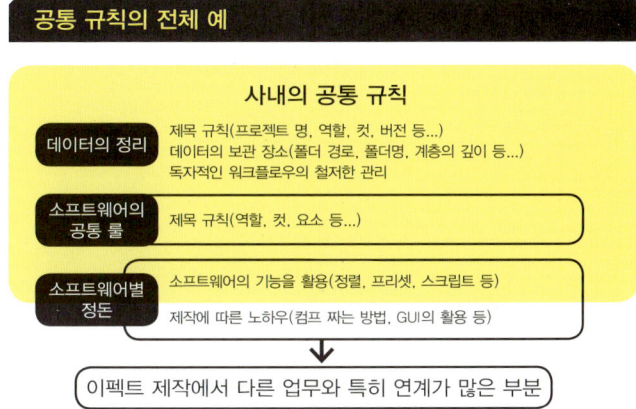

공통 규칙을 기반으로 CG툴에서 정돈합니다. 캐쉬 데이터의 공유 및 컴퍼지팅 등 타인과의 연계가 많은 부분은 가급적 쉽게 이해할 수 있는 규칙으로 정합니다.

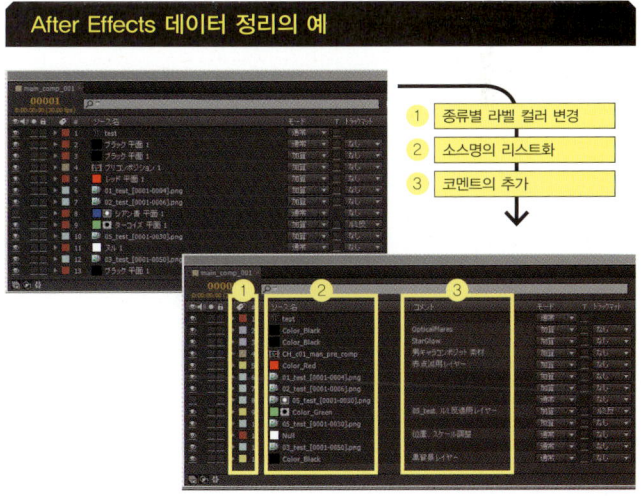

정리된 데이터는 한눈에 전체를 파악할 수 있는 상태가 이상적입니다.

CHAPTER 001

불 | 파괴 | 폭발 | 액체 | 빛 | 연기 | 기타

THEME | 02

불   연기

촛불

////////////////////////////////////

촛불은 기원전부터 긴 역사를 이어온 어둠을 밝히는 도구의 하나이며, 이펙트의 요소로도 자주 활용하는 주제입니다.

촛불은 동/서양에 따라 다양한 형태와 종류로 분류되며, 서양 촛불은 석유계 원료, 동양 촛불은 식물성 기름을 주로 사용하고 있습니다.

서양 촛불은 크고 광도가 높아서 밝게 비추기에 적합한 반면, 동양 촛불은 불이 작지만 그을음이 나오기 어렵고 구조상 심지가 비어 있기 때문에 촛불의 중심에서 공기가 빠질 때 부드러운 움직임으로 보는 사람을 즐겁게 해줍니다.

촛불이 조용히 켜지고 꺼질 때까지의 흐름을 '고요함'과 '움직임'의 대비를 생각하면서 만들어 봅시다.

주요 제작 프로그램

- Autodesk 3ds Max 2015
- Adobe After Effects CS 6.0
- FumeFX 3.5.5
- GhostTrails 3.6.1

STEP 01

'촛불'을 생각하기 - 원재료와 불이 켜지는 구조를 알아봤다

촛불은 모세관현상을 응용하여 연료를 공급하는 장치

STEP 01에서는 '촛불'에 대한 기본적인 구조에서부터 시작합니다.

CHAPTER 001

1 촛불과 불이 켜지는 구조

촛불의 연료가 되는 왁스 성분은 식물성 기름과 석유에서 채취되는 파라핀계 오일로 나뉩니다. 기본적인 구조는 굳힌 밀랍과 중심부에 3개의 머리띠 모양으로 꼬인 면사 심지가 있습니다. 간단하지만 이 심지가 불을 안전히 밝히는 중요한 역할을 합니다.

촛불은 '모세관 현상'이라 부르는 구조로 불이 켜집니다. 액체는 미세한 틈새가 있는 물질과 접촉했을 때, 표면(계면)장력에 의해 틈새로 치솟는 특성이 있습니다. 식물은 이 방식으로 뿌리에서 물을 빨아 올려 잎끝까지 완전히 가져옵니다.

촛불의 심지도 열에 녹은 왁스를 면사의 틈새로 골고루 빨아들입니다. 빨아들인 왁스는 연료 가스로써 심지의 최상부에서 기화되어 계속 불을 붙일 수 있게 됩니다. 또한, 불의 열은 주위의 밀랍(왁스)을 녹인 후 심지를 빨아들여 가스를 공급합니다. 이것이 반복되면서 촛불은 안정된 불을 계속 켤 수 있습니다.

촛불이란?

밀랍과 불을 켜기 위한 심지로 구성된 장치. 크게 분류해서 서양 촛불과 동양 촛불이 있음.

● 서양 촛불
밀랍이 석유, 심지가 면실로 되어 있음.

● 동양 촛불
밀랍이 식물성 기름. 심지는 종이와 골풀을 사용.

서양 촛불 구조

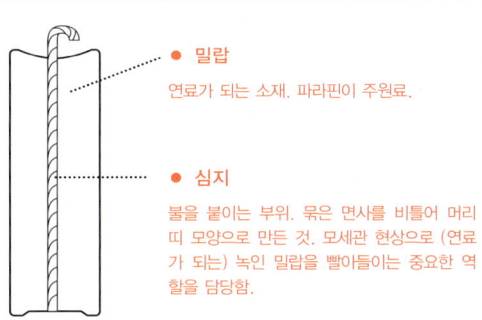

● 밀랍
연료가 되는 소재. 파라핀이 주원료.

● 심지
불을 붙이는 부위. 묶은 면사를 비틀어 머리띠 모양으로 만든 것. 모세관 현상으로 (연료가 되는) 녹인 밀랍을 빨아들이는 중요한 역할을 담당함.

불이 붙는 구조

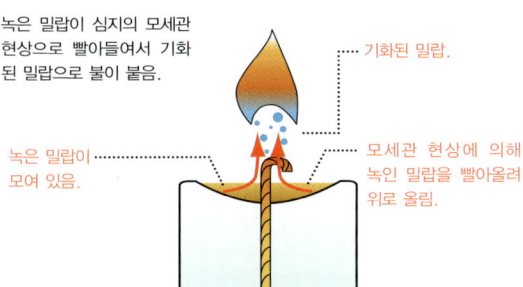

녹은 밀랍이 심지의 모세관 현상으로 빨아들여서 기화된 밀랍으로 불이 붙음.

기화된 밀랍.

녹은 밀랍이 모여 있음.

모세관 현상에 의해 녹인 밀랍을 빨아올려 위로 올림.

모세관 현상이란?

액체가 가지는 표면 장력에 의해 틈새가 좁은 공간에 침투하는 현상.
심지의 섬유 틈새에 침투하여 녹은 밀랍이 올라간다.

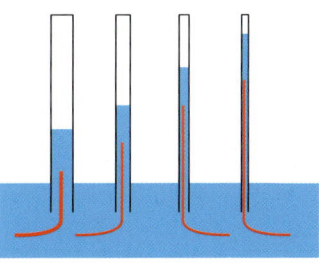

빨아올리는 공간이 좁으면 좁을수록 올라가는 물의 높이가 올라감.

STEP 02 '촛불'을 생각하기 - 불의 형태와 열에 의한 컬러 변화를 만들기

불의 형태는 Render Warp, 컬러는 컬러 커브로 적용하기

처음에 '촛불'을 제작합니다.
불은 실제 촛불과 마찬가지로 심지에서 불이 발생하도록 설정합니다.

시뮬레이션을 시작하고 레퍼런스 동영상같은 실루엣이 되도록 반복해서 조정합니다.

1 불의 시뮬레이션 준비

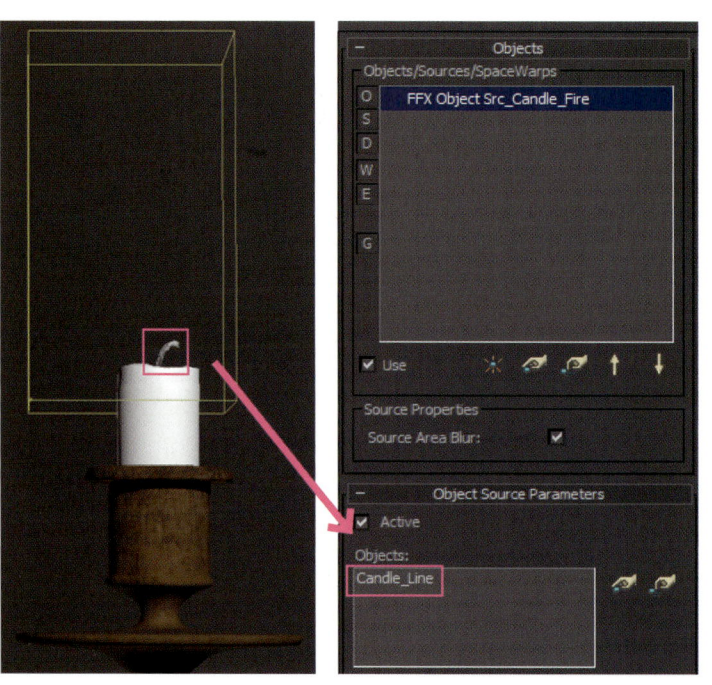
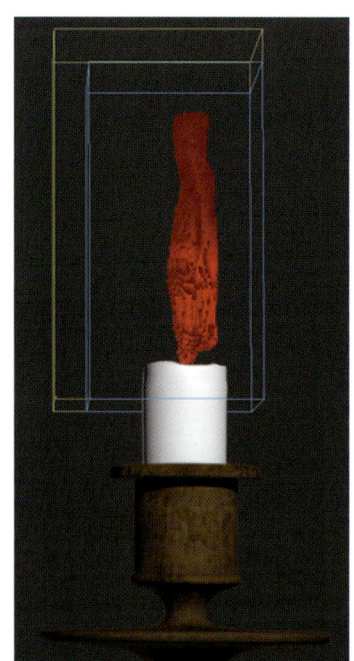

촛불을 FumeFX에서 제작. 심지를 불의 발생원으로 해서 시뮬레이션하기.

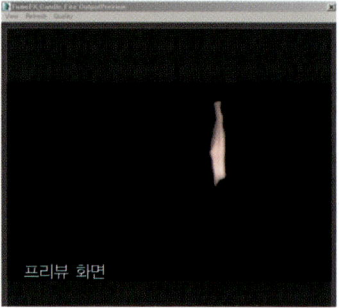

실제와 같은 조건으로 시뮬레이션해 보면 대략의 실루엣으로 접근할 수 있음.

프리뷰 화면

2 Render Warp에 따른 불의 형태 조정

이대로 시뮬레이션을 계속해서 적합한 불의 모양을 다듬어 주는 것도 좋지만, 미세한 조정을 반복하다보면 시간이 낭비될 수 있으므로 Render Warp 기능을 사용합니다.

FumeFX 그리드에 FFD 박스 모디파이어를 이용하여 시뮬레이션한 불이나 연기를 다른 형태로 바꿀 수 있습니다. FFD 박스의 정점 애니메이션에 대응할 수 있기 때문에 불의 형태를 정돈하면서 불이 꺼질 때까지 불의 형태를 제어하고 관리할 수 있습니다.

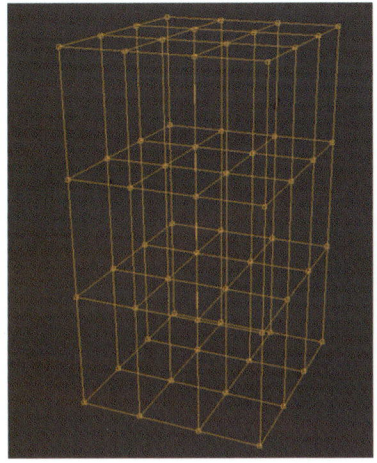 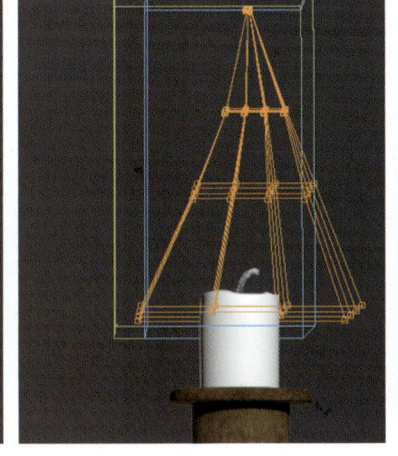 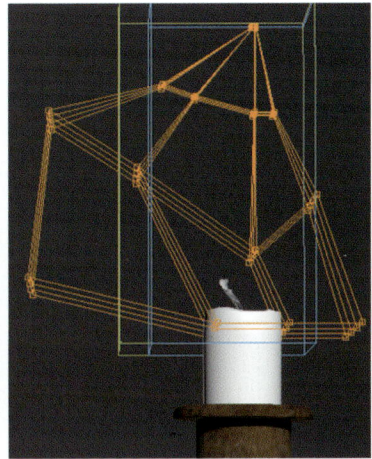

FFD 및 디포머 모디파이어를 FumeFX의 그리드에 적용하면 시뮬레이션한 불, 연기를 변형할 수 있음.

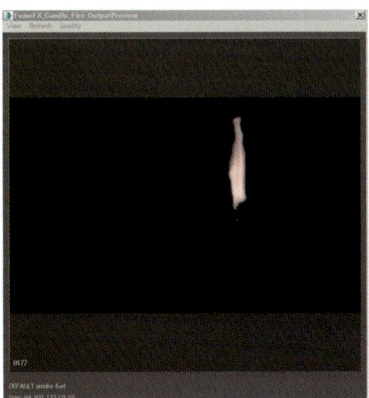 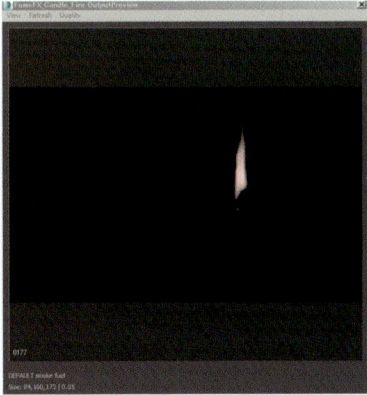 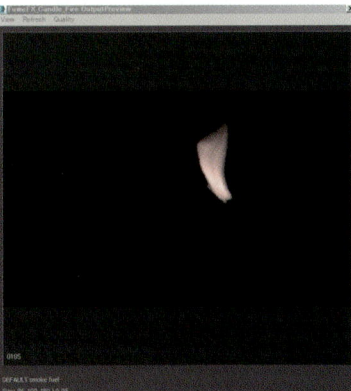

베이스의 촛불   변형된 촛불   촛불의 불이 꺼질 때의 변형

3 불의 컬러 추가하기

마지막으로 색상을 그라데이션과 AFC 커브를 사용해서 아래 그림처럼 불꽃심, 속불꽃, 겉불꽃을 생각하면서 컬러를 추가해 줍니다.
이것으로 촛불의 불은 완성됩니다.

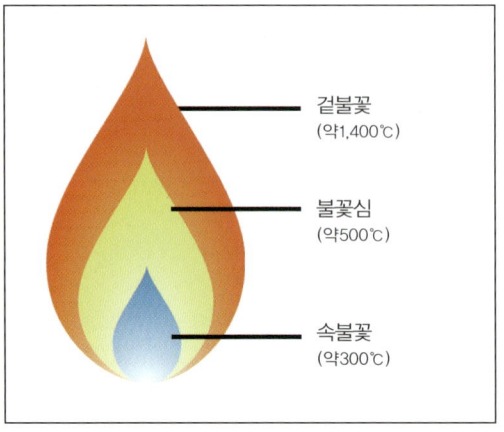

공기의 공급량에 따라 각 부위의 불의 컬러, 온도에 차이가 생김.

그라데이션, AFC 커브를 이용해서 불에 컬러를 더함.

컬러를 더하기 전

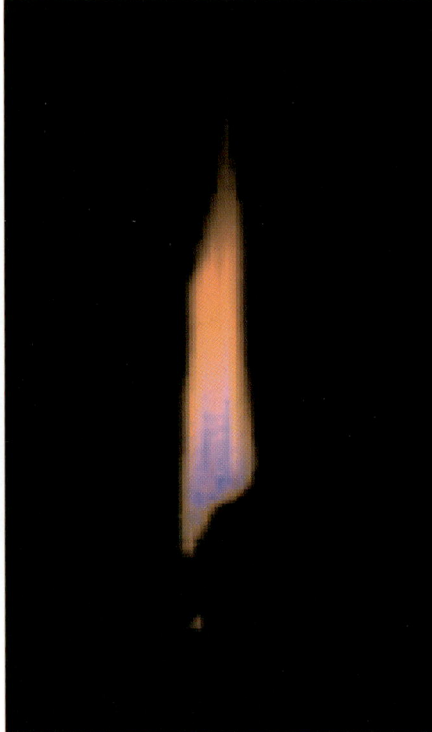

컬러를 더한 후

STEP 03

'촛불' 생각하기 - 밀납이 기화된 연소 가스를 만들기

촛불의 연기는 움직임의 변화와 질감에 주의해서 제작하자

'촛불의 연기'를 제작합니다. 레퍼런스 동영상에서는 불이 켜진 촛불에 입김을 불어서 불이 꺼지고 나면 흰 연기가 발생합니다. 사실 이 연기는 모닥불에서 발생하는 그을음이 주성분인 연기와 달리, 촛불의 원료인 파라핀이 기화한 '연소가스'입니다.

불이 꺼져서 갈 곳을 잃어버린 가스는 상승기류를 타고 공기 중에서 안개처럼 응고되어 하얀 연기같은 형태로 보이는 것입니다.

CHAPTER 001

---

1. 촛불의 연기

● 연기의 성분

녹은 밀납이 상승기류를 따라 연기처럼 행동하고 있음.

연기에 불을 가까이 대면 발화되기 때문에 성분이 밀납인 것을 확인할 수 있음.

2 연기의 움직임 변화

이제 연기의 정체를 알았으니 제작에 들어갑니다.
사용한 플러그인은 불과 같은 FumeFX 입니다.
이번에 제작하는 연기의 포인트는 움직임의 변화와 질감입니다.

우선 첫 번째 포인트는 연기의 움직임입니다.
촛불에 입김을 불었기 때문에 연기가 흐트러지고 있습니다. 입김의 영향이 사라지면 심지에 남은 불의 열기에 의해서 상승기류에 이끌려 한 줄기 연기로 변하는 것을 볼 수 있습니다.

흐트러진 연기의 움직임

차분한 느낌의 연기

3 연기의 질감

두 번째 포인트는 질감입니다.
연기는 그을음과 수분이 다량 함유된 것 같은 이른바 '뭉게뭉게 피어나는 연기'가 아닙니다. 응고하기 쉬운 왁스 성분을 많이 함유하고 있어서 수지계 성분인 타르가 많이 들어 있는 담배 연

기처럼 약간 젖은 느낌이 있습니다. 시뮬레이션을 할 때 연기는 여러 Space Warp로 주요 움직임을 제어하고 질감은 FumeFX 파라미터의 [X, Y, Z Turbulence]와 [Turbulence Noise]를 중심으로 조절합니다.

모닥불처럼 수분을 다량 머금은 연기가 아니라 '뭉게뭉게 피어나는 연기'는 안 됨.

수지계 성분이 많이 포함되어 있기 때문에 응고되기 쉽고 가늘고 긴 끈적끈적한 연기가 됨.

4 연기의 움직임 설정

우선 연기의 움직임 제어에 필요한 설정을 합니다. 입김으로 불어서 사라지는 순간 가장 강한 바람이 부딪히도록 하기 위해, [PBomb]을 촛불의 오른쪽 가까이에 배치하고 적절한 시기에 날려버리는 설정을 합니다. 공기 저항은 속도의 감속을 표현하기 위해 [Drag]를 적용합니다. 속도 감소 후, 연기의 확산을 위해 [Turbulence]와 [Frequecny]에 많은 값을 넣은 [Wind(Direction-Sub)]을 배치하고, 레퍼런스 영상 속 연기의 움직임에 따라 파라미터에 애니메이션을 넣어 타이밍과 속도를 조절해 줍니다.

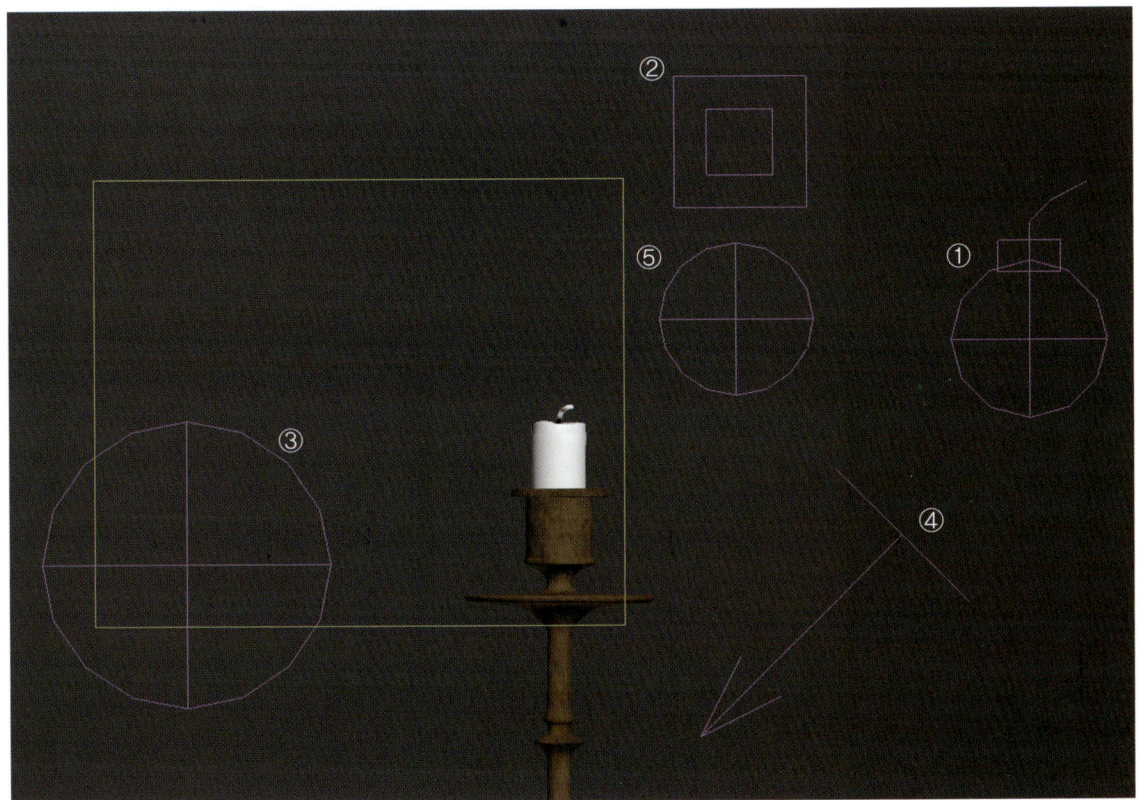

①PBomb
숨을 쉴 때의 강한 바람을 표현

②Drag
공기저항을 더하기 위해 사용

③Wind(Turbulence)
연기의 확산용으로 배치. Turbulence와 Frequency에 값을 넣어 연기가 꾸불꾸불하게 설정

④Wind(Direction)
연기의 지향성을 조절하기 위한 Space Warp. 회전 애니메이션이 들어가거나, 왼쪽 상단에서 최상으로 연기가 흐르는 큰 움직임을 관장함.

⑤Wind(Direction-Sub)
④ 보조 바람. 방사 형태로 바람을 보내거나 왼쪽에서 항상 연기가 흐르게 하기 위한 Space Warp.

5 연기의 질감 설정

연기의 움직임 설정이 끝나면 질감을 조정합니다. 어지러운 연기는 형태가 크게 무너지기 때문에, 앞의 두 파라미터 [X, Y, Z Turbulence]와 [Turbulence Noise]를 Spacing 크기의 기준보다 큰 값을 입력해야 합니다. 연기가 안정되는 타이밍에서 값을 내리는 애니메이션을 추가해서 질감을 어느 정도 완성합니다. 기타 [Velocity]의 값을 기본값보다 낮추고 부드러운 느낌의 연기로 합니다. 연기의 확산 속도를 조정할 수 있는 [Dissipation Min. Dens..], [Dissipation Strength:]에서 사라지기 어려운 연기로 만들기 위해 기본값보다 낮춰줍니다.

● 흐트러지는 연기의 질감

입김을 주면 더 크게 흔들리기 때문에 거친 질감의 연기가 된다.

[X, Y, Z Turbulence]와 [Turbulence Noise]의 [Scale]에 [Spacing]사이즈보다 큰 값을 입력해서 큰 연기 실루엣으로 바뀌도록 설정함.

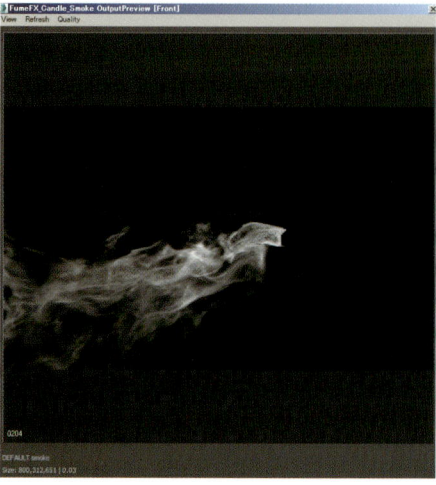
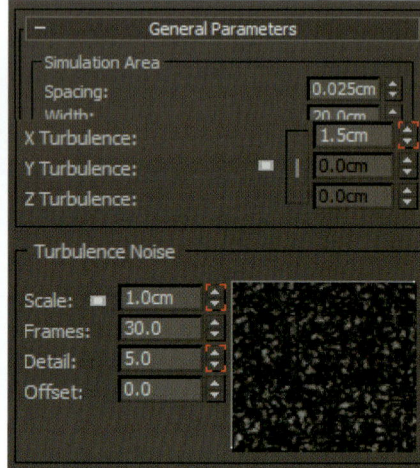

● 차분한 연기 질감

바람의 영향이 줄어들면서 촛불 연기 본래의 끈적끈적한 질감을 가진 연기로 변해감.

물결침의 값은 모두 낮추고 [Velocity]와 [Dissipation] 값을 기본값보다 낮게 해서 디테일과 확산하는 속도를 낮춤.

[Velocity]의 기본값

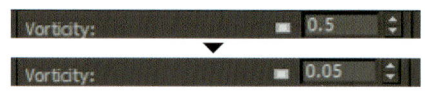

[Dissipation...]의 기본값

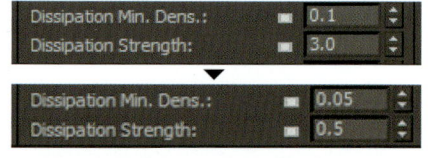

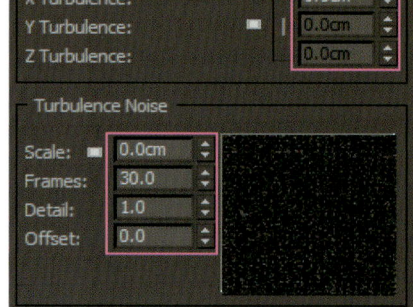

STEP 04

'궤적'을 생각하기 - 심지 잔불의 궤적을 만들기

GhostTrails을 사용한 잔불의 잔상을 만들기

마지막 STEP04에서는 잔불의 궤적을 제작합니다. 불이 꺼질 때 흔들리는 심지에 작은 불씨가 남아서 심하게 움직임과 동시에 잔불이 궤적이 되어 일순간에 선이 되어 작게 빛납니다. 지금까지 소개한 불이나 연기와는 다르게 조금 심플하지만, 이러한 요소들이 쌓여가면서 좀 더 설득력 있는 결과를 만들 수 있으니 놓치지 말고 만들어 봅시다.

1 잔불의 궤적

잔불이 남은 상태에서 크게 흔들리면, 선명한 불의 궤적을 볼 수 있습니다.

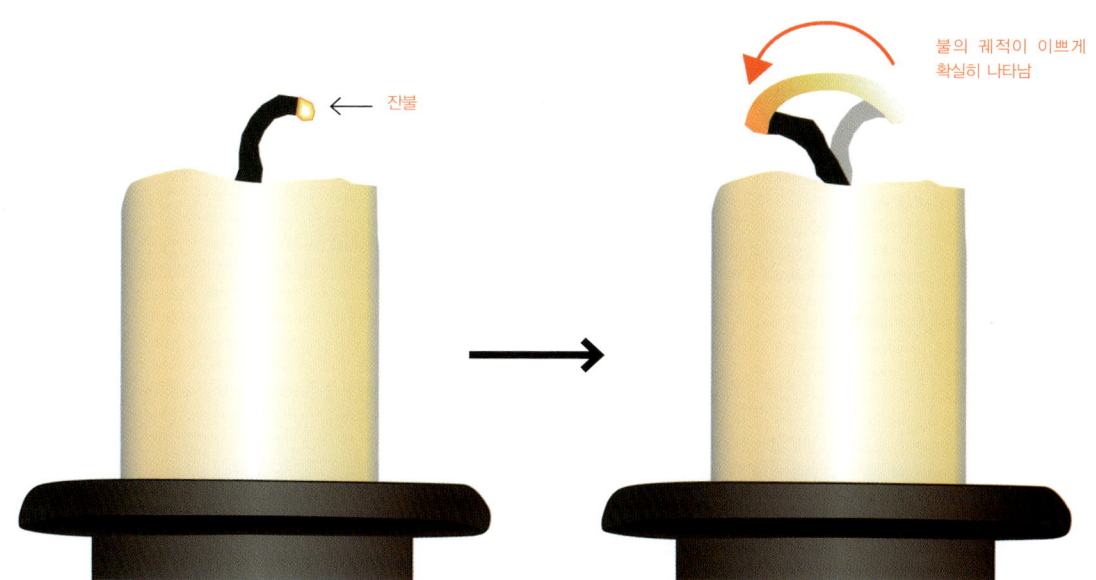

2 GhostTrails의 효과

궤적 효과는 오브젝트의 애니메이션된 궤적에 따라 평면 오브젝트를 생성해 주는 GhostTrails 플러그인을 사용합니다.

Shape에 애니메이션을 주기

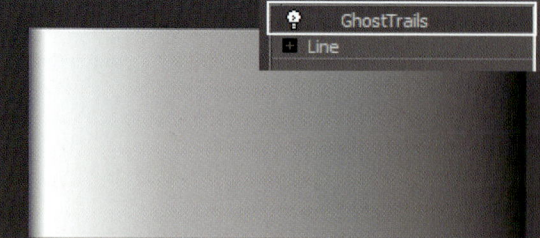
궤적에 따라 평면 오브젝트를 생성

3 GhostTrails의 적용

프레임마다 애니메이션을 추가해서 흔들리는 심지의 움직임에 따라 발생원인 Shape을 심지의 중심에 배치합니다.

다음으로 Shape의 모디파이어에 GhostTrails를 적용하고, 파라미터[Frames to Lag]에서 궤적의 길이를 조절합니다.

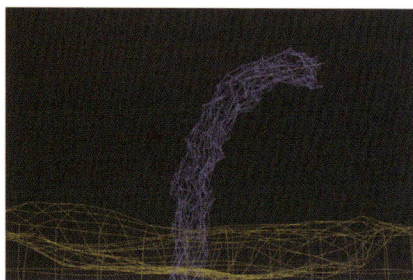
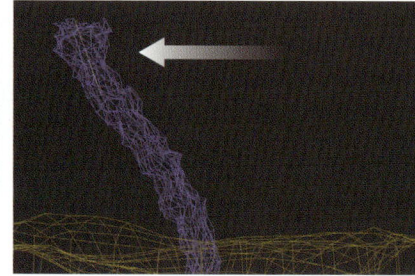
잔불의 위치를 상정해서 Shape에 애니메이션을 추가해서 배치.

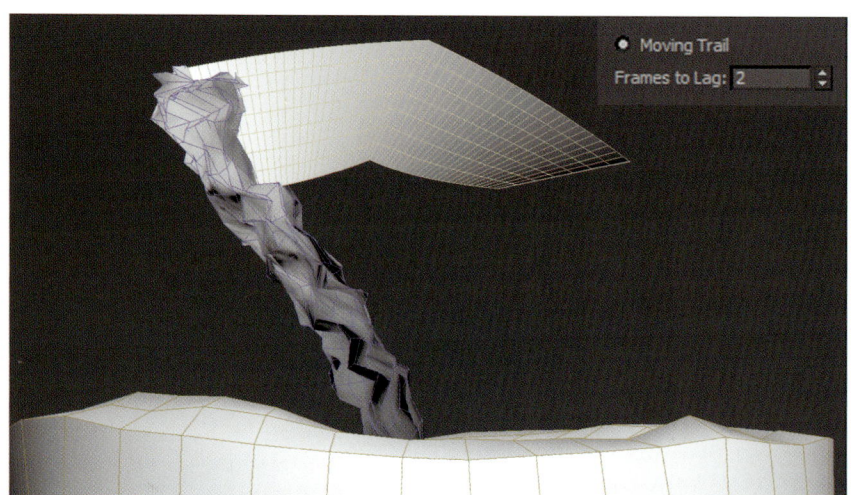
GhostTrails를 적용. [Moving Trail]에서 궤적의 길이를 조정.

4 궤적의 완성

렌더링한 소스를 컴퍼지팅하면 아래 그림처럼 잔불이 흔들릴 때 궤적이 재현되는 것을 알 수 있을 것입니다.
이것으로 타다남은 불의 궤적까지 완성되었습니다.

합성 후

CHAPTER 001

불 | 파괴 | 폭발 | 액체 | 빛 | 연기 | 기타

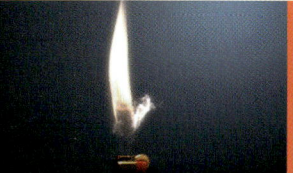

THEME | 03 |

불

라이터의 점화

모닥불, 촛불에 이어 다음은 '라이터의 점화'입니다. 조사해보니, 이 현상에는 짧은 순간이지만 꽤나 아름다운 과정들이 지나고 있다는 것을 알 수 있었습니다.

라이터는 꽤 오래 전에 만들어졌는데 일본에서는 1700년대에 '히라가 겐나이'가 라이터의 구조와 비슷한 점화기를 만드는 등 1800년대에서 시작된 성냥보다도 빨리 실용화되어 있었다는 사실이 기록으로 전해지고 있습니다.

이제 라이터는 작은 동전으로 쉽게 구입할 수 있는데 그 구조를 보면서 과거부터 길게 이어진 '불을 일으킨다는' 행위에 대한 기술적 진보를 느낄 수 있습니다.

영상을 보면 평범한 일상의 연출이지만 마음이 설레는 순간이 있는데 거기에는 이번 테마처럼 '사물의 본질에 대한 아름다움'이 존재한다고 생각합니다.

주요 제작 프로그램

- Autodesk 3ds Max 2013
- Adobe After Effects CS5.5
- FumeFX 3.5.3

STEP 01

'점화의 메카니즘'을 생각하기 - 라이터 구조를 알아보자

라이터는 세 종류의 점화 방식이 있다

제작에 들어가기 전에 우선 라이터의 점화 방식에 대해 알아보겠습니다. 최근에도 다양한 디자인으로 변화되고 있는 라이터이지만, 점화 방식은 주로 세 종류로 사용되는 것 같습니다. '플린트식', '전자식', '내연식'으로 부르는 점화 방식입니다. 이번 제작에서는 불꽃을 이용하여 점화하는 플린트식 라이터를 만들어 볼 것입니다.

1. 라이터의 점화 방식

라이터의 점화 방식은 크게 세 종류로 나누어지며, 아래는 각 구조를 그림으로 보여준 것입니다.

플린트식은 플린트라고 부르는 합금을 이용해서 점화하는 방식으로 플린트는 불꽃을 발생시키는 돌과 광물을 말합니다.

플린트식 점화 방식은 ① 플린트 휠을 수동으로 회전 ② 플린트가 깎인 마찰열에 의해 스파크가 발생 ③ 스위치에서 가스를 방출하여 불꽃의 열로 점화시키는 것입니다. 원리는 부싯돌을 사용한 '불 피우기'와 같고, 옛날부터 행해지고 있던 점화 방법을 지금의 기술로 응용하고 있는 것입니다.

플린트식 라이터 구조

- 가연성 가스
- 플린트 호일
- 가스 스위치
- 플린트
- 불꽃
- 폴리에틸렌 관

특징: 합금을 깎아서 발생한 불꽃을 토대로 점화되고 있음

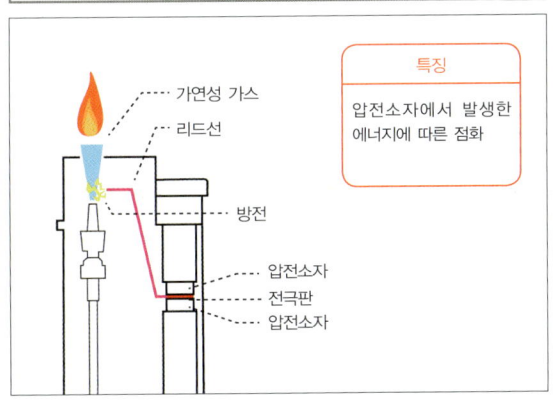

전자식 라이터 구조

- 가연성 가스
- 리드선
- 방전
- 압전소자
- 전극판
- 압전소자

특징: 압전소자에서 발생한 에너지에 따른 점화

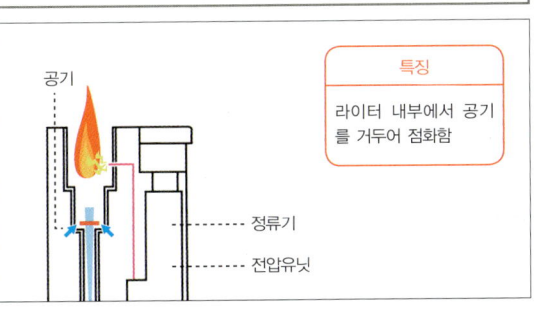

내연식 라이터 구조

- 공기
- 정류기
- 전압유닛

특징: 라이터 내부에서 공기를 거두어 점화함

STEP 02 '불꽃'을 생각하기 - 실루엣과 움직임이 중요하다

[Speed By Surface]와 [Spawn]으로 두 종류의 불꽃 만들기

우선 점화에 필요한 '불꽃'을 제작합니다. 일반적으로 라이터의 빛이 순간적으로 나와서 잘 알아챌 수 없지만, 슬로우 비디오로 보면 생각보다 불꽃이 크게 날리는 것을 알 수 있습니다.

레퍼런스 동영상에서는 플린트 휠이 회전한 후, 가스 분출구에서 산 모양의 실루엣으로 튀는 불꽃을 볼 수 있었습니다. 또한 공중으로 감아올라간 금속 가루에 인화되어 원형으로 흩날리는 불꽃도 확인할 수 있습니다.

1 산 모양의 실루엣으로 흩날리는 불꽃

산 모양으로 파티클을 날리는 것은 [Speed By Surface]를 사용합니다. 이 기능은 오브젝트의 서페이스 및 맵 등의 밝기 정보를 이용해서 파티클의 방향 및 속도를 제어할 수 있습니다.

[Speed By Surface] 창에서 [Speed By Material]에 체크하고 풀다운 메뉴에서 [Grayscale Multiplier]를 선택하면 맵의 휘도 정보를 이용한 속도 제어가 가능합니다. **A**

이 방법을 응용해서 속도 및 흩날리는 각도를 조정한 불꽃의 패턴을 맞춥니다. **B**

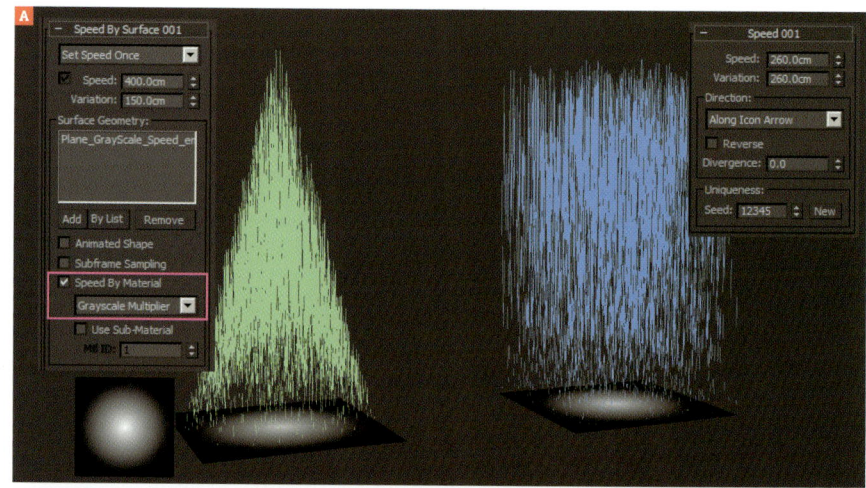

2 원형으로 흩날리는 불꽃

다음으로 공중에 흩날리는 불꽃을 만듭니다.

원형으로 터질 것 같은 움직임은 주로 [Spawn] 테스트를 사용합니다. **A**

이 테스트에서는 파티클을 발생원으로 해서 새로운 파티클을 발생시킬 수 있습니다. 이 테스트를 축으로 발생원과 양을 조정하여 원형의 불꽃을 만들 수 있습니다. **B**

마지막으로 모든 불꽃을 합쳐서 완성합니다. **C**

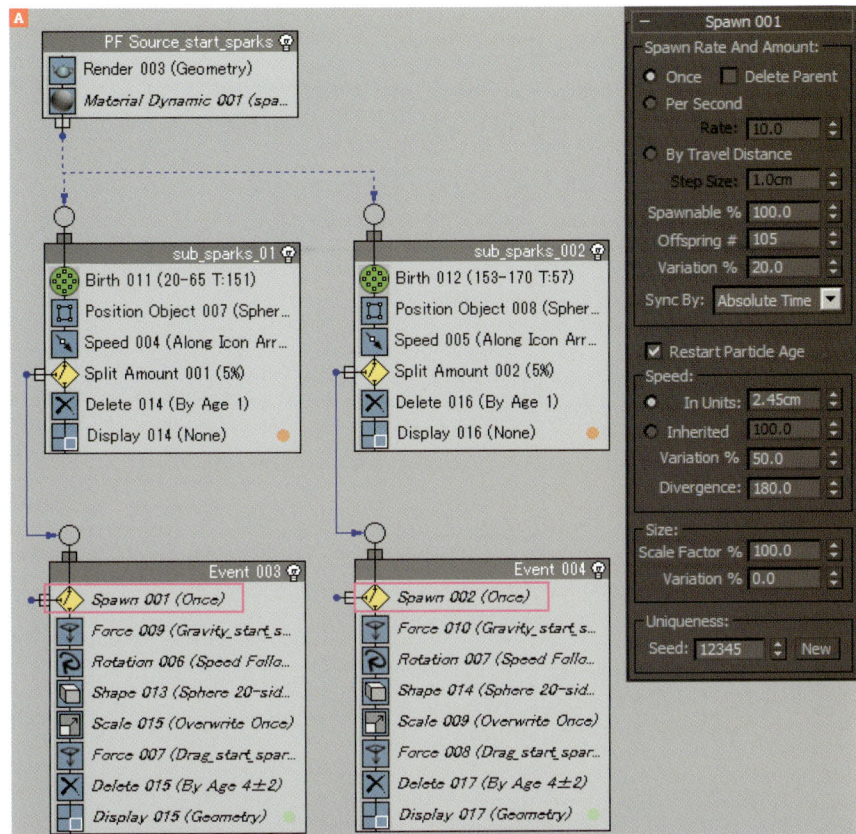

STEP 03 '라이터의 불'을 생각하기 - 형태와 속도가 중요하다

[Render Warp]와 [Retime]에서 최종 모양과 속도를 조정하기

이번에는 '라이터의 불'에 대해서 알아봅니다. 우선, 연료인 가스의 종류를 확인합니다. 라이터 연료는 주로 '부탄가스'라고 부르는 휘발유보다 인화성이 높은 가스를 사용하고 있습니다. 공기 중으로 분출해서 인화점이 높은 혼합 가스가 되어 플린트에서 발생한 불꽃을 이용하여 점화시키고 있는 것입니다. 인화성이 높은 가스라서 작은 불씨에도 쉽게 불을 켤 수 있기 때문에 가스 라이터의 대부분이 이 부탄가스를 사용하는 것 같습니다.

1 점화 후의 불의 형태 변화

불의 형상은 인화된 직후에 크게 위로 늘었다가 산소의 공급량 및 연소점의 온도가 안정되면 '럭비공 형태'로 됩니다. 안정된 상태가 되면 처음에 비해 모양도 작아지고 흔들림도 적게 됩니다. 이 형태의 안정에는 라이터의 불 자신의 열에 의해 발생하는 상승기류와 공기의 움직임, 가스의 연소 속도와 불의 높이 등 다양한 요인이 관여하는 것 같습니다. 덧붙여서 라이터 본체 내부에서 점화된 내연식은 산소의 공급 및 가스의 분출 속도가 플린트식보다 안정되어 있기 때문에 좀 더 형태가 안정된 불을 만들어낼 수 있습니다.

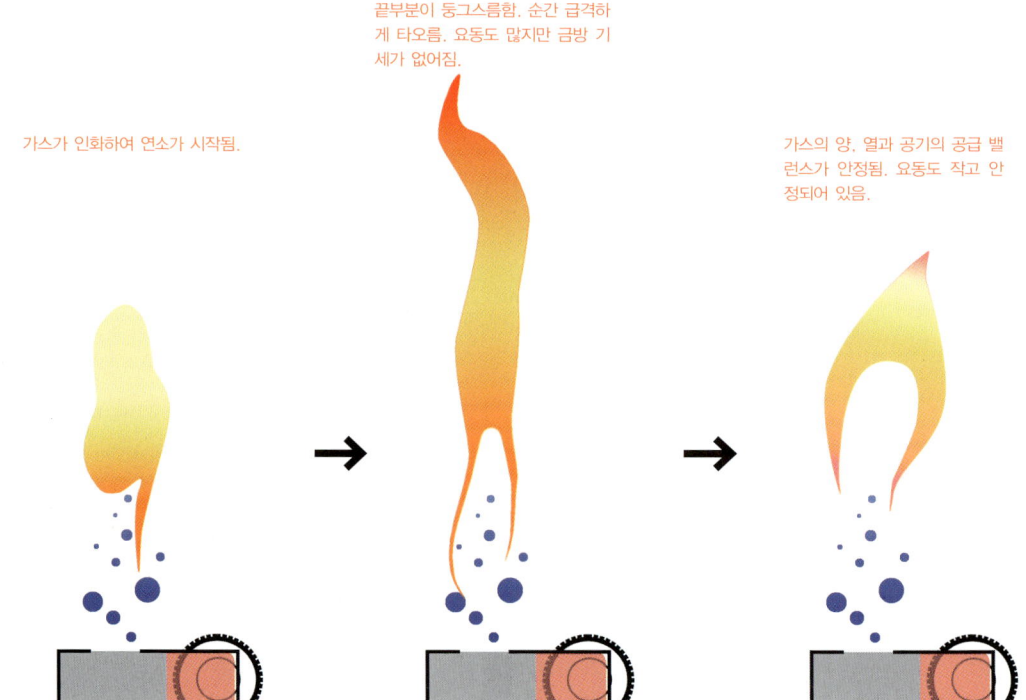

가스가 인화하여 연소가 시작됨.

끝부분이 둥그스름함. 순간 급격하게 타오름. 요동도 많지만 금방 기세가 없어짐.

가스의 양, 열과 공기의 공급 밸런스가 안정됨. 요동도 작고 안정되어 있음.

2 「연료」와 「온도」 설정

라이터의 불은 FumeFX를 사용합니다.
불을 발생시키기 위해 우선 발생원이 되는 객체와 점화를 위한 간단한 소스를 만듭니다. A 서로 '연료'와 '온도'의 역할만을 하기 위해 각 소스의 채널을 제한합니다. 객체는 [Fuel]의 [Type]을 제외한 채널을 Disalbed로 합니다. B

마찬가지로, 간단한 소스는 [Temperature] 채널만 유지시켜 둡니다. C 연료와 온도의 역할을 구분하여, 불을 켜는 타이밍을 쉽게 조절할 수 있고, 또한 온도의 불필요한 상승으로 일어나는 불필요한 요동이나 불의 밀어올림을 줄일 수 있습니다. D

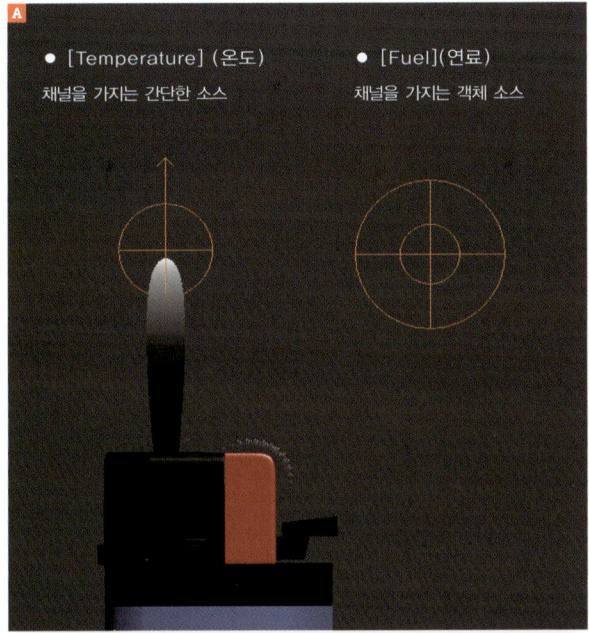

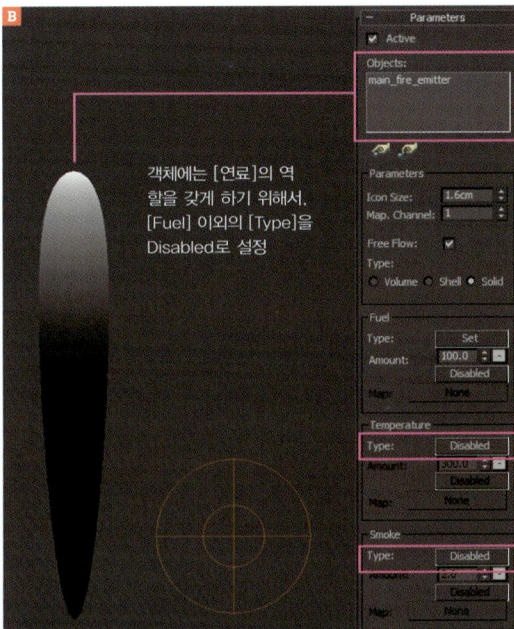

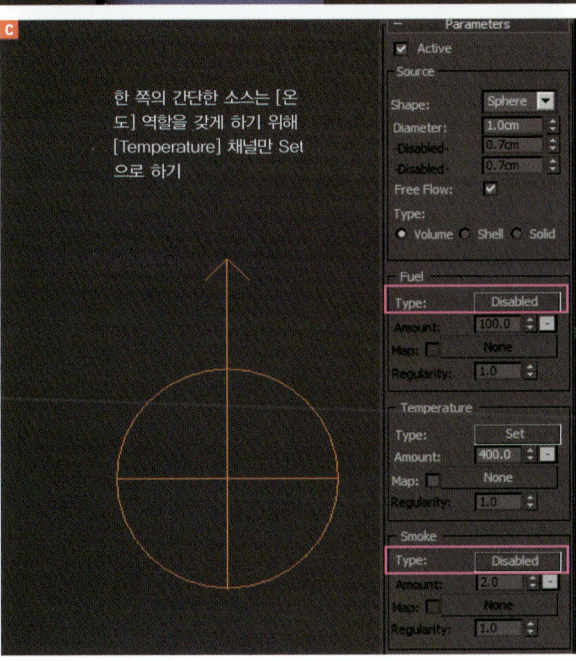

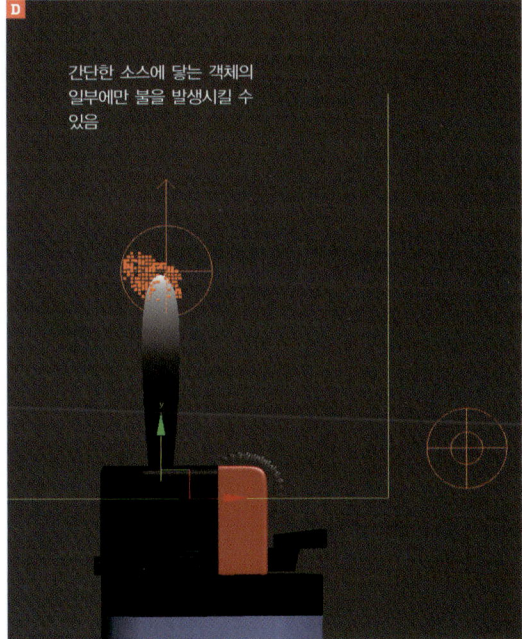

3 불의 실루엣 조정

준비가 완료되었다면, FumeFX의 각 파라미터를 조정해서 동영상에 가까운 형태로 하면 불 시뮬레이션은 끝입니다.

라이터의 불 모양에 가깝게 하기 위해서 [FFD(Box)]로 실루엣을 조정하고 있습니다.

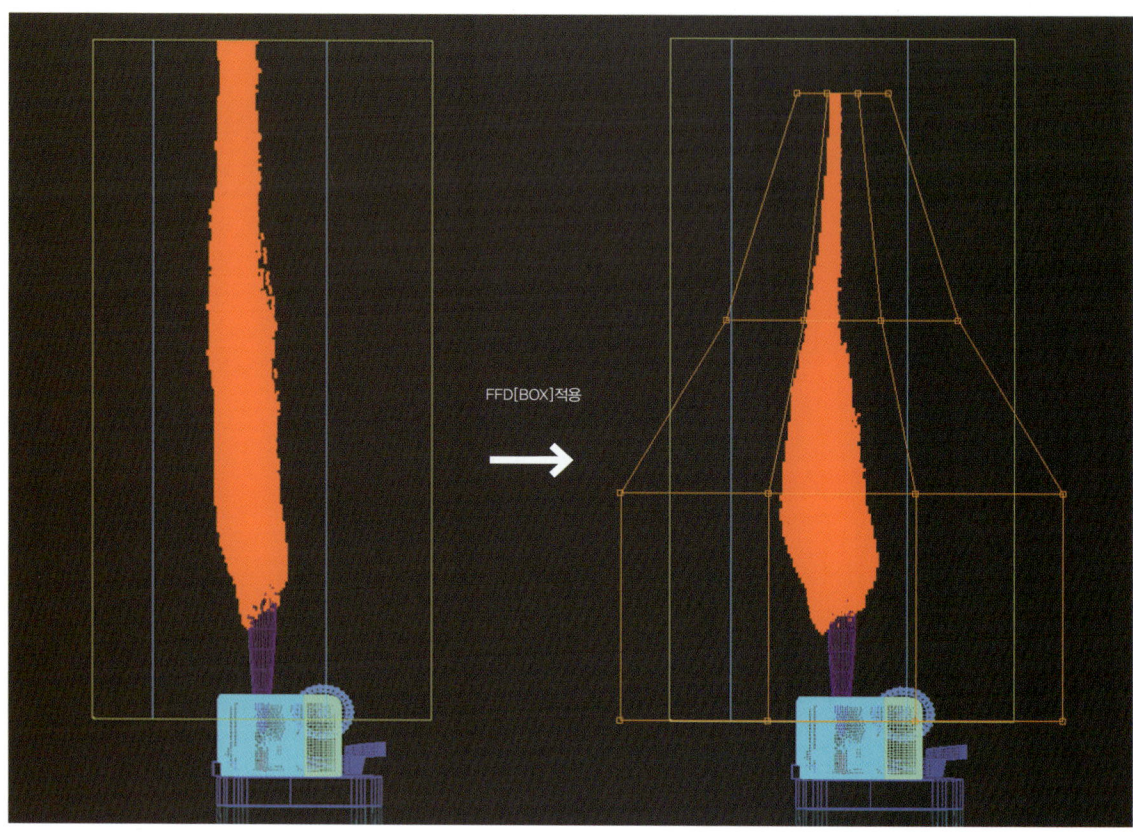

4 [Post Processing]에 따른 속도 조정

마지막으로 전체 속도를 레퍼런스 동영상에 맞추기 위해 [Post Processing]에서 [Retime] 합니다. 이것은 미리 시뮬레이션한 캐쉬를 이용해서 각 프레임 간에 보간한 캐쉬를 생성하는 것이 가능한 기능입니다.

[Time Scale]에서도 전체의 시뮬레이션의 움직임을 느리게 할 수 있는데, Scale 값에 따라 연소 속도와 팽창도 등의 파라미터를 조정할 필요가 있습니다. [Scale Factor]를 조정하는 것만으로 원래 실루엣을 유지한 채 속도를 조정할 수 있으므로 형태 조정이 끝났다면 이 기능을 사용하는 것이 좋습니다.

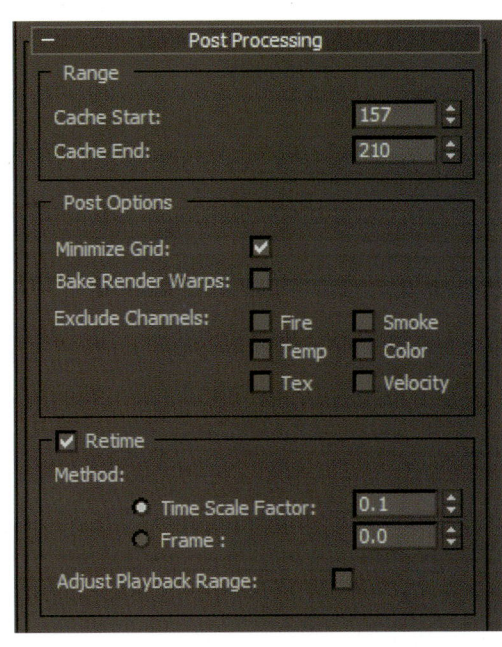

연소 및 형태 변화의 속도를 레퍼런스 동영상에 맞추기 위해, [Post Processing]를 사용함

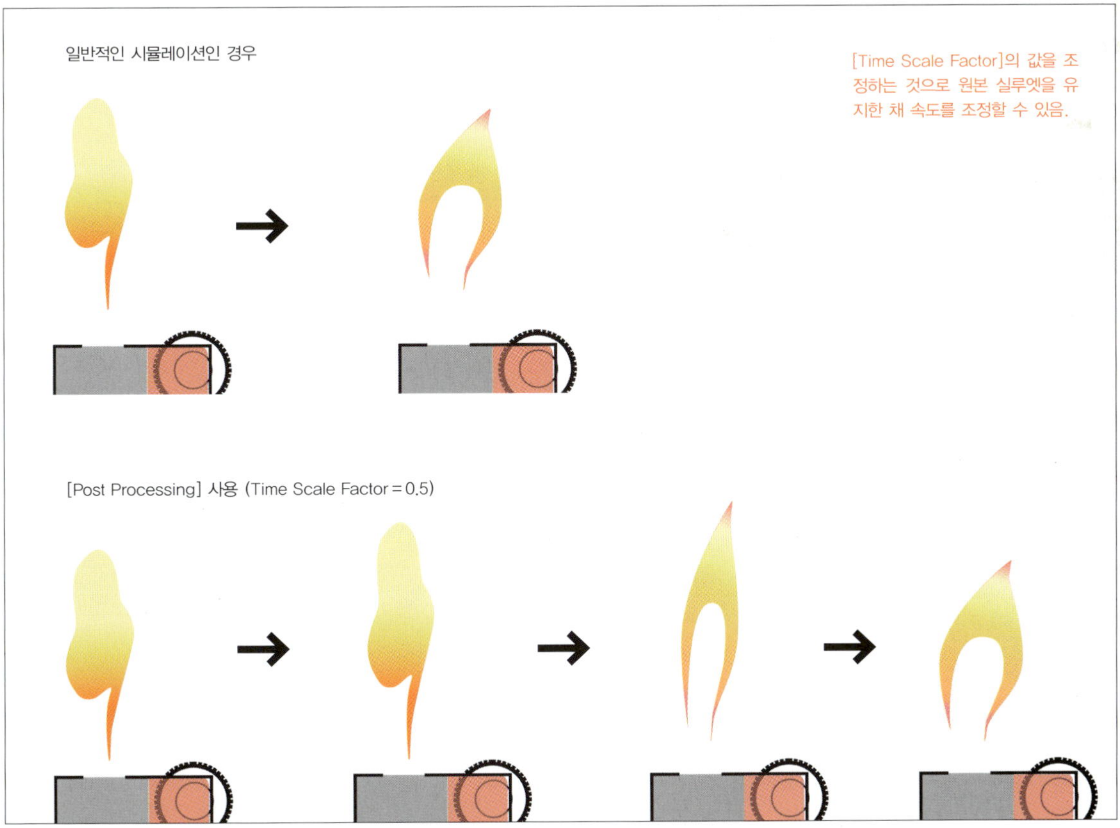

일반적인 시뮬레이션인 경우

[Time Scale Factor]의 값을 조정하는 것으로 원본 실루엣을 유지한 채 속도를 조정할 수 있음.

[Post Processing] 사용 (Time Scale Factor = 0.5)

STEP 04 '점화의 순간'을 생각하기 - 점회하는 위치가 중요하다

발화하는 위치를 파악하여 소스 배치와 움직임을 조정하기

마지막 STEP에서는 '점화 순간'을 만듭니다. . '점화 순간'이란 분출된 가스가 불꽃에 의해 인화점에 도달하는 순간입니다. 레퍼런스 동영상에서는 하단에서 전체에 인화되고 있는 움직임을 볼 수 있었습니다. 분사구에서 강한 반응을 볼 수 있다고 생각했지만, 실제로는 분사구보다 약간 높은 위치가 가장 인화성이 큰 곳 같습니다. 주요 이유는 가스와 공기가 섞이는 비율과 인화점에 도달하는 온도의 밸런스가 관계 있을 것입니다.

1 점화 후의 불 형태 변화

이 상황을 만들기 위해서 STEP 03과 같이 역할을 결정합니다. 이번에는 분사된 가스를 파티클에 비유한 소스 및 보조적인 간단한 소스에 Fuel 역할을 주고, Temperature 채널을 유지한 객체를 강하게 인화될 부분에 배치합니다.

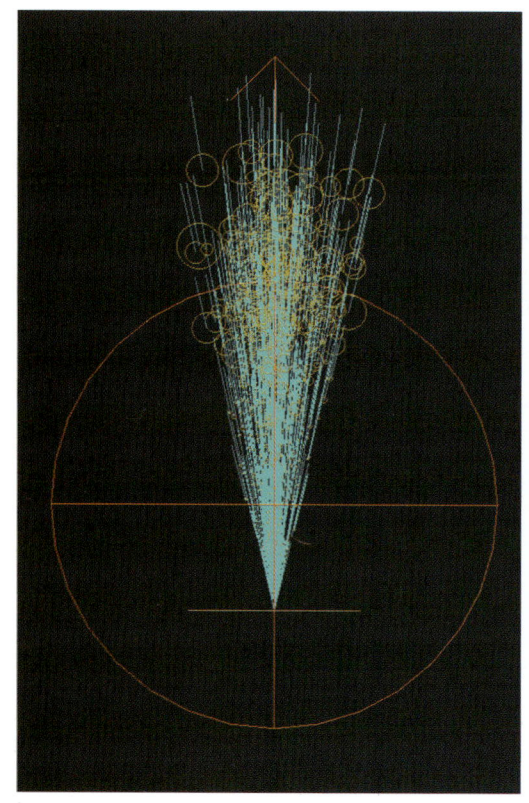

Fuel 채널을 가진 파티클 & 간단한 소스

Temperature 채널을 가진 객체 소스

2 속도 조정

그 후 Post Processing으로 속도를 조정해서 완성합니다.

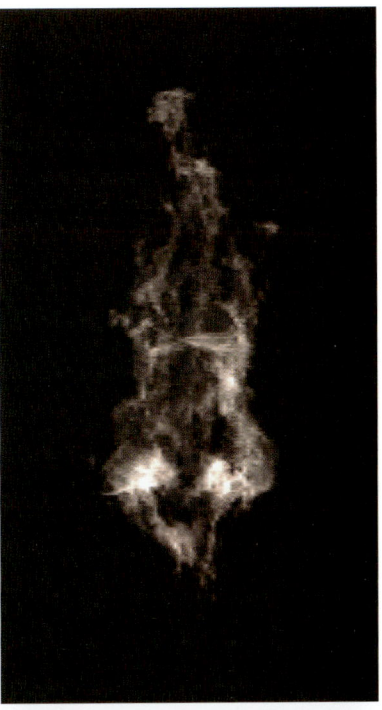

CHAPTER 001

불 | 파괴 | 폭발 | 액체 | 빛 | 연기 | 기타

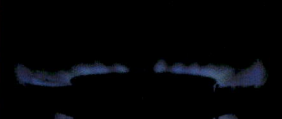
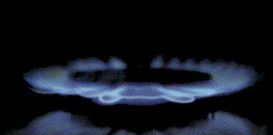
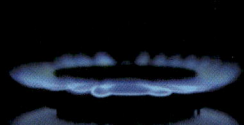

THEME | 04 | 불

가스렌지의 점화

이번 주제는 '가스렌지의 불' 입니다. 평소 친숙한 것을 소재로 하면 주변에 있는 다양한 현상을 다시 볼 수 있어서 의미 있는 도전이 될 것이라 생각합니다.

예전에 학생들을 대상으로 강연한 적이 있었습니다. 학생이 이펙트를 다루기에는 기술적인 면이나 금전적인 면에서도 문턱이 높다보니 아직 이 분야에 종사하는 사람의 수가 적다는 인상을 받았습니다. 그런 가운데, 이펙트에 관심이 있는 학생을 대상으로 그 매력을 전달하는 것은 아주 의미 있는 시간이었습니다.

요즘 이펙트와 관련된 소프트웨어나 플러그인이 빠른 속도로 눈부시게 발전하고 있는데 이 책을 통해서 이펙트의 즐거움이 전해졌으면 좋겠습니다.

주요 제작 프로그램

- Autodesk 3ds Max 2015
- Adobe After Effects CS6.0
- FumeFX 3.5.5

STEP 01

'점화 방식' 생각하기 - 가스렌지 구조를 조사해보기

「분젠식」의 각 용도에 대한 다양함에 놀라다

가스렌지는 요리를 하는 사람에게 친근한 가전기구이지만 어떤 구조로 불이 켜지는 것일까요?
일반적으로 사용하는 가스렌지는 '분젠식'으로 점화하고 있습니다. 분젠식은 아래 그림처럼 혼합관에서 공기와 가스를 혼합하여 불꽃 구멍에서 방출해서 점화시키는 방식을 말합니다. 벌써 눈치챈 분도 있겠지만 학교 실험 등에서 한번쯤은 보는 분젠 버너와 기본적인 구조가 동일합니다. 그밖에 팬히터에서도 분젠식이 일부 채택되어 있습니다. 각자 점화 방법 등은 다르지만 동일한 구조가 다양한 용도로 사용된다는 것을 보면 지금까지 쌓아온 기술의 연속성을 느낄 수 있을 것입니다. 어떤 경우라도 불필요한 지식은 없는 것 같습니다.

CHAPTER 001

1 가스렌지 구조

주요 부위의 명칭
① 가스 호스
② 혼합관
③ 버너 헤드
④ 점화 플러그
⑤ 삼발이
⑥ 점화스위치

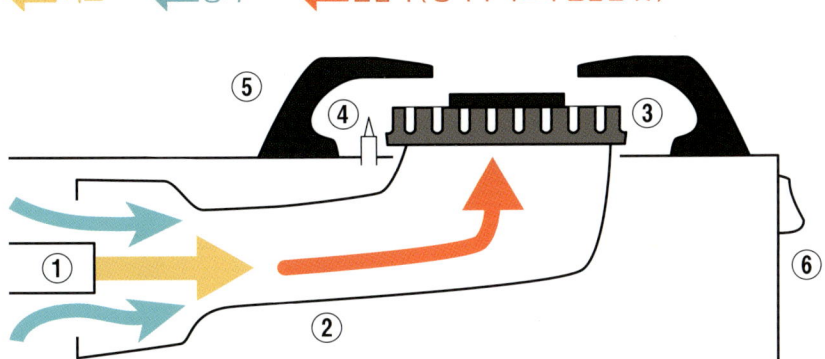

점화 방법

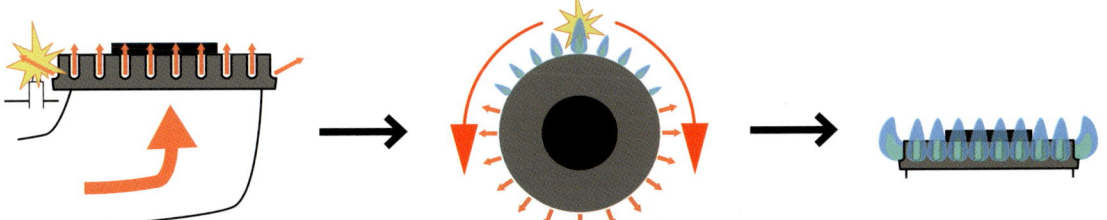

점화 스위치를 누르면, 혼합기가 버너헤드로부터 분출하는 동시에 점화 플러그에서 불꽃이 일어나서 혼합기에 인화됨.

불씨에 인접한 분출구(불꽃 구멍)에서 나오는 혼합물에 차례로 불이 붙음.(화염전파)

전체에 불이 붙으면 안정된 불이 완성.

STEP 02 '속불꽃'을 생각하기 - 불의 3가지 요소에 주목하기

BlobMesh 객체로 속불꽃의 결합을 재현하기

STEP 02에서는 '속불꽃'을 만드는 방법을 소개합니다. 불은 크게 세 가지 요소가 있습니다. 바깥쪽부터 '겉불꽃', '속불꽃', '불심지'라 부르며, 이는 산소와 연소 가스의 공급량에 따라 변화하는 색상 및 온도에 따라 구분됩니다.

오브젝트를 사용해서 가스렌지의 속불꽃을 만들려고 합니다. 움직임과 객체의 기본적인 형태는 STEP 03에서 사용하는 객체처럼 레퍼런스 동영상에 맞춰서 스케일 및 노이즈 애니메이션을 적용해서 불의 발생 타이밍과 형태를 만들어 갑니다.

1 불의 주요 3요소

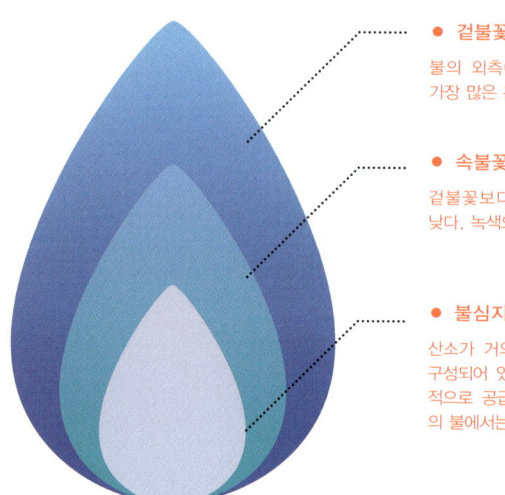

● **겉불꽃**
불의 외측에 있는 부위. 산소 공급이 가장 많은 온도도 약 1,500℃로 높음.

● **속불꽃**
겉불꽃보다 산소공급이 적고 온도도 낮다. 녹색으로 발광이 강하다.

● **불심지**
산소가 거의 없을 정도 미연소 기체로 구성되어 있음. 혼합기에서 산소가 효율적으로 공급되고 있기 때문에 가스렌지의 불에서는 거의 눈에 띄지 않음.

2 불의 연결

이제 불의 앞 부분에 주목합니다. 화염 전파에 의해 좌우에서 합류한 불이 속불꽃을 포함해서 연결됩니다. 이 형상을 BlobMesh로 재현하고 있습니다.

화염 전파에 의한 불의 발화 → 불의 연결 부분. 속불꽃도 연결되어 있음

3 BlobMesh의 사용

BlobMesh는 지정된 일반 객체 사이의 거리에 따라 연결하는 특징이 있어서 작은 객체들이 합류하여 결합된 속불꽃을 만드는 데 큰 역할을 합니다.

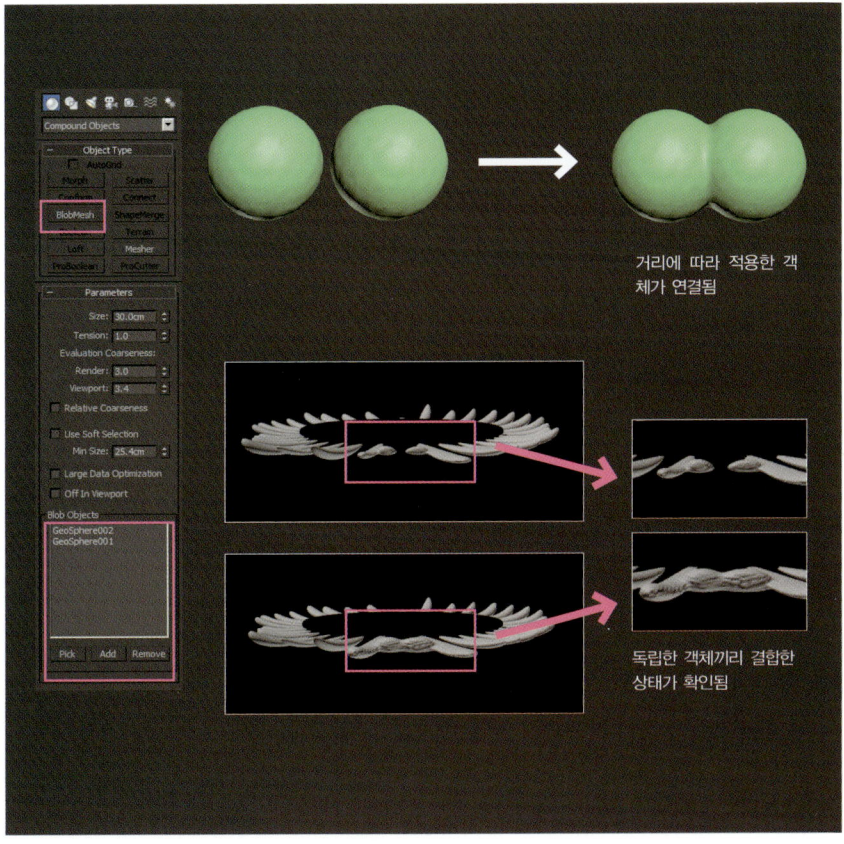

4 BlobMesh의 사용

만든 속불꽃은 Falloff 맵 등으로 중심부가 투명하도록 조정하고, 최종적으로 STEP 03의 렌지 불과 합쳐서 합성합니다.

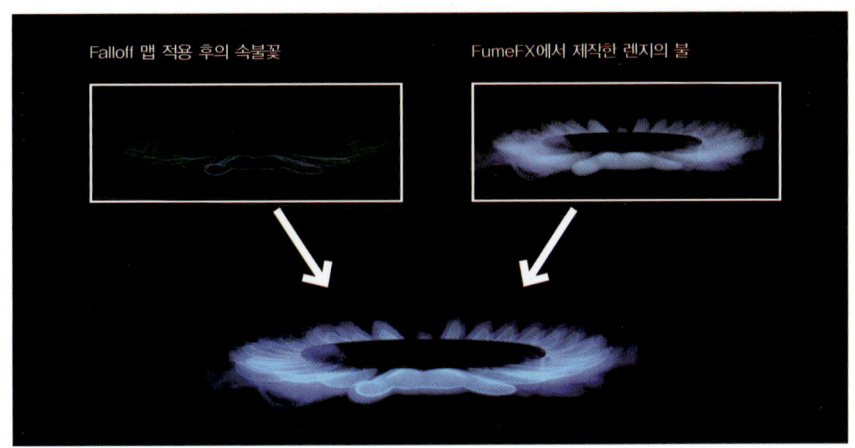

STEP 03 '점화'를 생각하기 - 바나나 형태가 중요하다

기본적인 불의 형태와 움직임은 베이스가 되는 객체에 붙는다

STEP 03에서는 불꽃 제작에 도전합니다. STEP 02에서는 속불꽃을 객체로 만들었는데, 가스렌지 불의 실루엣과 움직임에 크게 관련되어 있는 겉불꽃은 FumeFX에서 만듭니다.

1 불의 형태

우선 관찰해야 할 것은 불의 모양입니다. 가스렌지의 불은 불길 구멍의 각도도 있지만 바나나처럼 약간 변형되어 올라오는 형태입니다. 이것은 버너 캡에서 발생하는 혼합기에 의해 불이 밀려나기 때문입니다.

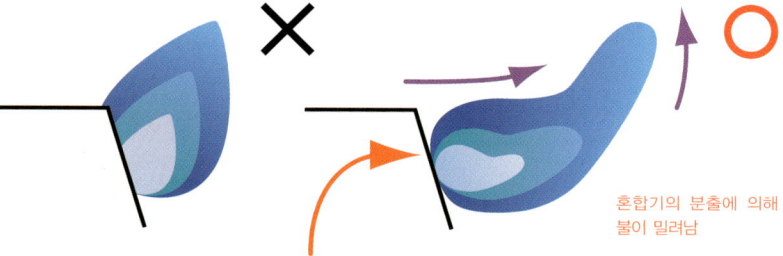

혼합기의 분출에 의해 불이 밀려남

2 시뮬레이션용 베이스 객체의 준비

FumeFX에서 불의 모양을 만들려면, 실루엣 조절을 좀 더 편하게 할 객체 기반의 시뮬레이션이 좋을 것 같습니다. 시뮬레이션의 베이스가 되는 객체는 STEP 02에서 응용한 기본적인 객체를 사용합니다. 크기는 속불꽃을 푹 감싸는 정도의 스케일로 조정합니다.

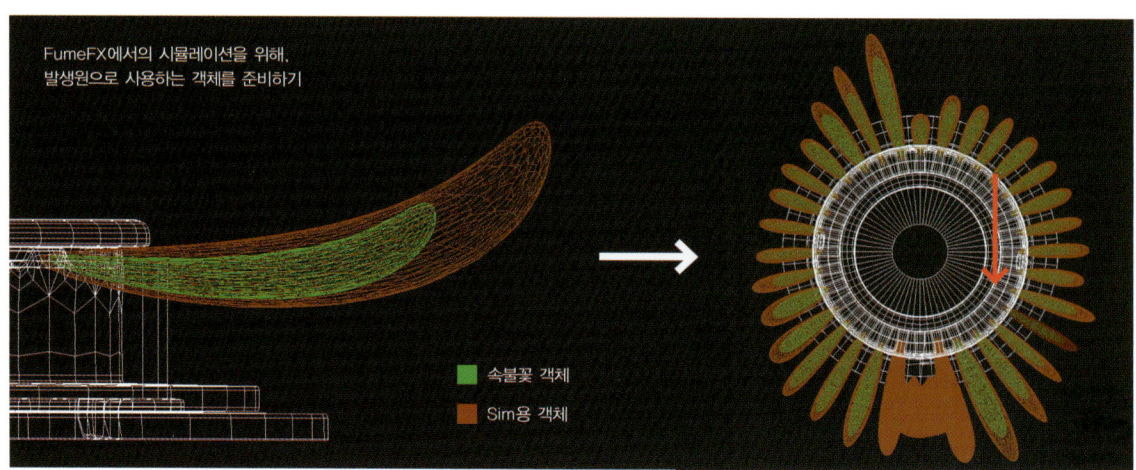

FumeFX에서의 시뮬레이션을 위해, 발생원으로 사용하는 객체를 준비하기

속불꽃 객체
Sim용 객체

3 베이스 객체의 움직임 설정

불의 숫자와 같은 객체를 준비했으면, 다음으로 점화 흐름을 만들기 위해 각 객체에 스케일 애니메이션을 줍니다. STEP 01에서 설명한 것처럼 가스렌지의 점화 부위는 1개만으로 하고, 그 이후의 점화는 화염전파를 이용하고 있기 때문에 좌우에서 원형을 그리듯 불에 인접한 불꽃 구멍의 순으로 인화시킵니다. 레퍼런스 동영상을 보면서 불이 넓어지는 타이밍에 맞춰 하나씩 객체에 스케일 애니메이션을 줍니다.

불이 켜지면 처음에는 약간 큰 스케일이 되고, 불이 안정되면 조금 작게 되도록 애니메이션 키를 줍니다. 이 움직임이 이후의 시뮬레이션 결과에 크게 영향을 주기 때문에 각 객체에 빠짐없이 적용합니다.

이제 불이 요동치는 것을 만들기 위해 Noise 모디파이어를 모든 객체에 적용하여 조금씩 흔들리게 조정해 줍니다. 객체 기반의 시뮬레이션은 대상의 움직임이나 모양에 영향을 받기 쉬우므로, FumeFX의 파라미터에서 처리하기 어려운 표현은 미리 애니메이션 및 모델링으로 구현합니다.

스케일

이후의 시뮬레이션을 위해 객체에 스케일 애니메이션을 적용하고 불의 발생 타이밍 및 분출되는 기세를 표현하기.

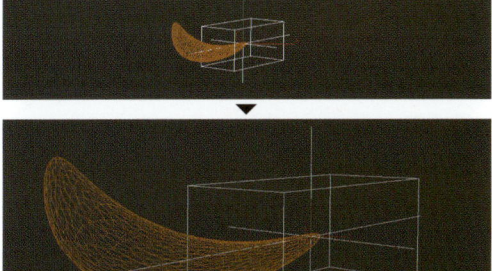

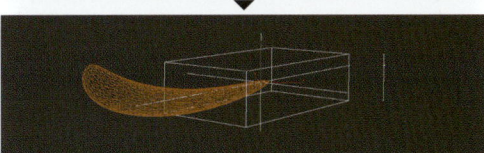

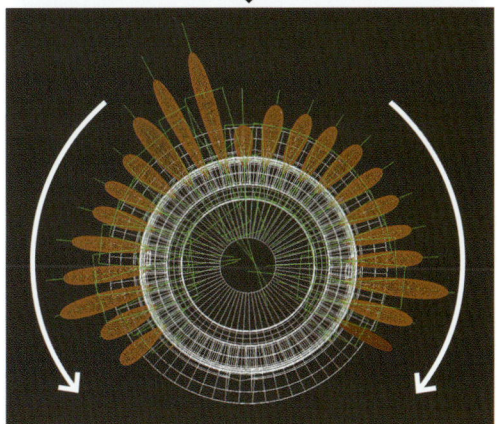

불의 발생에 맞춰 각 객체에 스케일 애니메이션을 적용하기.

노이즈

불꽃의 흔들림을 Noise 모디파이어를 이용하여 객체를 애니메이션 시킴.

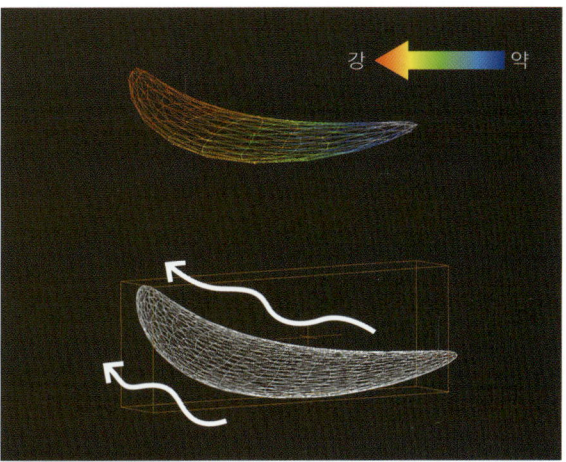

Noise 모디파이어로 움직임을 지속시킴.

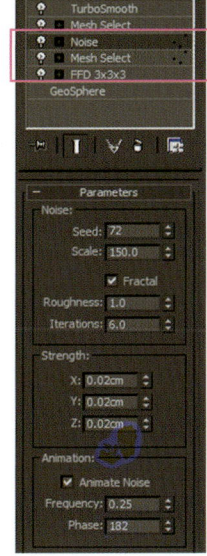

4 불꽃의 시뮬레이션

앞의 과정을 잘 진행했다면 이제 기다렸던 시뮬레이션 차례입니다. 각 파라미터 중에 [Object Src] > [Velocity]의 항목에 주목합니다. 이 항목은 Source에 적용한 객체의 법선에 따른 속도의 영향값을 조절할 수 있는 파라미터입니다.

방금 스케일 애니메이션에서 불이 켜질 때 조금 커지는 애니메이션을 준 이유는 이것 때문입니다. 값을 올리면 불이 처음 켜질 때 확 커지는 불의 움직임을 만들 수 있습니다. 이후에는 레퍼런스 동영상의 불 형태 및 색상이 되도록 Color와 Fuel 값을 조정합니다. 각각의 불이 바나나 형태로 구현되는지 확인하고, 전체 실루엣이 재현되고 있는지 주의를 기울이면서 시뮬레이션을 반복합니다.

이렇게 메인이 되는 겉불꽃 부분의 불이 완성됩니다.

Object Src내의 파라미터 [Velocity]를 조정해서 법선으로 불의 기세를 높임

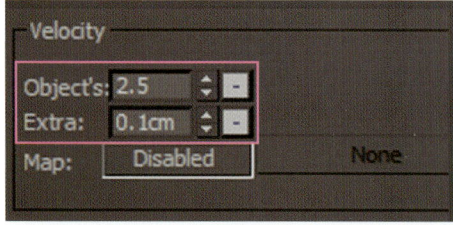

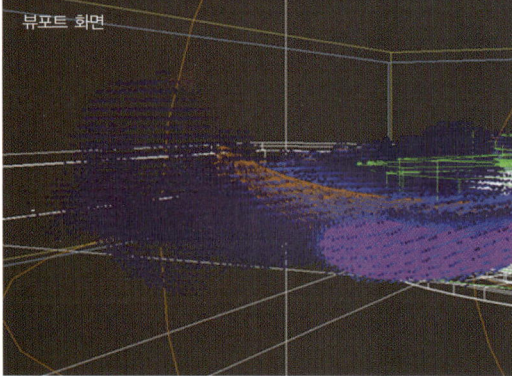
뷰포트 화면

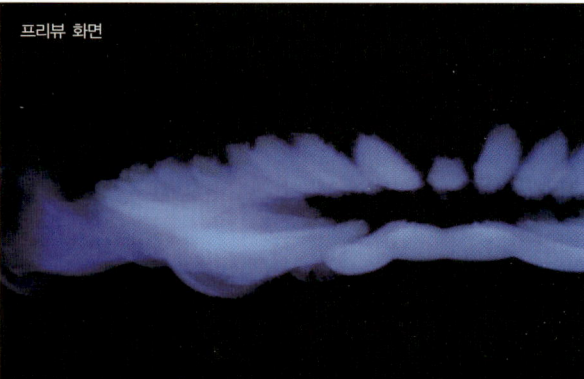
프리뷰 화면

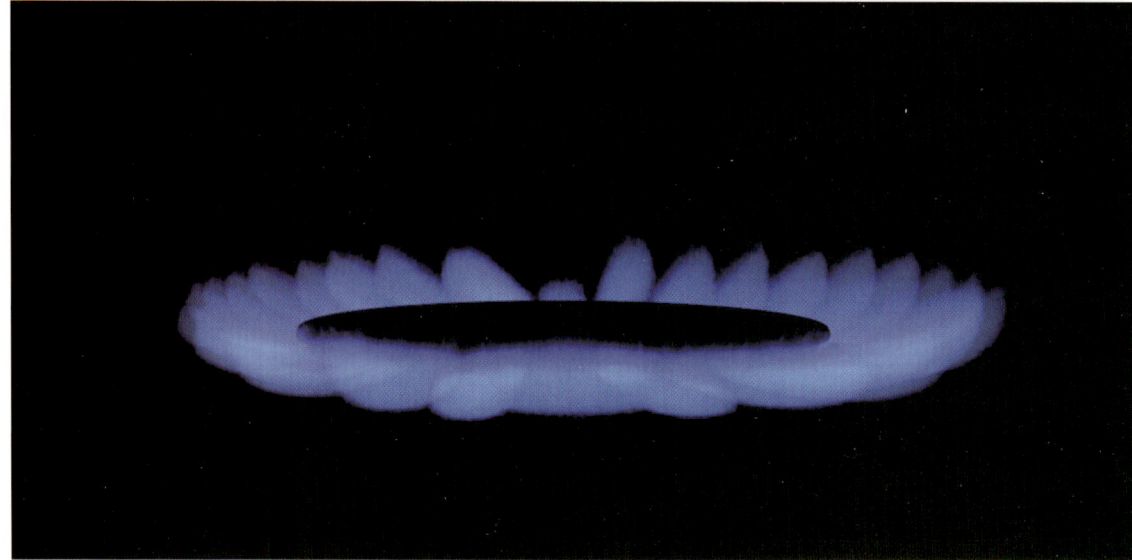

STEP 04

'불꽃 반응'을 생각하기 - 녹색 불도 중요했다

불꽃 반응에 따른 불의 색 변화를 재현

레퍼런스 동영상을 보고 있으면, 가스렌지의 파란 불 속에 가끔 녹색의 불길이 오르고 있는 걸 알 수 있습니다. 이 현상은 다양한 원인이 있을 수 있지만 주로 불꽃 반응에 의한 것으로 보입니다.

불의 분출구인 버너캡의 주요 소재는 구리입니다. 캡의 열화나 냄비 등과의 충돌에 의해 깎여 떨어진 구리 가루가 점화되어 녹색 불이 발생하는 것입니다. 이 불꽃 반응에 따른 녹색 불도 STEP 03을 응용하여 제작합니다.

1 불꽃 반응

불꽃 반응이란, 금속을 연소하면 각 고유의 색을 발하며 불타는 반응을 말합니다.

일반 색상(혼합기의 연소)　　구리(녹색)　　스트론튬(빨간색)

세슘(보라색)　　나트륨(주황색)　　리튬(적자색)

2 시뮬레이션용 객체의 추출

레퍼런스 동영상에서 녹색 불이 발생하는 위치를 확인했다면, 가스렌지의 불을 만들 때 사용된 객체 중 해당하는 곳을 추출합니다. 선택한 객체를 STEP 03처럼 FumeFX에서 시뮬레이션 할 수 있도록 세팅하여 동영상과 같은 위치에서 불이 발생하도록 합니다. 시뮬레이션이 완료되면 [Color], [Opacity]에서 색상과 질감을 조정합니다. 이것으로 불꽃 반응에 의한 녹색 불이 완성됩니다.

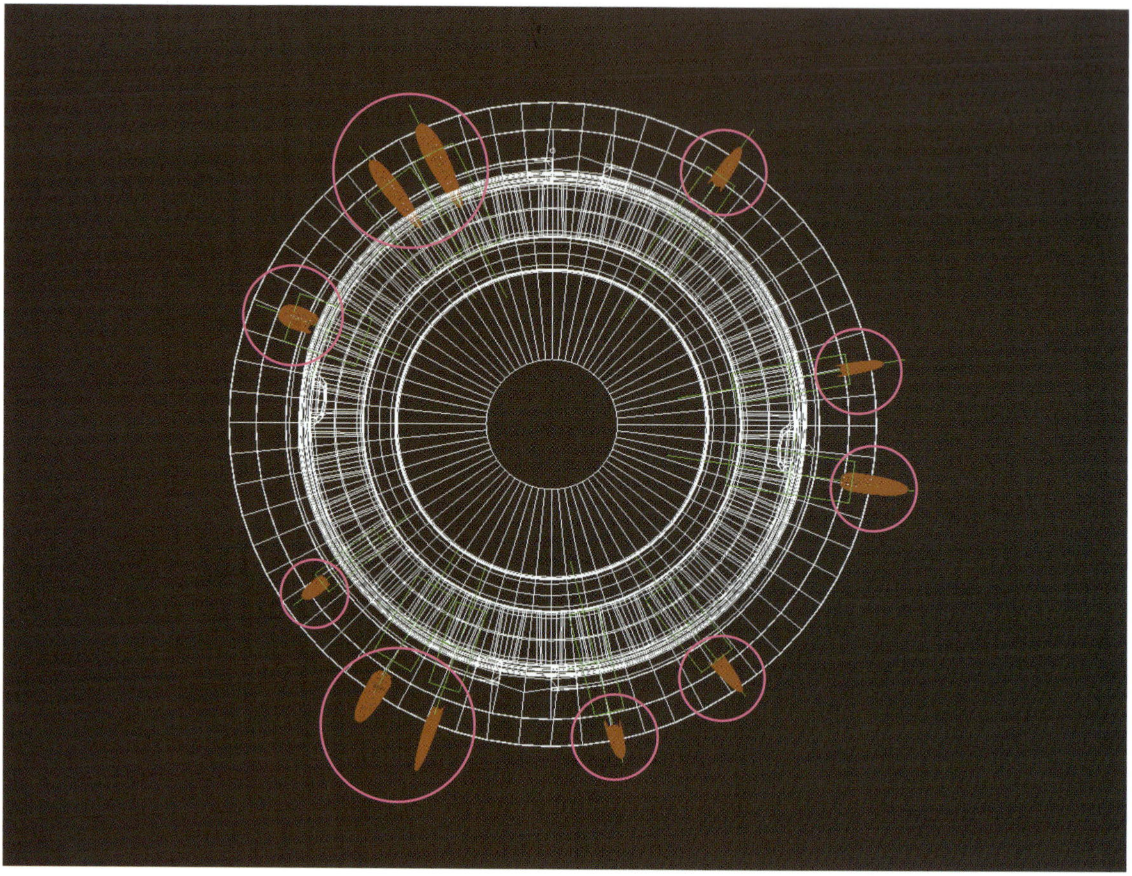

STEP 03에서 사용한 객체를 응용하여 필요한 부위만을 선택.

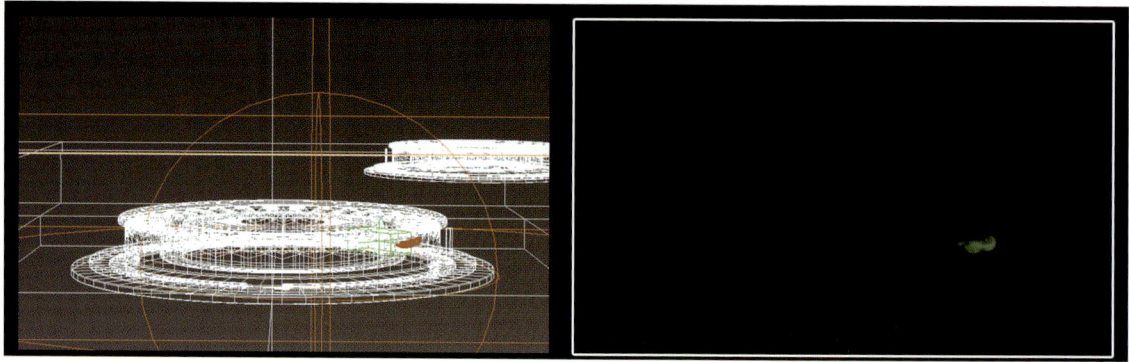

선택한 오브젝트에 대해 FumeFX에서 시뮬레이션을 설정하고 녹색 불이 나오게 함.

COLUMN

이펙트 제작할 때 알아두어야 할 10가지 주의사항

02 » 머리 속에 있는 생각만으로 만들지 않는다.

레퍼런스 준비없이 좋은 결과를 기대하기 어렵다.

바쁠 때나 마감에 쫓겨서 초조할 때 필자도 무심코 하지 않는 것은 "레퍼런스를 준비하지 않고 만드는 것"입니다.

불이나 물 등 현실에 존재하는 자연현상을 제작하거나 상상 속의 이펙트를 제작하더라도 도움이 될 참고 영상이나 이미지를 준비해야 합니다. 왜냐하면 사람의 기억은 큰 요소만 기억하고 퀄리티 향상으로 이어질 작은 요소는 잊고 있기 때문입니다.

예를 들어, '불'을 떠올려 보세요.
'붉게 흔들리며 밝게 움직이는 것'이라는 것은 불을 본 적이 있는 사람이라면 누구나 설명할 수 있습니다. 그러나 "불의 컬러와 폭", "움직임의 변화", "밝기의 영향과 범위" 등 세세한 요소까지 정확하게 설명할 수 있는 사람은 거의 없을 것입니다. 머릿속에서 구상한 아이디어만으로 제작하는 것은 큰 요소만큼이나 중요한 디테일을 놓치게 된다는 점에 유의하세요.

"불"에 필요한 요소에는

사람은 평소 친숙한 것이어도 디테일을 금방 잊어버립니다.

「불」의 요소에서 기억하는 범위

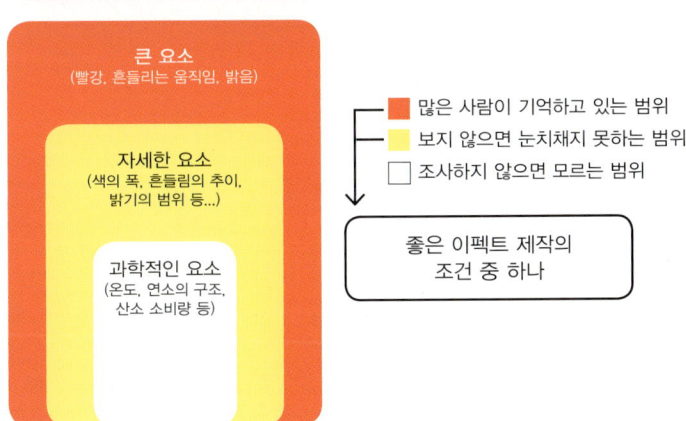

설득력을 갖는 이펙트는 큰 요소와 그에 따른 세세한 디테일의 축적에 의해 퀄리티가 올라갑니다. 과학적인 부분은 시뮬레이션 소프트웨어가 물리적인 수치를 토대로 파라미터를 제공해주고 있기 때문에 세세한 디테일에 대해서 연구할 필요가 있습니다.

CHAPTER 001

불 | 파괴 | 폭발 | 액체 | 빛 | 연기 | 기타

THEME | 05

불 　 연기

전차포

이번 주제는 '전차포'입니다.
육상전에서 압도적인 화력을 자랑하는 전차포는 전차에 탑재된 무기 중에서도 가장 강력합니다.

이번에는 주포의 표현에 도전해 보았습니다. 이른바 '밀리터리'는 조사하면 조사할수록 유전처럼 샘솟는 전문용어의 퍼레이드입니다.

활강포와 강선포의 장점이나 APFSDS탄의 특징 등 인터넷의 세계를 조금 들여다보는 것만으로 머리가 아픕니다.
'만들고는 싶지만, 전문 지식이 많이 필요해서 좀…'이라는 분이라면 이번에 핵심 정보들을 요약해서 집필했으므로 꼭 이번 챕터를 참조해서 멋진 이펙트 제작에 도전해 보시기 바랍니다.

주요 제작 프로그램

- Autodesk 3ds Max 2013
- Adobe After Effects CS 5.5
- FumeFX 3.5.3
- RayFire Tool 1.64

STEP 01

'전차포'를 생각하기 - 구조를 생각하는 것이 중요하다

전차포의 초속은 최대 6,480km/h!

'전차포'란 도대체 무엇일까요?

전차포는 크게 나누면 약실, 포탄, 포강, 포구로 구성되어 있습니다. 이 부분만을 가리켜서 '포신'이라고도 합니다.

포탄이 날아가는 순서는 ① 약실에서 발사약물로 부르는 장약을 점화시켜 폭발이 시작 ② 폭발의 압력에 의해 포탄이 밀리고 ③ 포강을 지나 포탄을 가속 ④ 포탄이 포신에서 날아갑니다.

포신과 포탄의 구조, 종류에 따라 다양한 기구가 붙어 있지만, 발사의 메커니즘은 대략 이 4개 항목에 해당됩니다.

1 전차포(포신)의 구조

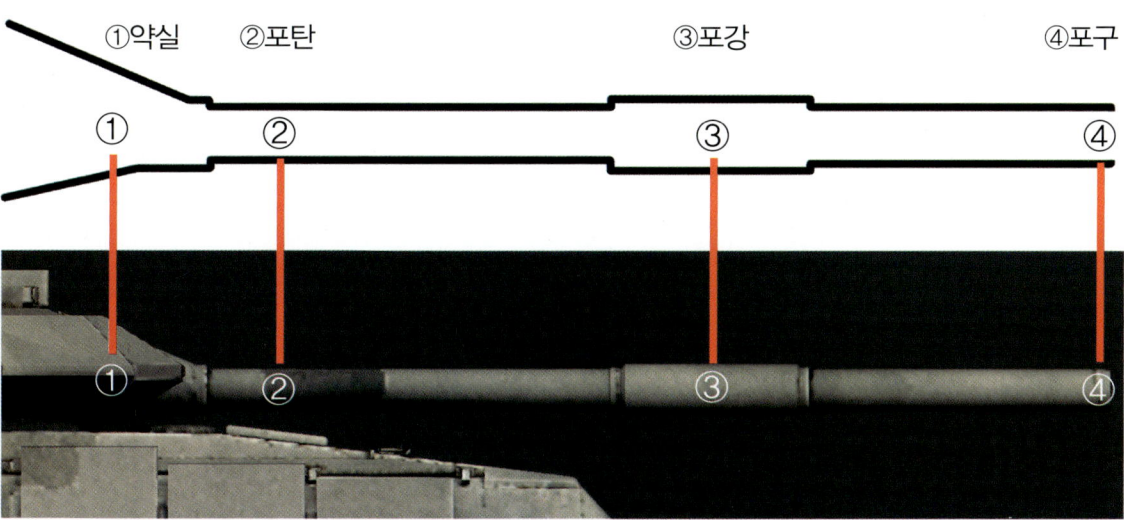

전차포의 단면도. ① 약실 ② 포탄 ③ 포강 ④ 포구의 4가지 부분으로 크게 구분

CHAPTER 001

053

2 이번에 등장하는 전차

이번 '전차포' 편에 등장하는 포에 대해서도 설명하겠습니다.

레퍼런스 동영상의 전차는 러시아제의 T-90 전차입니다.

주포는 활강포라는 강선(탄도를 안정시키기 위한 포신의 홈)이 없는 포신이 사용되고 있습니다.

강선이 없는 만큼, 탄도의 안정성이 낮고 강선이 있는 포신보다도 명중률에서 비거리가 늘지 않지만, 포구 초속(포탄 발사시의 속도) 1,800m/s라는 놀라운 속도로 사출할 수 있다고 합니다.

시속으로 말하면 6,480km/h. 권총의 초속이 약 1,300km/h인 것을 감안하면 터무니없는 파괴력을 가지고 있는 것을 알 수 있습니다.

T-90
Length: 9.53m   Width: 3.46m   Height: 2.226m
Weight: 46.5t   Main Gun: 125mm2A46M2

이번 레퍼런스 동영상에서 사용되고 있는 것은 러시아제 T-90 전차

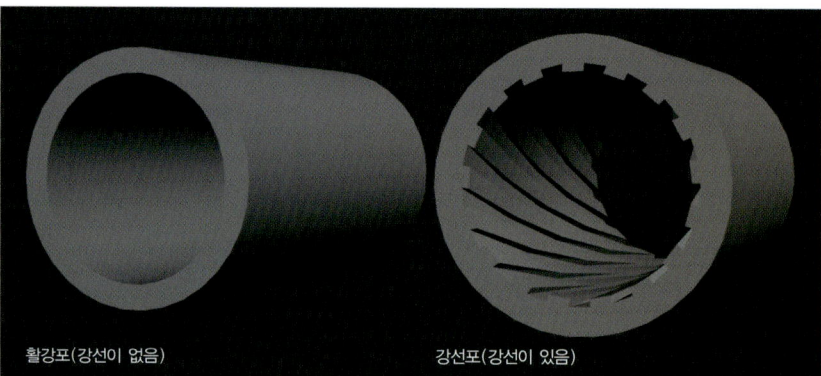

활강포(강선이 없음)   강선포(강선이 있음)

T-90의 주포는 강선이 없는 활강포라고 부르는 타입(왼쪽). 강선이 있는 타입(오른쪽)은 강선포라고 불림.

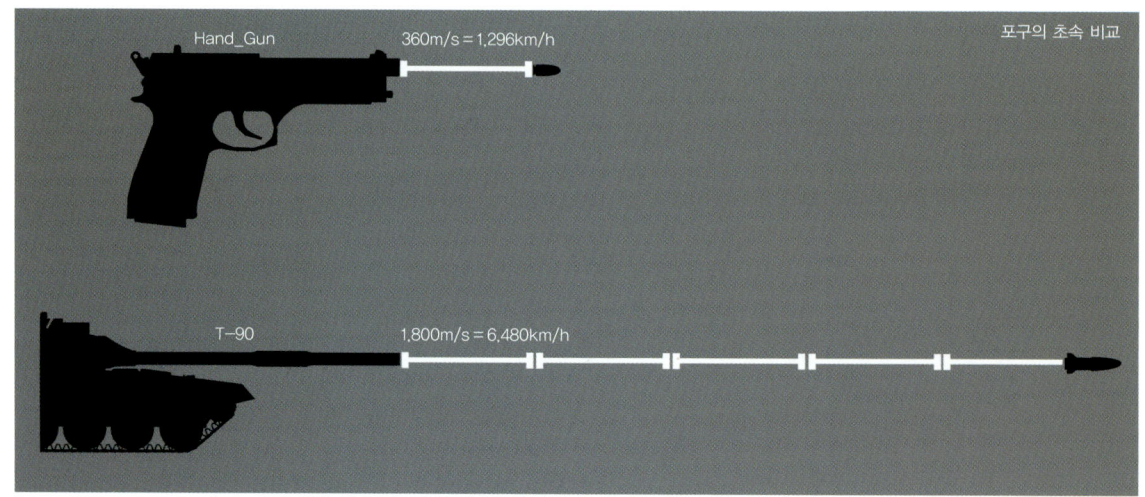

일반 권총의 총알 초속이 약 1,300km/h 인데 비해, 전차포의 포구 초속은 약 6,480km/h로 5배 가까운 속도가 됨.

STEP 02

'발사'를 생각하기 - 공기의 흐름이 중요하다

모든 요소는 공기의 흐름에 영향을 받는다

지상에서 엄청난 속도로 날아가는 포탄을 쏜다면 어떻게 될까. 물론 주변에 다양한 영향을 미치게 될 것입니다.

먼저 동영상을 바탕으로 어떤 일이 일어나는지 살펴보겠습니다.

① 포탄이 발포되는 순간 역삼각형 모양의 가스가 분출 ② 포구 부근에 도넛 모양으로 퍼지는 연기 덩어리가 발생 ③ 포탄이 발사한 후 포구 전방에서 불길이 솟아 오르는, 3가지의 현상이 확인됩니다.

1 포탄 발사 후 주위에 나타나는 3가지 영향

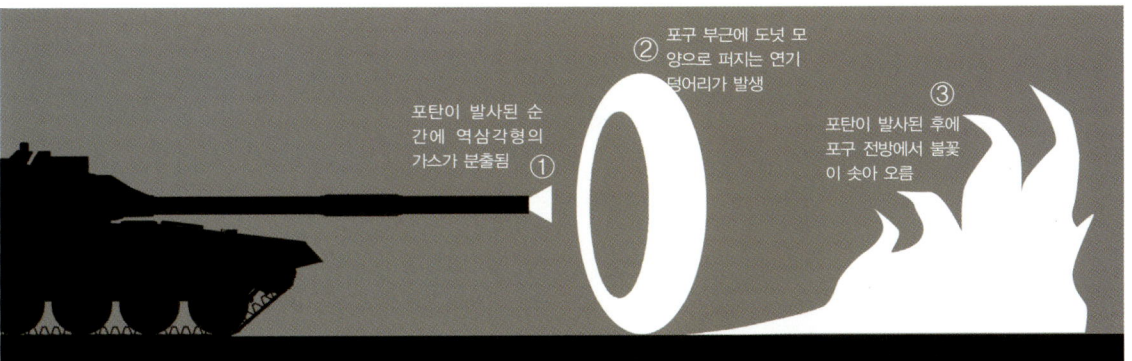

2 ① 역삼각형의 가스

먼저 ①에 대해서. 이것은 장약이 연소되어 분출하는 고압가스입니다. 역삼각형인 이유는 포탄과 밀폐도가 높은 포강 사이에서 분사되는 움직임이 직선 방향으로 분출되면서 공기가 퍼지기 때문입니다.

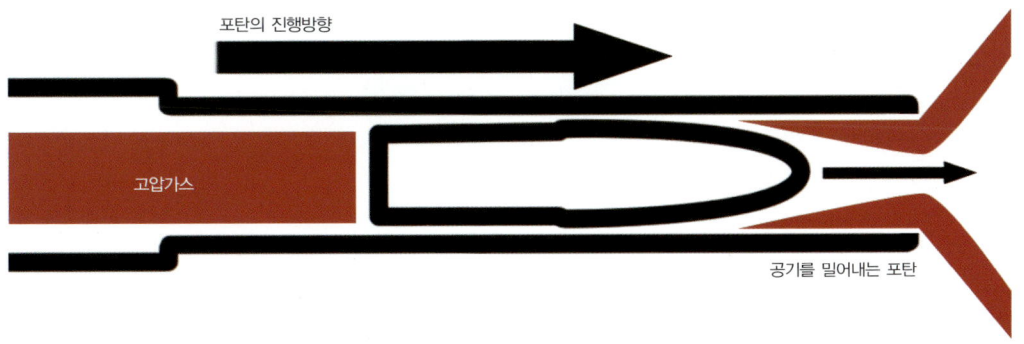

3 ② 도넛 모양의 연기

②는 초속 6,480km/h라는 음속을 초과하는 속도에 따라 공기가 넓혀지고, 원형의 충격파가 포탄에서 발생하고 있습니다. 거기에 고압가스 및 화약 연기가 휘감으면 도넛 모양의 연기가 되는 것입니다.

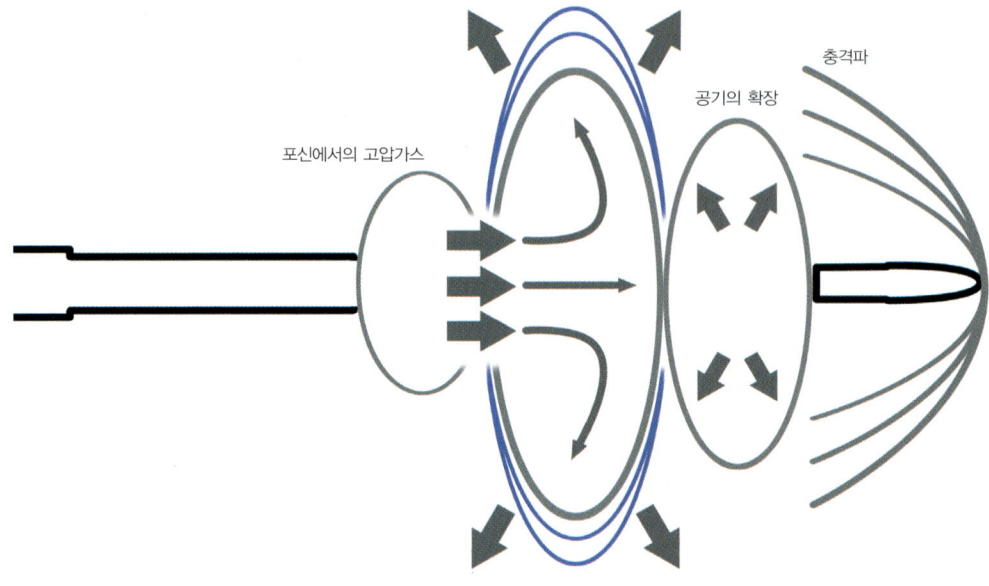

4 ③ 솟아오르는 불꽃

③ 현상은 '발포 불꽃'이라고 하며, 공중에서 흩어진 연소 물질에 인화해서 포구 전방에서 폭발을 일으킵니다. 이른바 머즐플래시(소염기 불꽃) 같은 것입니다. 이번 과정을 조사할 때 하나의 중요한 공통점을 깨달았습니다. '공기의 흐름이 전차포의 이펙트에 큰 영향을 주고 있다'는 것입니다. 제작할 때에도 이 부분을 염두하기 바랍니다.

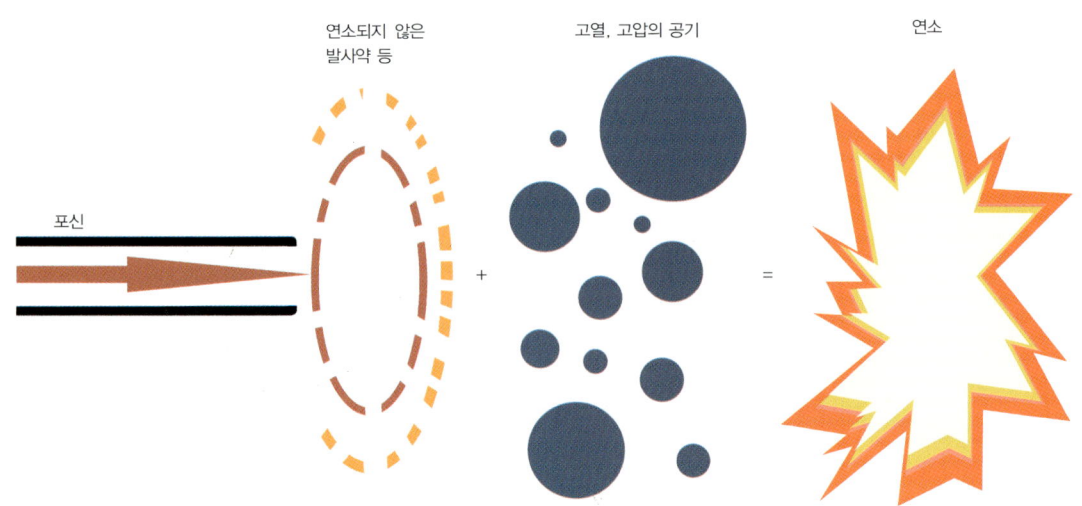

STEP 03 '발포 불꽃'을 생각하기 - 공기 덩어리의 움직임이 중요하다

충돌용 객체에서 공기 덩어리에 의한 밀려남을 재현

이번 STEP에서는 앞에서 언급한 세 가지 중에서도 만드는 방법이 독특한 '발포 불꽃' 제작 방법에 한정하여 소개합니다. ①, ②는 전차포 씬 데이터 내에서도 확인할 수 있습니다.

1 이미터(Emitter) 준비

발포 불꽃은 FumeFX를 사용하여 제작합니다.
먼저 시뮬레이션의 연료가 되는 파티클을 발생시키기 위한 이미터(발생원)를 준비합니다.(우측 그림 중심부의 파란 엣지의 객체)

다음으로, 준비한 이미터에서 우측 그림처럼 화염의 형상을 인식하고 반원 모양으로 파티클을 발생시킵니다.

이제 시뮬레이션의 사전 준비는 완료입니다.

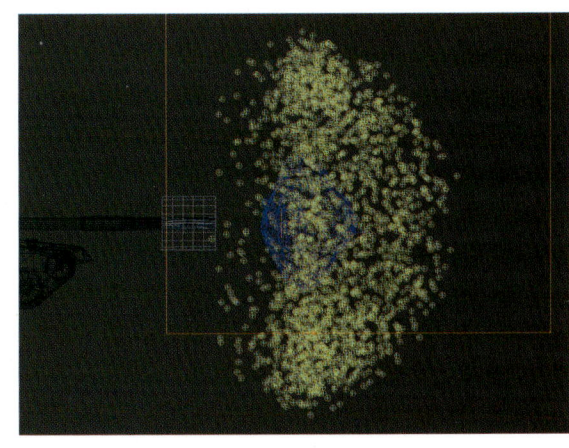

2 「공기 덩어리에 의한 밀려남」을 재현

여기에서 가장 고민한 것은 움직임의 변화입니다. 동영상에서는 발포 불꽃이 전방으로 퍼져나갈 때 위에서 아래로 불길이 밀린다는 움직임으로 사라집니다. 이것은 포격에 의한 충격파와 고압 가스에 의한 '공기 덩어리의 밀려남'이 원인인 것 같습니다. 이 공기의 흐름을 재현하기 위해 충돌용 객체를 사용합니다.

완성된 객체는 왼쪽에서 오른쪽으로 밀려나가는 공기 덩어리의 흐름을 상정해서 이동키를 줍니다. 그 다음에는 [obj/src] 탭에서 객체를 적용하고, collision 타입을 [Solid]로 해서 객체의 볼륨에 들어가는 불이나 연기는 삭제합니다.

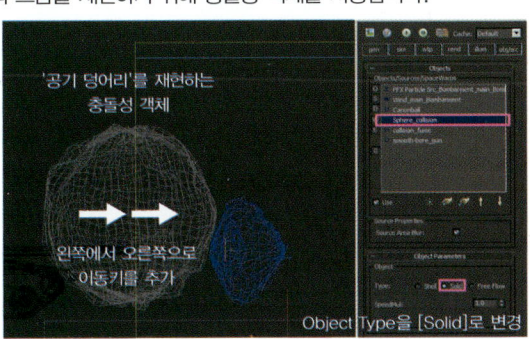

공기 덩어리에 따른 밀려난 불꽃 형태

STEP 04 '연기배출'을 생각하기 - 발포 후도 중요하다

연기배출까지가 [전차포]

포신의 중심에 팟하고 부푼 부분이 있는 것을 알고 계십니까. 여기에는 '배연기'라는 것이 있어서, 포탄을 발사했을 때 포신에 남은 화약연기 및 고온의 가스가 역류하지 않도록 하는 것입니다.

동영상을 보면 발사된 후 포구에서 흰 연기가 분출되는 것을 볼 수 있는데 이 연기배출을 만들려면 먼저 동영상에서 연기배출되는 프로세스를 쫓아가는 것부터 시작해야 합니다. 배출된 연기는 FumeFX를 사용해서 제작합니다.

1 배연기

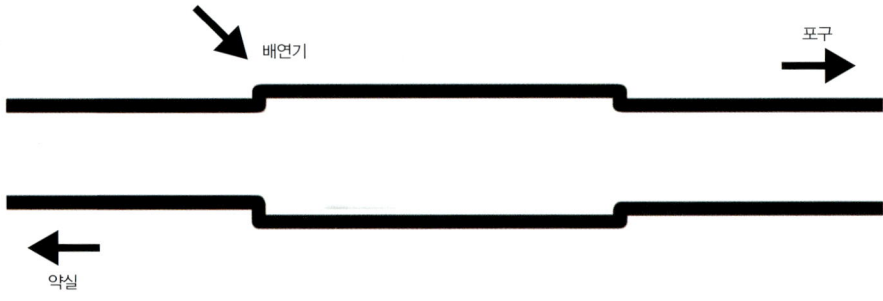

2 대량의 화약연기와 가스

발사 직후, 폭발의 영향 때문에 대량의 화약 연기와 가스가 배출됩니다. 속도 및 양을 동영상에 맞게 조정한 파티클을 ①로 합니다.

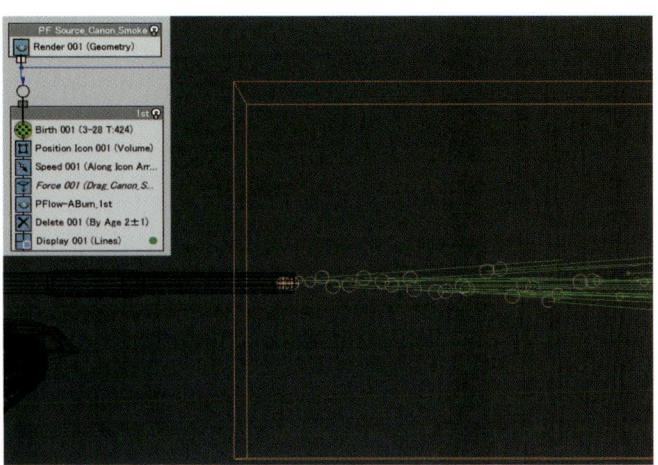

3 정기적으로 배출되는 소량의 연기

다음으로 포신에서 정기적으로 소량의 연기가 배출되는 것을 ②로 해서 타이밍에 맞춰 각 이벤트를 만듭니다.

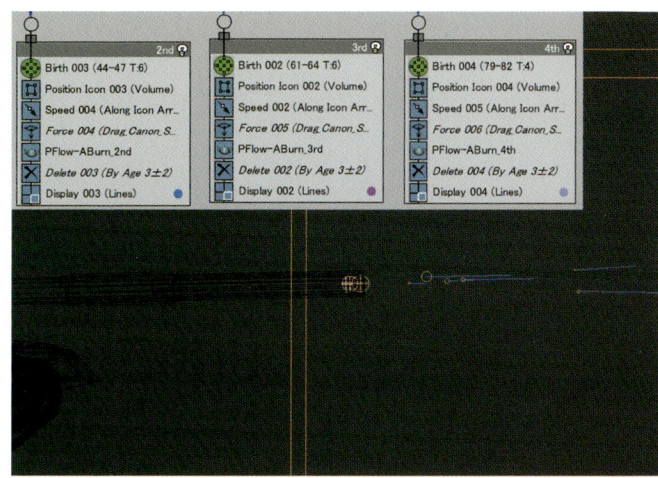

4 포신에 남은 짙은 연기

마지막으로 포신 심부에 남은 짙은 연기가 폴폴 분출되므로, 여기를 ③으로 해서 파티클의 움직임을 만듭니다. 이 때 [Particle src] 내의 파라미터에 있는 [Radius] 크기를 조절해서 연기의 '꼬리를 이은 것 같은' 형태를 만듭니다.

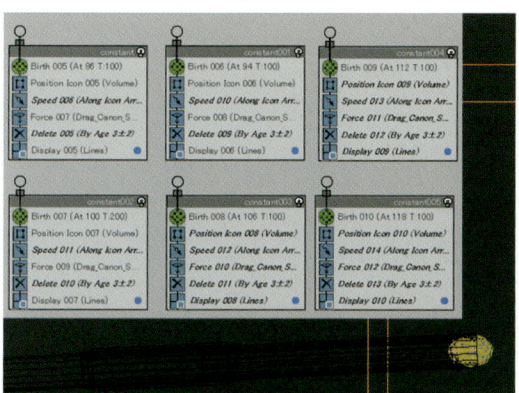

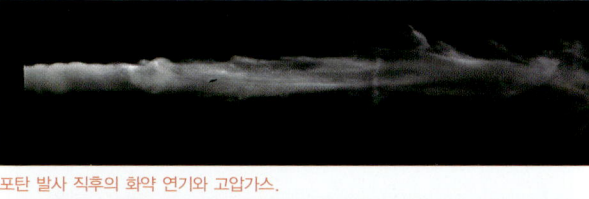

포탄 발사 직후의 화약 연기와 고압가스.

배기연으로 배출되는 모습.

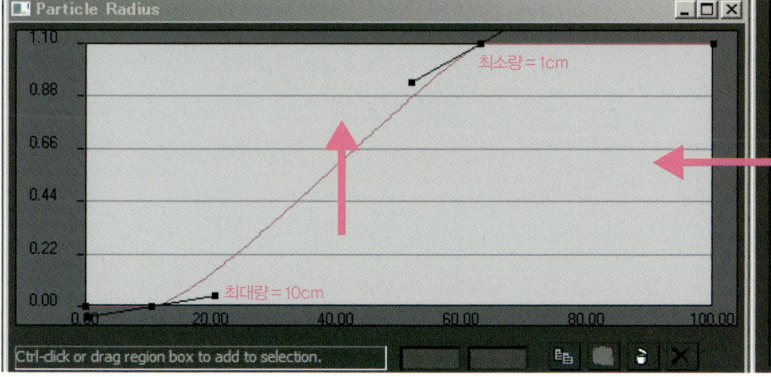
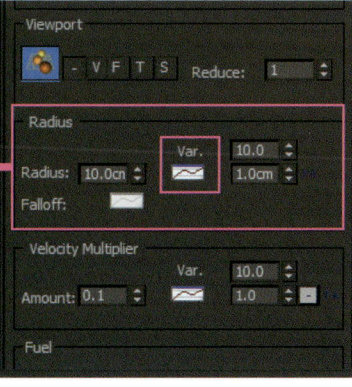

STEP 05 '파편'을 생각하기 - 파편도 공기의 흐름에 영향을 받고 있다

작은 파편의 움직임은 [Vortex]로 만든다

마지막 STEP에서는 포격에 따라 춤추는 '나무 파편'을 재현합니다. 동영상에서는 발포 불꽃이 발생한 주변의 나무 파편이 심하게 흩어지는 것을 볼 수 있습니다. 작은 나무 조각은 소용돌이처럼 빙글빙글 회전하면서 춤추듯 흩어지는 것을 확인할 수 있는데, 이것은 발포 불꽃이 발생하기 위해 주위의 산소가 연소되는 것에 의해 소비되어 그 결과 기압이 낮아져서 주위에서 공기의 유입이 일어나기 때문으로 생각됩니다.

1 나무 파편을 삼키는 공기의 흐름

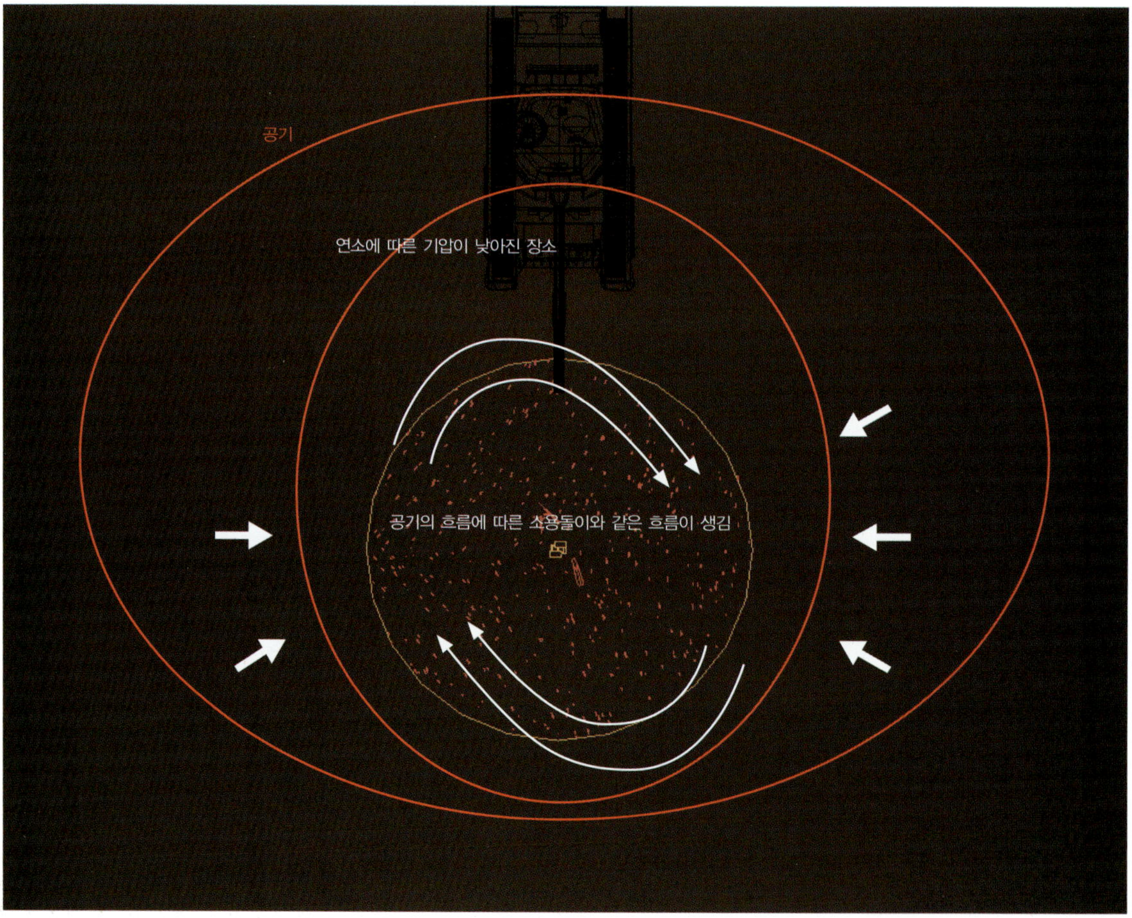

2 크고 작은 나무파편의 움직임을 만들기

작은 나무파편은 파티클로 만듭니다. 소용돌이 움직임은 [Vortex] Space Warp를 적용하여 만들 수 있을 것입니다. 큰 파편에 대해서는 무게에 소용돌이 움직임의 영향을 받지 않기 때문에 파괴 시뮬레이션 툴인 RayFire로 날립니다.

포격과 배연 등이 모두 완성되었습니다. 메인과는 조금 떨어진 2차적인 요소지만, 다른 이펙트를 돋보이게 하거나 주변에 미치는 영향 등의 설득력을 높이는 중요한 요소가 되기에 만들어 둡니다. 이것으로 '전차포' 이펙트가 모두 완성됩니다.

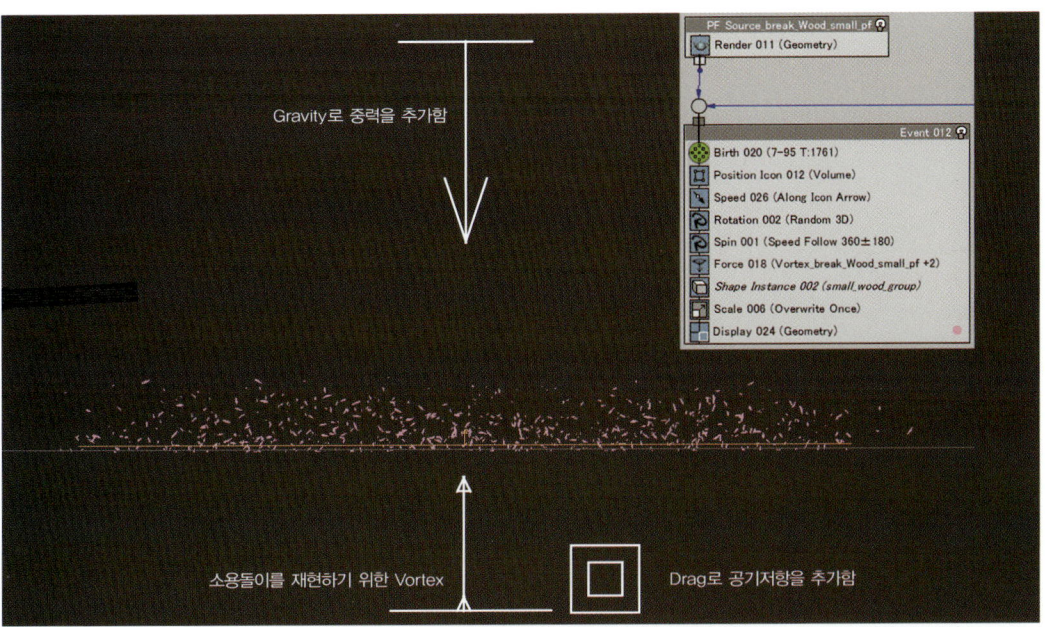

파티클로 만든 나무 조각에 [Vortex] 스페이스 워프를 적용하여 소용돌이 움직임을 추가하기

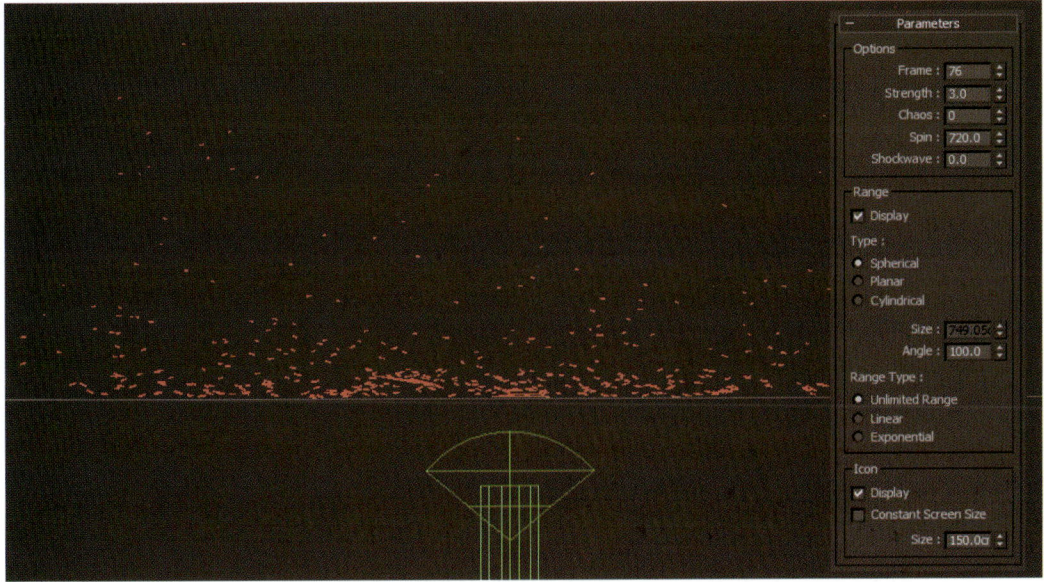

소용돌이 영향을 받지 않는 큰 나무파편에는 RayFire Tool을 사용. [RF_Bomb] 헬퍼를 적용하면 시뮬레이션에 스핀의 움직임을 추가.

CHAPTER 001

불 | 파괴 | 폭발 | 액체 | 빛 | 연기 | 기타

THEME | 06 | 불 폭발 연기

수통불꽃

이번에는 조금 특이한 '수통불꽃'을 다룹니다. 불꽃놀이와는 다르게 좀처럼 볼 기회가 없지만, 외형의 아름다움은 뒤지지 않습니다.

수통불꽃의 역사는 약 450년 전인 16세기부터 시작하여 현재까지 일본의 일부 지역에서 오곡 풍요, 무병 식재 등을 비는 제사의 일환으로 이뤄지고 있습니다.

수통 불꽃은 높이 솟아 오르는 연기와 불꽃이 특징입니다. 특히 '하네'라 부르는 불꽃의 끝부분에 통의 기저부에서 일어나는 폭발이 볼거리입니다. 그 외에 주목할 것은 무엇보다도 그 일련의 흐름을 '직접 사람이 안고 실시한다'는 것입니다.
이러한 정보를 기반으로 통 구조에서 불꽃 구조, 제작 방법을 알아두면 충분히 수통 불꽃의 매력이 전해질 것입니다.

주요 제작 프로그램

- Autodesk 3ds Max 2016
- Adobe After Effects CS 6.0
- FumeFX 3.5.5

STEP 01

'구조와 분출의 구조'를 생각하기 - 수통불꽃의 구조

20m 넘는 불꽃 분출의 구조와 그것을 견디는 통의 구조

수통불꽃은 발사식의 불꽃과는 또 다른 느낌인데, 어떤 원료나 구조로 제작되는 것일까요?
통의 소재는 맹종죽(孟宗竹)이라는 대나무를 이용하여 그 주위에 대마로 만든 남경대(南京袋), 가는 노끈, 큰 노끈을 안쪽부터 순서대로 감습니다. 대나무는 강도 높은 3년 이상 자란 것을 고르고, 거기에서 불에 찌고, 물에 삶는 등 '기름 빼기' 공정을 거쳐 대나무 자체의 강도를 높입니다. 이렇게 통의 강도에 집착하는 이유는 통의 안쪽이 대부분 화약으로 채워져 무게가 최대 3.5kg인데 이것을 불꽃 놀이용으로 바꾸면 무려 500m 상공으로 튀는 불꽃과 같은 화약량이 되기 때문입니다.

다음은 불꽃이 분출하기 위한 구조입니다.
통의 상부 안쪽은 3분의 1이상의 분출구가 열려 있습니다. 이렇게 폭발의 출구를 억제하는 것으로 폭발하기 전까지 안쪽의 압력 밸런스를 조절하고, 최대는 약 20m로 불꽃이 치솟게 되어 있습니다. 그리고 불꽃 온도가 가장 높을 때는 1,200℃나 된다고 합니다.

불꽃의 아름다움과 열을 견디는 손잡이의 늠름한 모습. 이 두가지가 수통불꽃의 큰 매력이 되고 있습니다.

1 수통불꽃의 구조와 작동 원리

수통불꽃이란

화약을 채운 죽통을 사람이 직접 안고 연소시키는 불꽃.

일본의 아이치, 시즈오카 지역을 중심으로 약 450년 전부터 제사의 일환으로 진행되고 있음

수통불꽃의 구조

- 거울(불꽃의 분출구)
- 점화용 화약
- 화약(위에서부터 소, 중, 대) 철분의 함량이 다른 세 종류의 화약을 사용한다. 명칭에 따라 화약의 강도가 다르다
- 통(맹종죽, 삼노끈, 남경대 등) 대나무는 파열되지 않도록 기름을 빼서 강도를 높이고 있다
- 하네 가루 종이에 감싼 소량의 화약. 불꽃놀이 끝에 신문지와 함께 터져 폭발한다.
- 신문지통

위에서 불꽃과 연기가 크게 분출한다. 높이는 최대 약 20m, 온도는 1,200℃에 달한다

하네

수통불꽃의 마지막에 통의 기저부에서 큰 파열음과 함께 일어나는 폭발

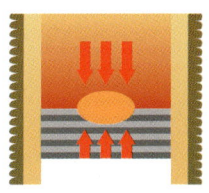

흑색 화약은 압력을 가한 상태에서 불이 붙으면 폭발하기 때문에, 하네 가루 주위는 강하게 굳어져 있다.

폭발로 인해 많은 양의 불꽃과 연기가 단숨에 방출된다

STEP 02 '하네의 연기'를 생각하기 - 3점의 흐름을 의식해서 제작하기

하네의 연기가 분출되는 흐름을 파악해서 FumeFX로 재현하기

일본 중부 지방에서 행해지는 수통불꽃에서는 불꽃의 분출 마지막에 '하네'라고 부르는 볼거리가 있습니다. STEP 01에서도 설명했듯이, 하네는 연질의 종이에 흑색 화약을 감싼 가루를 신문지로 단단하게 채워서 압력을 가하는 것으로 인화될 때 통 바닥에서 큰 소리와 함께 불똥과 연기를 분출합니다. 불똥 제작에 대해서는 나중에 설명하기로 하고, 이번 STEP에서는 연기 부분을 중심으로 만들어 보겠습니다.

1 하네의 발생 흐름

연기 분출의 흐름을 알아보면, ❶ 통바닥에서 단번에 분출하고 ❷ 지면에 충돌해서 주위로 확산 ❸ 상공에 오르면서 바람을 타고 흐르는 단계로 크게 나뉩니다. 이 3단계의 흐름을 인식하면서 제작합니다.

❶ 통바닥에서 단번에 분출

❷ 지면에 충돌하여 확산

❸ 상공에 솟아오르며 바람에 흔들림

2 연기의 소스가 되는 파티클의 준비

연기의 시뮬레이션에 친숙한 FumeFX를 이용합니다. 소스가 되는 파티클로 그림처럼 [분출하는 Particle Flow(PF)]과 [지면에 충돌해서 확산하는 PF]를 준비합니다. 이렇게 PF를 나누어서 연기의 양과 속도의 균형을 각각 조정할 수 있도록 합니다.

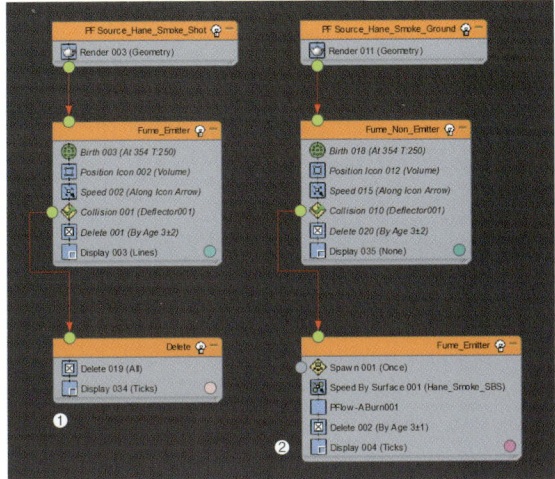
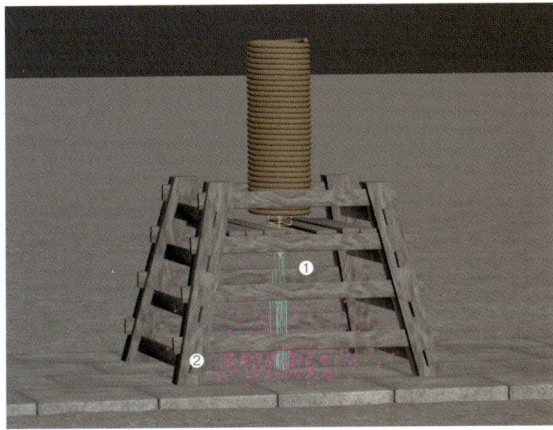

❶ 분출하는 PF와 ❷ 지면에 충돌하여 확산하는 PF를 준비.
PF를 나누어서 각 속도와 연기의 양을 제어할 수 있도록 하기.

3 피어오르는 연기의 조절

❸의 움직임은 [Wind] Space Warp로 바람의 방향과 강도를 제어합니다. 상공으로 솟아오르는 움직임은 Src 아이콘 내의 [Temperature]에서 레퍼런스 동영상을 참고하여 속도감을 조정합니다.

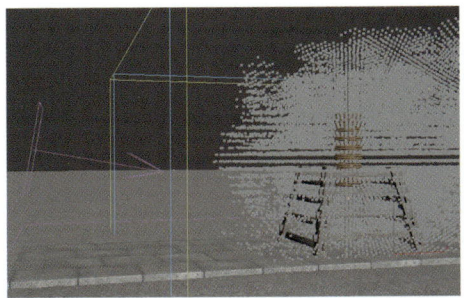
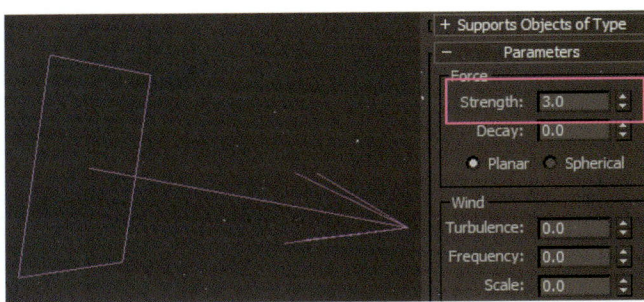

[Wind]로 바람의 방향과 강도를.
솟아오르는 속도는
[Temperature]의 [Amount]로 조절

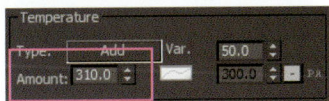

4 하네의 연기 발생 흐름

❶~❸의 연기를 렌더링한 결과는 그림과 같습니다.

❶ 통바닥부에서 일시에 뿜어냄

❷ 지면에 충돌하여 확산

❸ 상공에 피어올라 바람에 흘러감

STEP 03

'수통불꽃의 불꽃'을 생각하기
- 각 요소의 움직임을 찾아 만들기

수통불꽃이 뿜어내는 불꽃을 요소별로 구분해서 PF로 제작

STEP 03에서는 불꽃을 만듭니다.
STEP 01에서 설명했듯이 수통불꽃은 솟아오르는 불꽃놀이처럼 대량의 화약을 사용하고 있기 때문에 좁은 통 속에서 분출하는 불꽃은 격렬하게 흩어지는 규모와 힘이 수통불꽃의 큰 매력입니다.
그럼, 대량으로 발생하는 불꽃을 제작하기 위해 먼저 수통불꽃의 기본 흐름을 알아보겠습니다.

1 수통불꽃의 움직임

대략 수통불꽃은 ❶ 점화, ❷ 통상부에서 분출, ❸ 하네라는 통 바닥부의 폭발 순으로 나누어져 각 단계에서의 불꽃은 당연히 변화됩니다 ❶의 점화에서 제작……을 하고 싶지만, 레퍼런스 동영상에서는 이미 통의 상부에서 불꽃이 분출한 상태에서 시작되고 있어서 여기서는 ❷단계 불꽃부터 제작합니다.

점화용 불꽃

❶ 옆으로 눕힌 채 수통불꽃에 점화

❷ 통의 상부에서 불꽃, 연기가 분출

❸ 끝날 때 하네라는 통의 바닥부에서 폭발

2 통상부에서 분출하는 불꽃의 요소

❷단계에서는 그림처럼 분출하는 불꽃, 지면 충돌에 따른 불꽃의 확산, 낙하 중에 공중에서 터지는 불꽃이 주요한 요소가 되기 때문에 여기를 모두 PF를 이용해서 제작합니다.

먼저 불꽃이 되는 객체를 준비하고 3종류의 불꽃 요소를 이벤트별로 구축합니다. PF를 2개 사용하는 이유는 크게 기세가 있는 불꽃과 작게 기세가 없는 불꽃을 시각적으로 알기 쉽게 하기 위해서이고, 기본적으로 하나의 PF에 ❷단계의 요소를 모두 커버하는 것도 가능합니다.

❶ 위로 분출하는 불꽃

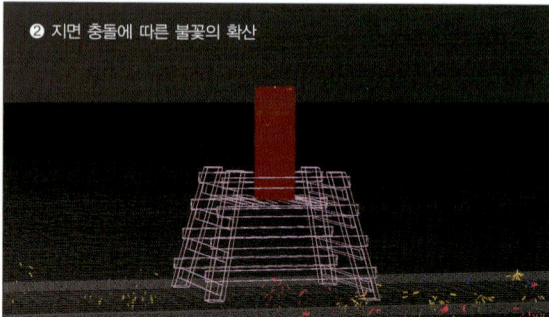

❷ 지면 충돌에 따른 불꽃의 확산

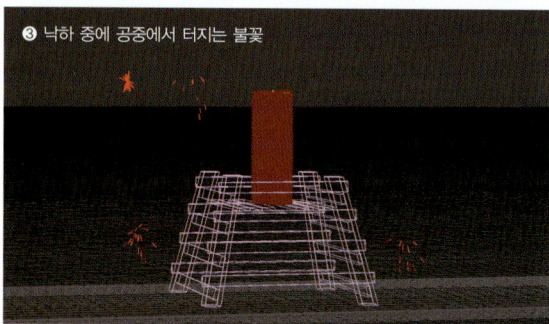

❸ 낙하 중에 공중에서 터지는 불꽃

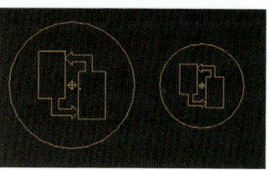

● 불꽃용 객체

기본적으로 모든 요소를 하나의 PF로 처리할 수 있지만, 크게 기세가 있는 불꽃과 작고 기세가 없는 불꽃을 시각적으로 알기 쉽게 하기 위해 나누어 있음

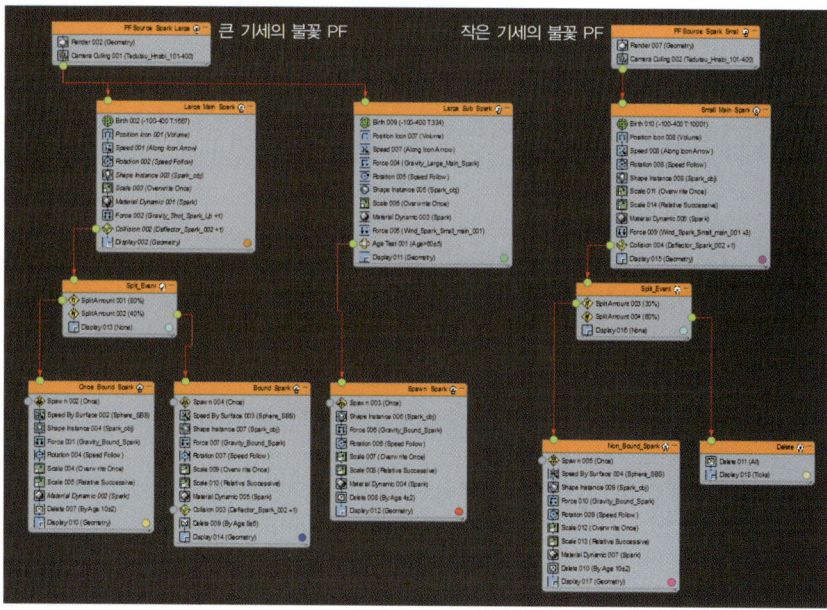

Particle Flow의 전체 이벤트

3. 위로 분출하는 불꽃에서 충돌에 따른 불꽃의 확산

이벤트 흐름을 보면 [Large_Main_Spark]에서 위로 분출하는 불꽃을, [Split_Event]에서 한 번만 바운드하는 불꽃 [Once_Bound_Spark]과 여러 번 바운드하는 불꽃 [Bound_Spark]에 이벤트를 분기시켜 지상 충돌에 따른 불꽃의 확산 방법에 변화를 갖도록 하고 있습니다.

다음은 낙하 중에 공중에서 터지는 불꽃을 제작합니다.

방금 전의 Main_Spark처럼 [Large_Sub_Spark] 이벤트를 짜고 [Age Test] 테스트를 적용합니다. 이로 인해 발생에서 테스트로 지정된 시간이 지난 파티클은 [Spawn_Spark] 이벤트로 보내져서, [Spawn] 테스트를 통해 공중에서 불꽃이 확산된 것과 같은 움직임을 일련의 Particle Flow에서 제어할 수 있게 됩니다.

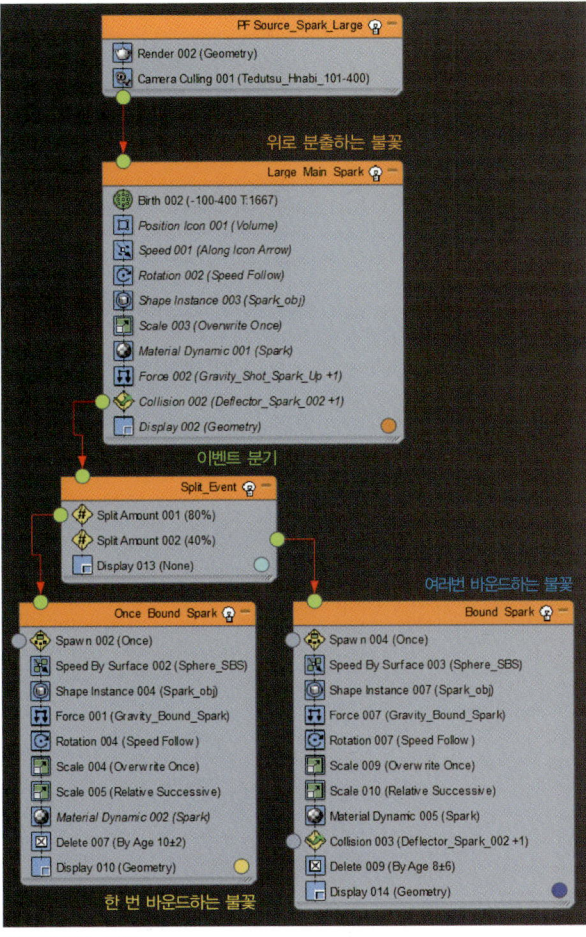

위로 분출하는 불꽃

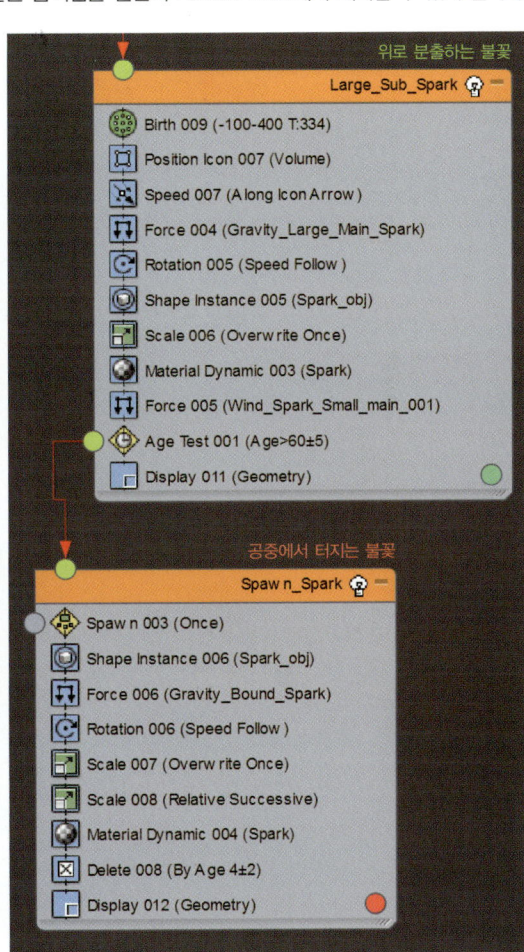

낙하 중에 공중에서 터지는 불꽃

4 하네에 따른 불꽃의 제작

이제 ❸단계의 하네에 따른 불꽃 제작을 알아보겠습니다. Particle Flow의 구성은 ❷에서 제작한 3종류의 불꽃 이벤트를 응용합니다. 이벤트 분기 후의 불꽃은 바운드 여부로 변경하고, 크게 다른 부분은 스타트 이벤트가 되는 지면에 넓게 퍼지는 불꽃입니다. 통에서 지면으로 최단거리로 충돌한 불꽃은 STEP 02에서 제작한 연기처럼 단번에 둥근 형태로 퍼져 나가고, 연기나는 화면을 보여줍니다. 이쪽은 파티클의 발생을 [Position Object]에서 변경하고, 발생원이 되는 객체를 모디파이어 [Dispalce] 및 [Noise], [FFD]를 사용해서 여러 형태가 되도록 조정하면 파티클 발생할 때의 실루엣을 임의의 형태로 노릴 수 있습니다. 실루엣이 되면 실제의 하네와 비교해서 불꽃의 아름다움과 박력에 어울리도록 밸런스를 조정합니다.

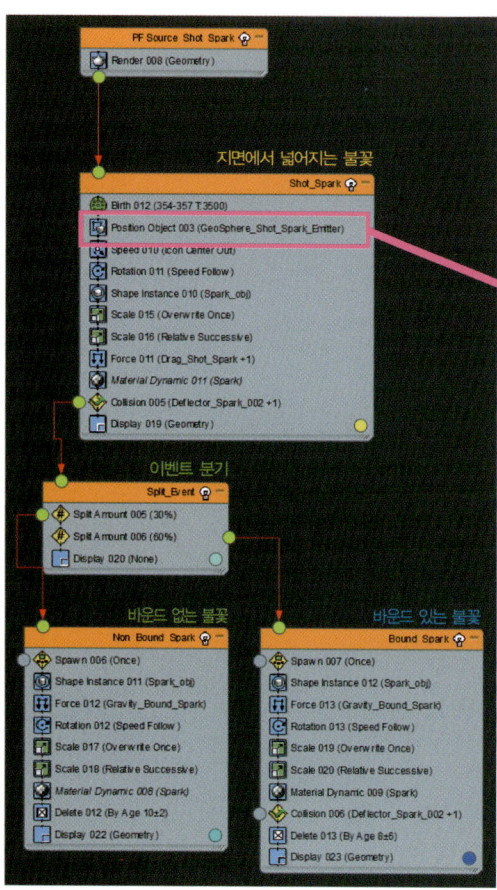

모디파이어를 구사해서 발생원의 객체를 모델링

발생원을 [Position Object]로 변경해서 파티클 발생시의 불꽃의 실루엣을 조절하기

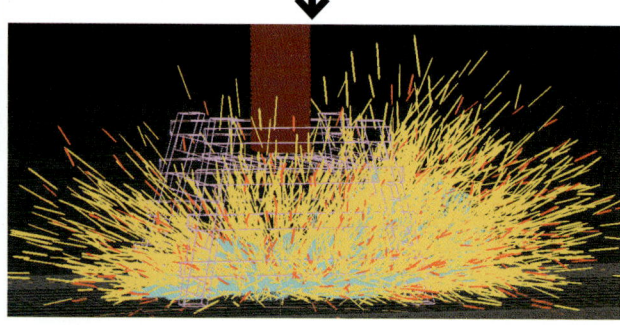

하네의 불꽃(뷰포트)

STEP 04

'분출하는 연기'를 생각하기
- 두 종류의 연기의 움직임을 만들기

분출하는 연기와 주변에 흩날리는 연기를 만들기

마지막은 통상부에서 불꽃과 함께 발생하는 두 종류의 연기를 만듭니다.

여기도 STEP 02와 마찬가지로 FumeFX를 사용합니다.

CHAPTER 001

1 불꽃과 함께 발생하는 두 종류의 연기

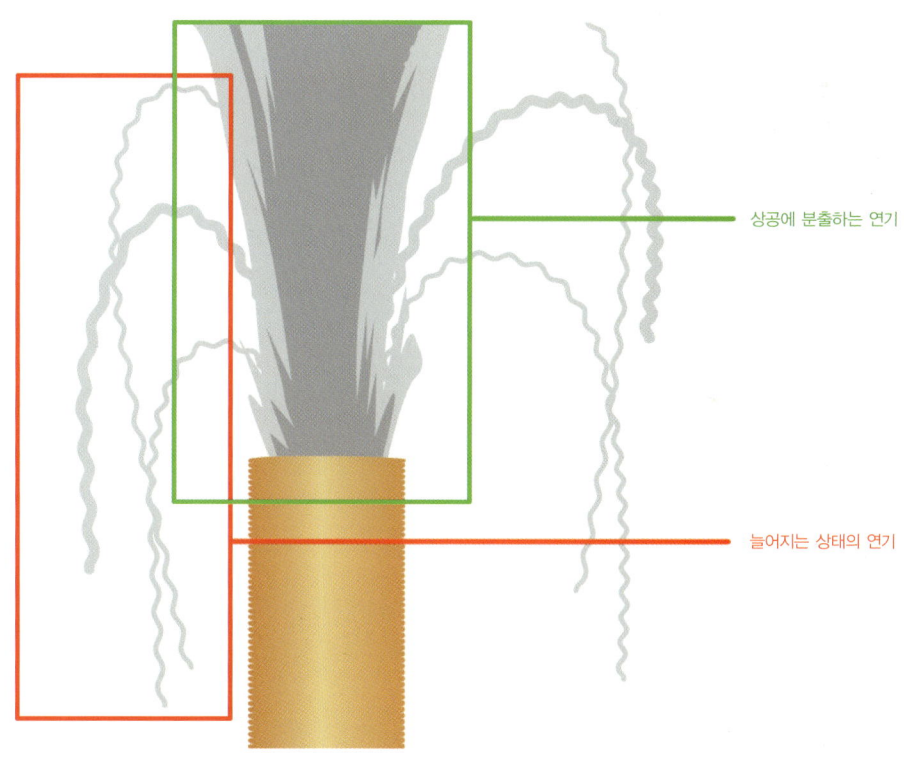

상공에 분출하는 연기

늘어지는 상태의 연기

2 분출하는 연기의 제작

분출하는 연기는 상공으로 분출하는 연기의 움직임을 소스가 되는 파티클에서 미리 대략적으로 붙여 두고 분출 속도와 연기의 실루엣을 결정합니다.

연기의 볼륨, 질감의 설정은 파라미터를 조정하여 기반이 되는 연기의 설정을 완료합니다.

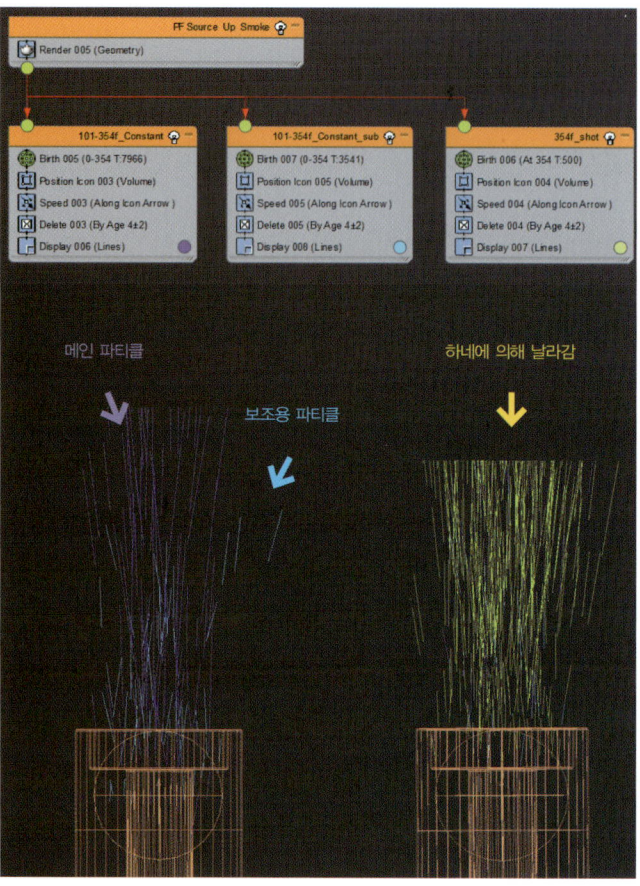

항상 분출되는 상태의 파티클과 하네에 의해 날아가는 파티클을 이벤트별로 나누어 조정.

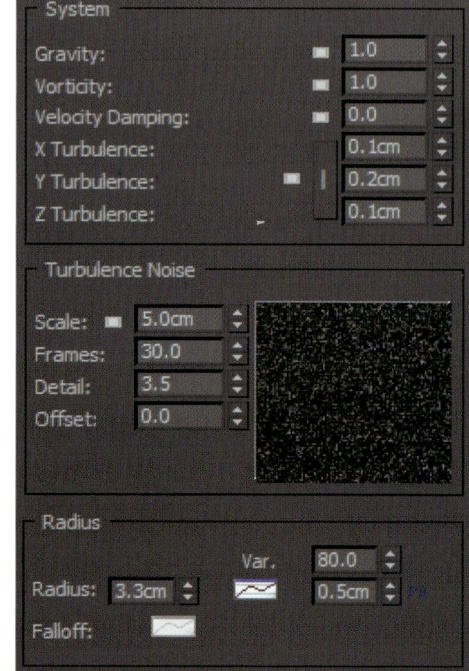

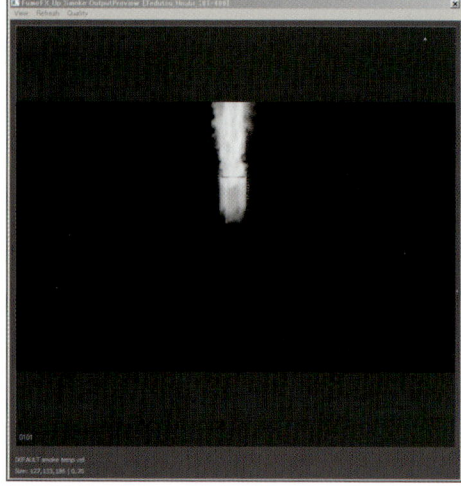

● FumeFX에 의한 연기의 볼륨 및 질감 설정

[Velocity], [X, Y, Z Turbulence], [Turbulence Noise]에서 연기의 질감을 설정. Radius는 파티클 하나당 시뮬레이션 범위를 반경으로 지정 가능. 연기 전체의 볼륨에 영향을 줌.

3 불꽃과 함께 발생하는 2종류의 연기

다음으로 화약의 흩어짐에 의해 발생하는 떨어지는 연기를 재현해 보겠습니다. (베이스가 되는) 분출되는 연기의 주변에는 지렁이가 기어간 듯한 근육 모양의 흰선이 보입니다. 이것은 흰 연기를 많이 내뿜는 흑색 화약이 수통불꽃의 주요 연료가 되었으며, 연소한 일부 화약이 흩날리고 있기 때문이라고 생각됩니다.

여기도 베이스의 연기처럼 파티클로 떨어지는 형태의 움직임을 미리 만들어서, FumeFX 파라미터 내 [X, Y, Z Turbulence], [Turbulence Noise]에서 섬세하게 물결치는 움직임을 추가합니다. 분출하는 연기와 흩날아다니는 연기를 조합한 최종 결과가 우측 하단의 그림입니다.

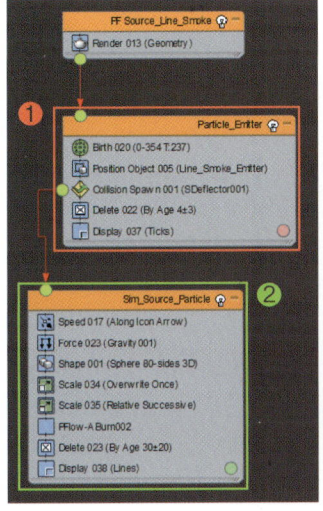 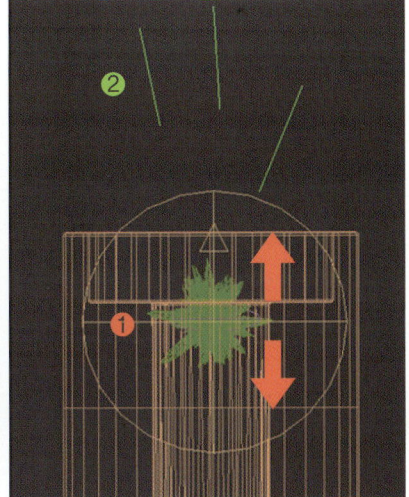 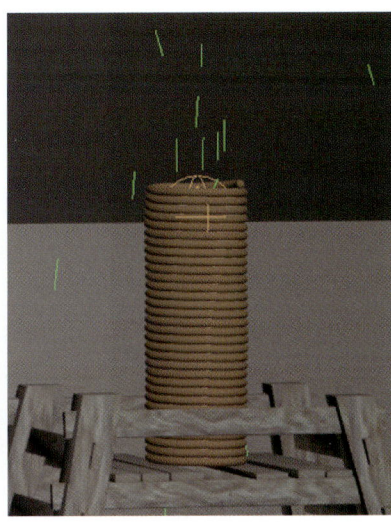

● 소스가 되는 파티클을 랜덤하게 발생

❶의 이벤트에서는 객체에 파티클을 휘감아 Deflector에 뿌려서 ❷ 이벤트로 전환하고 무작위로 발생하도록 하고 있음.

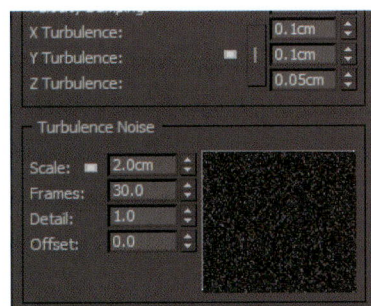

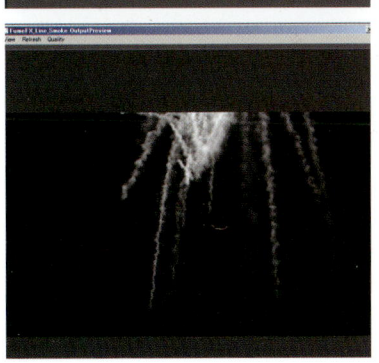

최종 결과

● 연기의 질감조정

[X, Y, Z Turbulence], [Turbulence Noise]로 좌측 그림처럼 구름의 물결침이 더해짐.

STEP 05 '발생원과 질감'을 생각하기 – 점화용 불꽃의 연기를 만들기

철가루가 함유된 화약이 만들어내는 연기의 질감을 목표로 하기

레퍼런스 동영상을 보면, 수통불꽃의 화면 바로 앞에서 연기가 나오는 것을 볼 수 있습니다. 이것은 수통불꽃에 점화할 때 쓰인 점화용 불꽃이 땅에 놓여 있고 그 나머지 불의 연기가 감돌고 있기 때문입니다. 여기 연기도 FumeFX로 제작할 것입니다.

1 발생용 객체의 준비

안정된 불과 연기를 계속 내고 싶다면 객체 기반에서 시뮬레이션이 적합하고 그림처럼 연기에 얼룩질 수 있도록 [Noise] 및 [Edit Poly]와 같은 모디파이어로 모양을 무너뜨린 객체를 준비합니다. 심지어 [Noise]내 [Animation]을 적용해서 발생하는 연기의 랜덤성을 확보해 둡니다.

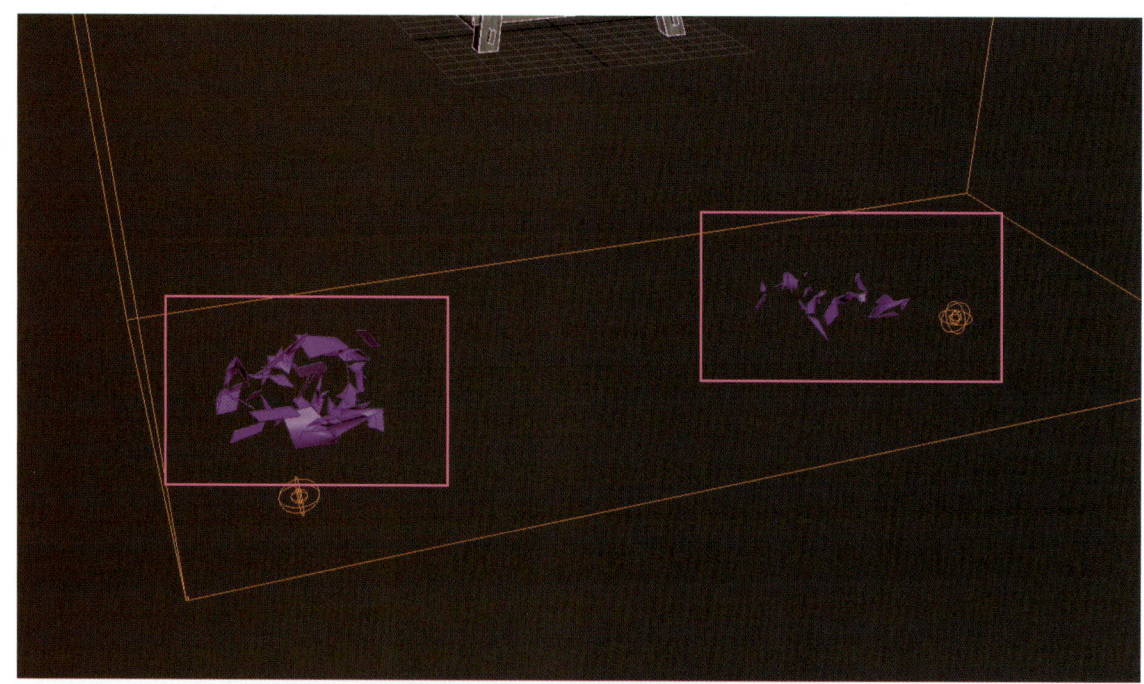

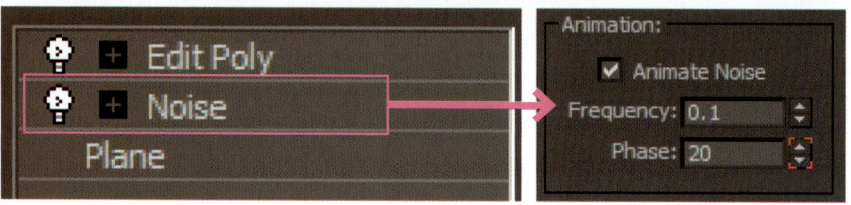

안정된 연기를 발생시키기 위해 객체 베이스로 제작. 연기의 얼룩 및 실루엣이 제대로 갖춰지지 않도록 [Noise]나 [Edit Poly]같은 모디파이어를 사용하고, 나아가서 [Animation]에서 1f씩 랜덤하게 형태를 변형시켜 두기.

2 연기의 시뮬레이션

다음으로 연기를 시뮬레이션합니다. 불꽃에 사용되는 검은 화약에는 철가루가 들어 있으며, 특징으로는 세밀한 질감이 만들어 줄 수 있습니다. 이쪽은 FumeFX 파라미터 [Turbulence Noise]를 주로 활용하고 세밀한 질감을 목표로 하고 있습니다.

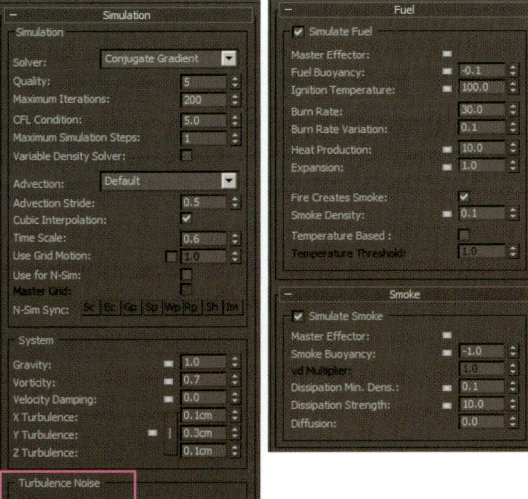

사용한 FumeFX의 주요 파라미터. 특히 [Turbulence Noise]는 연기의 질감을 결정하는데 큰 영향을 준다. 철분이 섞인 화약에서 나오는 세밀한 연기를 만들기 위해 [Scale]은 규정치보다 세밀하도록 [Detail]도 수치를 올려 준다.

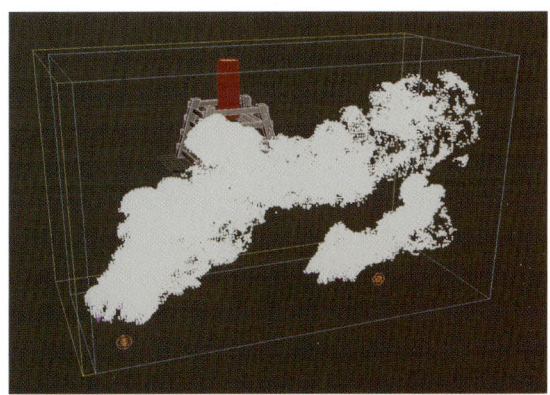

시뮬레이션 결과

연기의 속도는 움직임에 맞춰 조정된다.

3 렌더링 결과

만들어진 연기입니다.

렌더링 결과

최종 결과

CHAPTER 001

불 | 파괴 | 폭파 | 액체 | 빛 | 연기 | 기타

THEME | 07   불 연기 기타

로켓엔진의 발사

불 제작 편의 마지막은 기술의 최고봉인 로켓 분야에 도전합니다!

거슬러 올라가보면 로켓의 역사는 오래되었습니다. 기원전 1020년경 현재의 중국 대륙에서 화약이 만들어진 것이 시작입니다. 로켓은 화약 폭발로 빠르고 멀리 날리는 효과를 응용해서 처음에는 신호탄 및 전쟁의 병기로 사용되었습니다. 화약 발명 후 1,000년이라는 시간이 흘러 러시아의 한 과학자에 의해 로켓에 의한 우주 비행의 아이디어가 제기되었습니다. 그후 1957년에 세계 최초의 인공위성이 발사되었고, 1961년에는 드디어 유리 가가린에 의해 유인 우주 비행이 실현되었으며, 8년 후 달 착륙에 성공하게 되었습니다. 현재 우주 개발은 세계각국에서 행해지고 있습니다. 다음 단계의 설명을 통해서 좀 더 많은 것을 느끼기 바랍니다.

주요 제작 프로그램

- Autodesk 3ds Max 2016
- Adobe After Effects CS 6.0
- FumeFX 3.5.5

STEP 01

'로켓과 엔진'을 생각하기 - 로켓을 조사하다

풍선과 같은 구조로 로켓은 우주로 날라간다

로켓은 인류가 가진 기술과 상상력의 정점이라고 해도 과언이 아니지만, 그 거대한 금속 덩어리를 어떤 방법으로 우주까지 비행시키는 것일까요.

자주 비유되는 것이 '풍선'입니다. 풍선은 공기가 들어가면 내부 압력이 높아져 부풀어 오릅니다.

이 상태에서 공기의 출입구인 밸브를 열면 좁은 구멍으로 단번에 공기가 빠지기 때문에 이 기세로 공중으로 이동할 수 있는 것입니다.

로켓도 규모는 전혀 다르지만 같은 구조를 이용하여 우주까지 비행할 수 있습니다.

CHAPTER 001

1 로켓 구조와 엔진의 구조

로켓 엔진은 풍선이 이동하는 구조를 응용하여 실현하고 있습니다. 다양한 종류의 엔진이 있지만, 여기서는 '이단 연료 주기'이라는 분사 방법을 가진 엔진을 만들어 볼 것입니다.

아래 그림처럼 미리 예비 버너에서 연료를 일부 연소시키고, 그 연소가스로 펌프를 움직여서 주연료실에 초고속으로 연료를 보내 분사의 힘을 효율적으로 뿜어내는 방식입니다. 잘 요약해봤는데 아직은 어려울 것입니다. 어쨌든 '굉장히 효율이 좋고 힘이 나오는 동력'으로 기억하면 문제 없으니, 다음 STEP으로 진행해보겠습니다.

로켓이 날아가는 구조

엔진 안에서 고압가스를 생성하고, 노즐에서 고속으로 분사하여 앞으로 이동하는 힘(추력)을 얻음. 지구 궤도를 타고 최소 초당 7.9km(시속 28,440km). 행성간 이동을 실현하려면 초속 11.2km(시속 40,320km)의 속도가 필요함.

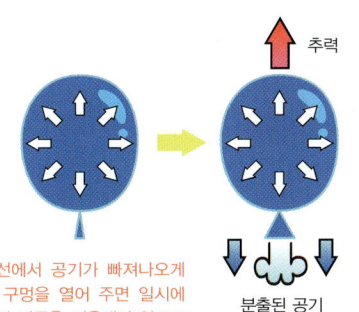

부풀어 오른 풍선에서 공기가 빠져나오게 하기 위해 작은 구멍을 열어 주면 일시에 공기가 분출됨. 이 반응을 이용해서 앞으로 움직이는 힘(추력)을 얻음.

분출된 공기

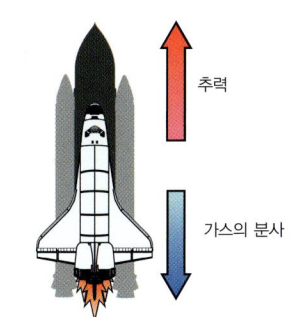

하늘을 날으는 로켓도 풍선과 같음.

로켓엔진의 구조

우주 왕복선의 궤도선에는 SSME(Space Shuttle Main Engine)이라 부르는 메인 엔진이 사용되고 있음. 효율적인 연료 사용률을 높이기 위해 이단 연료 주기라는 연소 방식을 채택하고 있음.

⊗ 조절 밸브
→ 액체산소
→ 액체수소
→ 펌프 구동용 가스
→ 연소가스

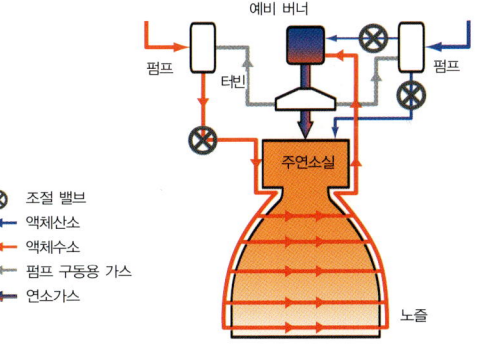

이단 연료주기의 흐름

처음에 일부 연료를 예비 버너에서 연소시켜 생성된 고압의 연소 가스로 터빈을 회전시켜 펌프를 움직입니다. 이 힘으로 주연료실에 액체 산소와 액체 수소를 보내는 동시에 터빈을 돌려 연소 가스도 주연소실로 함께 보냅니다. 구조는 복잡하지만 모든 연소 가스를 낭비없이 분사로 사용하는 것이 가능합니다.

STEP 02 '불꽃'을 생각하기 – 수수께끼의 불꽃 정체를 찾기

수소가스의 체류를 억제하는 중요한 불꽃

우주선이 발사되기 직전에는, 엔진노즐 근처의 기체에서 '수소 연소 장치'가 가동되어 불꽃이 올라갑니다. 로켓 엔진의 연료인 액체 수소가 기화하여 엔진 하부에 체류되면 폭발의 위험이 있기 때문에 이 시스템을 사용해서 수소 가스를 연소시키는 것입니다.

1 엔진 하부에서 나오는 불꽃

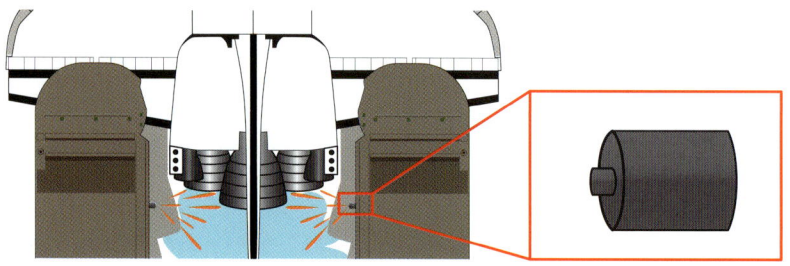

엔진 하부에 기화한 액체 수소가 체류하고 있기 때문에, '수소 연소 장치'로 불꽃을 발생시켜 수소 가스를 연소시킴.

2 불꽃의 종류

먼저 불꽃의 움직임을 세 가지로 분류하여 제작해 봅시다.

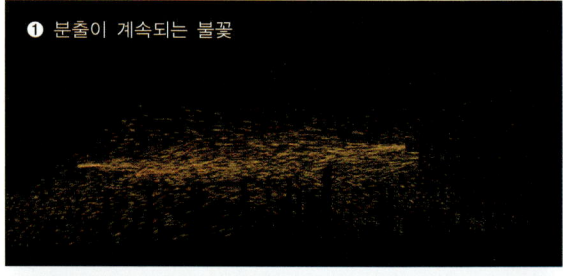

❶ 분출이 계속되는 불꽃

❷ 건물에 닿아서 터지는 불꽃

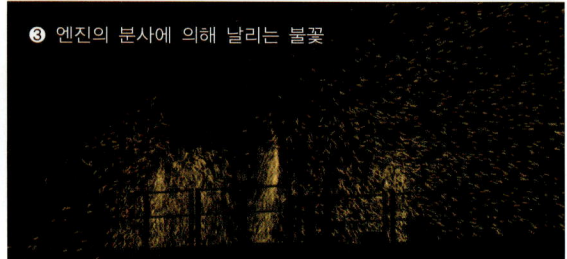

❸ 엔진의 분사에 의해 날리는 불꽃

3   ❶ 분출이 계속되는 불꽃의 제작

먼저 기본이 되는 ❶ 분출이 계속되는 불꽃을 제작합니다. 양과 속도에 신경쓰면서 각 오퍼레이터를 조정합니다. 또한 세세한 움직임을 추가하기 위해, [Force] 기능으로 [Gravity], [Wind], [Drag]의 Space Warp를 적용합니다.

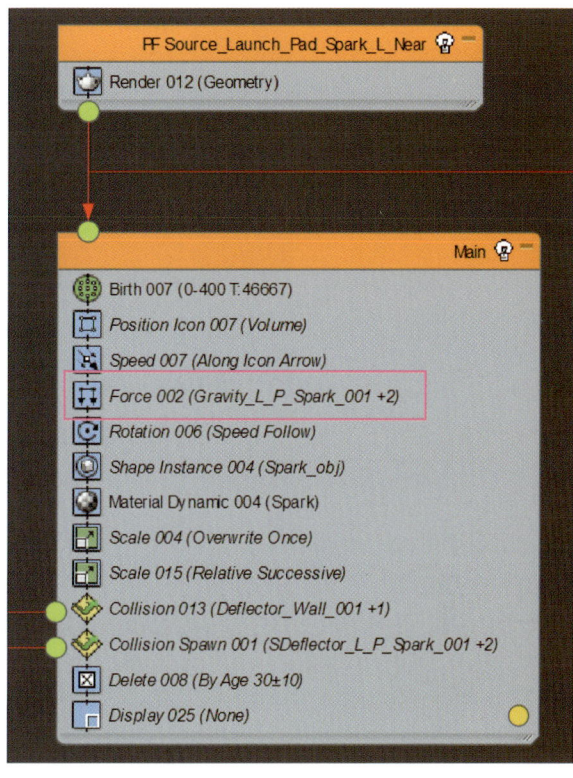

4   ❷ 건물에 닿아서 터지는 불꽃의 제작

다음으로 ❷단계 건물에 닿아서 터지는 불꽃을 제작합니다. 앞서 준비한 ❶단계의 이벤트에 [Collision] 테스트를 적용하고, 불꽃이 닿는 장소에 Deflector를 배치합니다. Deflector 충돌 후에 이동하는 이벤트에는 [Spawn] 테스트로 파티클을 발생시켜, 움직임 및 파티클의 크기를 각 오퍼레이터로 조정하면서 ❷단계의 건물에 닿아서 터지는 불꽃을 완성시킵니다.

[Collision] 테스트를 적용   ❶ 분출이 계속되는 불꽃 이벤트에서 파생   Deflector의 배치

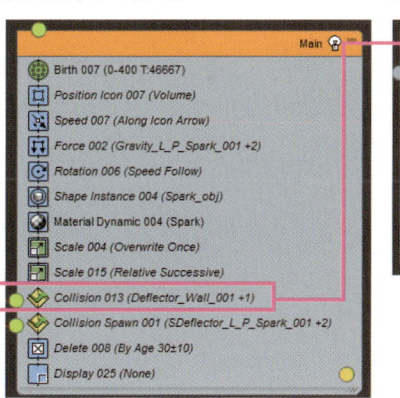  

5 불꽃의 종류

마지막은 ❸단계로 엔진의 분사에 의해 날리는 불꽃입니다.

엔진 점화 후에도 불꽃은 계속해서 나오지만, 엔진 분사 부분을 통과하고 있기 때문에 불꽃이 분사되는 힘에 의해 아래로 억지로 날리고 있습니다. 이쪽도 ❷단계와 마찬가지로 Deflector를 사용해서 움직임을 재현하고 있습니다.

STEP 03에서 소개하는 엔진의 확산력에 따라 Deflector에 애니메이션을 지정합니다.

[Collision Spawn] 테스트에서 보낸 이벤트 앞에는 아래 방향으로 향한 Space Warp [Wind]를 적용하고, Strength에 기본보다 아주 높은 값을 입력합니다(이번에는 1 〉 80으로 변경).

무작위로 불꽃을 날리기 위해서는 [Turbulence] 및 [Frequency] 등에도 수치를 넣어 둡시다.

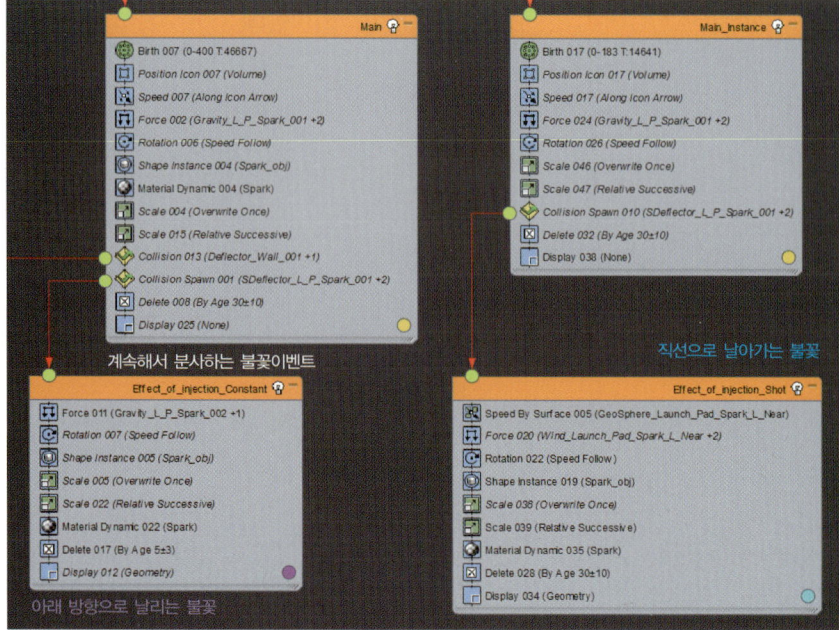

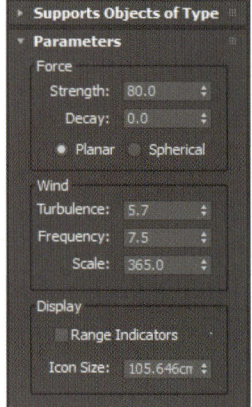

'아래쪽 방향으로 날아가는 불꽃'과 '방사형으로 날아가는 불꽃'으로 이벤트를 나눔.

분사되는 형태에 따라 배치한 Deflector에 반응하여 불꽃이 발생함.

'아래쪽 방향으로…"의 불꽃은 Wind로 움직임을 추가함.

STEP 03

'엔진의 분사'를 생각하기 - 점화에서 분사까지 만들기

분사는 객체에서 특징적인 형태로 움직임을 표현

STEP 03은 '엔진의 분사'를 만듭니다. 우주선의 엔진은 STEP 01에서도 설명한 것처럼, SSME라는 액체 연료를 이용하는 엔진을 채용하고 있습니다. 여기서는 점화에서 날아가기 직전의 분사까지를 3가지로 나누어 제작합니다.

1 엔진 하부에서 나오는 불꽃

엔진의 점화

점화와 발사 직전의 분사

발사 시 완전 연소한 분사

2 점화의 제작

제작하는 항목이 많기 때문에 바로 점화해 보겠습니다.
SSME 점화 때에는 각 노즐에서 연소에 의해 분사되는 불이 발생하는데 이것은 FumeFX를 사용하여 제작하겠습니다.
우선 각 노즐에 이미터가 되는 파티클을 배치하고 불의 움직임처럼 '점화 > 바닥 충돌에 따른 불의 확산'을 미리 Particle Flow에서 아래 그림처럼 대략적인 움직임을 적용합니다.

레퍼런스 동영상처럼 순식간에 연소한 불이 사라지도록 FumeFX 내 파라미터 [Burn Rate]의 값을 기준치보다 높여서 연료의 반응 속도를 올려 둡니다.
시뮬레이션을 반복, 실루엣과 손실 타이밍이 결정되면 불의 Color와 Opacity를 조정해서 색상 너비와 농도를 확인한 후, 점화에 의한 불의 분사를 완성합니다.

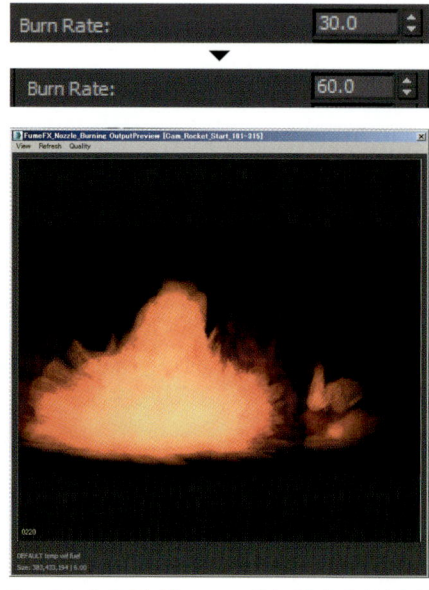

FumeFX 내 파라미터 [Burn Rate]의 값을 높여서 불이 연소해서 사라지는 속도를 빠르게 함

뷰포트상의 파티클

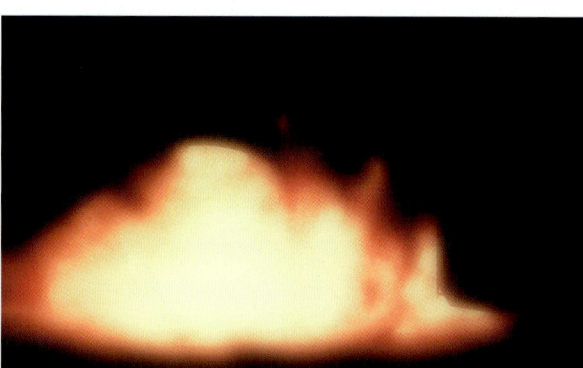

최종 결과

3 점화와 완전 연소한 분사를 연결한 분사의 제작

다음으로 '점화와 완전 연소한 분사를 연결한 분사'를 제작합니다. 점화와 발사 직전의 분사의 사이에는 아직 완전 연소되지 않고, 순간 강하게 분사하는 빨간 불을 볼 수 있습니다. 분사의 불은 타원형의 실루엣을 형성하고 있기 때문에, FumeFX같은 모양을 고정하기 어려운 플루이드 소프트웨어는 사용하지 않고 모두 객체를 베이스로 만듭니다. 분사는 아래 그림처럼 맵 또는 객체를 이용하여 분사에 필요한 소스를 제작합니다. 소스는 ❶ 분사의 심지가 되는 소스, ❷ 분사 내의 얼룩 소스, ❸ 아웃라인이 됩니다.

❶ 분사의 심지가 되는 소재

❷ 분사 내의 얼룩이 되는 소재

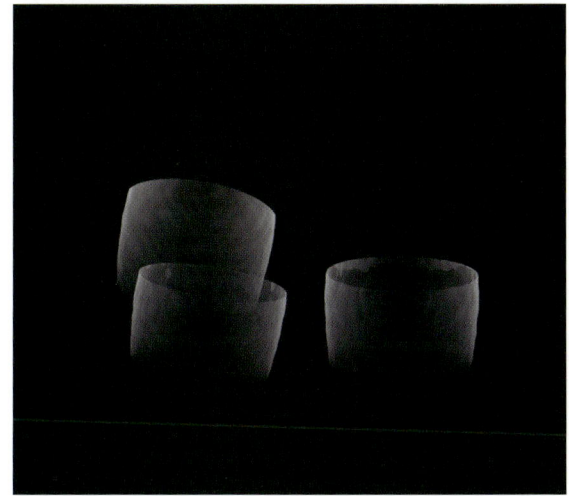

❸ 아웃라인

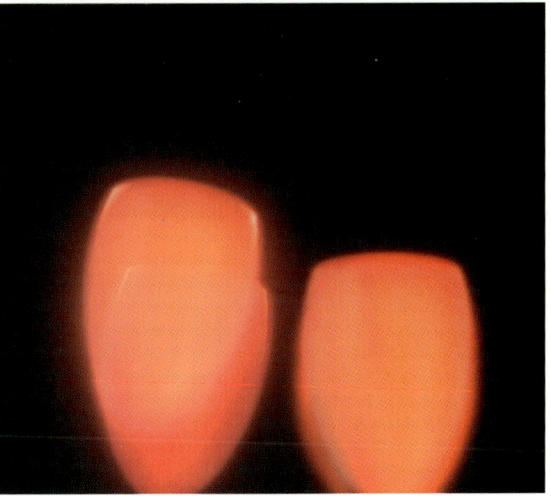

❹ 최종 결과

4 발사 시의 완전연소한 분사

마지막은 발사 시의 완전연소한 분사의 제작입니다. 앞서 제작한 빨간 분사와는 다르게, 엔진 내의 연료가 안정되어 완전 연소한 것으로 투명에 가까운 상태로 분사됩니다. 이 부분도 빨간 분사처럼 객체 베이스로 제작합니다. 분사의 심이 되는 소스 및 얼룩 소스에다가 노이즈 내에 넓은 물결 소스 및 분사 내에 발생하는 충격파의 콘 형태의 소스를 추가했습니다. 전체 소스를 합성 프로그램에서 편집하면 최종 결과가 ❻처럼 됩니다.

레퍼런스 동영상을 기반으로 분사될 때의 각 미세한 움직임들을 추가합니다.

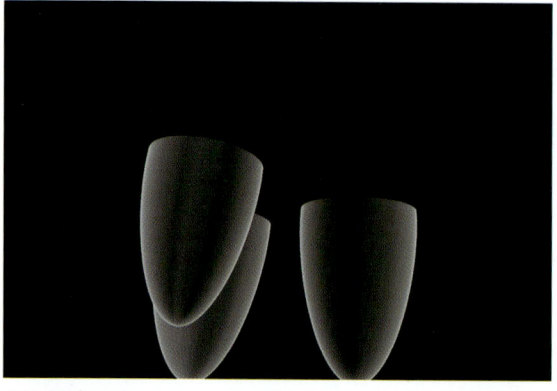

❶ 분사의 심이 되는 소재

❷ 분사 내의 얼룩 소재 1

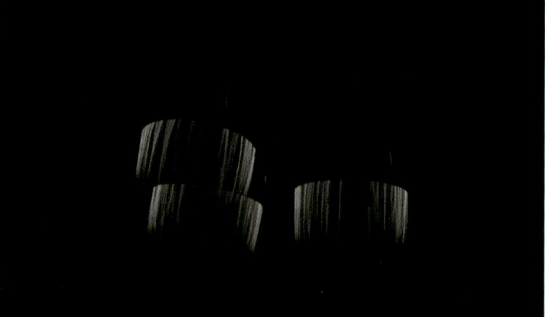

❸ 분사 내의 얼룩 소재 2

❹ 노이즈 내의 넓은 소재

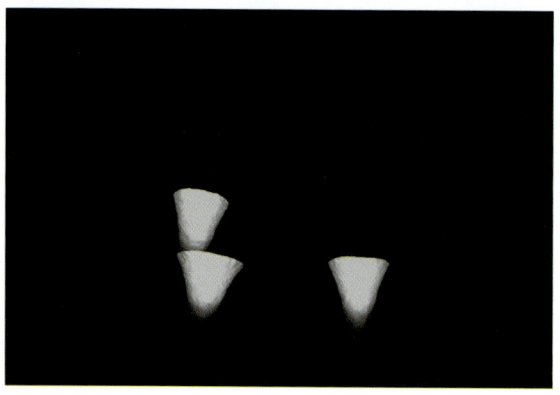

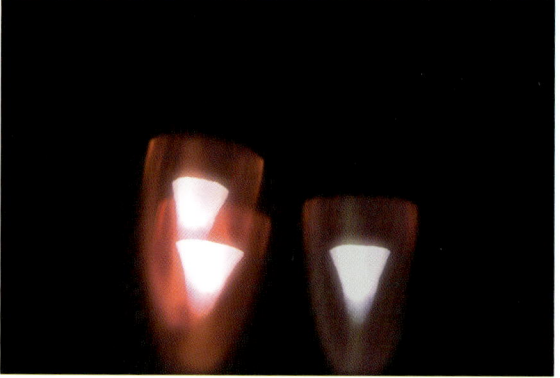

❺ 분사 내 충격파 소재

❻ 최종 결과

STEP 04 '노즐에서 나온 연기'를 생각하기
- 수수께끼의 흰 연기를 만들기

연기의 정체는 응고된 공기중의 수분

마지막 STEP에서는 로켓의 발사직전에 노즐에서 나오는 연기를 재현합니다.

연기가 나오는 파이프는 기화해서 필요없어진 액체 산소를 배출하기 위한 드레인라인이라고 부르는 장치입니다.

배출된 산소는 분출한 부분의 공기 중 수증기가 차갑게 응고된 흰 연기로 보이는 것입니다. 이 흰 연기의 제작은 파티클을 베이스로 시뮬레이션한 FumeFX의 연기로 만듭니다.

1 노즐에서 나오는 흰 연기

발사 직전이 되면 노즐에 붙어 있는 드레인라인으로 부르는 파이프에서 흰 연기가 분출하기 시작.

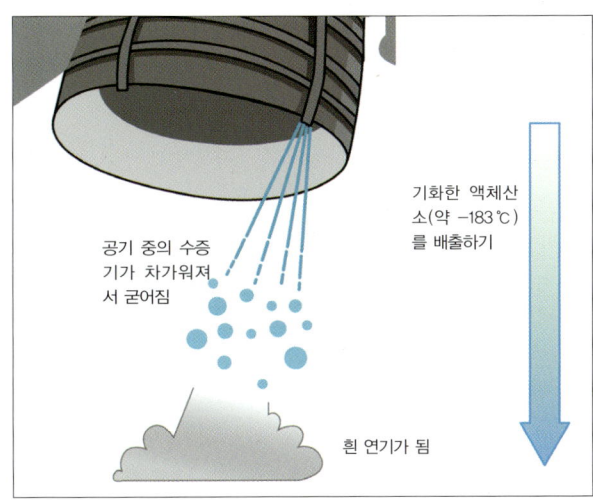

기화된 액체산소를 배출하기 위해 공기 중의 수증기가 차가워져 흰 연기가 되어 보이게 됨.

2 이미터가 되는 파티클의 준비

엔진 발동 전 연기의 발생은 그림처럼 이미터가 되는 파티클을 방출시켜 연기의 속도와 시뮬레이션을 실제 동영상처럼 조정합니다.

각 노즐에 붙어 있는 드레인라인에 파티클을 배치.

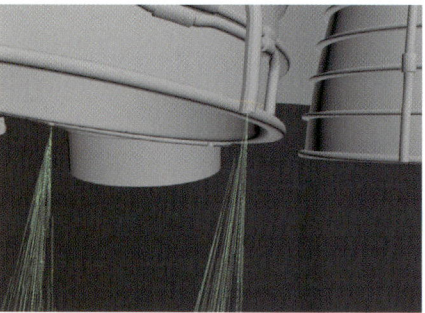

연기가 삼각형의 시뮬레이션이 되도록 움직임을 적용.

시뮬레이션 결과(프리뷰)

● Particle Flow

기본적으로 항상 분출시키고 있지만, 노즐의 분사 영향을 받는 211f에서 파티클의 수명을 단축시켜 연기의 분출량을 작게 하고 있음.

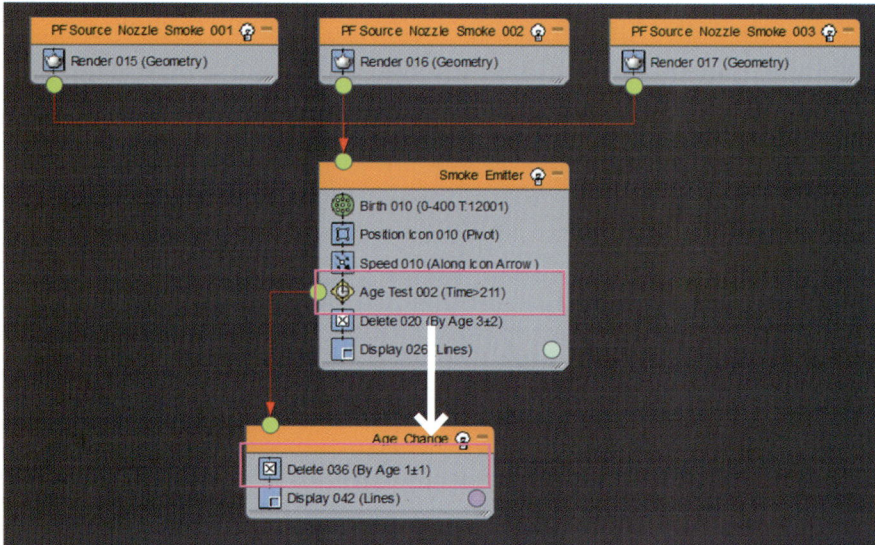

3 분사에 의한 연기에의 영향

엔진 분사 후는 STEP 02의 불꽃과 마찬가지로 고압 가스의 영향을 받기 때문에, STEP 03에서 제작한 분사 소재를 충돌 판정용 소재로 적용합니다. 가스 분사에 의해 연기가 날아가는 동작이 되도록 분사의 방향에 맞춰 객체를 변형시켜서 연기의 움직임에 영향을 줍니다.

[Dispalce]로 객체에 굴곡을 주기

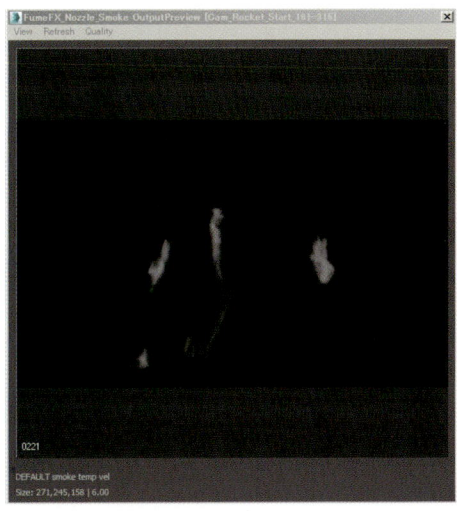

충돌 시 연기의 움직임

STEP 03의 분사에서 사용한 객체를 연기의 충돌용 소재로 이용.
[Displace] 등 디폼 모디파이어로 메쉬를 움직여서 연기가 날아가는 움직임을 주기.

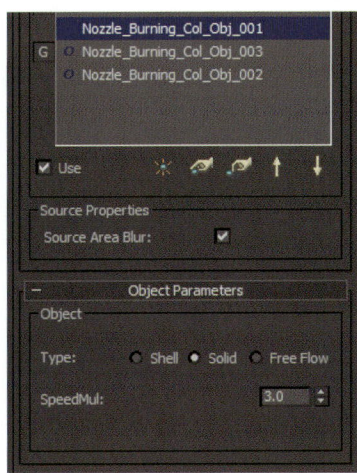

FumeFX 내에서 충돌용 소재로 적용

COLUMN

이펙트 제작할 때 알아두어야 할 10가지 주의사항

03 ≫ 시뮬레이션 중에는 멍때리지 마라!

시도 & 실패를 반복하는 노력이 필요하다

초보자들이 하기 쉬운 버릇은 '제작 초반부터 갑자기 높은 해상도로 시뮬레이션 하는 것'입니다. 게다가 로컬로 시뮬레이션을 하고 있으므로 작업도 중단되서 스마트폰으로 노는 시간이 늘어납니다. 이래서는 아무리 시간이 있어도 좋은 작업을 할 수 없습니다.

제작 퀄리티를 올리는 방법 중 하나로 '시도&실패의 횟수를 늘리기'가 있습니다. 먼저 저해상도로 시뮬레이션을 자주 해서 좋은 움직임이 생길 때까지 잦은 시도와 오류를 반복합니다.

움직임이 정해지면 질감 및 라이팅을 확인하기 위해 시간이 너무 걸리지 않을 정도의 해상도로 맞추고 시뮬레이션을 렌더링합니다. 그때도 렌더링 사이즈를 절반으로 하거나 필요한 부분만 렌더링 해서 확인하는 등 한 번이라도 더 시도& 실패를 할 수 있도록 노력합니다.

시뮬레이션을 하는 동안은 '기다리는 시간'이 아니라 '생각하는 시간'으로 활용하세요.

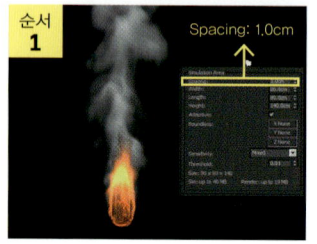

낮은 해상도(FumeFX라면 [Spacing])에서 제작을 시작함. 이 단계에서 노렸던 움직임 및 실루엣을 대략적으로 결정함.

[순서2]가 완료되면 해상도를 필요한 값까지 올려서 시뮬레이션하기. 이 시점에서의 시뮬레이션에는 시간이 많이 걸릴 수 있으므로 횟수를 줄이기.

[순서1]을 반복해서 원했던 결과를 얻으면 해상도를 올려서 시뮬레이션하기. 이 시점에서 렌더링 테스트해서 컬러와 질감, 라이팅을 조정하기.

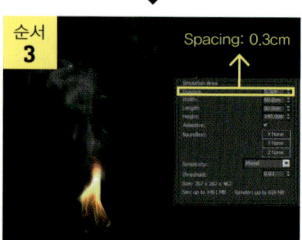

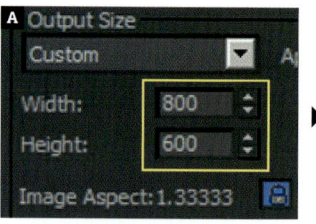
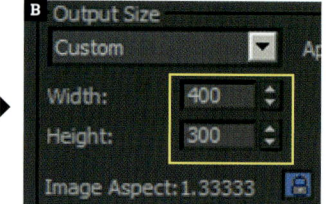

테스트 렌더링은 파티클 사이즈 등 본래보다 해상도를 낮춰서 확인함. A 특정 부분만의 렌더링 결과를 확인하고 싶다면 [Area to Render]를 [Region]으로 변경하기. 붉은 테두리로 지정한 범위만 렌더링하도록 설정할 수 있음. B

CHAPTER
002

폭파 · 폭발

이펙트의 꽃이라고 부르는 폭파·폭발은 조연이더라도 주연이 될 수 있는 '영상의 꽃'입니다. 폭파되는 재질, 폭발에 사용되는 연료의 차이 등 각 특징을 살펴보고, 심도 깊게 이해하면서 이펙트를 제작합니다.

CHAPTER 002

불 / 파괴 / 폭발 / 액체 / 빛 / 연기 / 기타

THEME | 01

폭파 연기

벽돌 벽 파괴하기

이제 '폭파·폭발' 중에서도 특히 메이저 느낌이 있는 '벽돌 벽의 파괴'에 도전합니다. 이른바 '파괴 시뮬레이션 툴'로 사전 준비해 두면 시뮬레이션 스위치 1개로 그럴듯한 파괴 효과를 만들 수 있습니다.

사실 어떤 객체라도 파괴 시뮬레이션을 해볼 수 있지만 문제는 해당 객체가 자연스럽게 파괴되는 느낌을 살리기가 어렵다는 것입니다. 여기서는 진짜처럼 자연스러운 파괴 효과를 만드는 것이 핵심입니다.

이번에는 이러한 상황을 생각하면서 제작해 보겠습니다.

주요 제작 프로그램

- Autodesk 3ds Max 2013
- Adobe After Effects CS 5.5
- FumeFX 3.5.3
- RayFire Tool 1.64

STEP 01

'벽돌'을 생각하기 - 크기 및 쌓는 방법이 중요하다

규격에 따른 크기와 쌓는 방법을 고민하며 벽돌 벽을 만든다

모사를 하려면 기초 동영상과 최대한 비슷한 스케일로 제작해야 하므로, 우선 벽돌 벽의 기준이 되는 벽돌의 크기부터 제작합니다. 벽돌의 크기는 각국마다 규격 크기가 있어서 비교해 보면 그 차이는 한 눈에 볼 수 있습니다. 이번에 참조하는 동영상은 해외에서 방송된 것이어서, 영국의 규격 사이즈에 맞는 벽돌을 쌓아보겠습니다.

1 나라별 벽돌 벽의 규격 사이즈 예

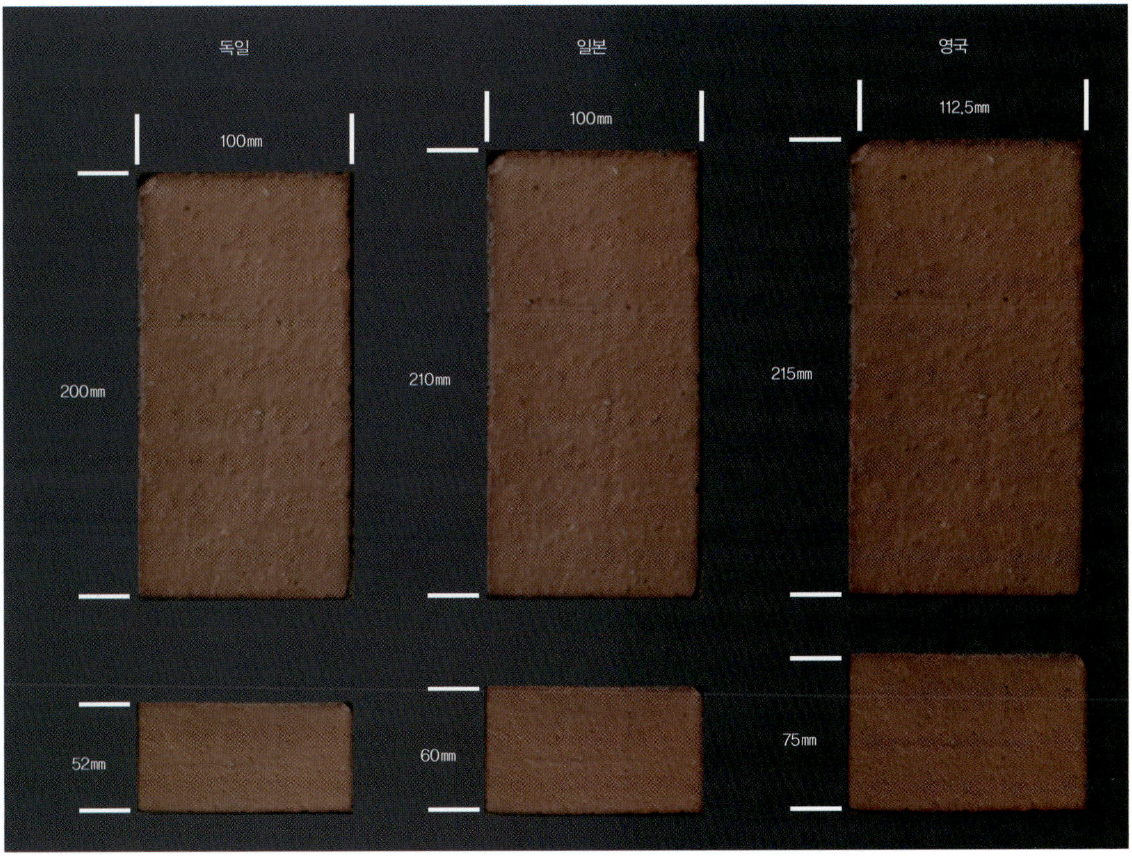

독일 100mm 200mm 52mm

일본 100mm 210mm 60mm

영국 112.5mm 215mm 75mm

2 벽돌을 쌓는 방법

이제 벽돌을 쌓는 방법에 주목합니다. 벽돌은 용도에 따라 쌓는 방법이 다양합니다. 벽돌의 긴면(길이)을 화장면으로 쌓는 '길이 쌓기'와 짧은 면(마구리)을 화장면으로 하는 '마구리 쌓기' 등이 주요 쌓는 방법입니다.

레퍼런스 동영상에서는 벽돌의 길이면이 화장면으로 사용되는 '길이 쌓기'로 보입니다. 폭파에서 벽돌이 날아갈 때의 실루엣을 닮게 하려면 쌓는 방법도 중요하므로 잘 살펴봅시다.

벽돌의 줄눈이 되는 '몰타르'도 준비합니다.

벽돌의 길이면을 화장면으로서 쌓는 길이쌓기

벽돌과 벽돌의 사이를 메꾸는 줄눈이 되는 몰타르

3 '영식쌓기'의 재현

또한 동영상을 보면 옆면의 보강을 위해 길이와 마구리를 번갈아 쌓아서 강도와 안정감 있는 '영식 쌓기'로 되어 있으니 참고해서 제작합니다.

이제 대략 폭파용 벽돌 벽이 완성되었습니다.

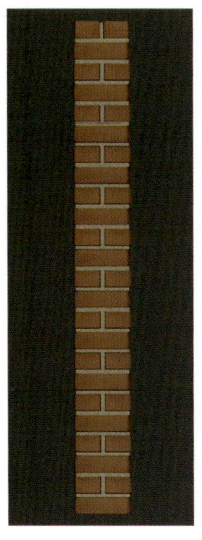

길이 쌓기와 마구리 쌓기를 교대로 겹쳐서 영식 쌓기로 벽돌을 올려줌. 옆에서 보면 그림처럼 보임

벽돌 벽의 완성

STEP 02 '줄눈의 폭파'를 생각하기 - 작은 파편은 줄눈이었다

RayFire에서 사전에 몰타르 소재를 분할한다

레퍼런스 동영상을 잘 보면 벽돌 자체는 산산조각 날 정도로 깨지는 일은 별로 없지만, 화면에는 작은 파편이나 먼지들이 많이 흘날리고 있습니다. 벽돌은 구워서 만들어서 매우 튼튼하기 때문에 잘 깨지지 않습니다. 즉, 파편과 먼지의 대부분은 몰타르의 파괴에 의해 생기는 것이라고 생각됩니다.

1 충돌 범위를 잘라내기

이번 폭파의 시뮬레이션에는 3ds max의 플러그인 RayFire를 사용합니다. RayFire를 사용해서 개체의 분할(쪼개짐)도 시뮬레이션으로 재현하는 방법도 있지만, 이번에는 자동차의 충돌로 인해 집중적으로 깨지는 표현을 하고 싶기 때문에 시뮬레이션을 하기 전에 미리 나누기로 했습니다.

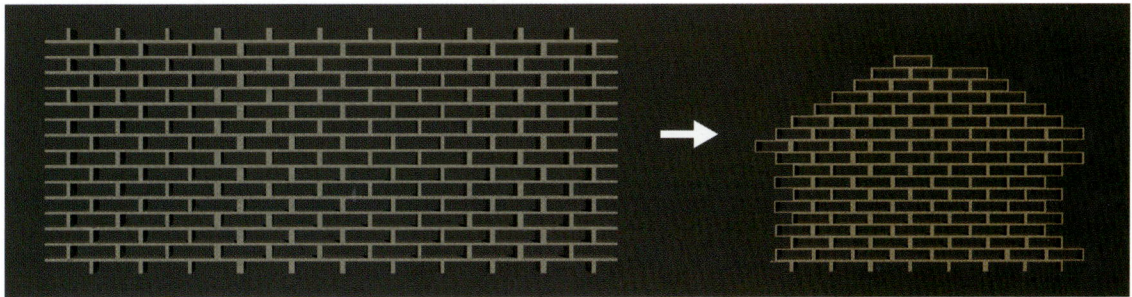

1개의 개체로 되어 있는 몰타르 소재에서 자동차의 충돌로 인해 심한 손상 범위를 잘라내기

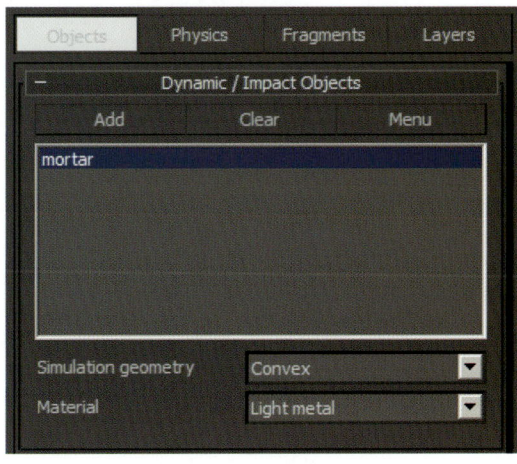

잘라낸 몰타르 소재를 RayFire의 [Objects 〉 Dynamic / Impact Objects]로 등록하기

2 잘라낸 소재를 분할

다음으로 [Fragments] 탭으로 이동해서 [Fragmentation Type]을 [ProBoolean – Uniform]으로 하고, [Iteration]에서 분할되는 수를 조정하여 적당한 개체수로 분할시킵니다. A B

ProBoolean은 단면에 디테일을 보여줄 수 있으므로, 이번 폭파 효과에 중요한 역할을 합니다. C

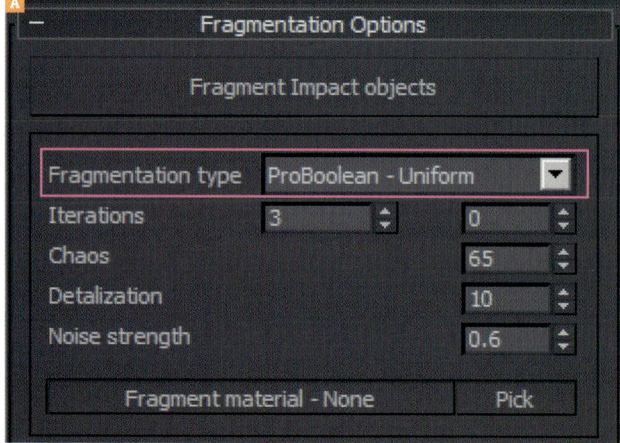

STEP 03 '벽의 폭파'를 생각하기 - 정해진 붕괴 방법이 중요하다

[Glue By Rebars]에서 점착감있는 붕괴 효과를 만들자

이번 STEP은 벽돌 벽의 폭파와 붕괴에 대해서입니다. 벽돌 벽 같은 붕괴 방법이 재현되려면 '무너져 떨어지는 벽돌 벽'을 얼마나 만들 수 있는지가 중요합니다.

몰타르는 벽돌 사이를 쌓기 위한 접착제 같은 역할의 소재이지만, 3D CG에서 이러한 접착 느낌을 표현하기 어렵다 보니 벽돌이 나무가 쌓여 있는 것처럼 무너지는 동영상을 자주 봅니다.

폭파 시뮬레이션에서도 RayFire를 사용합니다. 이 툴은 시뮬레이션의 각 객체를 어느 일정한 힘으로 점착할 수 있는 [Glue by Rebars]라는 스위치가 있습니다. 이것을 적용하면 정해진 벽돌의 붕괴를 재현할 수 있을 것입니다. Rebars는 우리말로 '철근'입니다. 이 스위치를 적용하면 지정한 범위의 객체들을 일정한 힘으로 점착시킬 수 있습니다. 즉 자동차가 충돌한 후 어느 정도 덩어리로 붕괴되면서 지면에 닿는 순간에 산산이 흩어지는 (점착감 있는) 표현이 가능합니다.

1 형태의 배치

먼저 덩어리의 움직임으로 시뮬레이션하고 싶은 벽돌 벽 부근에 철근으로 사용할 형태를 준비합니다. A 적용하고 싶은 곳의 중심부에 배치하고, 레퍼런스 동영상을 보면서 고정되어 붕괴되는 벽돌 벽의 수와 높이에 맞춰서 각 형태를 배치, 조정합니다. B

배치한 형태에 대해서 [Modifier > Editable Spline]에서 [Enable In Viewport]에 체크하고, [Radial > Thickness]에는 시뮬레이션에 적용하고 싶은 범위를 둘러싸는 값으로 입력합니다. C

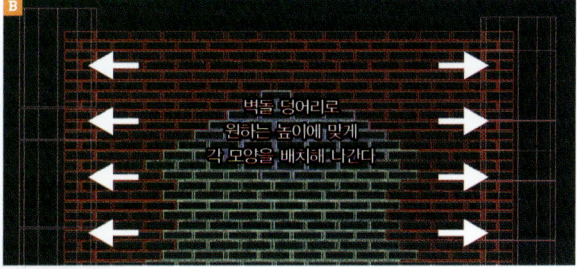

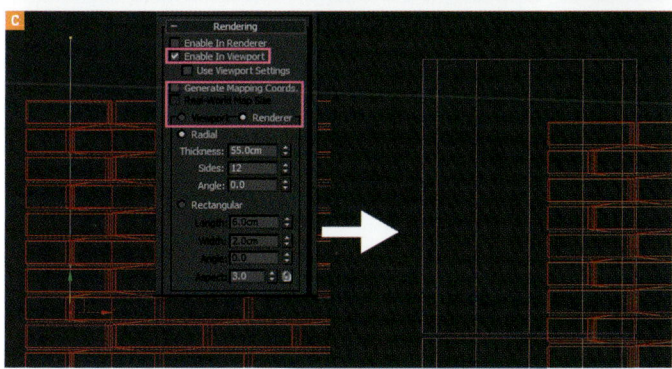

2 [Glue by Rebars]의 적용

앞서 작업을 모두의 벽돌 벽에 적용하면, RayFire의 [Physics 〉 Simulation Properties]에 추가해서, [Glue options 〉 Glue by Rebars]를 ON으로 합니다. A

[Glue by Revars]를 적용한 후의 파괴 시뮬레이션은 B 처럼 됩니다. 지정한 덩어리에서 날아간 후, 낙하 충격으로 산산조각나서 파괴되는 모습을 확인할 수 있습니다.

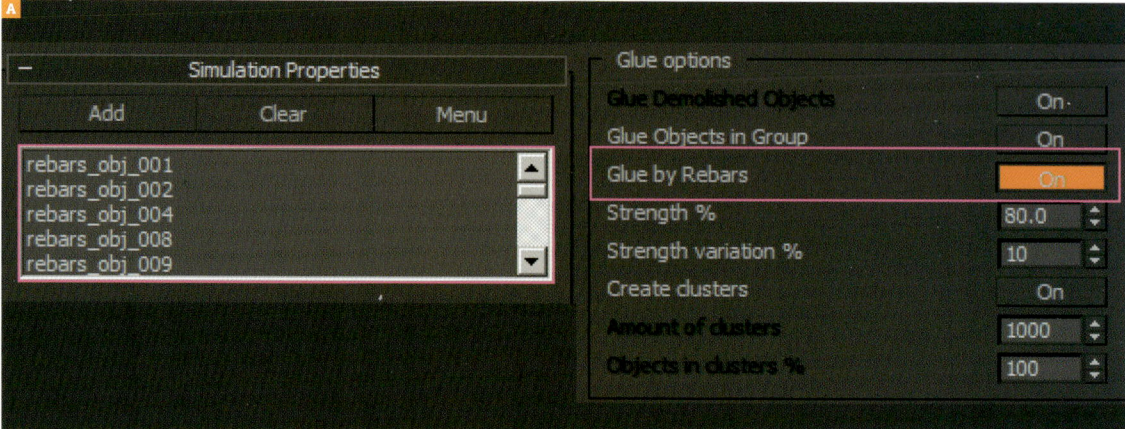

3 시뮬레이션 설정

Rebars 스플라인이 준비되면, 충돌하는 자동차와 바닥을 [Static & Kinematic Objects] A 로, 폭파되는 벽돌 벽과 몰타르는 [Sleeping Objects] B 로 적용해서, [Option > Open Custom Properties rollbout] 을 열고 C, 각 객체에 따른 질량을 설정합니다.

이후 [Physics] 탭에서 객체가 떨어지는 속도 및 맞는 유효 범위 등의 미세한 조정을 반복하면서 동영상에 가까운 벽돌 벽의 붕괴를 만듭니다.

[Glue by Rebars]를 사용하는 것으로 D 처럼 양쪽에서 강도가 높아서 손상이 어려운 부위와 중앙의 자동차가 직접 부딪쳐서 산산이 부서지는 부위는 충돌 위치 및 구조상의 차이에 따라 파괴 방법에 변화를 줄 수 있습니다.

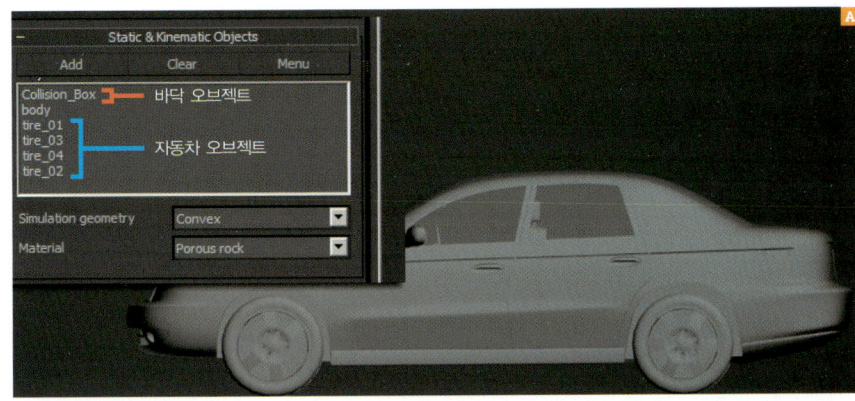
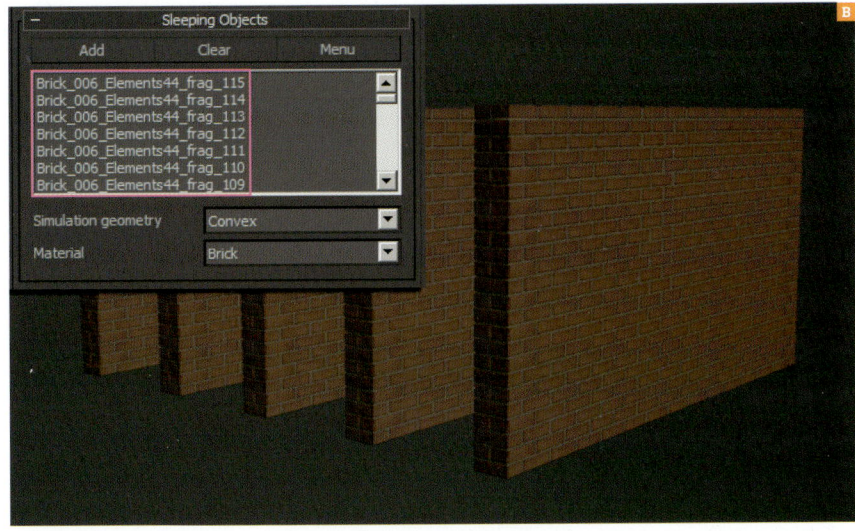
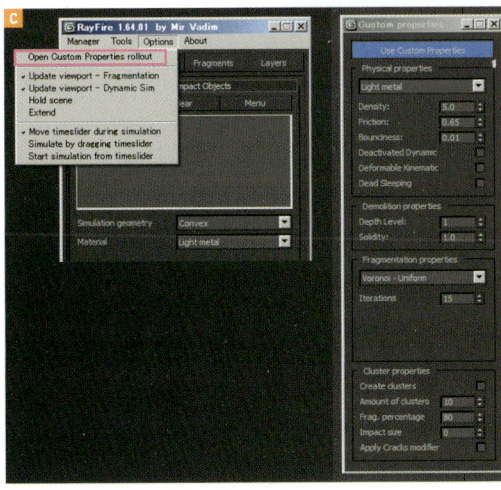
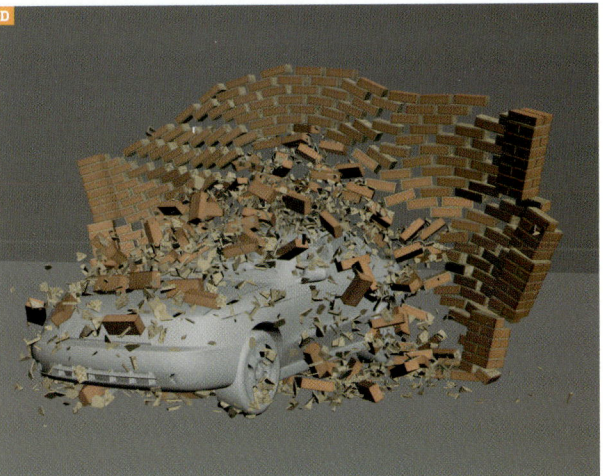

STEP 04 '분진'을 생각하기 - 충돌 판정이 중요하다

FumeFX의 Collision 설정에서 연기의 자연스러운 움직임을 더하기

몰타르를 분할하여 파괴 시뮬레이션으로 먼지나 작은 파편을 만들었지만, 세부적으로 흩날리는 먼지같은 분진 효과는 FumeFX의 연기를 이용하는 것이 좋을 것입니다.

1 분진이 발생하는 2가지 장소

분진이 발생하는 곳은 크게 두 곳입니다. 하나는 '자동차가 충돌하여 파괴된 벽돌과 몰타르', 또 하나는 '파괴로 붕괴하고 있는 주위의 벽'입니다.
이 두 곳의 분진을 각 벽돌 벽의 발생원으로 사용합니다.

자동차가 충돌하여 파괴된 벽돌과 몰타르 부분

파괴로 붕괴되고 있는 주변의 벽

2. Collision 설정

벽돌 벽의 FumeFX 그리드 배치가 완료되면, 시뮬레이션 할 때 벽돌 벽과 자동차의 충돌 판정을 적용하고 싶은 객체를 그룹화해서 Collision으로 등록합니다.

충돌 판정은 [Solid]로 해서 밀도 있는 개체로 대응하도록 설정합니다. 개체 수가 많아서 시뮬레이션 시간도 증가하지만, 날아가는 벽돌이나 자동차에 붙어 있는 분진은 충돌 판정을 이용하여 만들 수 있습니다.

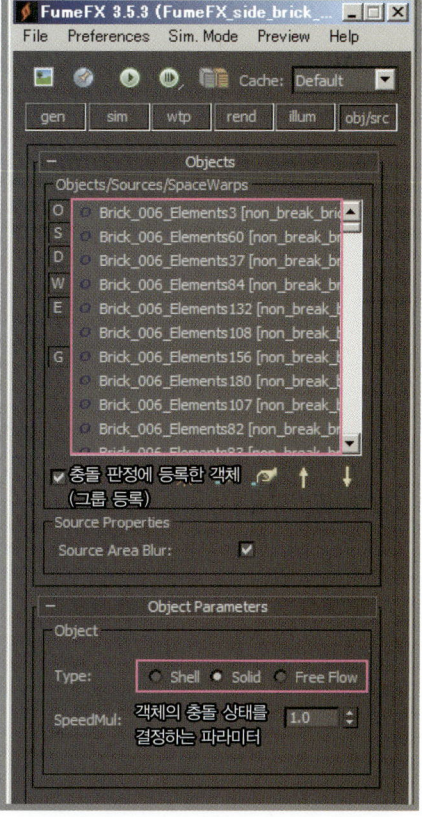

자동차와의 충돌 판정을 위해, 객체를 그룹화해서 Collision으로 등록. Object Type은 Solid로 설정해 두기

시뮬레이션에서 그려진 분진

CHAPTER 002

불 / 파괴 / 폭발 / 액체 / 빛 / 연기 / 기타

THEME | 02

파괴　연기

오두막을 파괴하기

'벽돌 벽'에 이어 '나무 오두막'의 파괴에 도전합니다. 이전 방법으로 제작하면 척척 진행할 수 있겠지라고 생각했지만, 그렇게 만만한 것이 아니었습니다. 그 이유는 '벽돌과 나무는 소재가 다르기' 때문입니다.

'소재가 무엇으로 되어 있는가'를 판단할 때 질감이나 형상 등의 외형은 물론, 충돌 시 흩어지는 방식이나 깨진 형태, 무게감이나 마찰의 가중치 등 '소재 특유의 움직임'도 중시합니다. 즉, 머티리얼이나 텍스처가 나무라고 해도 움직임이 부자연스럽다면 나무로 보이지 않습니다. 당연하겠지만, 그것을 의식하는 것과 의식하지 않는 것이 퀄리티의 차이가 아닌가 생각합니다.

주요 제작 프로그램

- Autodesk 3ds Max 2013
- Adobe After Effects CS 5.5
- FumeFX 3.5.3
- RayFire Tool 1.64

STEP 01 '파괴'를 생각하기 - 파괴된 나무의 움직임이 중요하다

나무 판자의 특성을 생각하며 움직임을 더해가기

오두막의 충돌을 만들 때 가장 신경 쓰이는 부분은 '충돌된 나무의 움직임'입니다. 부딪힌 후에 나무의 움직임과 파괴의 상태에 따라 나무 자체의 특성과 질감을 표현할 수 있기 때문입니다.

1 오두막의 판자 만들기

레퍼런스 동영상을 보면 충돌할 때 판자가 너무 멀리 날아가지 않고 자동차에 휘감기는 듯한 움직임을 하고 있습니다. 이 움직임을 근거로 오두막의 판자가 강한 공기저항을 받은 것으로 간주되므로 두께는 약 3mm 정도의 얇은 나무 판자를 준비합니다.

전방으로 날아가지 않는 나무의 움직임을 만들기

왼쪽 그림의 움직임을 재현하기 위해 판자의 두께는 3mm정도로 했음.

2 나무 판자를 분할하기(쪼개기)

움직임을 만들기 전에 먼저 나무 판자를 객체 분할(쪼개기)하는 것부터 시작합니다. 지난 번처럼 RayFire로 분할하지만, 가급적 원하는 형태로 나눠지길 원하기 때문에 이번에는 Shape을 이용한 분할을 진행합니다.

레퍼런스 동영상을 보고, 자동차와 충돌하는 나무 판자의 갈라진 실루엣을 생각하면서 Shape을 그려줍니다. Shape 형태가 갖춰지면 [Fragmentation by Shapes]에 Shape을 추가합니다. 나누고 싶은 위치에 Shape을 겹쳐서 [Fragment] 버튼을 누르면 Shape 모양에 따른 분할을 만들 수 있습니다.

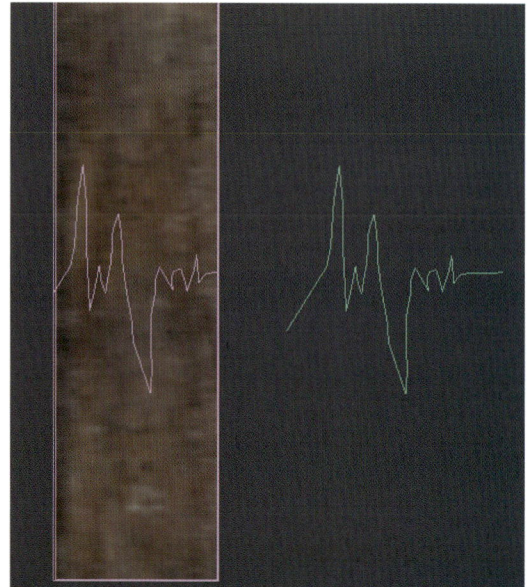

나무 판자를 쪼개고 싶은 모양으로 그린 다음 [Fragmentation by Shapes]에 방금 그린 Shape을 추가하기.

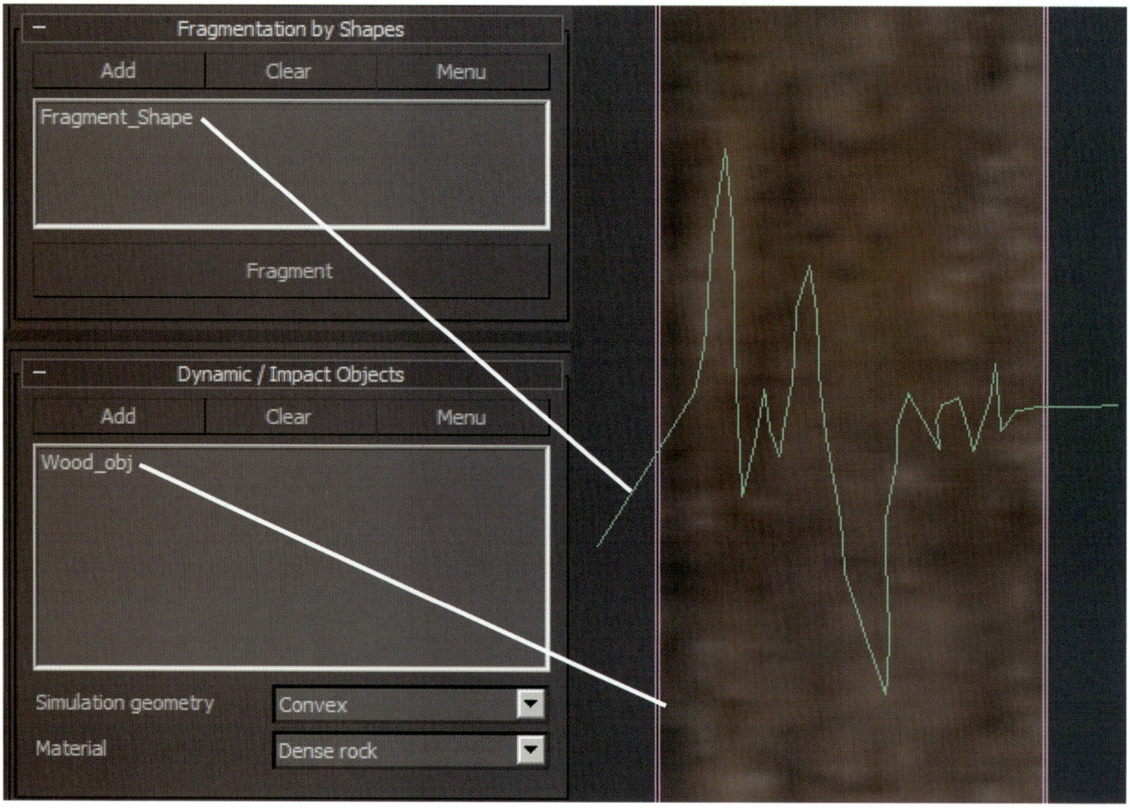

[Fragment] 버튼을 누르면 Shape 형태에 따라 분할됨.

3 충돌용 객체의 배치

나무 판자의 분할이 끝나면 움직임을 추가합니다. 자동차를 충돌용 객체로 적용하지만, 충돌 부분이 복잡한 형상이라면 객체의 매몰이나 움직임이 부자연스러워지기 쉽고 시뮬레이션이 잘 되지 않기 때문에 자동차가 충돌하는 부분에는 간단한 형상의 객체로 준비합니다. 그 다음 충돌한 나무 판자가 보닛 위에 덮이도록 하기 위해서 판자의 상부에 객체를 배치해서 충돌 판정을 할 수 있도록 적용합니다.

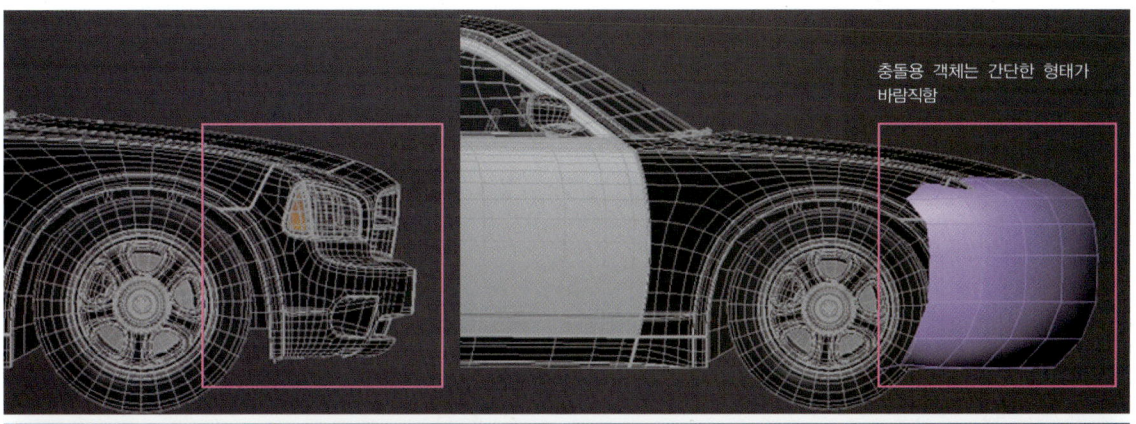

충돌용 객체는 간단한 형태가 바람직함

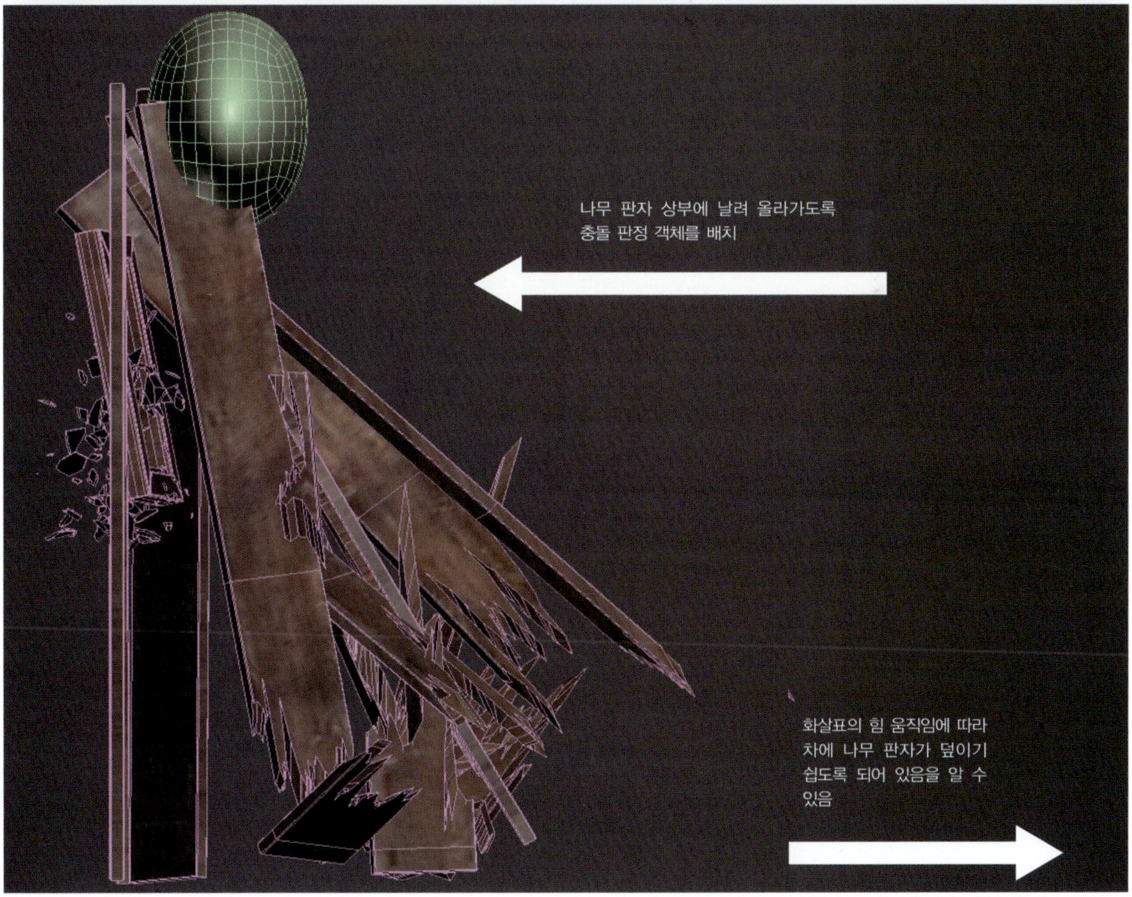

나무 판자 상부에 날려 올라가도록 충돌 판정 객체를 배치

화살표의 힘 움직임에 따라 차에 나무 판자가 덮이기 쉽도록 되어 있음을 알 수 있음

4 점착감있는 움직임을 만들기

[Glue by Rebars]에 체크해서 판자끼리의 점착감을 주기 위해 나무 판자의 각 부위에 Rebars용 객체를 배치하고, [Force]의 [Drag]를 적용해서 날라간 후의 나무에 대해 공기 저항을 재현 할 수 있도록 합니다. 전체에 영향을 미치는 파라미터를 설정한 후에는 각 판자에 대해 질량 또는 마찰 설정을 수행하고 레퍼런스 동영상에 가까운 움직임을 목표로 합니다.

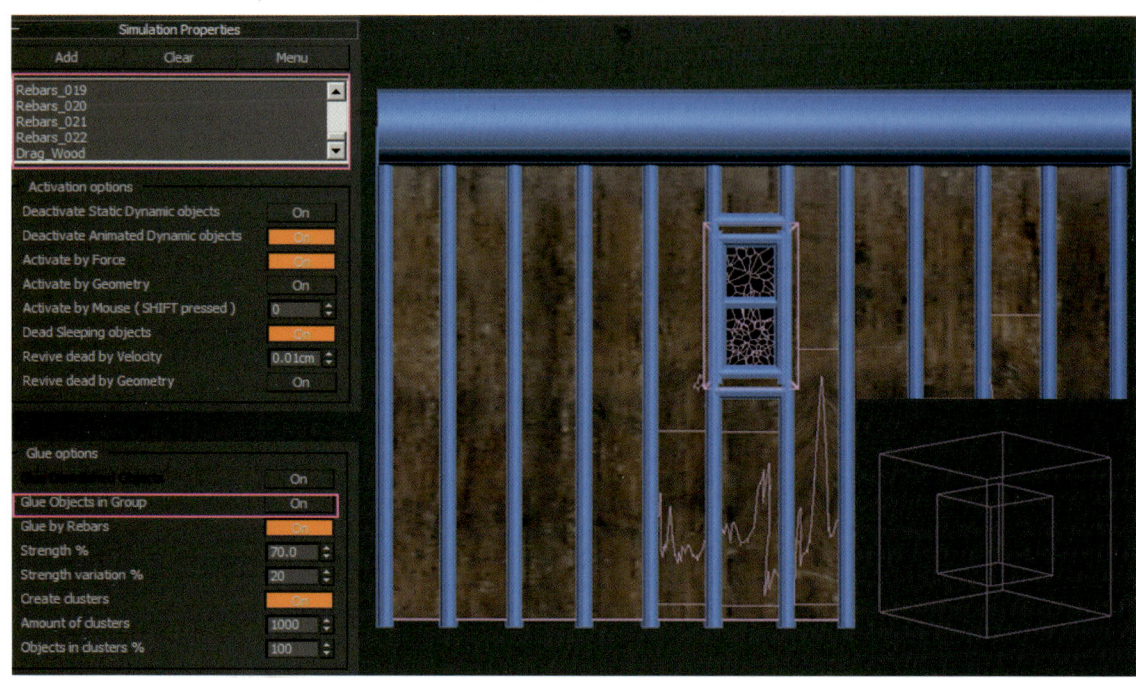

5 나무의 휘어짐을 재현

마지막으로 하나 더.
영상에서는 충돌해서 깨지는 순간의 약 2(프레임)전 쯤에 나무가 크게 휘어지는 현상이 보입니다.
충돌 2전에 나무 판자가 휘는 애니메이션을 추가하면 이것으로 나무 판자 애니메이션은 완료됩니다.

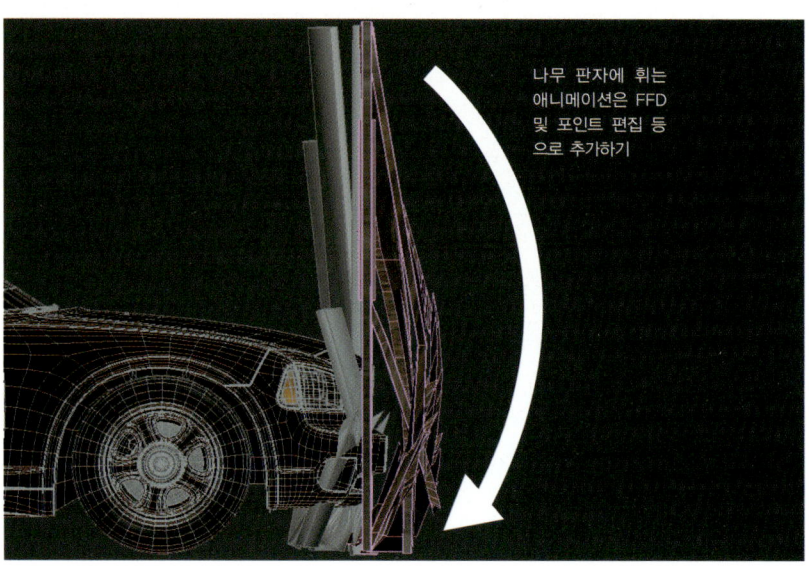

나무 판자에 휘는 애니메이션은 FFD 및 포인트 편집 등으로 추가하기

STEP 02 '분진'을 생각하기 - '슬립스트림'에 대한 질감표현

FumeFX의 UI상의 한계값을 넘어 질감을 추가하기

목재를 가공하거나 목조 건축의 해체 작업을 본 적이 있다면 알 수 있겠지만, 마른 나무를 자르거나 깎으면 고운 나무 가루들이 대량으로 발생합니다. 게다가 이번 레퍼런스 영상은 짚으로 된 창고를 파괴하기 때문에 고운 짚까지 합쳐져서 많은 양의 분진이 발생됩니다.
분진은 지난 번처럼 FumeFX를 이용해서 제작해 보겠습니다.

1 분진을 발생시키는 4가지 부위

우선 분진이 발생하는 부분을 생각해 보겠습니다.
① 보닛과 옆에서 새는 분진을 만드는 부위 ② 자동차 지붕에 분진이 씌워진 부위 ③ 자동차의 슬립스트림으로 낮은 공기압 때문에 발생되는 분진 그리고 ④ 타이어가 감아올리면서 발생하는 지면의 지푸라기와 나무 부스러기 등의 네 가지가 분진의 주요한 발생원이 됩니다. 이번 STEP에서는 4종류의 유닛을 사용해서 만듭니다.

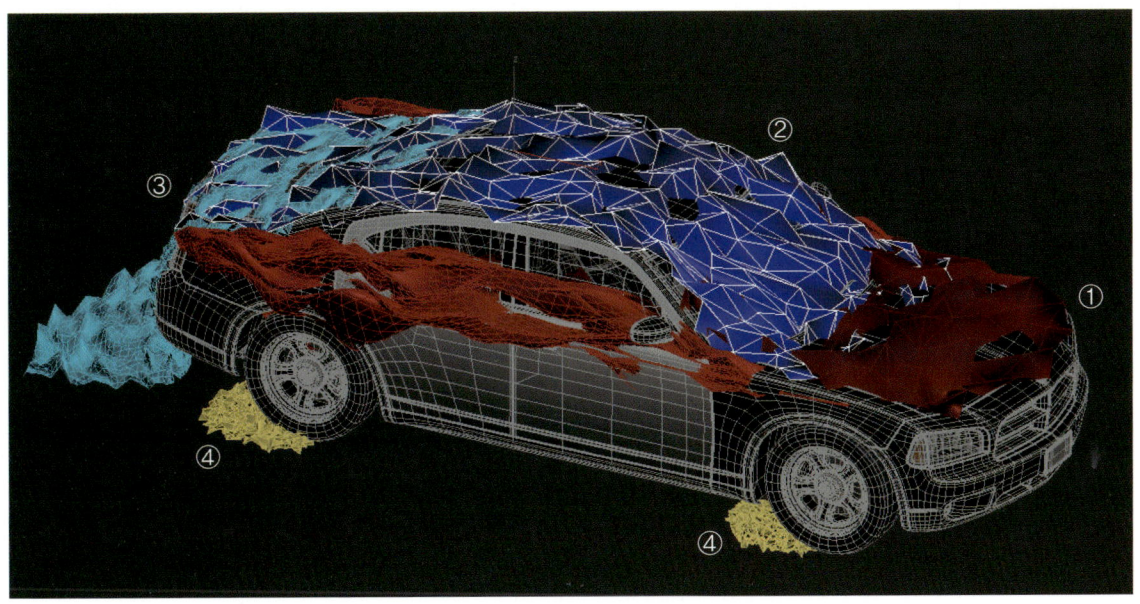

① 보닛과 옆으로 흐르는 분진
② 자동차 지붕에 분진이 씌워지는 부위
③ 자동차의 슬립스트림에 따른 낮은 공기압의 작용으로 후방으로 퍼지는 분진
④ 타이어가 감아올리는 지면의 짚과 나무 부스러기

2 서서히 사라지는 애니메이션

FumeFX에서는 빠르게 움직이는 물체가 계속 연기 등을 발생시키는 경우, 필자는 언제나 입자감이 남기 쉬운 파티클보다도 개체 기반이 좋다고 생각합니다. 각 유닛에서 계속 발생하는 메인 분진은 모두 객체 기반으로 만들려고 합니다.

그러나 이대로는 객체에서 연기가 계속해서 나오게 되어서, 각 [Object Src]의 [Smoke > Amount]의 파라미터에 동영상처럼 사라지는 타이밍에 맞춰서 애니메이션을 추가합니다. 이것으로 자동차에 감기는 먼지가 서서히 사라지는 표현이 됩니다.

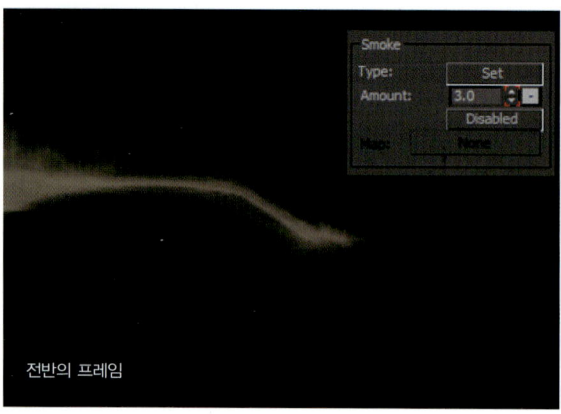

전반의 프레임

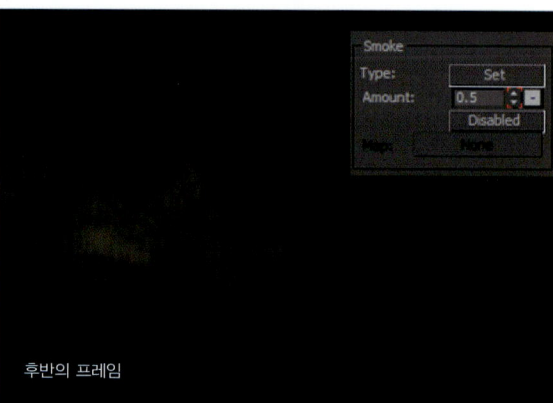

후반의 프레임

3 슬립스트림

이 방법으로 ①, ②, ④의 분진은 잘 되었지만, ③ 슬립스트림. 후방에 펼쳐지는 먼지의 질감은 좀처럼 만들기 어렵습니다. 슬립스트림은 큰 질량의 물체가 고속으로 이동할 때에 전방의 공기를 밀어내기 때문에 후방 부분에 낮은 기압의 공간이 생기는 현상을 말합니다. 역을 통과한 전차 뒤에 강풍이 부는 것도 이 슬립스트림에 의한 것입니다.

4 가루를 표현하는 잔기술

그 분진은 큰 디테일이 없는 가루 연기로 만들고 싶은데, 그냥 [Vorticity]나 [Turbulence Noise]의 값을 조작하는 것만으로는 원하는 결과를 얻지 못할 것 같으니 한 가지 잔기술을 씁니다.

FumeFX에서는 각 파라미터에는 입력하는 수치에 제한을 두고 있지만, 파라미터에 키를 넣고 커브 에디터에서 수치를 올려주면 제한이 풀립니다. 수치의 한계 돌파를 하고 싶은 파라미터에 키를 추가합니다(여기서는 [Vorticity]). 다음으로 커브 에디터를 열고 앞서 추가한 키에 수치를 입력합니다. 이것으로 수치의 한계가 해결됩니다. FumeFX의 UI에서는 한계값으로 되어 있지만, 시뮬레이션을 실행하면 수치 이상의 시뮬레이션 결과가 나오는 것을 알 수 있습니다. 이것으로 세 번째 분진도 완성됩니다.

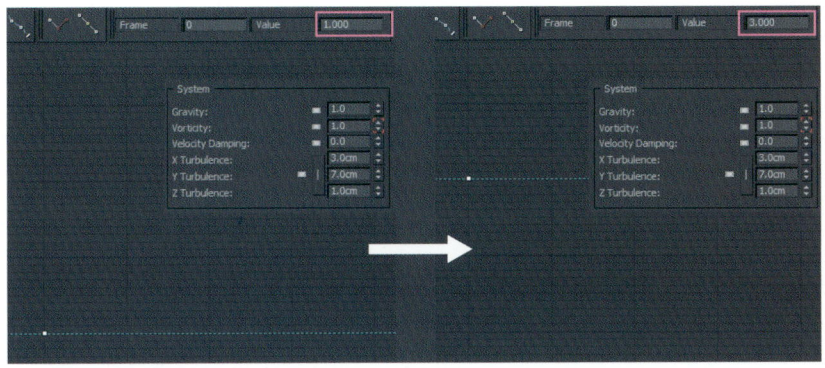

[Vorticity]의 UI상의 제한값은 1,000이지만, 커브 에디터쪽에서 3,000까지 수치를 올릴 수 있음.

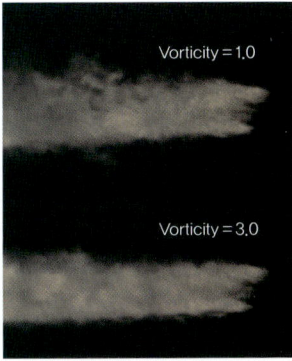

시뮬레이션 결과의 비교. FumeFX의 UI 상에서는 수치는 동일한 1,000이지만, 결과는 분명히 다르다.

①, ②, ③, ④의 분진을 합친 소재

STEP 03 '나무 파편, 짚더미'를 생각하기 - 작은 파편도 확실히

나무 파편은 [FumeFX Follow], 짚더미는 [Wind]로 움직임 추가하기

파괴된 오두막 나무와 먼지가 만들어지면, 마지막은 중간 사이즈 파편의 '나무 파편과 짚'에 주목합니다. 나무 파편의 발생 장소는 2곳에 마련합니다. 하나는 오두막의 파괴된 나무와 나무 사이, 다른 하나는 STEP 02에서 만든 보닛의 꼭대기와 그 옆에서 새는 먼지 부위에 준비합니다. 레퍼런스 영상에서는 분진에 섞여 나무조각이 팔랑팔랑 날아가고 있습니다. 이 나무조각의 움직임은 [FumeFX Follow]를 활용합니다.

1 나무 파편의 발생 장소와 움직임의 설정

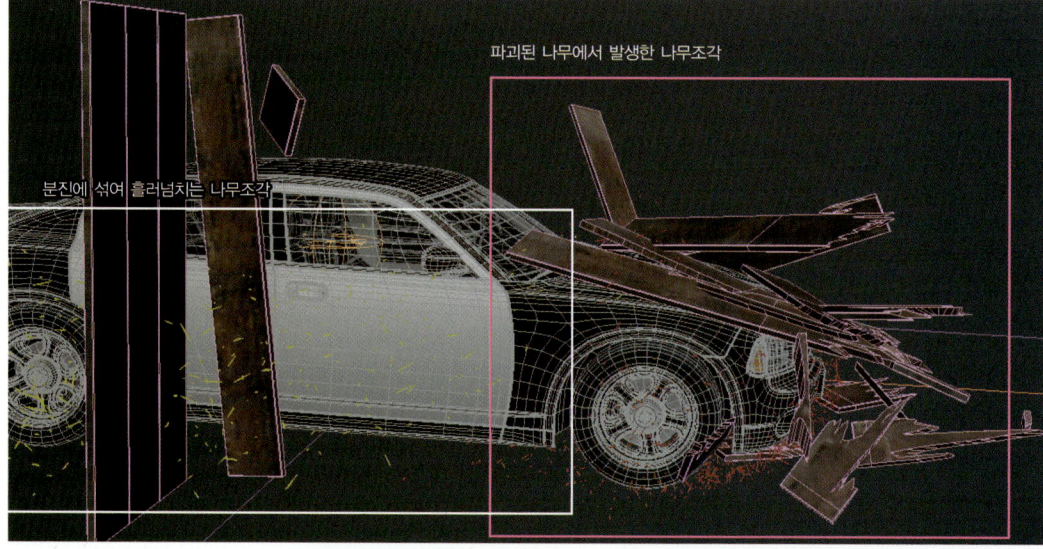

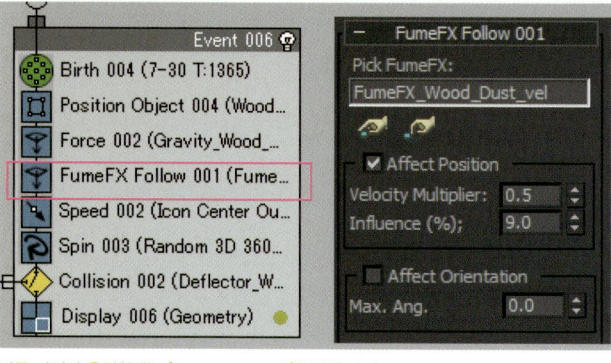

나무 파편의 움직임에는 [FumeFX Follow]를 활용하기

나무 파편의 움직임

2 짚더미의 재현

나무 파편이 움직이면 다음으로 짚의 파편을 만듭니다. 지면에 무수한 짚더미가 퍼져 있기 때문에, 이 짚더미가 타이어에 의해 감기는 움직임을 만듭니다. 레퍼런스 영상을 바탕으로 짚더미 소재를 Particle Flow를 이용해서 땅에 배치합니다.

배치가 끝났다면 전후의 각 타이어 부근의 중심지에 [Force]의 [Wind]를 하나씩 적합한 각도로 만들어 줍니다. [Wind]의 [Strength]와 [Decay]를 조정해서 타이어 회전에 의해 감아오르는 위치에만 반응하도록 합니다.

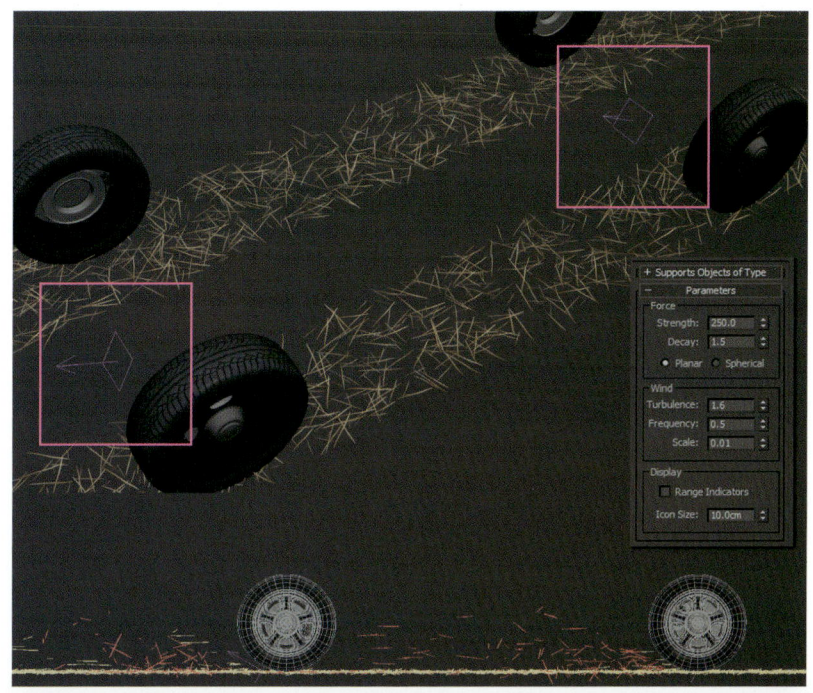

타이어가 짚더미를 휘감는 모습

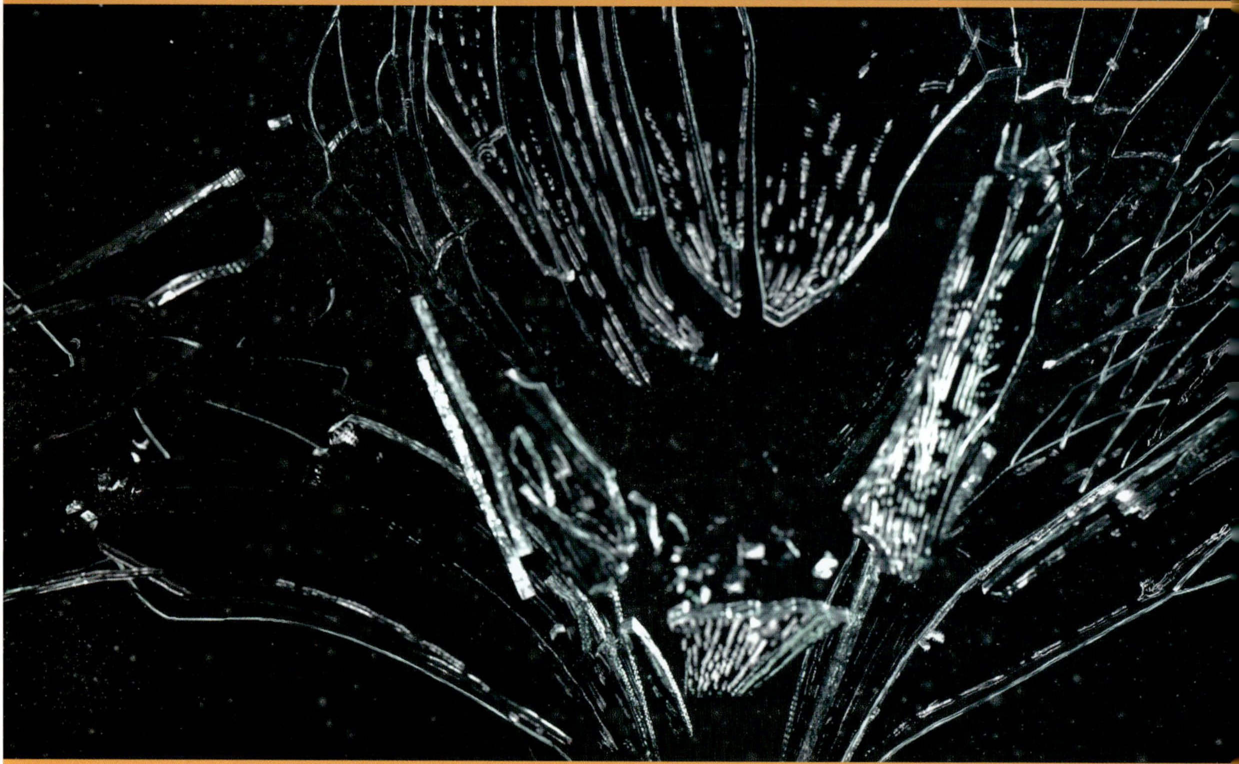

CHAPTER 002

불 | 파괴 | 폭발 | 액체 | 빛 | 연기 | 기타

THEME | 03 |　　　　　　　　　파괴

유리의 파괴

이번 파괴의 주제는 '유리의 파괴'입니다. 웹에서도 수많은 튜토리얼 동영상이 있고, 이펙트 제작 중에서도 인기를 자랑하는 주제입니다.

유리에 관해 다양한 역사와 제조 방법을 조사하다 보면 매우 흥미로운 정보가 많아서 지금까지 무심코 보았던 유리라는 소재의 신기함과 재미를 발견할 수 있었던 것 같습니다.

이번 주제에서 특별히 고려한 포인트는 '해 본 적이 없는 제작 방법'입니다.

평소 업무시간에 만드는 유리 파괴 효과는 마감 시간 때문에 항상 안타까웠던 표현이 많았습니다. 그래서 이번 기회에 그간 아쉬웠던 부분을 지금까지 시도한 적이 없는 제작 방법으로 퀄리티 향상에 도전해 보겠습니다.

주요 제작 프로그램

- Autodesk 3ds Max 2013
- Adobe Photoshop CS3
- Adobe After Effects CS6
- RayFire Tool 1.64
- V-Ray 3.10.01

STEP 01 '플로트 유리'를 생각하기 - 제조법을 조사해보았다

일상 생활에서 빼놓을 수 없는 유리의 제조 방법

우선 유리의 종류와 제조 방법을 살펴 봅니다. 이번에 만드는 것은 '플로트 유리'라는 가장 인기 있는 유리 중 하나입니다. 원료는 일반 유리와 같은 규사, 소다회, 석회가 주요 성분입니다.

플로트 유리는 평활성이 우수하고 왜곡이 적기 때문에 유리창이나 거울, 자동차 투명 유리 등 사물의 식별이 쉬운 유리가 필요한 곳에 많이 사용되고 있습니다.

1 플로트 법

플로트 유리는 그 이름의 유래인 '플로트 법'이라는 기법으로 만들어지고 있습니다. 버너에 의해 1,600℃의 고온에서 녹인 유리를 '플로트 버스'라는 융해된 주석통에 흘려 넣습니다. 주석통에 흘려 넣은 녹인 유리는 표면 장력에 의해 서로 섞이는 일 없이 주석 위에 뜬 상태가 점차 평평한 유리로 성형되는 것입니다.

이것은 물과 기름이 섞이지 않는 원리를 이용한 것입니다. 성형된 유리는 다음으로 천천히 차갑게 굳힌 후 적당한 크기로 절단합니다. 상상했던 것보다 더 크고 재미있는 방법으로 만들고 있다는 것을 알게 되었습니다.

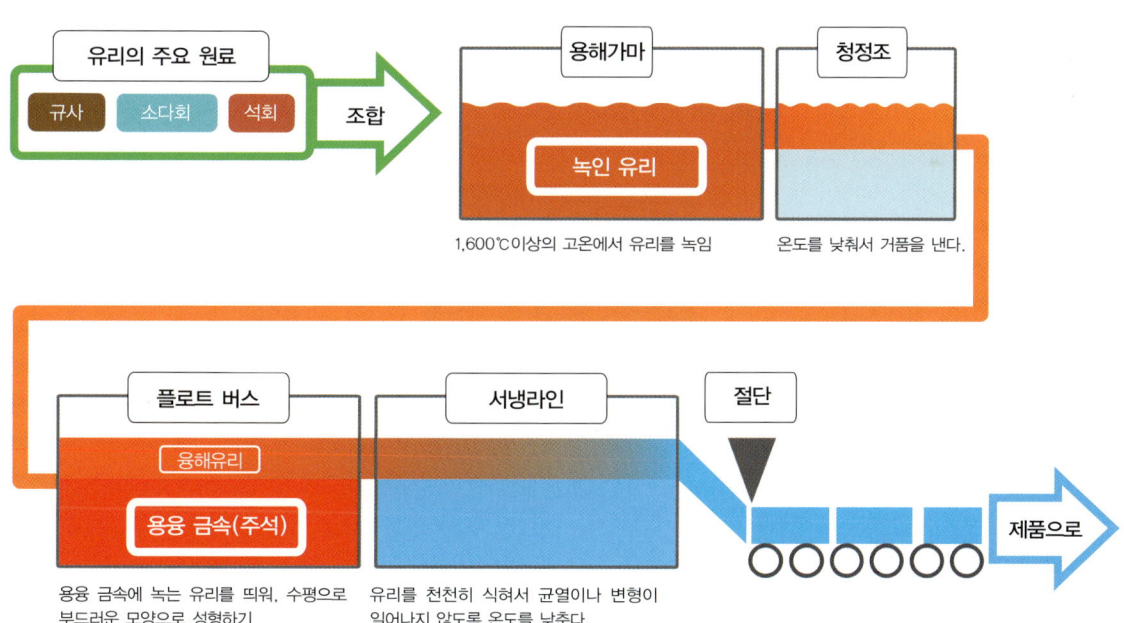

플로트 법은 융해 유리를 용융 금속(주석)에 띄워 판유리를 성형하는 제조 방법. 면이 부드럽고 투명도가 높은 판유리를 제조할 수 있다

STEP 02 '유리의 깨짐'을 생각하기 - 깨진 형태를 재현하는 것

RF Trace에서 유리의 깨진 형태로 객체를 분할하기

유리의 파괴를 표현하기 위해, 깨진 유리의 형태를 만드는 것부터 시작하겠습니다.

RayFire는 이미지에 따라 깨진 형태를 만들 수 있는 [RF Trace]라는 기능이 있습니다.

먼저 레퍼런스 동영상을 참고로 깨진 유리의 그림을 그립니다. 동영상에는 무수히 많은 파편 조각이 있지만, 후공정을 생각해서 크게 깨진 선만을 추출하여 간단한 이미지를 완성합니다.

1 RF Trace에 따른 객체 분할

좌측 : 선을 추출하기 전 / 우측 : 선을 추출한 후

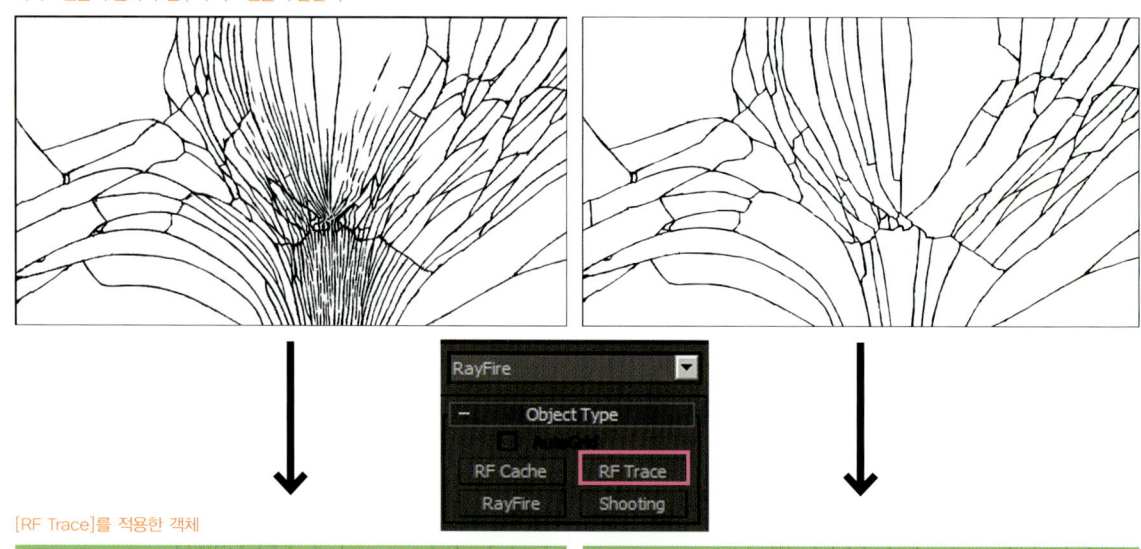

[RF Trace]를 적용한 객체

RF Trace를 사용한 객체 분할의 모습. 레퍼런스 동영상을 원본으로 사용한 경우는 왼쪽처럼 되는데, 이번에는 후공정을 생각해서 선을 우측처럼 정리함.

2　미세한 깨짐을 [Bump]로 재현

크게 깨진 조각 형태를 만든 후에 미세하게 쪼개진 조각을 만듭니다. 크게 깨진 조각과는 달리, 미세하게 작은 조각들을 모델링으로 만드는 것은 조금 힘드므로 유리에 적용된 머티리얼에 있는 [Bump]로 만들어 보겠습니다. 앞서 크게 깨진 조각 이미지를 응용해서 작게 깨진 조각 이미지를 만듭니다. 유리가 파괴되는 부위에 따라 깨지는 밀도가 다른 것을 볼 수 있습니다. 그러므로 이후 제작 관리의 편의성을 위해서라도 유리의 조각을 크게 그룹화시키고 각 그룹 별 이미지를 준비하는 게 좋습니다.

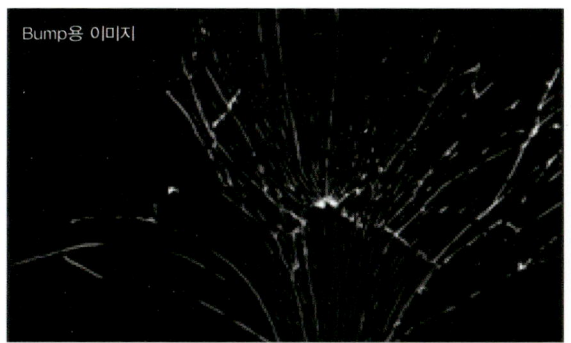

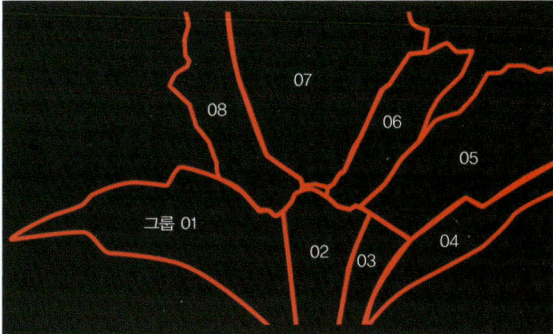

미세한 깨짐은 Bump로 재현. 부위별로 그룹을 나눠서 각 그룹마다 Bump 이미지를 준비한다.

각 그룹에 대응한 머티리얼

Bump를 적용한 유리와 적용하지 않은 유리의 비교. 유리의 표면에 무수히 많은 흠집 표현이 가능

STEP 03 '깨지는 구조'를 생각하기 - 간단하게 깨지는 것은 이유가 있다

수작업과 시뮬레이션을 효율적으로 사용해서 움직임을 재현

이제 메인이 되는 산산조각난 유리의 움직임을 추가하겠습니다.

먼저, 유리가 '왜 깨지는 것인가'에 대해서 생각해 보겠습니다. 유리는 대표적으로 강도가 낮은 소재로 자주 꼽히지만, 조사해 보면 다 이유가 있는 것 같습니다. STEP 01에서 소개한 것처럼, 유리는 제조 과정에서 '식히는' 과정이 필요합니다. 이때 유리에 손으로 만져도 모를 정도의 아주 작은 균열이 많이 발생됩니다. 이 균열로 인해 강도의 저하, 간단한 압력, 특히 당기는 힘인 '인장 응력'이 약해서 약간의 충격만으로도 깨지는 것이라고 합니다.

1 유리가 (간단히) 깨지는 메커니즘

압축 응력(수축하는 힘)
충돌
인장응력(끌어당기는 힘)

유리 표면에는 미세한 균열이 무수히 존재한다. 인장 응력에 매우 취약한 상태

그 결과, 표면의 상체 힘이 집중되어서 간단히 깨지게 됨

2 유리 파괴의 움직임

레퍼런스 동영상을 보면, 유리 파괴의 움직임에 크게 두 종류가 있습니다.

첫 번째는 직접적인 파괴의 영향을 받는 부분을 중심으로 튀는 유리 조각.

두 번째는 유리 주위가 창틀 등으로 고정되어 있기 때문에, 튀지 않고 흔들리기만 하는 유리 조각.

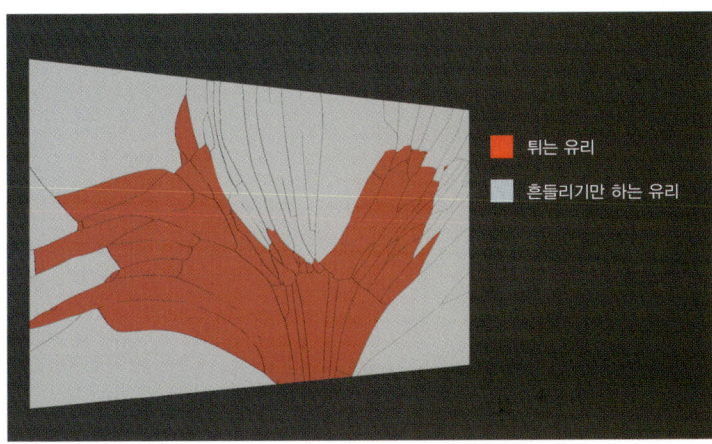

3 튀는 유리의 움직임을 추가하기

튀는 유리 조각은 RayFire의 시뮬레이션을 사용합니다. 먼저, 튀는 유리 조각을 모두 시뮬레이션에 넣어서 움직임을 추가합니다. 원치 않게 움직이는 유리 조각은 파라미터 등을 조정해서 다시 시뮬레이션을 합니다. 이 방법을 반복하다 보면 확실히 원하는 움직임에 근접할 수 있으며, 매번 전체 오브젝트의 시뮬레이션을 고치는 비효율적인 방법을 피할 수 있습니다.

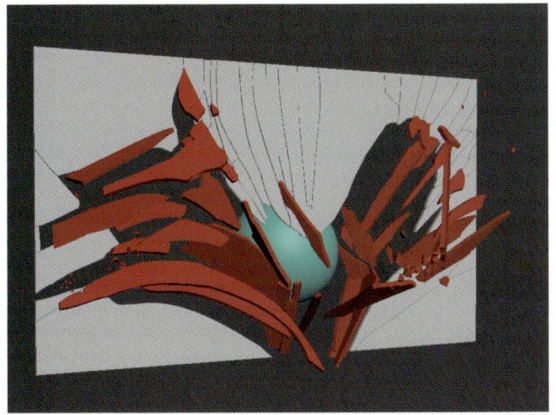

튀는 유리는 RayFire에서 시뮬레이션. 처음에 대상 객체 전체에 움직임을 추가하기

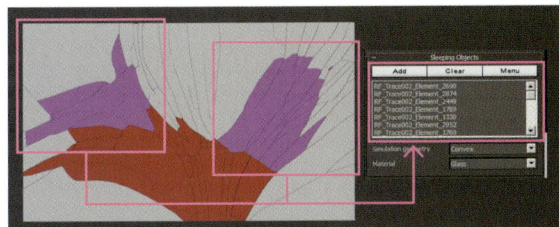

원하는 움직임이 아닌 객체를 선택해서 다시 시뮬레이션 하기

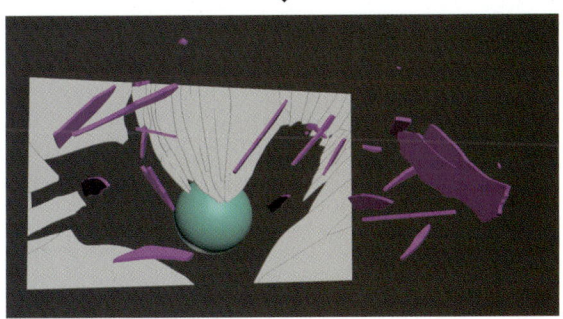

원하는 움직임이 가능할 때까지 파라미터 및 충돌 객체의 위치를 바꾸기 등을 해서 시뮬레이션을 반복하기

4 흔들리는 움직임을 추가하기

두 번째 흔들림은, RayFire에서는 진자 운동처럼 지점을 축으로 설정해서 움직이게 할 수 없기 때문에 MassFX로 시뮬레이션을 테스트하기로 했습니다.

MassFX는 3ds Max 2012부터 도입된 물리 연산 시뮬레이션 툴입니다. 충돌 시뮬레이션은 물론, Cloth의 움직임 및 진자 운동과 같은 움직임을 시뮬레이션할 수 있는 범용성 높은 툴입니다. MassFX 탭의 [Create Rigid Constraint]를 써서, 진동축을 지정하고 각 유리 조각에 트위스트만 시뮬레이션하도록 설정해 보았습니다. 그러나 몇 번 정도 시뮬레이션을 하다가 원하는 움직임을 만드는게 어려워서 MassFX의 사용은 포기했습니다.

매우 유용한 툴이지만, 전후로 흔들리는 간단한 움직임에 대해서는 충돌로부터 얻어야 하는 불규칙한 시뮬레이션에서 많은 시도 & 에러가 발생할 가능성이 있습니다. 이러한 상황이다 보니 이번에는 반복해서 흔들리는 진자 움직임은 모두 그냥 수작업으로 만들기로 결정했습니다.

이것으로 '튀는 유리조각'과 '진자 운동이 일어나는 유리 조각', 2개의 큰 움직임을 만들 수 있었습니다.

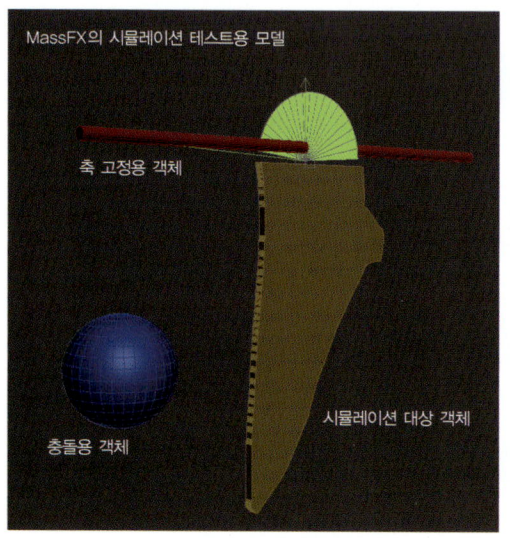
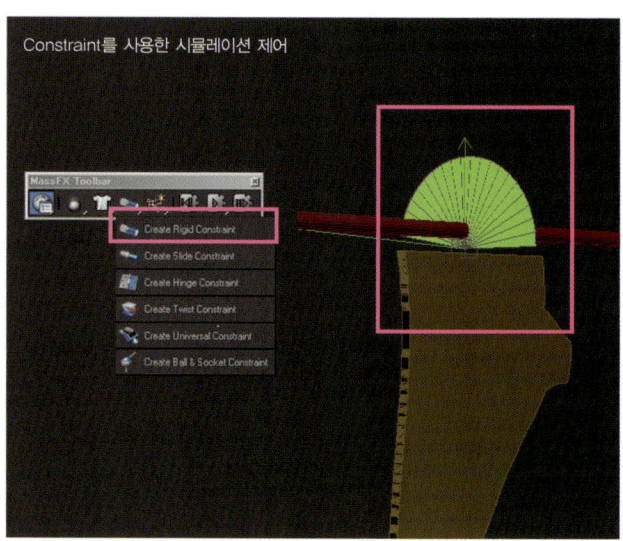

● [Create Rigid Constraint]
축을 지정해서 진자 운동과 같은 동작을 시뮬레이션할 수 있음

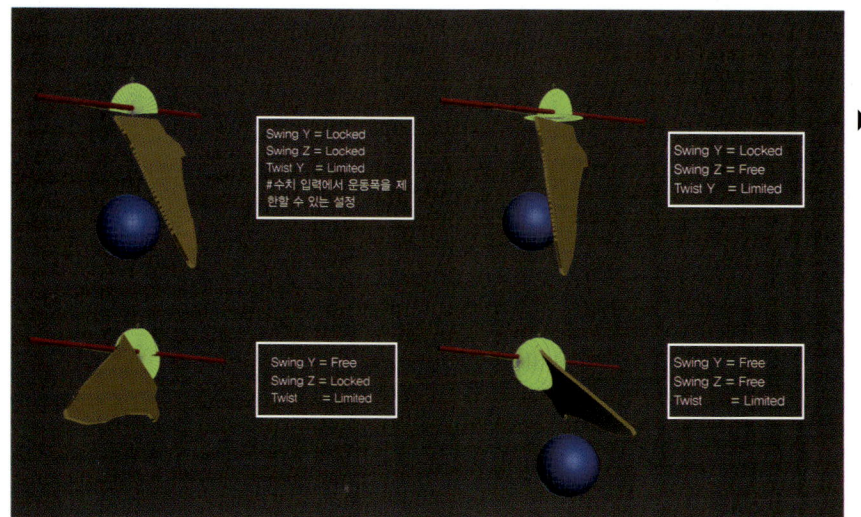

검증 결과

움직임은 매끄럽고 문제없지만, 수치 조절과 시뮬레이션의 필요한 유리조각 수를 생각하면 시도 & 에러의 시간이 방대해짐.

▼

유리조각의 흔들림은 그냥 수작업으로 애니메이션을 처리함.

STEP 04 '유리 알갱이'를 생각하기 - 작은 파편도 중요했다

파편이 많이 발생하는 장소를 재현하기

마지막으로 깨진 유리 조각 틈새로 튀어나오는 유리 알갱이를 만듭니다. 레퍼런스 동영상을 보면, 유리 알갱이가 깨진 유리 사이에서 튀어 나오는 것을 알 수 있는데 좀 더 자세히 보면 깨진 유리가 교차되는 '힘이 가장 많이 가해진' 위치에서 특히 대량으로 발생하는 것 같습니다.

1 많은 유리 알갱이가 발생하는 주요 위치

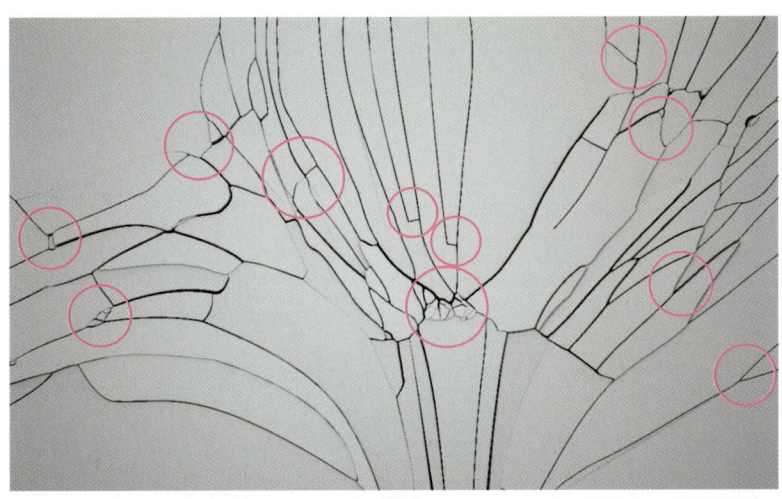

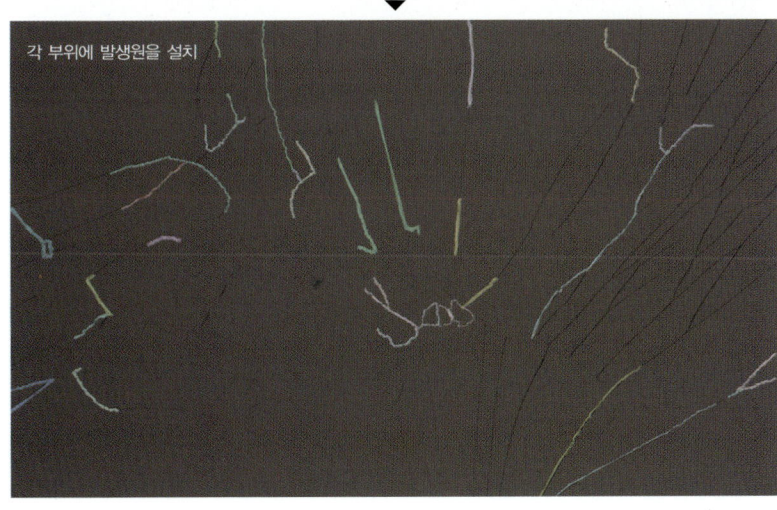

각 부위에 발생원을 설치

2 유리 알갱이의 발생원을 설정

유리 알갱이는 파티클로 만들게 되므로 교차된 부분을 생각해서 파티클이 발생하는 객체를 배치합니다.

유리와 유리 틈새에서 나오는 듯한 느낌을 표현하고 싶기 때문에 깨진 유리 라인을 따라 형태를 당기고 객체로 변환한 후 [Position Object]로 등록하여 파티클의 발생원(이미터)으로 합니다.

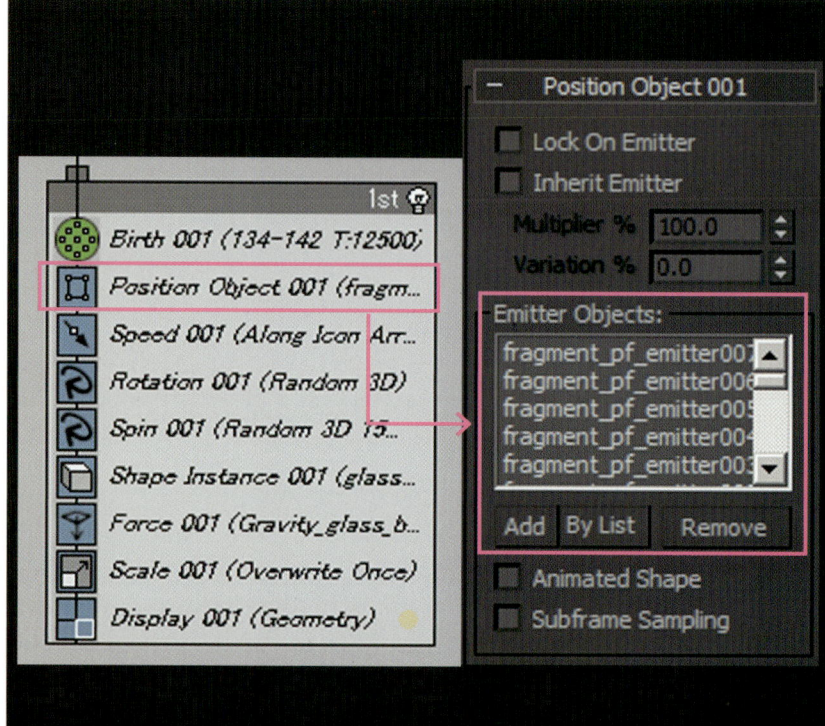

결과

3 유리 알갱이 모델을 등록

발생원을 준비했으면 파티클용으로 작게 모델링한 유리 조각 메쉬를 Particle Flow의 [Shape Instance]에 등록하고 발생원에서 유리 알갱이가 튀어나오도록 설정합니다. 움직임의 타이밍이나 양은 레퍼런스 동영상을 보면서 조정합니다.

이렇게 하면 작은 유리 알갱이를 만들 수 있게 됩니다.

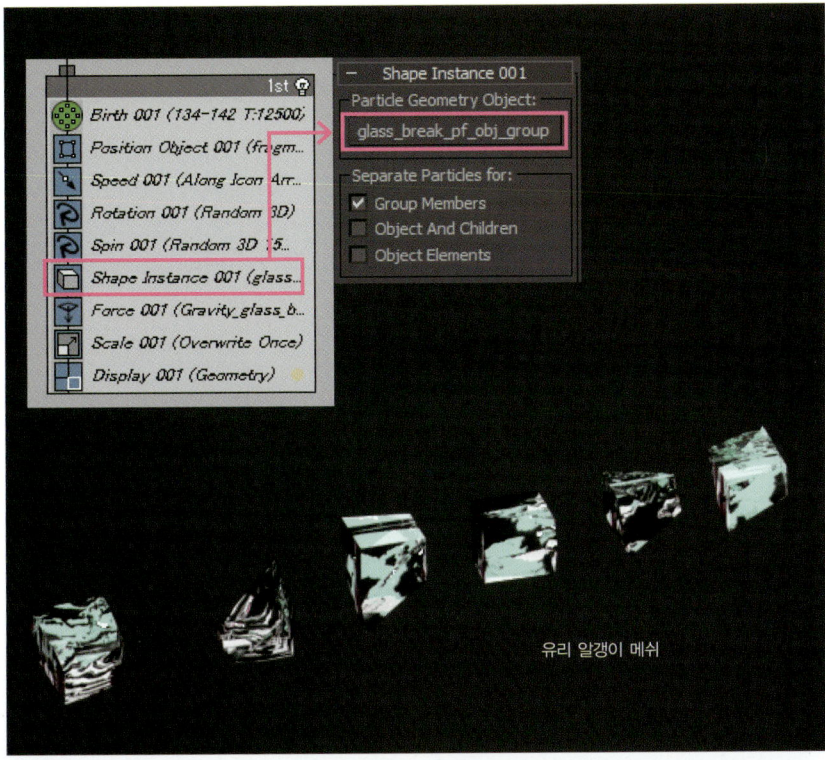

유리 알갱이 메쉬

STEP 05 '흔들리고 움직이는 애니메이션' 생각하기
- 흔들리는 유리의 움직임 만들기

최소한의 키로 흔들리는 동작을 만들기

STEP 05에서는 지면 문제로 소개하지 못했던 STEP 03내의 '흔들리고 움직이는 유리 조각'의 수작업 애니메이션에 대해 설명하겠습니다. 수작업 애니메이션에 해당하는 유리 조각은 적게 잡아도 30개 정도 있어서, 하나하나 세심하게 적용하는 것도 중요하지만 시간 단축을 고려해서 유리 조각의 특징별로 그룹을 나누고 그에 맞게 애니메이션을 추가하기로 했습니다.

1 수작업 애니메이션으로 움직이는 유리

파랑 : 주위의 영향을 받기 쉽고 가장 복잡한 움직임을 하는 유리 조각 / 하늘색 및 빨간색 헬퍼 : 파란색 헬퍼와 다른 축 버전 / 분홍색 : 크기가 작기 때문에 흔들리는 움직임의 주기가 적은 유리조각 / 녹색 : 모서리의 큰 유리조각. 이렇게 5가지 컬러 패턴으로 나뉘어서 움직임을 추가합니다.

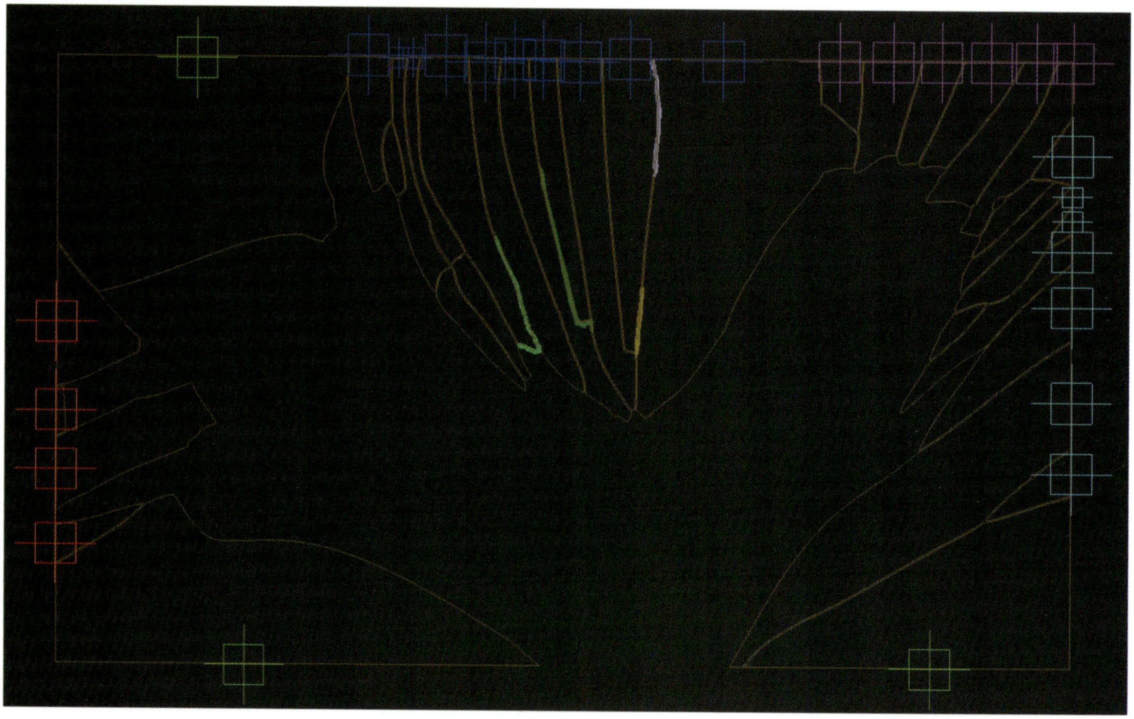

약 30개 수작업 애니메이션이 필요한 유리를 시간 단축을 고려해서 움직임 별로 그룹화해서 애니메이션을 추가하기로 했음.

① 파란 헬퍼 그룹
주위의 영향을 받기 쉽고 가장 복잡한 운동을 하는 유리 조각.

② 하늘색 헬퍼 그룹
①과 같은 특징을 가진 별도 축의 유리 조각.

③ 빨간 헬퍼 그룹
①과 같은 특징을 가지는 다른 축의 유리 조각.

(4) 분홍색 헬퍼 그룹
크기가 작기 때문에 흔들림의 주기가 빠르고 간단한 움직임의 유리 조각.

⑤ 녹색 헬퍼 그룹
모서리에 있는 커다란 유리조각.

2 ④⑤그룹의 애니메이션 커브

분홍색 유리 조각은 흔들림의 주기가 빠르고 반원과 같은 세밀한 움직임이 눈에 띄지 않는 곳이라서, 기본적인 애니메이션은 3점 제어 포물선으로 단순 제어할 것입니다. 녹색 유리 조각은 다른 유리 조각과의 영향을 강하게 받지 않으므로 이쪽도 분홍색과 마찬가지로 복잡한 키를 추가하지 않고 3점 제어로 움직임을 추가합니다.

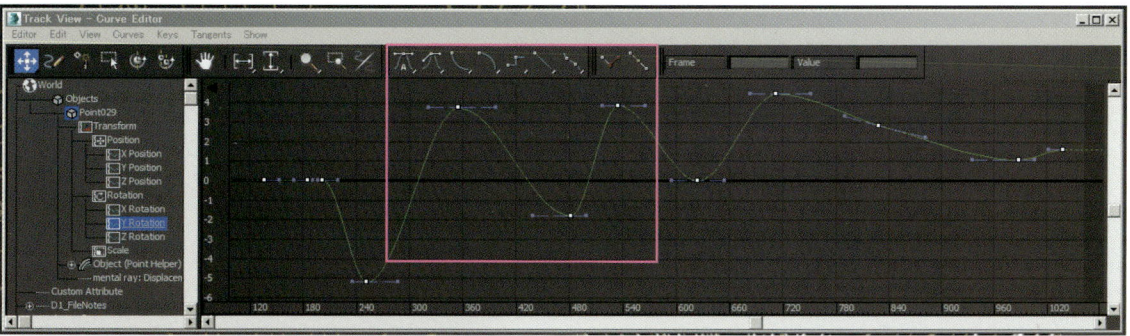

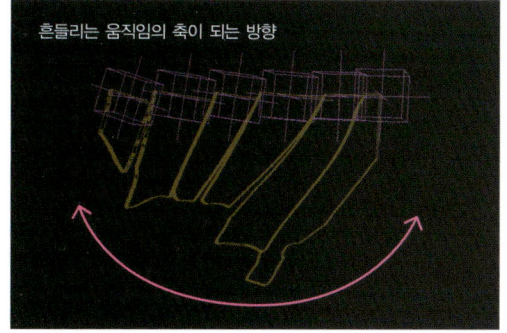

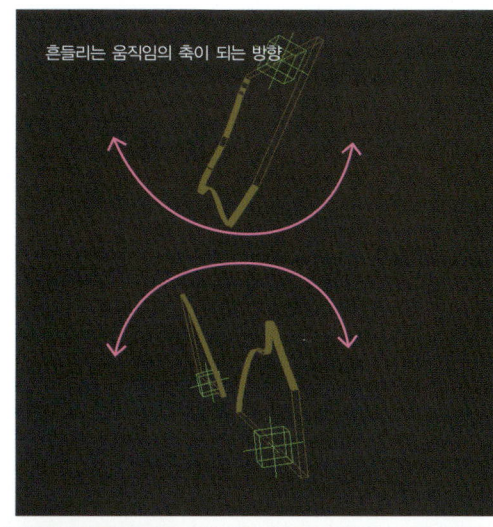

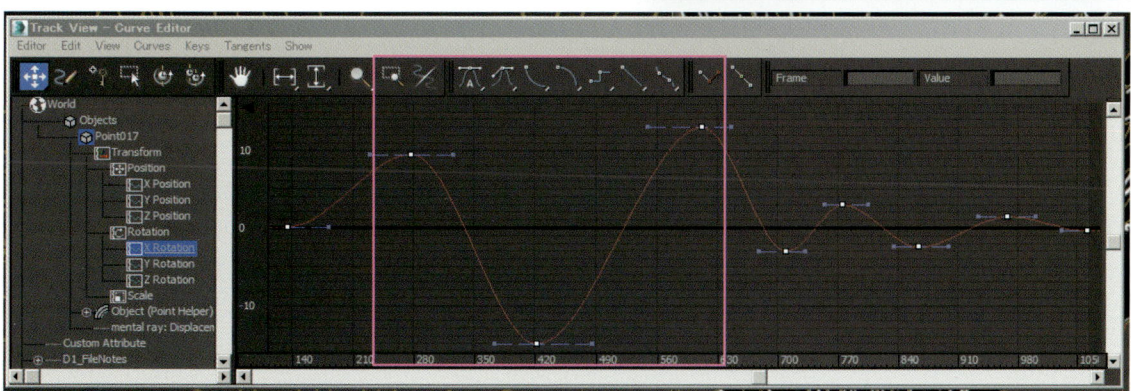

세세한 움직임이 눈에 띄지 않는 그룹은 3점 제어로 흔들리는 움직임을 재현

3 2개의 포인트 키에 의한 제어

이제 파란색, 하늘색, 빨간색 유리 조각의 움직임을 추가합니다.

이 세 가지 컬러 조각은 각 위치의 중심부에 있기 때문에 다양한 힘의 영향을 받으면서 복잡하게 흔들리는 운동을 하고 있습니다.

미세한 움직임은 하나의 포인트가 아니라 그림처럼 2개의 포인트를 추가해서 미묘한 흔들림을 재현하고 있습니다.

이 방법으로 주요 운동이 되는 X축의 흔들리는 움직임을 추가합니다. 그리고 Y축, Z축의 움직임을 더해 가면서 애니메이션을 추가했습니다.

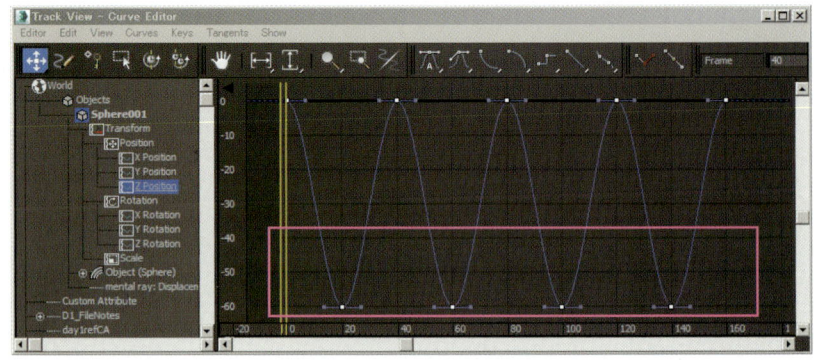

포인트의 키를 하나로 만드는 것은 간단한 조정으로 매끄러운 움직임을 얻을 수 있지만 복잡한 움직임에는 대응이 어려움

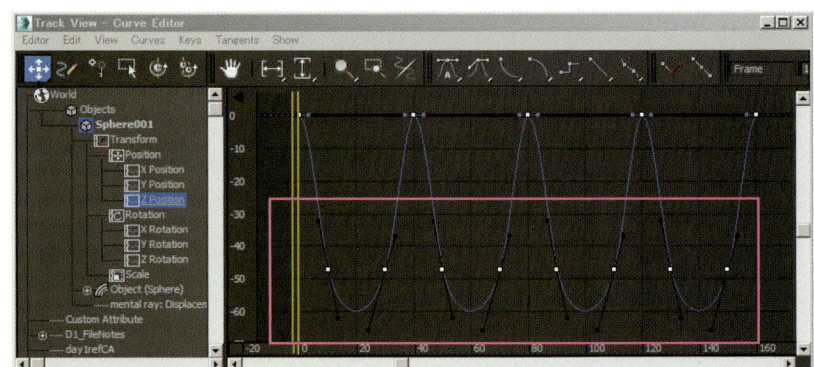

포인트 키를 2개로 배치하면 양쪽 키의 핸들에 따라 섬세한 움직임을 조정할 수 있음.

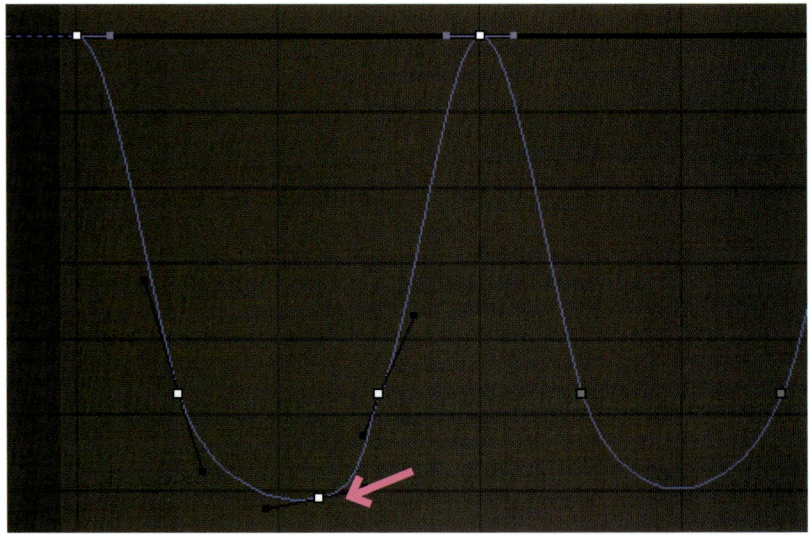

중간 포인트에 키를 추가하면 흔들리는 움직임의 완급을 더 세밀하고 적은 키로 대응할 수 있음.

4 ①~③ 그룹의 애니메이션 커브

3의 내용을 근거로 해서, ①~③ 그룹의 애니메이션 커브를 추가합니다.

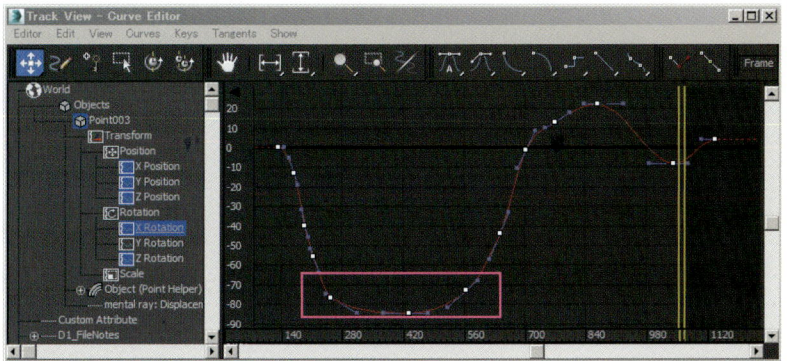 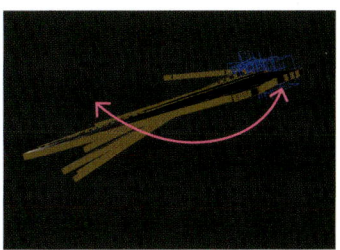

파란색 헬퍼 그룹

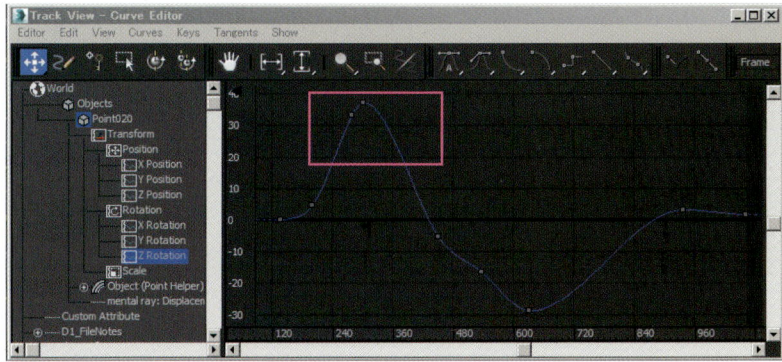 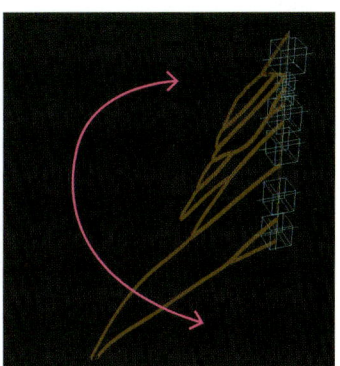

하늘색 헬퍼 그룹

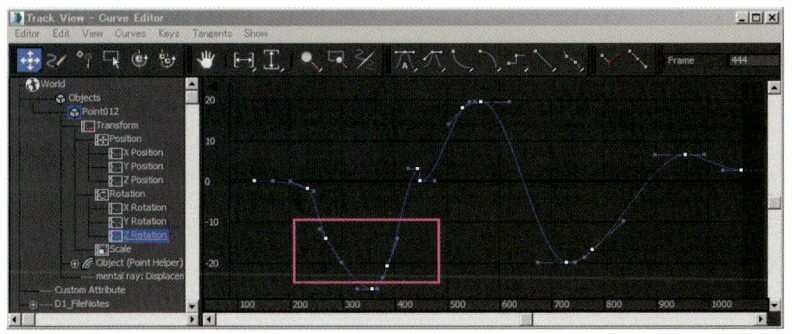 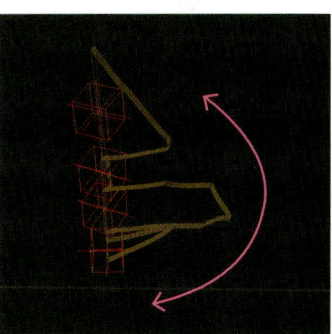

빨간색 헬퍼 그룹

THEME | 04

전구의 파괴

벽돌벽, 오두막, 유리 다음은 '전구 파괴'입니다. 아주 매니아적인 내용이지만, 파괴되었을 때 유리의 움직임이나 필라멘트에서 발생하는 빛이나 연기가 너무 아름다웠기 때문에 도전하게 됐습니다.

전구는 유명한 발명왕 에디슨의 대표적인 발명품 중 하나인데, 이번에 전구에 대해 여러 가지를 조사해 보니 실은 처음 발명한 사람이 따로 있다는 것을 알고 약간 놀랐습니다. 이런 정보들이 퀄리티에 직결되진 않지만, 요즘처럼 물리기반 제작 툴이나 플러그인이 늘어나고 있는 상황에서는 알고 있는 것과 모르는 것의 차이가 툴의 활용도에도 크게 영향을 미칠 것입니다.

주요 제작 프로그램

- Autodesk 3ds Max 2015
- Adobe After Effects CS 6.0
- FumeFX 3.5.5
- RayFire Tool 1.64

STEP 01   '전구의 역사와 구조'를 생각하기 - 전구를 조사해보았다

전구의 불빛은 열 방사를 이용한 발광 현상에 의한 것

전구의 역사와 구조를 살펴 보겠습니다.

전구는 19세기 후반에 조지프 스완이라는 영국 과학자가 발명했으며, 나중에 에디슨이 개량하여 실용화되었습니다. 지금까지 에디슨이 발명한 것이라고 생각했던 전구였는데, 발광하는 기반이 되는 필라멘트도 이미 스완이 발명한 것이었습니다.

다만 에디슨에 의해 필라멘트의 발광 수명이 약 13시간에서 약 1,200시간으로 크게 향상되었으니, 그로 인해 오늘날에 미치는 영향을 생각하면 두 사람이 발명한 것이라고 해도 이상할 것은 없겠죠.

1   전구의 구조

전구는 유리구 필라멘트에 전기를 흘려서 2,000~3,000℃의 고온에 의해 일어난 발광 현상을 이용하여 주위를 밝게 합니다. 게다가 구 안에는 발광의 기반이 되는 필라멘트가 타버리지 않도록 진공 또는 불활성 가스(화학 반응이 일어나기 어려운 가스)를 가득 채워 연소를 막아서, 수명이 길고 안정된 빛을 얻을 수 있게 된 것입니다. 요즘 주목받는 LED에 비해 에너지 효율이 나쁘다고 하는데 열을 동반하는 전구는 왠지 모르게 보고 있으면 마음이 진정되기 때문에 앞으로도 계속 남아 있었으면 합니다.

전구의 각 부위 별 명칭

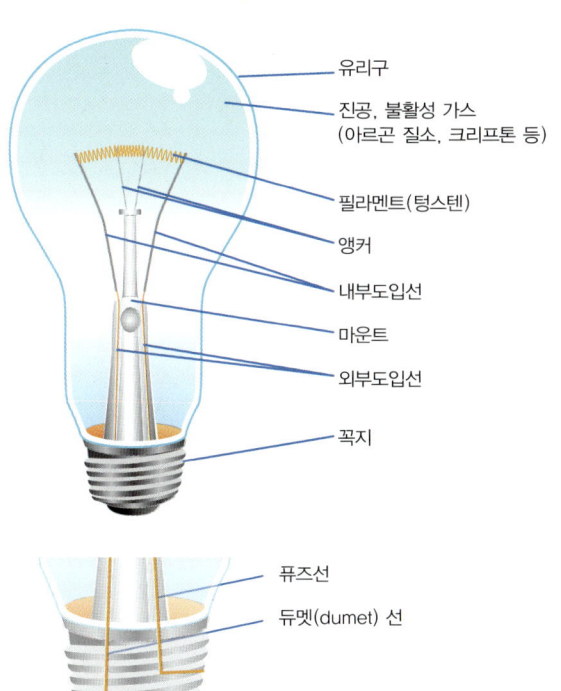

- 유리구
- 진공, 불활성 가스 (아르곤 질소, 크립톤 등)
- 필라멘트(텅스텐)
- 앵커
- 내부도입선
- 마운트
- 외부도입선
- 꼭지
- 퓨즈선
- 듀멧(dumet) 선

발광의 구조

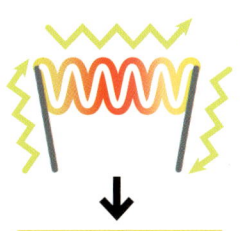

필라멘트에 전기를 흐르면 2,000℃~3,000℃의 고온으로 열이 난다

열 방사에 따른 강한 빛을 발생한다

어두운 장소를 빛나게 할 수 있음

STEP 02 '필라멘트'를 생각하기 - 구조와 움직임이 중요하다

Cloth로 필라멘트의 움직임 재현하기

필라멘트는 전구가 발광하기 위한 중요한 부품 중 하나입니다. 레퍼런스 동영상을 보면 전구가 파괴되면서 필라멘트의 모양도 크게 변하는 것을 볼 수 있습니다. 필라멘트는 보통 열 효율을 높이기 위해 이중코일 구조로 구성되어 있고 신축성이 높은 소재입니다. 이중코일의 신축성 있는 움직임을 만들기 위해 Cloth 시뮬레이션을 사용합니다.

1 충돌에 의한 필라멘트의 움직임

Cloth 모디파이어 시뮬레이션에서 움직임을 추가하고 싶은 객체는 포인트 레벨에서 역할을 결정할 수 있기 때문에, 먼저 내부 도입선에 고정되어 있는 끝의 두 점을 선택하고 [Preserved]를 적용하여 시뮬레이션의 영향을 받지 않도록 해둡니다.
앵커의 버팀목 부분은 충돌 시 날아가고 있으므로 여기에서는 선택에서 제외합니다. 그 다음 마운트에 유착하고 싶은 부분을 소프트 셀렉션으로 그라데이션시켜 정점을 선택합니다. 선택한 정점에 [Sticky Surf]를 적용하면 지정한 오브젝트에 대해서만 유착된 것처럼 달라 붙는 움직임을 시뮬레이션 할 수 있습니다.

| 충돌 시의 신축 | 열에 의한 유착 |

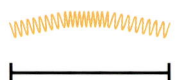

필라멘트는 가해진 열을 효율적으로 확보할 수 있기 때문에, 이중코일이라는 특수한 구조로 만들어져 있음

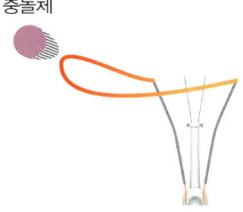

충돌체

신축성이 높기 때문에 충돌할 때 크게 늘어짐

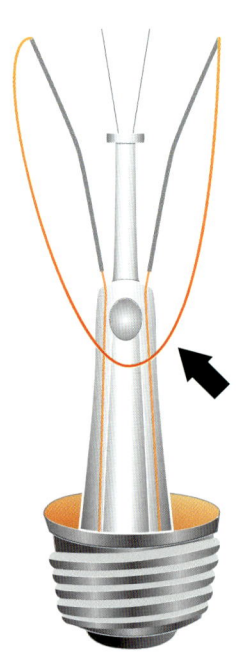

축 늘어진 필라멘트는 고온 때문에 하부의 마운트에 달라 붙음

2 Cloth 시뮬레이션의 효과

Cloth 시뮬레이션이란, 옷이나 깃발처럼 흔들리고 펄럭이는 움직임을 재현할 수 있는 시뮬레이션입니다.

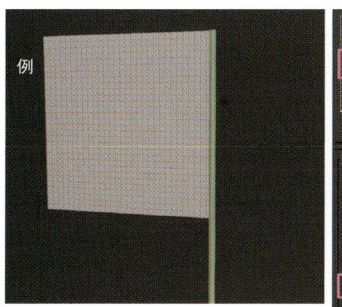

평면 객체에 [Cloth] 모디파이어를 적용하고, 시뮬레이션을 실행

천과 같은 움직임을 만들 수 있음

3 Group의 적용

충돌 시의 움직임이나 역할 등 정점(Vertex) 레벨에서 조절할 수 있는 기능입니다.

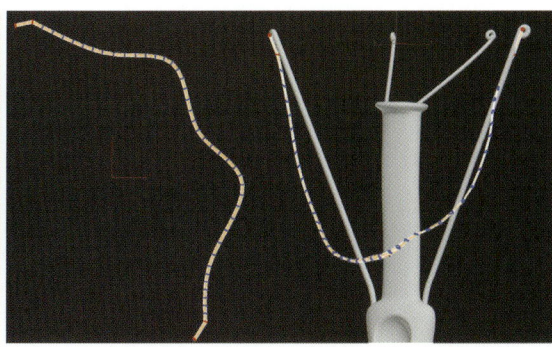

● Preserve

선택한 정점 애니메이션을 저장하는 기능. 시뮬레이션의 영향을 받지 않게 되어 고정시키고 싶을 때 사용함

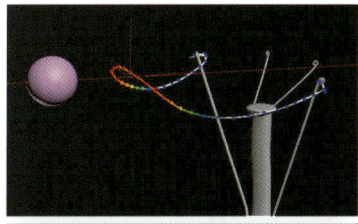

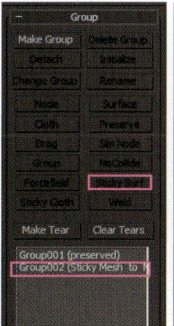

● Sticky Surf

이 기능에 의해 지정된 충돌 판정용 객체에 점착성을 부여함

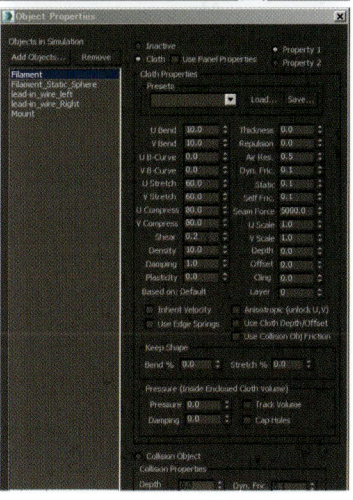

설정이 끝나면 Cloth 파라미터를 조정하고 원하던 움직임이 될 때까지 시뮬레이션을 반복함

'유리구의 파괴'를 생각하기 — 3개의 요소가 중요하다

STEP 03

소재의 크기에 따른 움직임의 차이를 의식하기

유리구의 파괴에서는, 본 책에서 친숙한 파괴 시뮬레이션 툴인 RayFire Tool을 큰 유리 조각의 재현에서 사용하고, 세밀한 유리조각은 Particle Flow로 재현합니다.

1 2종류의 유리 조각

RayFire로 파괴 시뮬레이션이 된 큰 유리 조각

Particle Flow로 만든 세밀한 유리 조각

2 RayFireVoronoi에 따른 객체 분할

우선, 큰 유리 조각의 움직임부터 만들어 보겠습니다. 시뮬레이션을 진행하기 전에, 미리 유리구체를 분할하기 위해 RayFire에 있는 기능 중 하나인 RayFireVoronoi를 사용합니다.

분할할 때 직접 충돌하는 부분은 세밀하게, 영향을 받아 깨진 부분은 크게, 꼭지 부근의 유리 받침대 부분도 잘게 분리합니다.

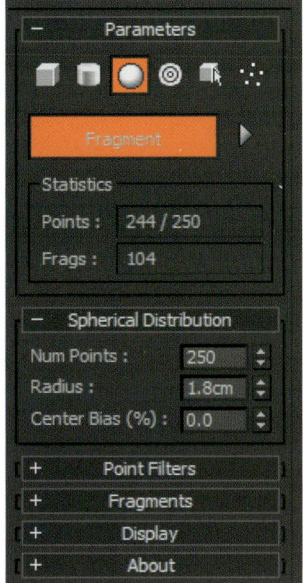

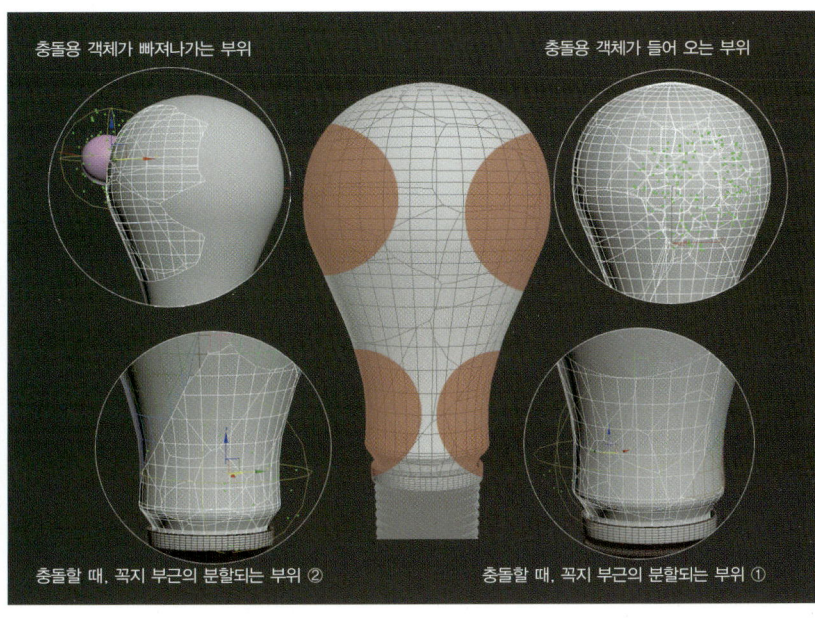

● RayFire Voronoi
기즈모의 범위 내에서만 집중적으로 분할되지만 어느 정도 무작위적인 형태로 나뉠 수 있기 때문에 사용성이 좋음

3 RF Bomb

이렇게 커다란 유리 조각으로 분할 할 수 있으면 바로 시뮬레이션에 들어갑니다.

실제 충돌되는 물체는 구체 하나입니다. 내부의 급격한 압력에 따라 바깥쪽으로 흩어지는 움직임은 [RF Bomb]을 사용해서 유리 파괴의 움직임을 만들어 갑니다.

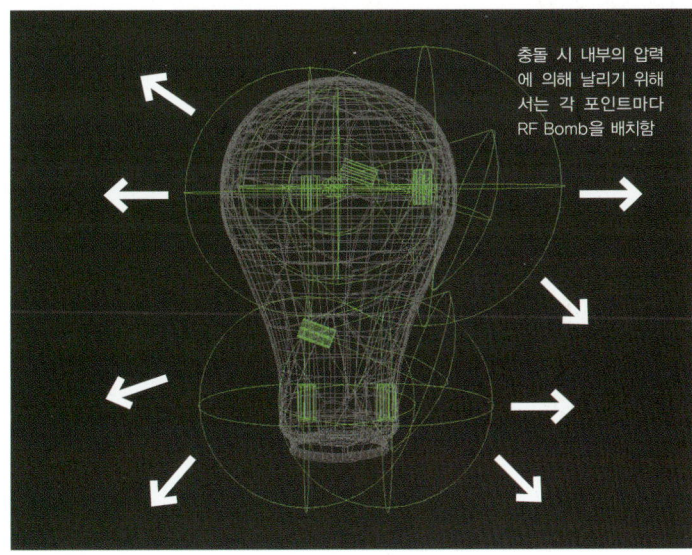

● RF Bomb
RayFire 전용의 Space Warp. 일반 [PBomb]에는 없는 회전 등의 움직임을 조절할 수 있음

4 각 PF Source가 담당하는 미세한 유리 조각의 발생 위치

큰 유리 조각의 시뮬레이션이 완성되면, 이제 미세한 유리 조각을 만듭니다. 미세한 유리 조각은 주로 충돌할 때 큰 유리 조각의 틈에서 나오는 많은 양의 미세한 유리알갱이를 말합니다.

이 작은 파편은 큰 유리 조각보다 수가 많아서 RayFire 등으로 시뮬레이션하려면 많은 시간이 걸립니다. 이런 경우, 쉽게 파티클을 조절할 수 있고 시뮬레이션 할 필요가 없는 Particle Flow로 유리 조각을 만들면 됩니다.

먼저, 앞서 분할한 큰 유리 조각에서 적당한 형태들을 선택하고 파티클의 소재로 준비합니다. 파티클용 유리 조각이 준비되었다면 PF Source를 복수로 배치합니다. 복수로 배치하는 이유는 특히 미세한 유리조각이 나오는 부위마다 [Position Object]로 파티클의 발생원을 선택하기 위함입니다. 레퍼런스 동영상에 가까운 그림이 되도록 움직임에 필요한 파라미터를 조정해 나가겠습니다.

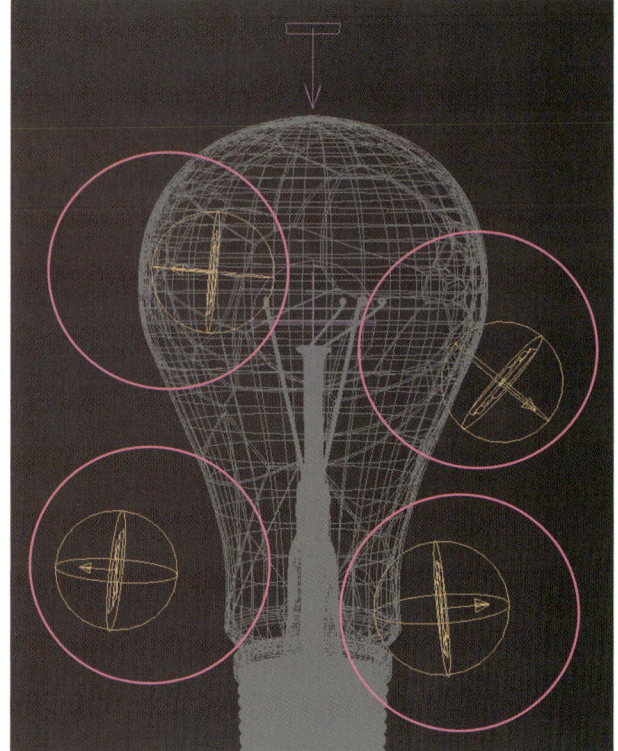

특히 유리조각이 발생하는 곳마다 PF Source를 구분하여, 보다 세세한 파라미터 조정을 할 수 있게 합니다. 발생 위치는 [Position Object]로 지정함

5 FumeFX Follow에 따른 움직임의 표현

이것으로 유리구의 파괴는 완성이라고 말하고 싶지만, 또 한가지 필수 요소가 있습니다. 그것은 '더' 작은 유리 조각입니다. 미세한 유리 조각보다 작고 거의 가루가 되는 유리 조각은 레퍼런스 동영상처럼 만들기 위한 중요한 요소입니다.

가루 모양의 유리 조각도 Particle Flow에 의해서 제작합니다. 방금 제작한 큰 유리, 미세한 유리조각처럼 필라멘트의 연소에 따른 공기 대류에 강한 영향을 받습니다.

이런 경우는 FumeFX 시뮬레이션의 움직임을 응용해서 대류에 따라 떠도는 유리 조각을 재현합니다. 여기에 양념으로 [Wind]나 [Gravity] 같은 Space Warp를 조합하면 공기 대류와 중력에 의해 지면으로 떨어지는 듯한 움직임을 추가할 수 있게 됩니다. 그림의 밀도감도 올라가서 점점 진짜 같은 분위기가 되지 않나요?

이것으로 유리구의 파괴는 완성됩니다.

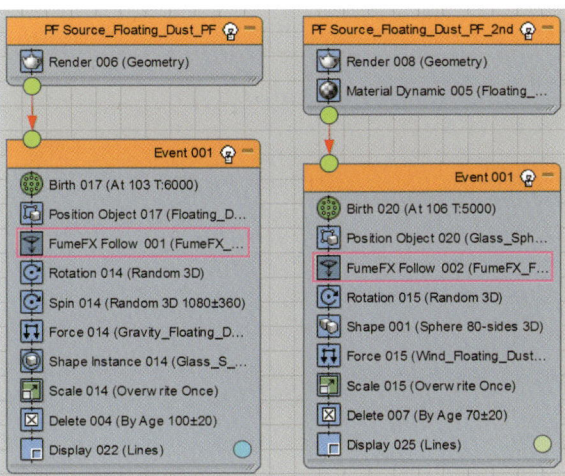

● FumeFX Follow

FumeFX의 Velocity 채널을 이용해서 파티클의 움직임을 조절 가능한 오퍼레이터. 일반적인 오퍼레이터로 움직임을 추가하는 것 이상으로 복잡하고 자연스러운 움직임을 표현할 수 있음

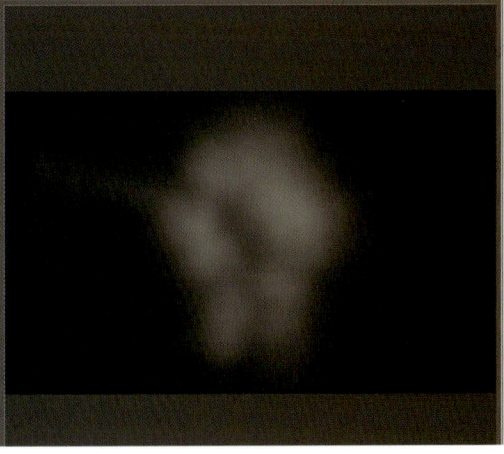

● Follow용 Smoke 시뮬레이션

FumeFX Follow에서 사용하고 있는 Smoke 시뮬레이션. 물결을 추가하는 등 대류의 흐름을 의식한 움직임을 하고 있음

6 유리 가루의 추가

'연소'를 생각하기 - 필라멘트에서 나오는 연기가 중요했다

연소반응에 따른 연기 발생을 재현하기

마지막 STEP에서는 유리구가 깨진 후 필라멘트에서 일어나는 현상에 대해 만들어 나갑니다.

STEP 01에서 설명했듯이, 전기가 흐르고 있는 상태의 필라멘트는 열 방사에 의한 빛을 방출하기 위해 약 3,000℃의 고온 상태를 안정적으로 유지하고 있습니다. 일반적으로 산소가 존재하는 공간이면 순식간에 타오르는 온도이지만 밀폐된 유리구 안에서는 불황성 가스가 충전되어 있기 때문에 필라멘트가 연소되지 않습니다.

하지만 이번처럼 유리구가 파괴되면 고온의 필라멘트가 공기 중의 산소와 결합해서 연소 반응이 일어나기 때문에 표면에 많은 양의 연기가 발생해서 마지막에는 필라멘트 자신이 반응을 견딜 수 없게 됩니다. 이 연기는 FumFX를 이용해서 재현하려고 생각합니다.

1 필라멘트의 연소가 일어나는 구조

3,000℃의 고온에서도 유리구 안쪽에는
불황성 가스가 충전되어서 연소되지 않음

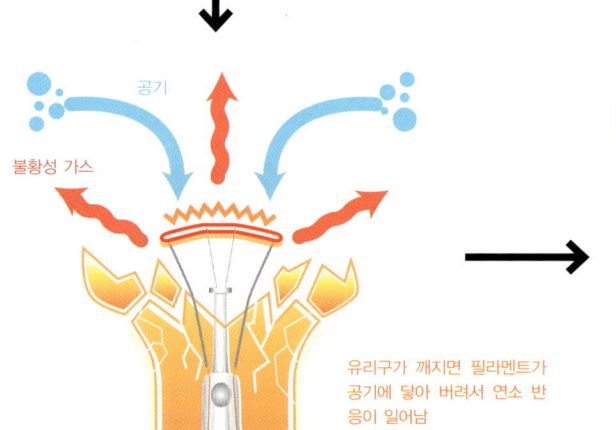

공기

불황성 가스

유리구가 깨지면 필라멘트가
공기에 닿아 버려서 연소 반
응이 일어남

필라멘트에서 연기가 발생.
최종적으로는 타버림

2 FumeFX의 주요 파라미터

Turbulence를 시작으로, 팽창 강도를 조절하여 질감을, Time Scale에서 속도감을 합해서 끈적끈적한 연기를 재현할 수 있습니다. 이러한 파라미터를 조정하면 원하는 결과를 얻을 수 있습니다.

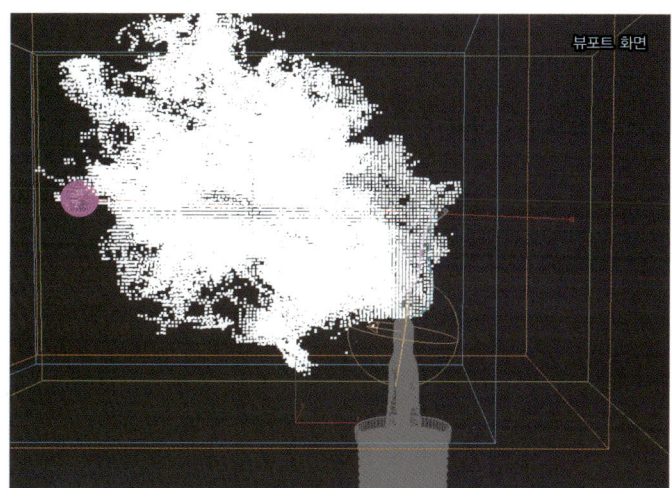

뷰포트 화면

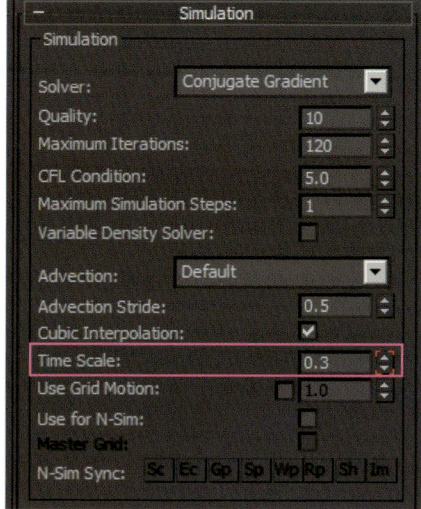

● Time Scale
수치를 올리면 빠르게 움직이고, 내리면 천천히 움직임

프리뷰 화면

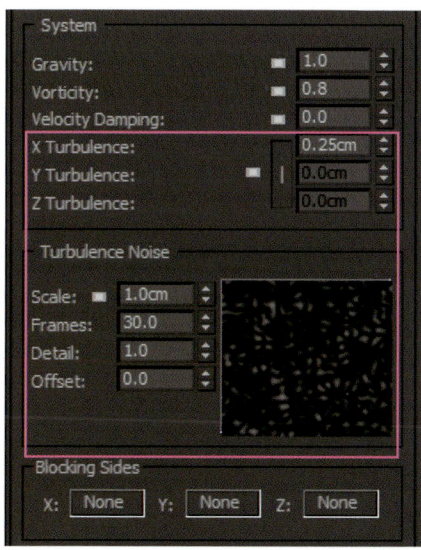

● Turbulence/Turbulence Noise
연기, 불의 팽창 강도를 결정하는 파라미터. 끈적끈적하고 진한 담배 연기, 모래같은 부드러운 연기 등 다양한 질감을 표현할 때에도 사용하기

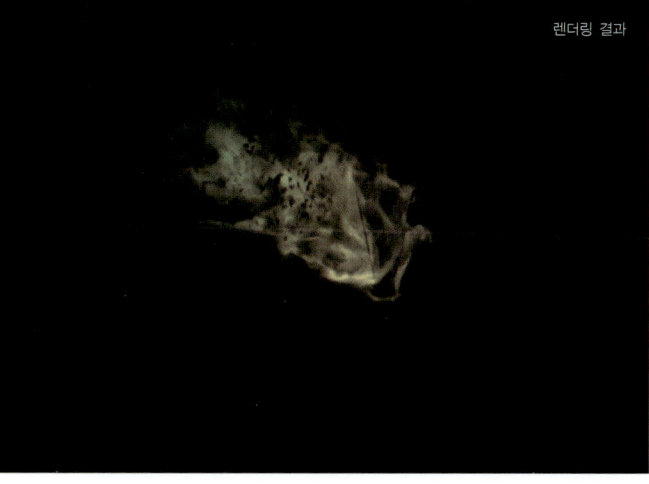

렌더링 결과

STEP 05 '바람에 날아가는 연기'를 생각하기
– 또 하나의 연기를 만들기

다른 파괴의 동작에 맞춰 날아가는 연기를 만들기

STEP 04에서 소개한 지속적으로 발생하는 필라멘트의 연기와는 별도로, 이번 STEP에서는 전구를 파괴한 충돌체에 의해 왼쪽으로 크게 흐르는 연기를 제작합니다. 지속적으로 발생하는 연기와는 다르게 순식간에 크게 움직이는 연기를 만들고 싶기 때문에 오브젝트 기반보다 속도나 양을 제어하기 쉬운 파티클을 기반으로 연기를 만들 수 있는 준비를 합니다.

1 발생원의 준비

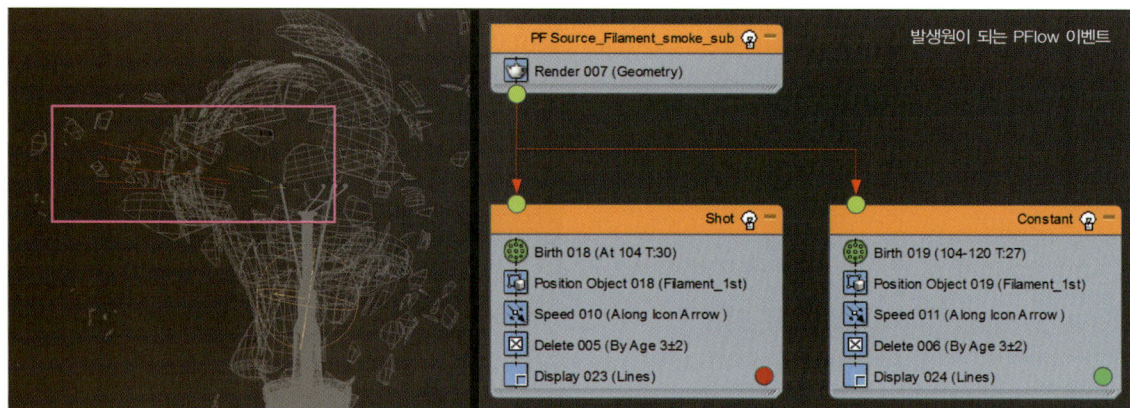

짧은 시간에 속도나 지향성을 포함한 연기를 시뮬레이션하는 경우, 객체 기반보다도 파티클 기반이 적합.

2 충돌용 객체의 적용

파티클의 속도 및 진행 방향은 필라멘트 및 깨지는 전구 유리의 움직임을 따라갑니다.

미세한 유리 파편

큰 유리 파편

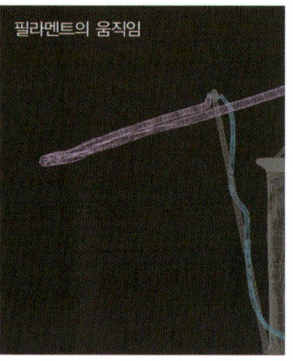

필라멘트의 움직임

연기 속도를 주위의 움직임에 따라 조정하기.

3 충돌용 객체의 적용

베이스 파티클이 준비되었다면 충돌용 객체에 적용해서 연기가 크게 흐르도록 해야 합니다. 질감은 STEP 04의 연기처럼 수치를 맞춰 시뮬레이션 하고, 연기의 움직임이나 양 등은 레퍼런스 동영상을 참고하면서 파티클의 양과 속도를 미세하게 반복 조정해 보면서 완성해 봅니다.

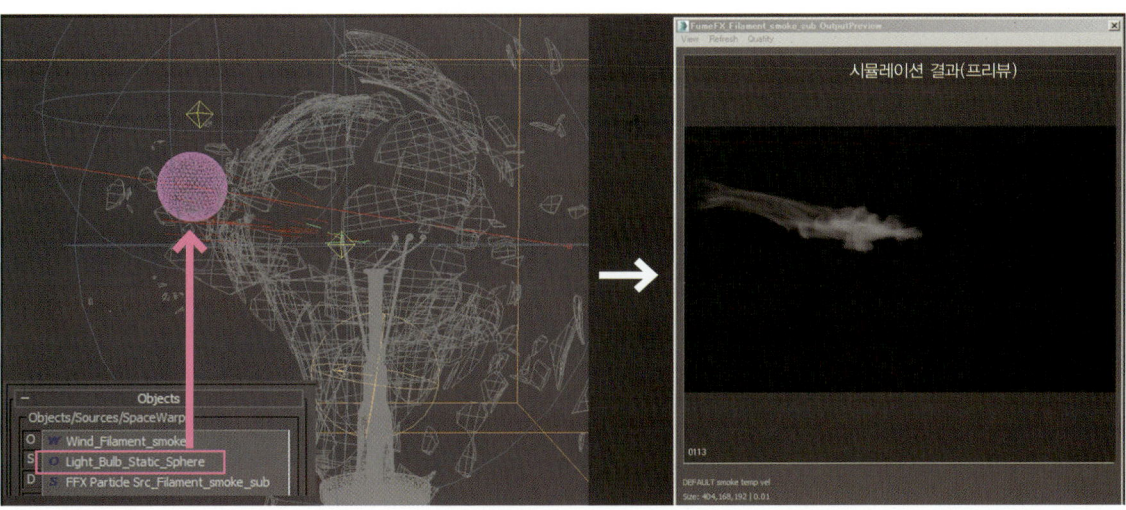

STEP 03의 큰 유리 조각에 사용한 충돌용 객체를 연기 충돌 객체로 재활용하고 있음.

날아가는 연기의 렌더링 결과

CHAPTER 002

불 | 파괴 | 폭발 | 액체 | 빛 | 연기 | 기타

THEME | 05 | 파괴

충돌 테스트

다음은 조금 색다른 '충돌 시험'에 도전합니다. 충돌 테스트는 사고가 발생했을 때 탑승자의 안전성을 검증하는 것이 목적이지만, 이펙트의 시선으로 보면 유리가 깨지거나 자동차의 왜곡 등 재미있는 표현이 가능할 것 같아서 픽업했습니다.

필자가 이펙트 제작에서 특히 중요하다고 생각하는 것은 '기분을 전환하는 것'입니다.

마감과 납기를 걱정한 나머지 매번 같은 방식으로 작업하게 되지만, 기존 방식으로 잘 만들어지지 않는다면 산책이나 다른 작업을 하는 등 일과 거리를 둘 때 고민했던 것이 거짓말처럼 사라지고 새로운 아이디어가 떠오를 수 있습니다. 다만, 고민하지 말고 슬슬 할 수 있는 것도 있기 때문에 이펙트의 깊이는 그런 곳에 있는지도 모르겠습니다.

주요 제작 프로그램

- Autodesk 3ds Max 2015
- Adobe After Effects CS 6.0
- FumeFX 3.5.5
- RayFire Tool 1.64

STEP 01 '테스트의 목적과 내용' 생각하기 - 충돌테스트 조사하기

다양한 사고를 상정하고 많은 종류로 분류되고 있음

이번 주제는 자동차의 안전성을 평가하기 위한 검증 방식 중 하나인 '플랩 충돌 시험' 때에 일어나는 자동차의 충돌 표현을 해보겠습니다.
TV 광고 등에서 많이 보셨을 것입니다.
테스트 방법으로는 주로 장벽에 자동차를 충돌시켜서, 차체의 손상과 탑승자에 미치는 영향을 평가하고 자동차의 안전 성능을 검증하고 있습니다.

충돌 위치에 따라 시험 명칭이 변경되고, 대표적인 테스트는 전면의 약 40%를 장벽에 충돌시키는 '옵셋 전면 충돌', 차체 측면을 충돌시키는 '측면 충돌' 테스트 등이 있습니다. 여기서 만들어 볼 플랩 충돌 테스트는 자동차 전면 전체를 장벽에 충돌시키는 시험입니다. 그 밖에도 다양한 사고를 상정한 테스트가 있어서 탑승자의 안전을 위해 모든 차종에 대해 실시됩니다.

1 주요 충돌시험의 종류

플랩 전면 충돌테스트

자동차의 폭 전체를 장벽에 충돌시키는 테스트. 이른바 정면 충돌. 탑승자에게 가장 충격을 주는 충돌이므로, 에어백이나 안전벨트 등 충격 완화용 장치 평가에 적합함.

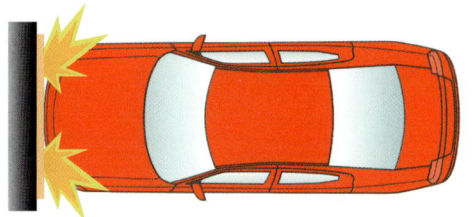

옵셋 전면 충돌테스트

운전석의 약 40%를 전면 충돌 시키는 테스트. 플랩보다도 탑승자가 받는 충격은 약하지만 차체 손상이 심해짐. 손상된 부품이 실내까지 진입했을 때의 가해성을 주로 평가함.

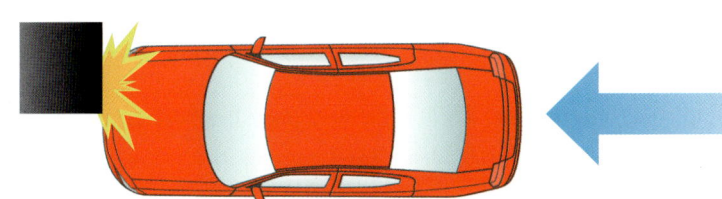

측면 충돌테스트

차체 측면의 안전 성능을 평가하는 테스트. 차체는 고정하고 장벽을 충돌시키는 것이 특징. 전면부보다 탑승자에 대한 보호거리가 짧은 상황에서의 가해성, 사이드 에어백의 안전 성능을 평가함.

타겟 마크

차체 및 더미 인형에 부착한다. 충돌할 때의 거동 및 왜곡을 계측하기 위한 트래킹 포인트가 됨.

STEP 02

'연기의 움직임'을 생각하기 - 지면의 연기 만들기

Wind를 이용해서 연기 전체의 움직임을 컨트롤하기

STEP 02에서는 자동차의 주행에 따라 발생하는 연기를 만듭니다. 자동차는 지면과 타이어의 마찰에 의해 맞물릴 때 주행 할 수 있습니다. 이 때 반드시 발생하는 것이 먼지와 바닥의 연기입니다.

---

1 주행에 관계된 힘의 작용

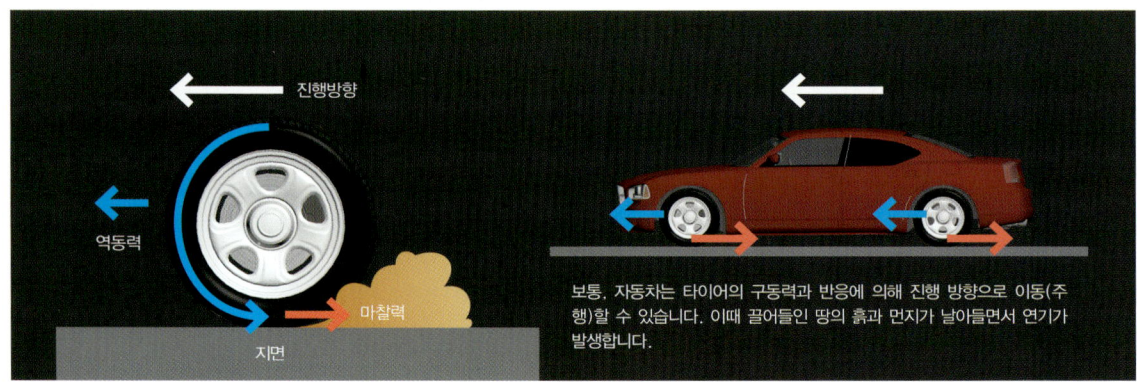

보통, 자동차는 타이어의 구동력과 반응에 의해 진행 방향으로 이동(주행)할 수 있습니다. 이때 끌어들인 땅의 흙과 먼지가 날아들면서 연기가 발생합니다.

---

2 연기의 발생원과 시뮬레이션

이 연기를 FumeFX로 시뮬레이션하기 위해, 지면과 4개의 각 타이어에 발생원을 배치합니다. 나중에 그림처럼 질감의 물결이 되는 파라미터를 조정하여 레퍼런스 동영상과 가깝게 합니다

● 연기 발생용 객체의 배치

FumeFX에서는 지정한 객체를 발생원으로 사용할 수 있어서, 연기가 감아올리는 각 타이어와 지면 사이에 발생용 객체를 배치해두기.

● 연기의 질감 추가

X, Y, Z Turbulence 및 Turbulence Noise로 연기에 미세한 물결을 추가하고 모래 먼지처럼 미세 질감을 추가.

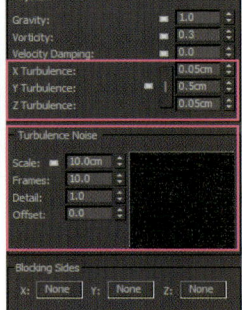

3 슬립스트림에 따른 연기의 움직임의 변화

연기의 질감을 추가하는 것은 완료되었으니 다음은 자동차의 진행 방향으로 흐르고 있는 움직임에 주목해 봅니다. 이것은 물체가 공기를 밀어내어 진행 방향의 바로 뒤로 빨려 들어가는 현상이 일어나고 있기 때문입니다. 이 현상을 '슬립스트림'이라고 합니다. 이 현상을 모사해서, 연기도 앞으로 밀리는 것 같은 움직임을 추가하기 위해 [Wind]를 적용합니다. 이렇게 지면의 연기가 완성됩니다.

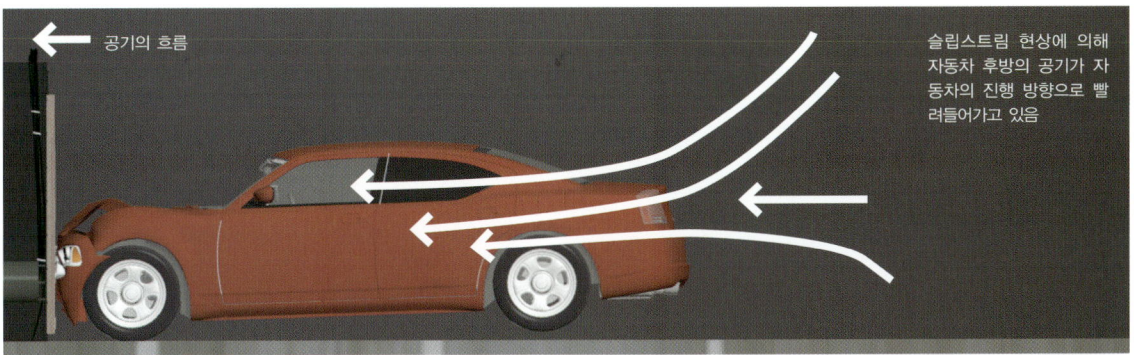

공기의 흐름

슬립스트림 현상에 의해 자동차 후방의 공기가 자동차의 진행 방향으로 빨려들어가고 있음

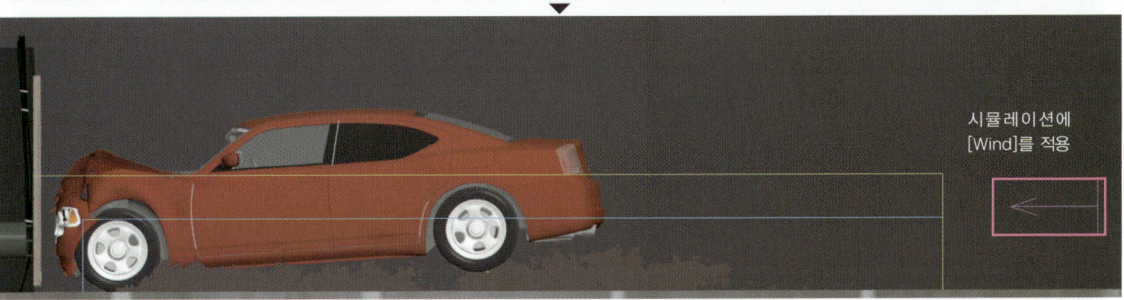

시뮬레이션에 [Wind]를 적용

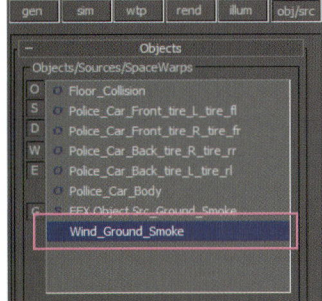
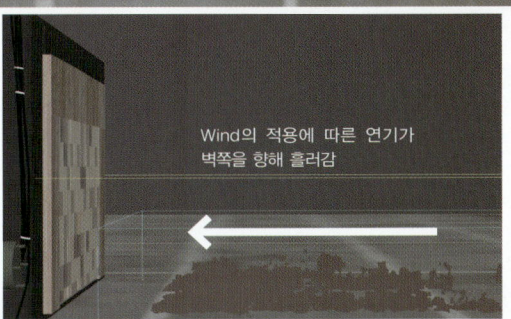

Wind의 적용에 따른 연기가 벽쪽을 향해 흘러감

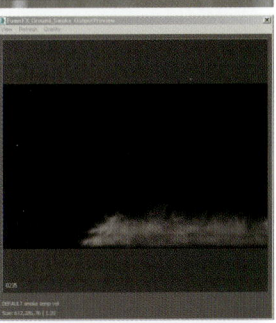

적용 전

적용 후

STEP 03 '충돌의 왜곡' 생각하기 - 충돌 시 왜곡 만들기

충돌에 따른 자동차의 왜곡을 Cloth로 재현

STEP 03은 충돌로 왜곡되는 자동차를 만들어 보겠습니다. 처음에는 어떤 방법으로 제작할까 고민하면서 아예 포인트 애니메이션으로 제작할까도 생각했었지만 너무 소모적일 듯해서 다른 방법을 찾아보게 되었습니다. 그래서 찾은 방법이 Cloth에 의한 왜곡 만들기입니다.

Cloth 기능은 이름 그대로 옷이나 깃발 같은 천 제품의 움직임을 재현하기 위한 것이지만, '천의 부드러운 움직임이 가능하다면 파라미터에 따라 딱딱한 물질도 표현할 수 있지 않을까'라고 생각해서 이번에 사용하기로 했습니다.

1 자동차의 왜곡 표현 고민하기

● 정점 애니메이션에 의한 왜곡 표현
애초에 각 정점에 키를 추가하여 왜곡을 표현하려다가 장시간 노동을 고려해서 채택하지 않음

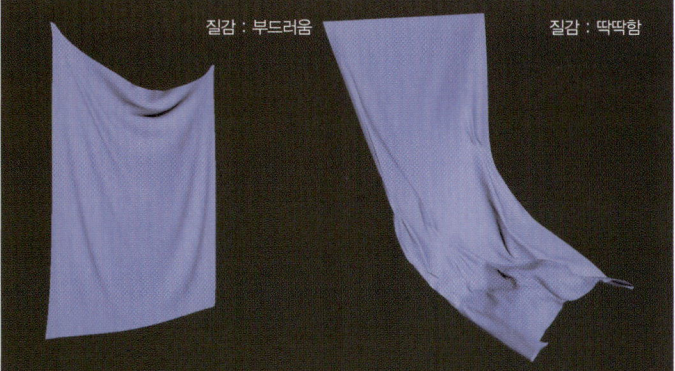

● Cloth에 의한 왜곡 표현
Cloth는 원래 옷과 깃발 등 천, 가죽 제품의 움직임을 시뮬레이션하는 기능이었는데, 파라미터를 미세하게 조정하면 자동차의 바디같은 재질도 표현할 수 있을지에 대해 검증해 봄. 움직임의 세세한 조절을 할 수 있고, 시뮬레이션 시간도 약 1분 정도 단축되어서 Cloth를 채택함.

2 자동차의 주요 왜곡

레퍼런스 동영상을 보고 충돌 시 파괴되는 특징을 관찰합니다. 자동차가 벽에 부딪히면 먼저 앞쪽 범퍼가 벽에 달라붙는 것처럼 부서지고, 그 후 보닛, 휀다라 부르는 타이어를 덮는 부분에 걸쳐 충돌 왜곡이 일어나고 있습니다.

이런 식으로 파괴되는 것은 자동차가 가장 지켜야 할 탑승자의 실내가 급격 충돌의 영향을 받지 않도록 하기 위해 프론트 타이어보다 전방의 파트가 크게 파괴되도록 설계되었기 때문이라고 합니다.

큰 왜곡 부위는 운전석 보다 전방의 3곳으로 집중. 운전자에 충격이 전달되지 않도록 부서지기 쉽도록 되어있기 때문

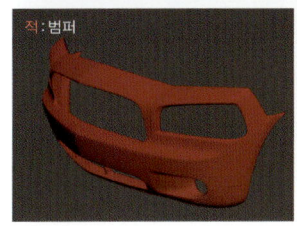

적 : 범퍼

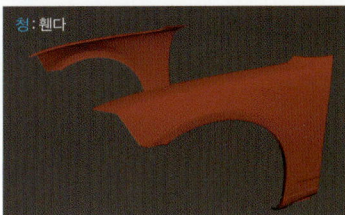

청 : 휀다

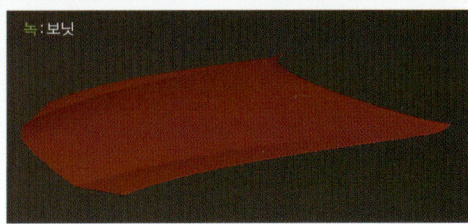

녹 : 보닛

3 시뮬레이션 방법의 설정

파괴할 부분을 알게 되었으면 제작에 들어갑니다.
우선 어떤 상태에서 파괴할 것인가인데, Cloth에서는 시뮬레이션의 대상물이 움직이면 그 움직임의 영향을 받아 대상물이 변형됩니다. 이 변형을 피하기 위해, 자동차는 고정시키고 벽을 움직여서 충돌 사고의 현실과는 반대의 방법을 선택했습니다. 이 방법이면 불필요한 움직임도 필요 없고, 벽의 애니메이션만으로 자동차의 충돌도를 세밀하게 조정할 수 있게 되었습니다.

● 일반 시뮬레이션의 경우
자동차를 이동시켜 벽에 부딪히는 것으로 충돌에 의한 파괴(왜곡)을 일으킵니다. 현실적인 상황임.

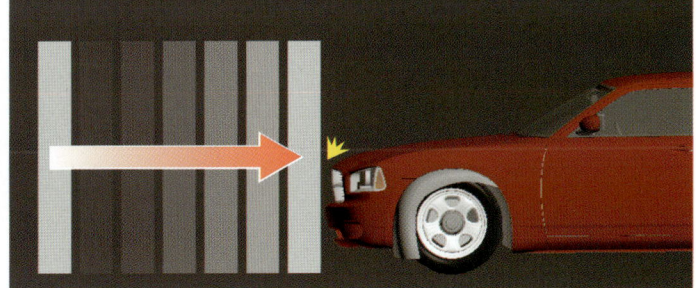

● 이번에 적용한 시뮬레이션
Cloth를 적용한 객체를 이동시키면 왜곡된 움직임으로 시뮬레이션 되므로 자동차가 아닌 충돌하는 벽을 이동시킴.

4 자동차 내부의 충돌용 객체

준비되었으면 주요 파괴 파트인 범퍼, 보닛, 휀다에 Cloth 모디파이어를 적용합니다. 단번에 파괴 없이 하나씩 전용 Cloth를 이용해서 레퍼런스 동영상에 가깝도록 정성스럽게 시뮬레이션을 추가합니다.

우선은 범퍼에서 시뮬레이션합니다.

처음에, 차체 내부에 전용 충돌용 객체를 준비하고 범퍼가 타이어를 뚫지 않도록 합니다. 다음으로 Cloth 모디파이어의 [Object Properties]를 열고 시뮬레이션 때의 움직임을 Cloth 용 파라미터로 조정합니다. 중요한 항목은 경도, 신축 정도를 관장하는 [U/V Bend], [U/V Stretch], [U/V Compress] 3쌍의 파라미터입니다. 보통은 1, 2자리의 숫자로 조정하지만 아래 왼쪽 그림처럼 네 자리까지 숫자를 넣어보면 천처럼 하늘거리는 움직임에서 자동차 부품 같은 딱딱한 소재의 움직임처럼 됩니다.

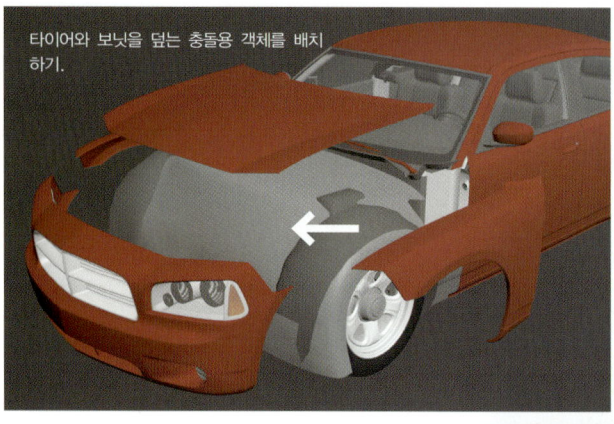

타이어와 보닛을 덮는 충돌용 객체를 배치하기.

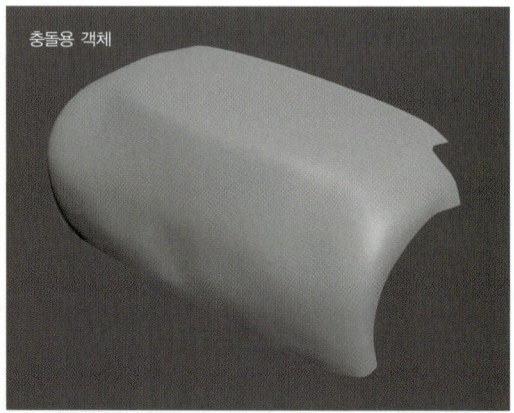

충돌용 객체

● Object Properties의 설정

Cloth의 질감을 조절할 수 있는 파라미터. 주로 [U/V Bend], [U/V Stretch], [U/V Compress]의 3쌍으로 경도와 신축도를 조정해서 차체 왜곡을 재현하기.

값을 낮추면, 천처럼 하늘거리는 움직임이 되어버림.

값을 극으로 올리면 딱딱한 소재의 움직임으로 변화됨.

5 정점레벨에서의 천 질감 설정

그 밖에 나머지 파트도 동일한 방법으로 수치를 조정하고, 반대로 보닛의 중심처럼 구부러지기를 원하는 부위는 Group 선택으로 부드러운 소재의 수치로 변경해서 각 부위에 따른 시뮬레이션이 수행되도록 합니다.

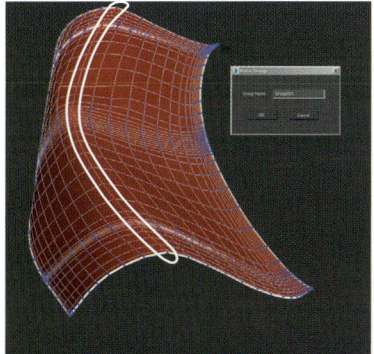
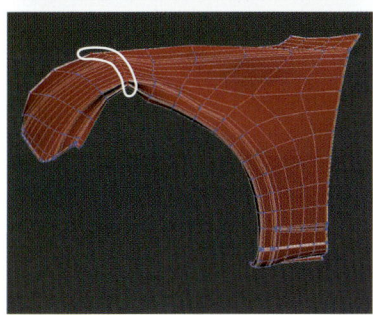
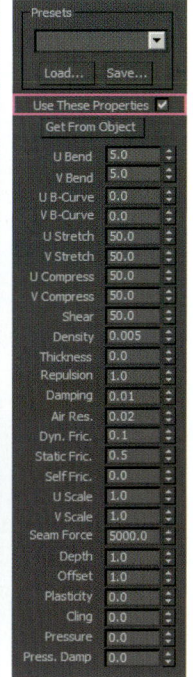

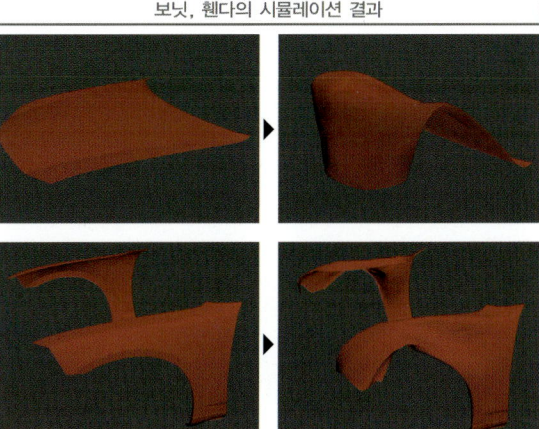

보닛, 휀다의 시뮬레이션 결과

Cloth 모디파이어의 [Group] 기능에서는 선택한 정점마다 좀 더 상세한 질감 설정이 가능해짐. 보닛과 휀다의 중심부에 있는 정점을 왼쪽 그림의 천 파라미터로 변경. 변경을 설정하려면 [Use These Properties]에 체크해야 함. 둘 다 질감을 좀 더 부드러운 물질로 설정해서 중심부가 휘어지게 되었음.

6 시뮬레이션의 베이크

시뮬레이션이 끝나면 베이크하여, 렌더링용 씬의 각 파츠로 교체합니다. 베이크한 키의 타이밍과 벽에 부딪히는 타이밍을 조정하면 충돌의 왜곡이 완성됩니다.

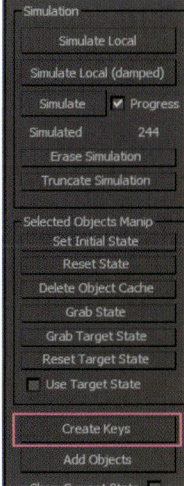

[Create Keys]를 누르면 시뮬레이션을 베이크할 수 있음. 벽에 충돌하는 타이밍, 속도감을 키 간격 비우는 등으로 조정하기.

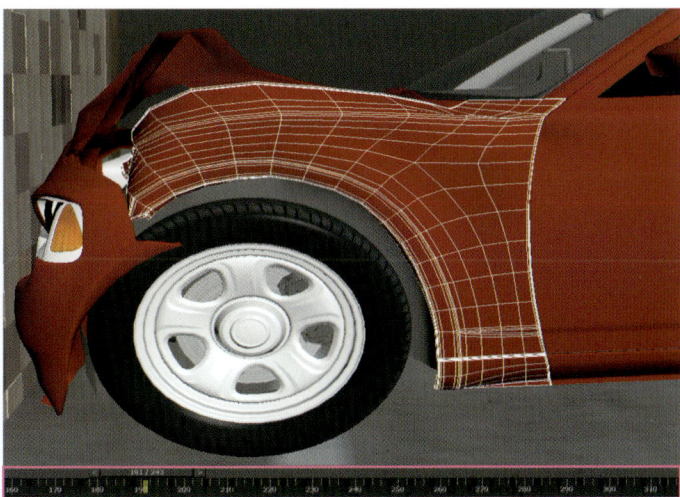

STEP 04 '압축에 따른 움직임' 생각하기
- 유리 조각을 날리는 방법이 중요하다

RayFire, Particle Flow로 유리의 파괴를 재현

마지막 STEP에서는 헤드라이트, 프론트 부분에 위치한 유리를 파괴합니다. 우선 헤드라이트의 유리를 분할하고 RayFire로 시뮬레이션 합니다. 다음으로 벽과 자동차를 충돌용 객체로 적용해서, 유리 파괴가 발생하는 프레임에 방금 준비한 분할된 유리를 배치합니다. 레퍼런스 동영상을 참고해서 유리가 자연스럽게 흩어지도록 시도&에러를 반복합니다.

1 헤드라이트의 파괴

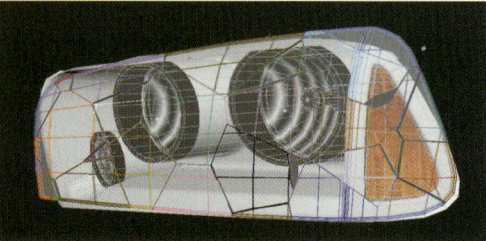

RayFire로 시뮬레이션하기 전에 헤드라이트 부분의 객체를 미리 분할해 두기

시뮬레이션 결과

앞뒤로 끼어 파괴된 유리조각은 주로 옆으로 튀어나감

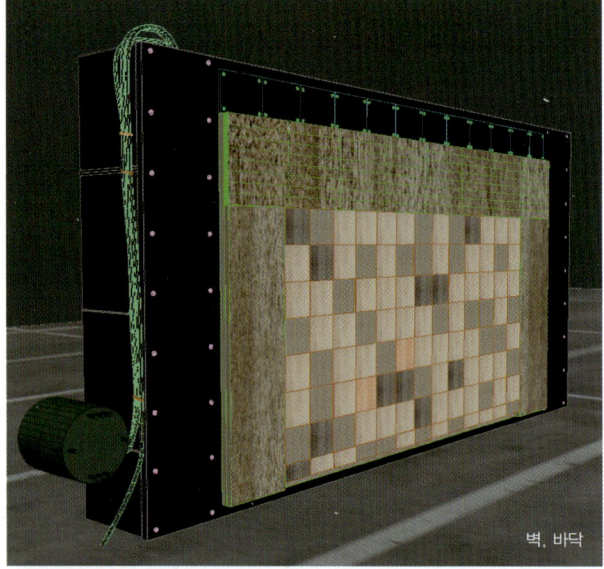

충돌용 객체

벽, 바닥

자동차

2 프론트 유리의 파편 만들기

움직임이 생기면, 작은 유리 조각을 Particle Flow로 추가하고, 시뮬레이션한 유리 조각과 합쳐 볼륨을 조정해서 완성합니다.

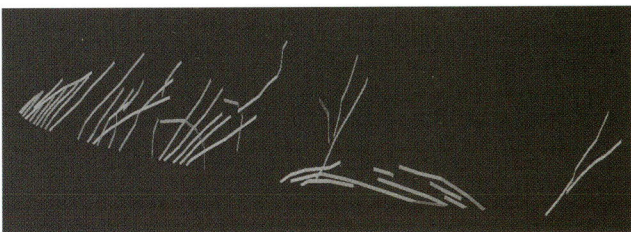

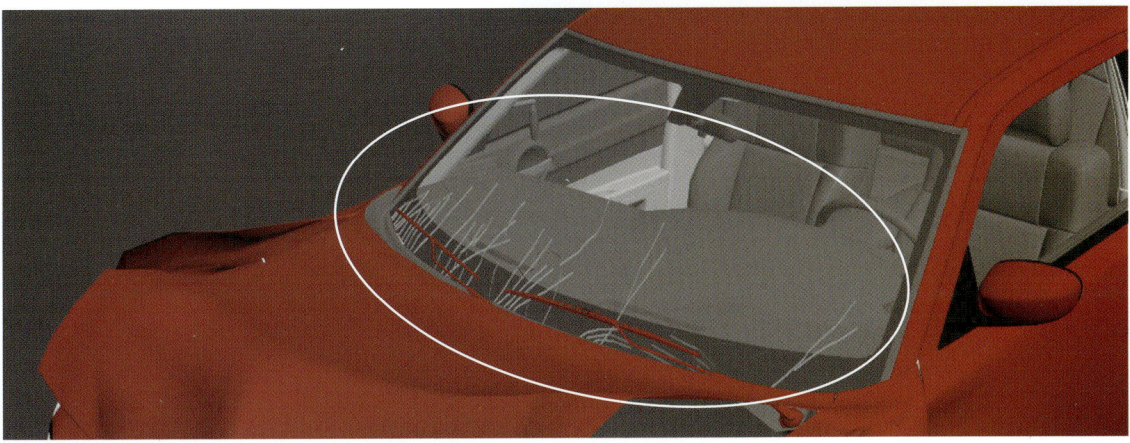

Shape으로 깨지는 선을 만들고 객체화, 유리 조각의 발생원으로 사용하기.

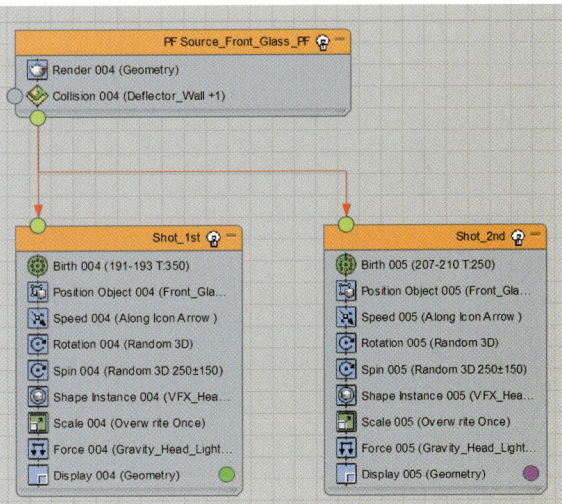

Particle Flow에서 만들기. 레퍼런스 동영상과 흩어지는 타이밍을 맞추기 위해 이벤트를 2개로 구분함.

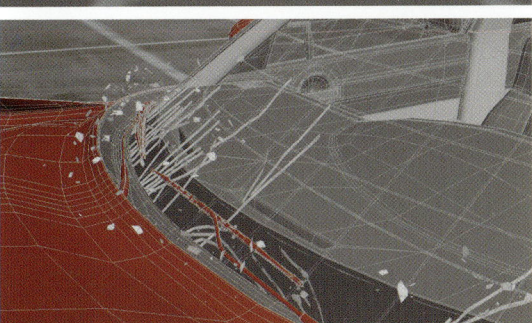

3 추가 유리조각 만들기

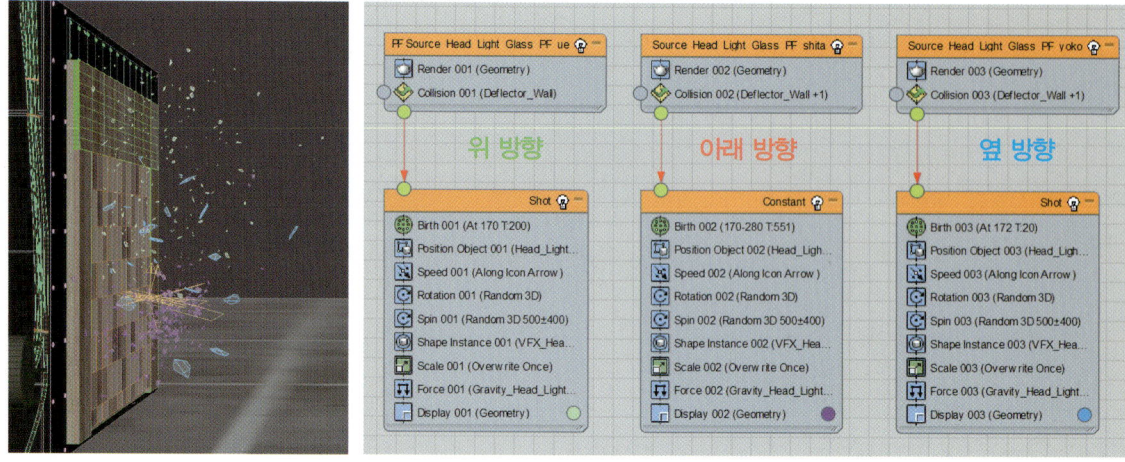

유리 조각을 흩날리는 방향으로 분류해서 Particle Flow를 복수로 배치함. 속도, 크기, 양은 각자 조절하여 레퍼런스 동영상에 가까운 실루엣을 목표로 함.

RayFire와 Paricle Flow로 만들어진 유리 파편 조각들이 합쳐진 그림

최종 결과(뷰포트)

COLUMN

이펙트 제작할 때 알아두어야 할 10가지 주의사항

04 » 하얗게 날리는 것은 미백 피부만!

강한 느낌을 표현하려면 컬러폭을 늘리는 생각을 하라.

합성할 때 발생원에 에너지가 집중된 장소나 불꽃 등의 밝기를 표현하기 위해 소스를 추가하여 밝게 만드는 경우가 많이 있습니다. 그럴 때에 하기 쉬운 것이 '하얗게 날려 버리는' 것입니다.

정작 작업한 본인은 눈에 익숙해서 '좋은 느낌이다'라고 만족하고 있는데, 지나가는 선배 디자이너가 '하얗게 날라간 거 아냐?'라고 이야기합니다.

그렇습니다. 저의 이야기입니다.
적절한 양의 흰색 날림은 그림의 인상을 부각거나 화려하게 할 수 있지만, 지나치면 컬러가 단조롭고 입체감 없는 밋밋한 그림이 되어 버립니다. 그런 경우 날라가는 흰색의 면적을 늘리는게 아니라 주위의 [컬러폭]을 늘리는 것을 생각해 보세요. '모닥불'을 예로 들면, 흰색에서 빨간색으로 이동하는 부분을 잘 보세요. 빨간 것만으로도 많은 컬러폭이 있음을 알 수 있습니다.

미백 피부처럼 하얗다고 이펙트 효과도 꼭 아름다운 것은 아닙니다.

'모닥불'의 컬러폭의 비교 그림

컬러폭(많음) | 컬러폭(적음)

 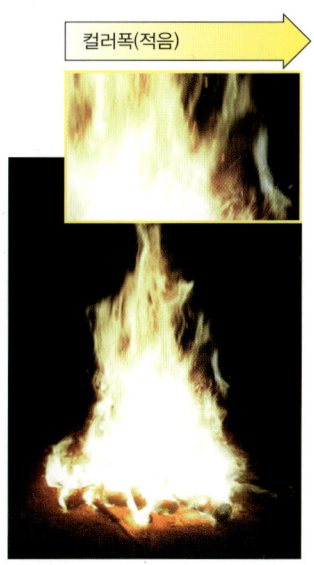

같은 실루엣에서도 하얗게 날라가면 그림의 매력이 크게 떨어집니다. 컬러폭의 양과 하얗게 날라가는 밸런스를 주의하면서 제작해 보세요.

'충격파'의 색폭 비교 그림

 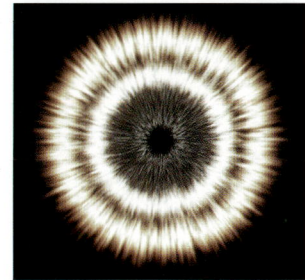

빨간색 → 흰색의 컬러 변화 사이에 다양한 컬러가 포함되어 있는 예. 생생하고 입체적인 인상을 받습니다. | 빨간색에서 흰색까지의 색상 변화가 부족한 예. 하얗게 날라가는 부분이 많아서 입체감 없는 인상을 받습니다.

CHAPTER 002

불
파괴
폭발
액체
빛
연기
기타

THEME | 06 | 폭발   빛   연기

광야의 폭발

이펙트 아티스트라면 한 번쯤 폭발 효과를 제작한 경험이 있을 것입니다. 이른바 '화형 이펙트' 중 하나가 아닐까 싶군요. 폭발이 있는 컷은 그것만으로도 그림이 화려해집니다.

모사할 때 고민한 것 중 하나는 나도 모르게 그림에 연출을 가하는 경우입니다. 평소 회사 일로 만드는 이펙트에서는 '기세 있게', '어쨌든 화려하게' 등 좋은 그림을 쫓아가기 쉽습니다. 이는 기초 데생이 준비되지 않았는데 갑자기 추상화를 그리는 것과 같아서 응용이 쉽진 않습니다. 그래서 하나의 연출 방법만으로 이펙트를 계속 만들어 버리는 위험 아닌 위험을 감수해야 합니다. 모사는 있는 그대로 재현하지 않으면 성공할 수 없습니다. 일단 머리를 비우고 사물을 관찰하다 보면 반드시 새로운 발견을 할 수 있을 것입니다.

주요 제작 프로그램

- Autodesk 3ds Max 2012
- Adobe After Effects CS5.5
- FumeFX 3.5.3

STEP 01 '폭발 구조'를 생각하기 - 모닥불과 같다

'상공'과 '지상' 두 종류의 폭발로 만든다

레퍼런스 동영상을 보고 있으면, 광야의 폭발은 콘크리트 지면이나 건물이 폭발하는 것 이상으로 연기의 양이 많다는 것을 알 수 있습니다. 그 이유는 땅바닥의 모래가 크게 파여 연기의 부피가 커지면서 체류하는 시간도 늘어나기 때문입니다.

이러한 이유로 이번 메인 폭발은 위로 감아 올라가는 '버섯 모양의 연기'와 '지상에서 체류하는 연기'의 2가지를 결합한 것을 만들 필요가 있습니다.

1. 버섯구름이 생기는 구조

우선 '버섯 모양 연기'를 만듭니다. 구조는 다음과 같습니다.
① 급격한 연소에 의한 주위의 산소가 소비됨.
② ❶에 의해 공기가 얇아진 폭발의 중심에 산소가 유입.
③ 따뜻한 공기가 외부의 차가운 공기에 밀려 중심으로 강한 상승기류가 생김.
④ 솟구치는 연기를 치켜올리듯 새로운 연기가 상승함.

이것은 [챕터 001]에서 소개한 모닥불의 형태를 만드는 구조와 같은 현상입니다. 산소를 흡수해서 연소하고 거기에 공기의 흐름이 생겨서 하늘 위로 뻗어나가는……큰 폭발과 작은 모닥불이라도 기본적인 연소 작용에 변함이 없다는 것을 알 수 있습니다.

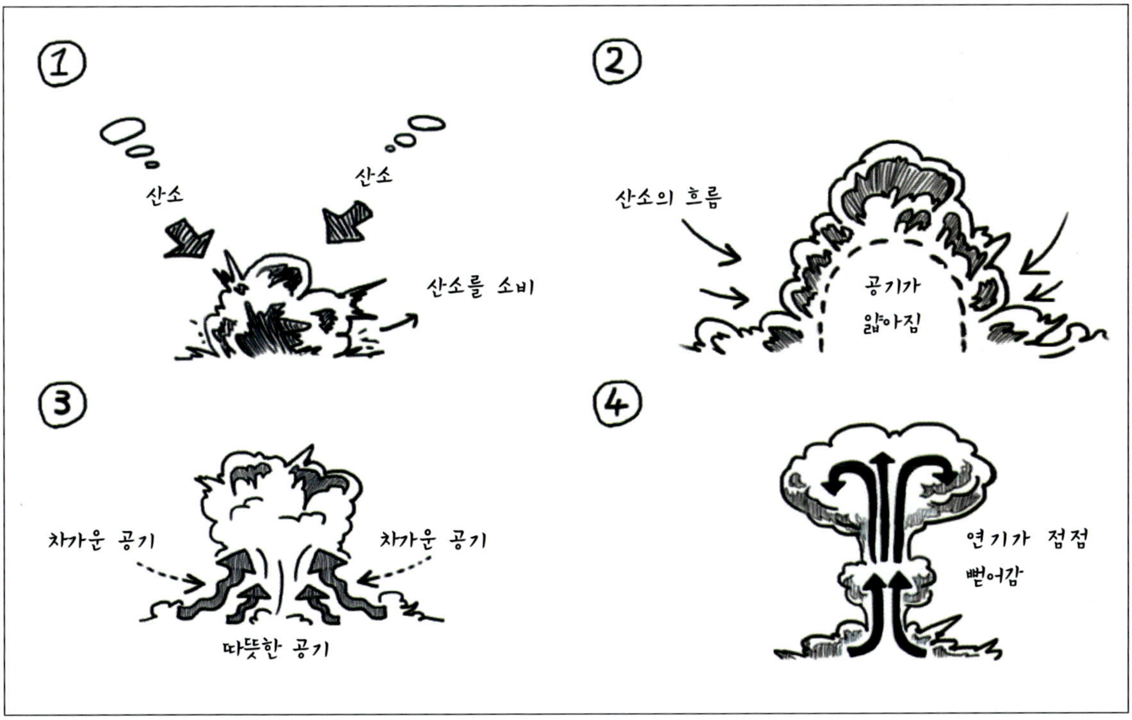

2   3ds Max로 버섯구름 만들기

이 현상을 3ds Max로 만들어 봅니다.
우선 폭발의 중앙 위치에서 파티클을 반구형으로 발생시킵니다. 그 다음 아래로부터 압력에 의해 연기가 말려들어가는 움직임을 강조하고 싶기 때문에 프레임을 조금 늦추면서 다시 한번 파티클을 상공에 날립니다. 움직임을 추가한 후에는 FumeFX의 파라미터를 조정하여 폭발의 크기나 질감을 설정합니다. [Collision]과 [Wind]를 적용하고 지면과의 마찰에 의한 회전이나 폭발의 풍향 등 환경에 의해 영향을 받는 움직임을 추가합니다.

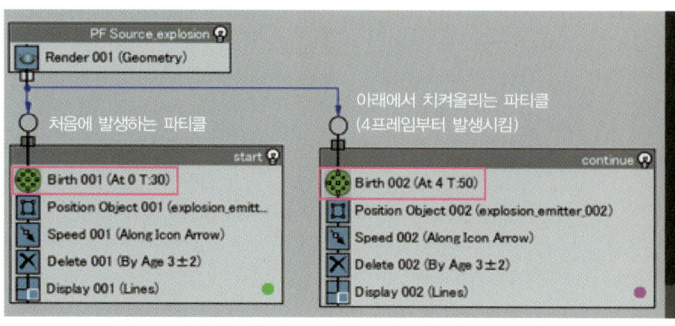
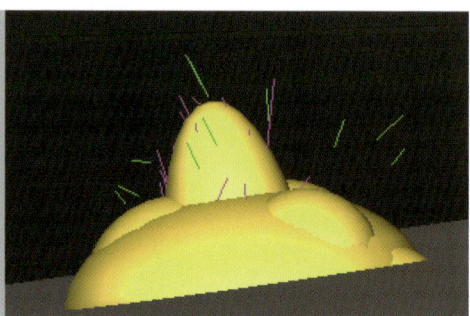

3   지면에 체류하는 연기 만들기

다음으로 지면에 체류하는 폭발 연기를 만듭니다. 지면에서 연기가 솟아오르도록 계속 부풀어 오르는 움직임이 필요하므로 지속적으로 제어하기 쉬운 파티클로 베이스를 만듭니다.
먼저 버섯 구름이 폭발의 중심부에서 벗어나지 않도록 파티클 이미터를 준비합니다. 실루엣이 세로형이기 때문에, 버섯 구름보다 조금 세로형으로 생각하면서 모양을 만듭니다. 폭발을 위해 단발의 파티클을 발사합니다. 그리고 모락모락 안쪽으로 솟아오르는 연기를 만들기 위해 이벤트를 만듭니다.
다음은 FumeFX의 파라미터를 조정해서 버섯 구름과 같은 [Collision]과 풍향으로 사용할 [Wind]를 적용합니다.

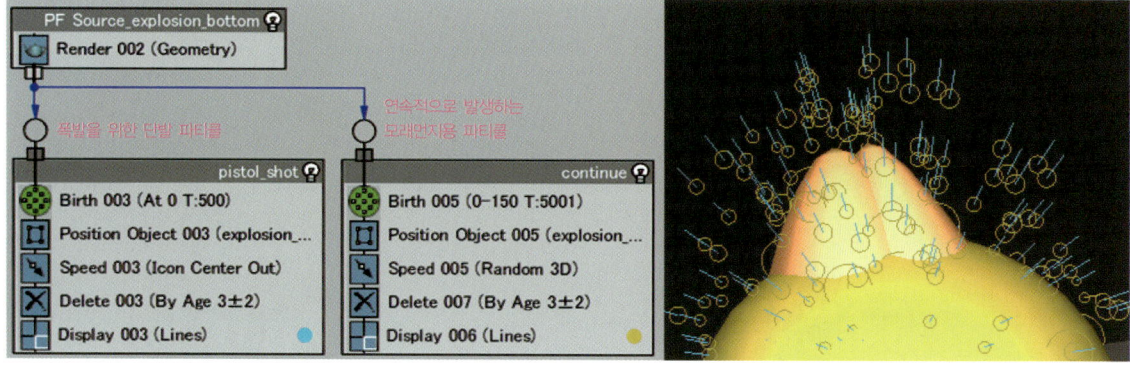

4 버섯구름과 연기를 합성

함께 시뮬레이션이 끝나면, 1개의 소스로 렌더링합니다. 이것으로 메인 폭발의 완성입니다.

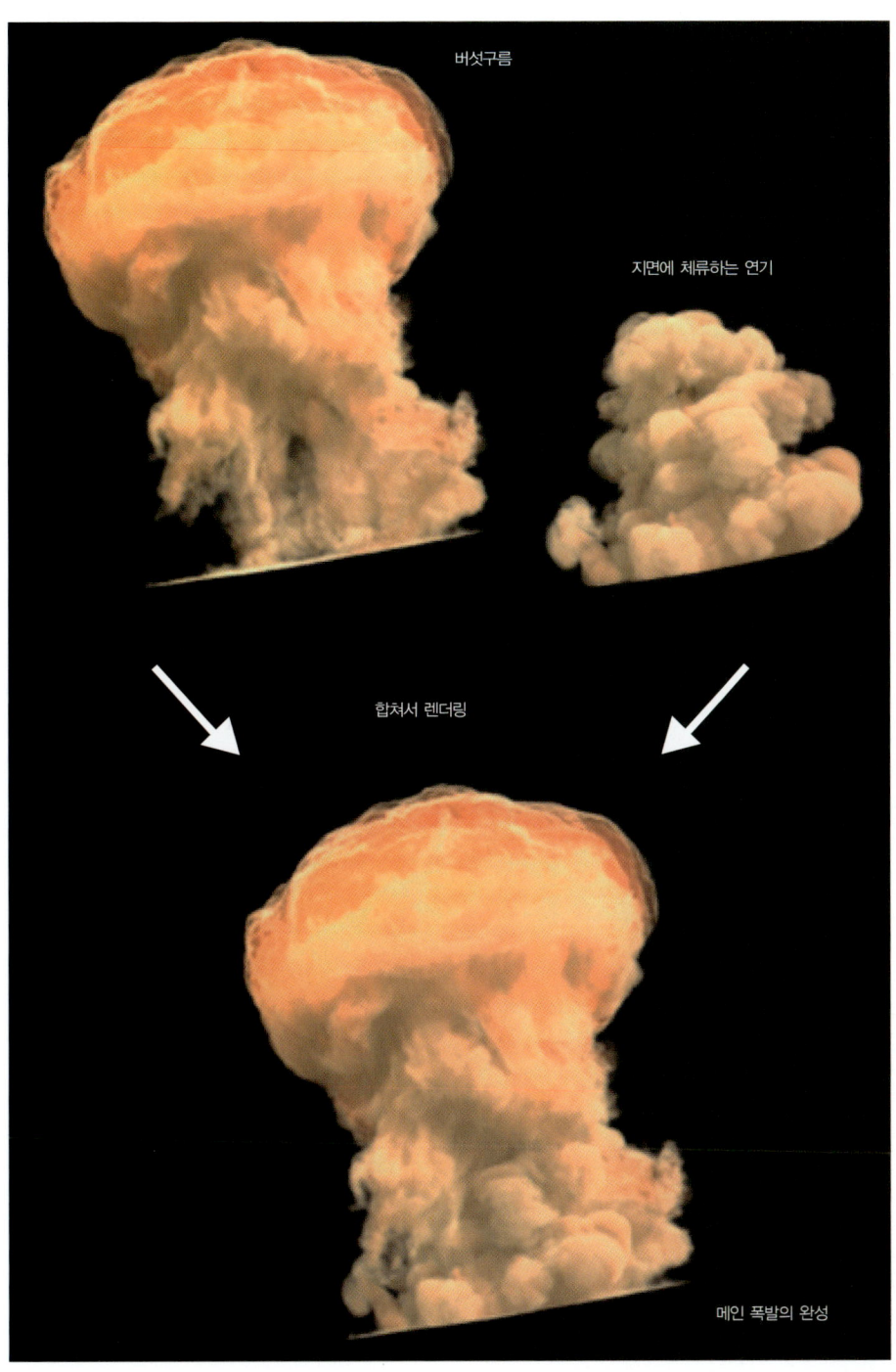

STEP 02 '줄기 형태의 연기'를 생각하기 - 정체는 파편의 연소였다

Particle Flow로 움직임을 추가해서 [Object Src]로 시뮬레이션

폭발 주위에 겹겹이 떠다니는 라인 형태의 연기. 화려하고 비주얼이 좋아서 폭발 효과를 만들 때 추가하기도 합니다. 필자는 '파편이나 돌덩이가 폭발 연기를 끌고 있는 것은 아닐까'라고 생각했지만, 동영상을 보면 끝이 빛나고 있고 게다가 스스로 뭉게뭉게 연기를 뿜어내고 있습니다. 즉, 끌려나오는 연기가 아니라 '줄기 형태에서 나오는 연기'입니다. 그 정체는 폭발로 생긴 금속 조각이 연소되는 연기 같습니다. 금속이 타면서 플레어와 같은 현상이 일어나고 있다고 생각됩니다. 하얀 연기는 그런 이유에서 나온 것이었군요.

1 파편의 움직임을 파티클로 재현

우선 파티클로 파편의 움직임을 재현합니다.
크게 포물선을 그리며 땅에 떨어지는 움직임을 만들기 위해 [Force]의 [Gravity]와 [Drag]를 사용합니다. 지면으로 낙하하는 파티클을 고정하기 위해, 오퍼레이터의 [Gravity]에서 지정한 [Deflector]를 지면과 좌표에 배치합니다. [Deflector]에 부딪힌 파티클은 속도가 0의 [Speed] 오퍼레이터가 들어 있는 이벤트로 전환시키는 설정으로 해둡니다. 이것으로 지상에 낙하한 파티클의 움직임을 멈춥니다.

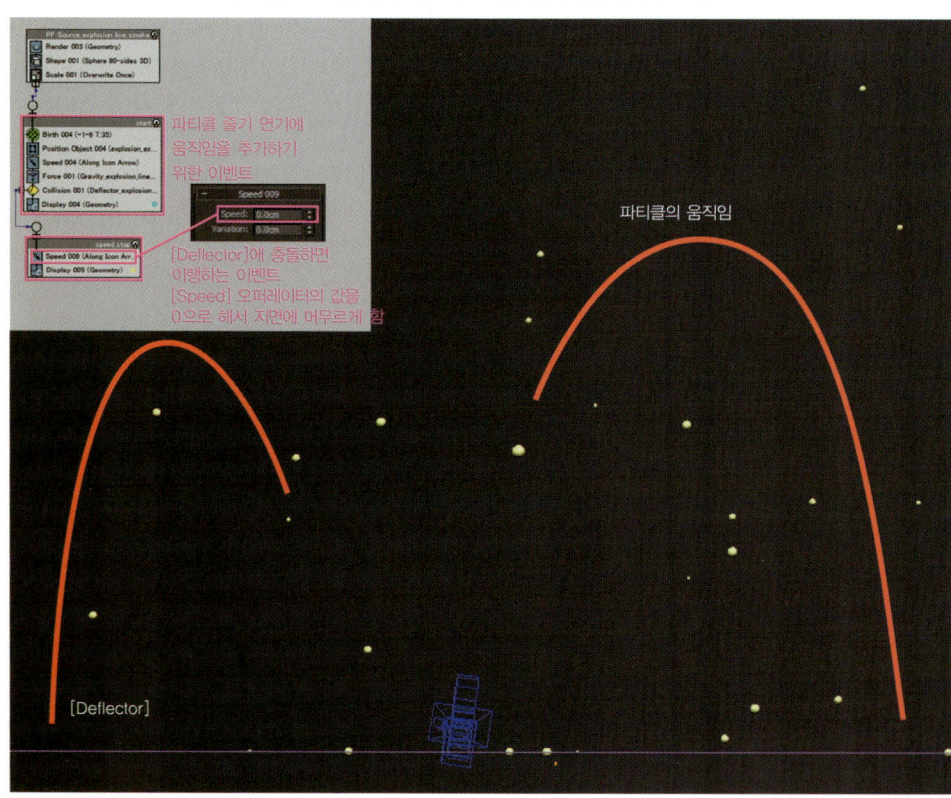

2　FumeFX에 적용

이 파티클을 지오메트리화하는 프로그램으로 FumeFX의 [Object Src]에 적용합니다. 각종 파라미터 및 [Wind]에서 풍향과 연기의 물결이 나오도록 수치를 조정하고 시뮬레이션을 실시합니다.

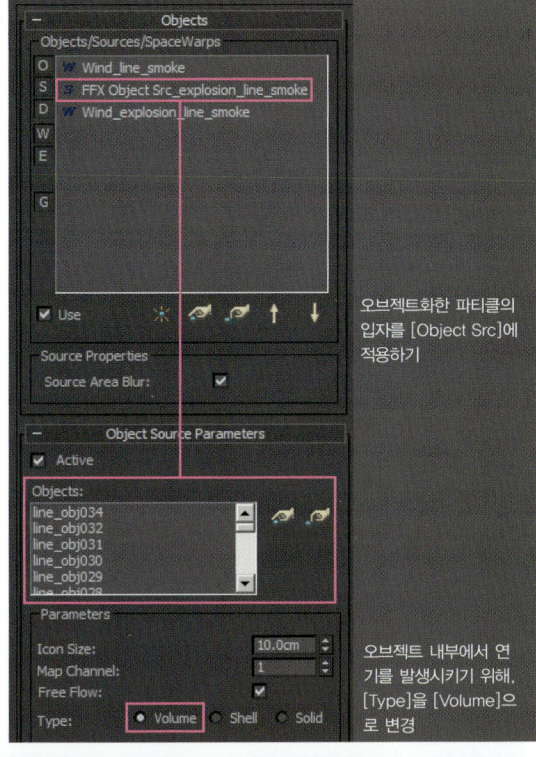

오브젝트화한 파티클의 입자를 [Object Src]에 적용하기

오브젝트 내부에서 연기를 발생시키기 위해, [Type]을 [Volume]으로 변경

STEP 03 '충격파'를 생각하기 - 지면의 모래 먼지와 맞추어 표현하기

[Wind]와 [Collision]으로 지면에 떠도는 모래 연기로 변화시키기

폭발의 충격파에 의해, 폭탄 파편이 바닥에 부딪히거나 잔돌이나 모래가 떠오르기도 합니다. 공중을 떠도는 대량의 잔돌과 모래는 바람을 타고 점점 지면에 떠도는 모래 먼지로 변화됩니다. 땅의 모래 연기를 표현은 충격파를 표현하는데도 이어집니다.

1 이미터(Emitter)의 준비

먼저 폭발의 중심에서 파티클을 원형으로 발생시키기 위한 이미터를 준비합니다. 폭발의 타이밍에 맞춰 파티클이 360도로 날도록 설정해서 충격파에 연기가 원형으로 날아갈 듯한 움직임을 만듭니다.

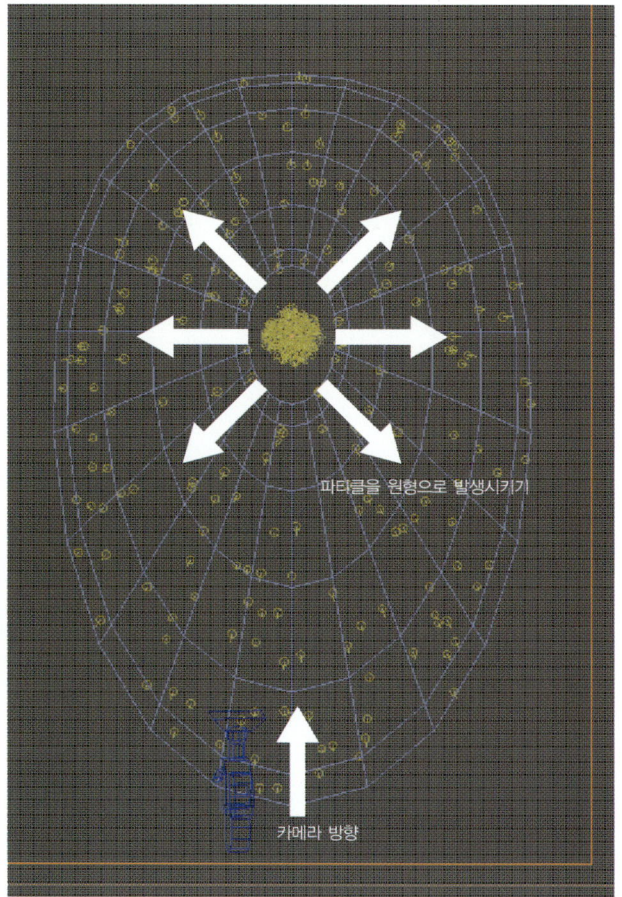

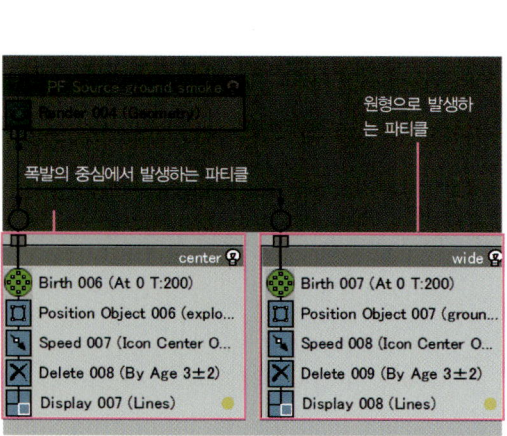

2 FumeFX로 움직임 추가하기

움직임을 추가하면 FumeFX에서 바람에 [Wind]를, 지면에 스쳐 수직으로 소용돌이가 될 수 있도록 바닥면을 FumeFX의 Collision으로 적용합니다.

이것으로 충격파에 의해 카메라의 앞쪽에 모래 연기가 향한 후에, 바람과 지면에 의해 모래 연기가 변화되는 표현이 가능해 집니다.

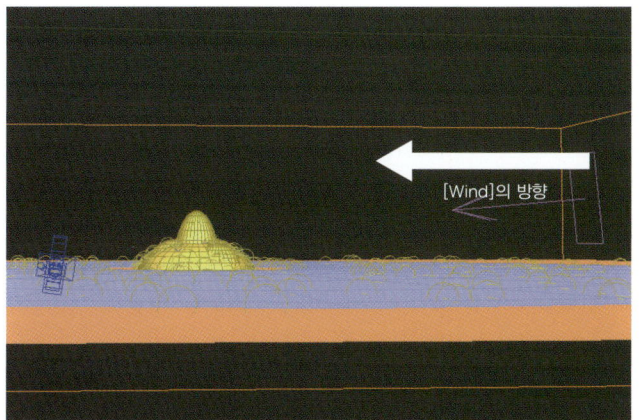

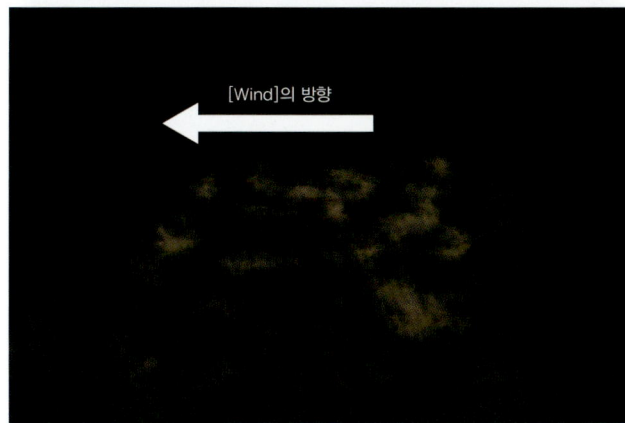

STEP 04 '먼지'를 생각하기 - 작은 요소도 중요하다

[Force], [Speed By Surface]로 기본적인 움직임을 추가하기

먼지는 폭발에 의해 나타나는 미세한 파편과 지표의 잔돌이나 모래가 주 요소입니다. 동영상을 자세히 보지 않으면 모를 정도로 작은 요소이지만, 세부적인 사항도 게을리하지 않고 제작하는 것이 매우 중요합니다.

1 먼지가 날라가는 위치와 움직임

우선은 기초 레퍼런스 동영상을 보면서, 오퍼레이터 [Speed By Surface]에서 임의의 발사 위치와 폭발 시 튀어나오는 먼지의 속도를 조정합니다. 또한 [Gravity]와 [Drag]를 적용해서, 공중에서 감속하고 먼지가 낙하하는 움직임을 넣어줍니다.

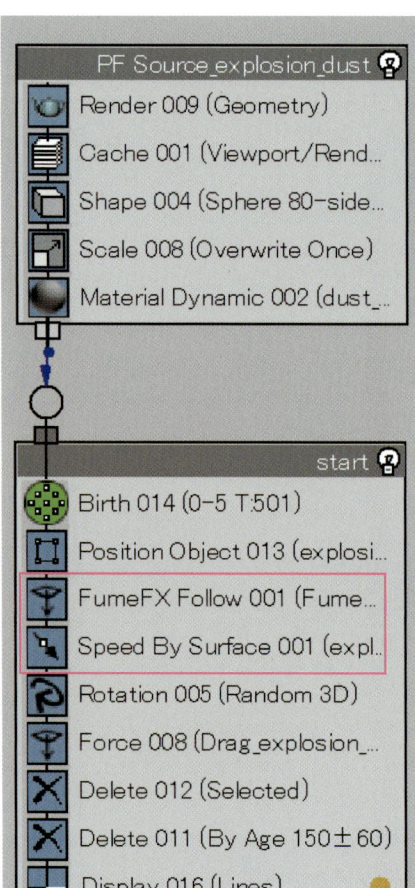

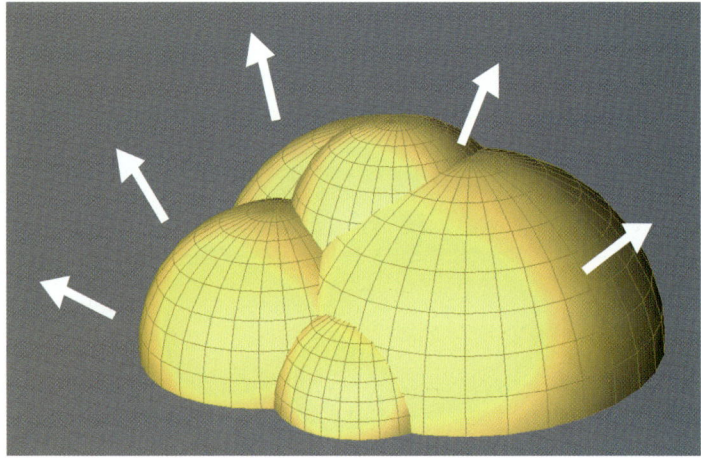

[Speed By Surface]로 객체의 지면 각도에서 파티클을 발생시키기

2 둥실둥실 떠도는 듯한 움직임 더하기

이대로는 규칙성이 있는 움직임이 되어 버리므로, 먼지의 둥실둥실 떠도는 듯한 움직임을 더하기 위해 [FumeFX Follow]를 사용합니다.
STEP 01의 버섯 구름을 시뮬레이션할 때 미리 [Velocity] 채널을 등록해둡니다. A

[FumeFX Follow]를 적용한 직후의 값이면 Velocity의 영향이 강하기 때문에, [Affect Position]의 [Influence(%)]를 0.5 등의 낮은 값으로 설정합니다. B 이것으로 폭발 주위의 공기에 영향 받는 듯한 자연스러운 움직임을 추가할 수 있습니다. C

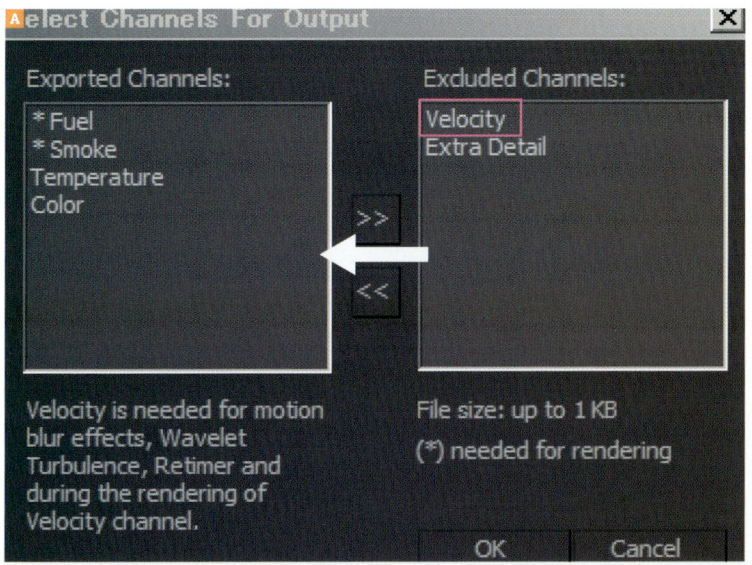
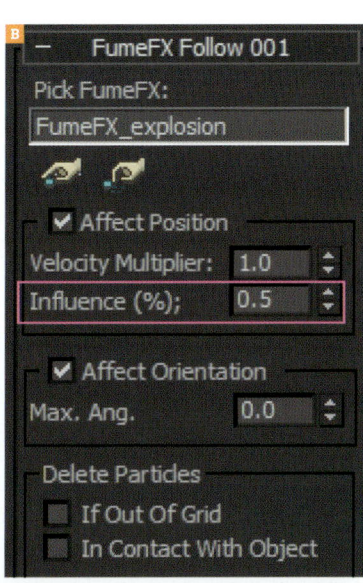
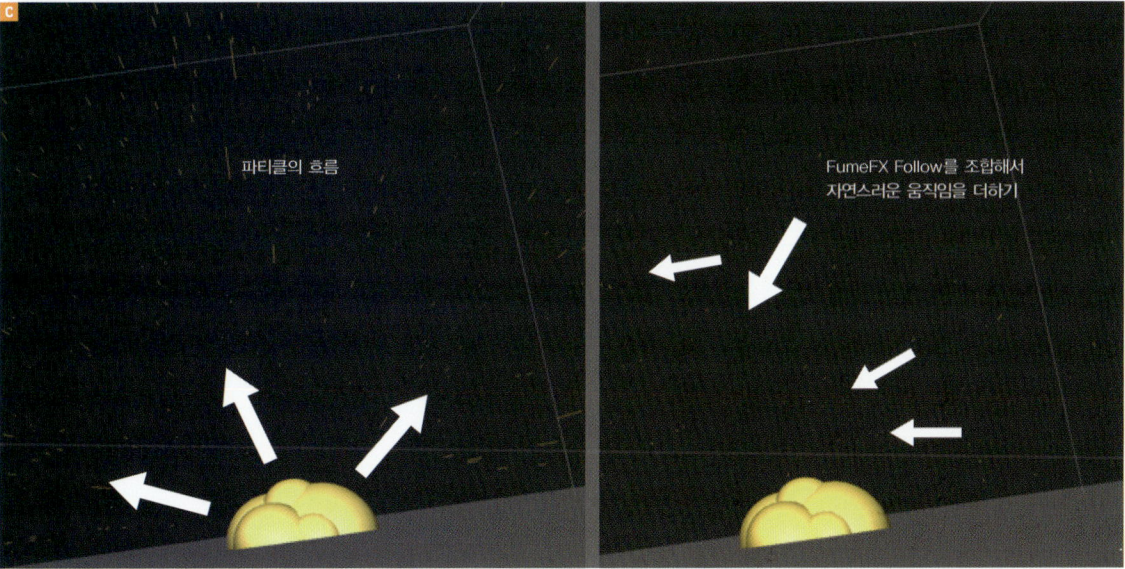

CHAPTER 002

불 / 파괴 / 폭발 / 액체 / 빛 / 연기 / 기타

THEME | 07 　파괴　폭발　연기

다리 폭파 해체

'파괴 · 폭파' 편의 마지막을 장식하는 주제는 '다리 폭파 해체'입니다. 스케일감이나 근사함 때문에서라도 평소부터 도전하고 싶었던 주제 중 하나입니다.

일반적인 폭발과 비슷한 주제처럼 보이기 쉽지만, 폭파 해체의 모사는 지금까지 제작해 온 폭발과는 차이가 있습니다. 그것은 '어떻게 제어하고 폭파시킬 것인가'라는 것입니다. 예를 들어 미사일과 무기의 폭발은 (특수한 경우를 제외하고), 규모가 크고 주위를 더욱 말려들게 하는 힘을 발산합니다.

폭파 해체를 할 때 구조물을 효율적으로 붕괴시키는 것이 필요한 것처럼, 같은 폭발이라도 사실은 완전히 다른 성질을 추가하는 매우 유니크하고 매력적인 주제라고 할 수 있습니다.

주요 제작 프로그램

- Autodesk 3ds Max 2015
- Adobe After Effects CS 6.0
- FumeFX 3.5.5
- RayFire Tool 1.64

STEP 01

'해체 공법'을 생각하기 - 폭파 해체의 특징이란

폭파 해체는 속도, 저렴, 안전성을 갖춘 효율적인 공법

STEP 01에서는 폭파 해체에 대해 조사합니다. 폭파(발파) 해체는 건축물의 일부를 폭파하는 것으로 특정 부위 또는 전체를 폭파시키는 해체 공법의 하나입니다. 해체 공법의 장점은 '속도', '경제성', '안전성'의 3박자가 골고루 갖춰져서 적은 화약량으로 거대한 구조물을 붕괴시키는 것이 가능합니다. 그리고 발판의 해체 작업도 불필요하게 되기 때문에 서양에서는 인기있는 해체 공법으로 활용되고 있습니다. 반면, 폭발에 의한 분진이나 파편 등의 비산 물질, 소음 등이 발생해서 건축물이 많이 밀집된 지역에서는 자주 할 수 없는 공법이기도 합니다. 실제 폭파/철거는 주변의 영향을 고려한 대비책들도 많기 때문에 각 STEP에서는 이를 기반으로 설명하겠습니다.

1. 폭파 해체의 장점과 단점

폭파 해체
화약의 폭발로 건조물의 일부를 폭파해서, 특정 부분 또는 전체를 파괴하는 공법

건조물의 축이 되는 부분을 폭파

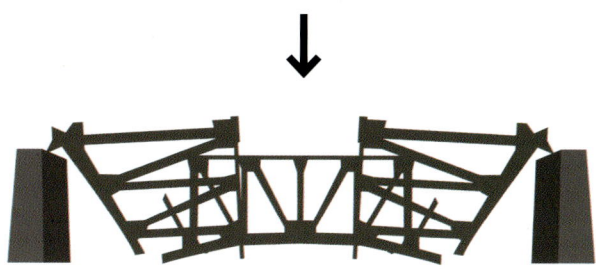

건조물 전체의 파괴로 이어짐

장점

속 도
건조물 일부를 파괴하는 것만으로 대부분의 목표물을 파괴하는 것이 가능함

경 제 성
해체하는 기간을 단축할 수 있어서 파괴 규모에 비해 아주 경제적

안 정 성
지상에서 떨어진 곳에서 해체 작업이 되어 부상이나 사고의 위험이 낮음

단점

예상치 못한 비산물

폭파 · 해체에 의한 소음

분진에 의한 환경 오염

↓

다양한 기술로 커버하고 있음

STEP 02 '폭약'을 생각하기 - 폭발의 형태가 중요하다

먼로/노이만 효과에 의한 폭파해체를 재현하기

STEP02에서는 다리의 폭파를 재현합니다. 철교 같은 금속을 폭파 해체할 때는, 다이너마이트처럼 폭발에 의한 파괴가 아니라 성형작약이라 부르는 먼로/노이만 효과를 응용한 폭발물을 사용합니다. 이 방법은 에너지를 한 곳으로 집중시켜서 최소한의 폭발로 파괴할 수 있고, 주변의 영향도 미미해서 자주 사용되는 폭파 해체 기법입니다. 레퍼런스 동영상을 봐도 국소적인 폭발이 일어나고 있어서 성형작약을 사용하는 것으로 생각됩니다.

1 먼로/노이만 효과

먼로/노이만 효과는 생소한 단어지만, 2개의 유명한 물리 현상을 조합한 단어입니다. 절구 모양으로 만든 작약을 절구 바닥의 후방에서 폭발시키면, 바닥의 중앙부에 충격파와 가스 효과가 집중되어 고속 분사를 일으키는데 이 현상을 '먼로 효과'라고 합니다. 또한 바닥에 얇은 금속을 미리 쳐놓고 폭발시키면 먼로 효과에 의해 초고속으로 금속이 발산하고 위력이 증가하는데 이 현상을 '노이만 효과'라고 하며, 이 2가지 공법을 먼로/노이만 효과라고 부릅니다.

일반적인 폭발에 의한 해체	성형 작약에 의한 해체
폭발이 방사형으로 확산해서 파괴할 때에 파편이 주변으로 확산됨.	고속의 금속 기류에 의해 절단할 수 있습니다. 특정 방향에 의한 사출이 가능하므로 주변으로의 영향이 작음.

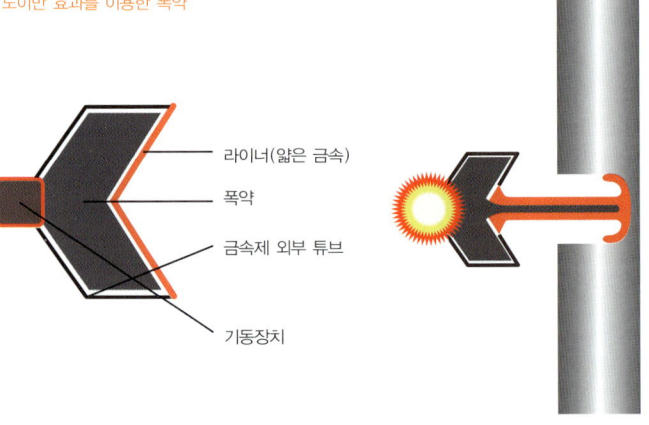

● 성형 작약
먼로/노이만 효과를 이용한 폭약

라이너(얇은 금속)
폭약
금속제 외부 튜브
기동장치

2 폭발의 형태

폭발은 'FumeFX'를 이용하여 만듭니다. 파티클을 연료로 폭발하지만, 발생원의 상황에 따라 폭발 실루엣이 너무 많아서 좋은 결과가 나오지 않습니다. 발생원이 객체라면 어느 정도 형태를 무너뜨릴 것이고 폭발 형태에 무작위성을 더할 수 있습니다.

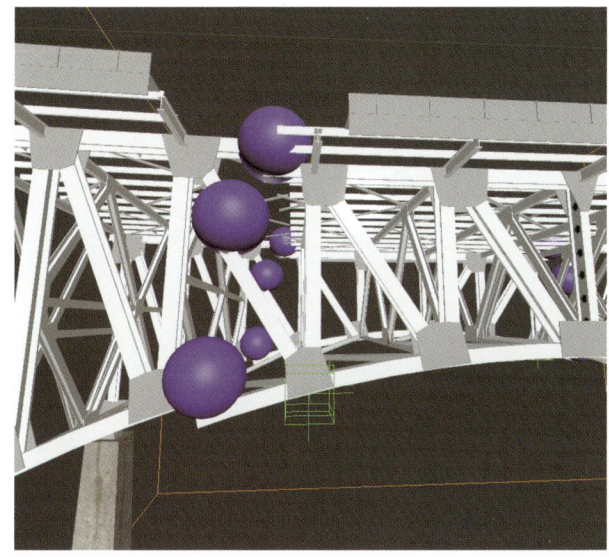

● 구형 객체에 의한 시뮬레이션
폭발의 실루엣이 구형으로 정리됨.

● 복잡한 형태의 객체에 따른 시뮬레이션
실루엣이 다양하게 됨.

STEP 03 '철교의 파괴' 생각하기 - 폭파된 잔해의 움직임도 중요하다

움직임에 따라 시뮬레이션, 수작업과 최적의 방법을 구분하기

STEP 03에서는 다리의 파괴에 주목합니다. 폭파 철거 주위에 대량의 파편이 날라가지 않도록, 힘의 벡터가 안쪽으로 향하도록 파괴합니다. 이 조건이 맞춰지면 큰 폭발을 사용하지 않고 최소한의 작은 폭발로 건물을 해체할 수 있습니다. 이번 레퍼런스 동영상도 그것을 모방한 폭발을 하고 있다는 것을 알 수 있습니다.

1 폭파 해체의 룰

레퍼런스 동영상에서는 다리를 지탱하는 축(아치 부분)을 폭파해서 크게 3개로 분리됩니다. 분리되어 나뉘어진 좌우의 다리는 토대를 기점으로 스스로의 무게에 의해 안쪽으로 낙하합니다. 중심에 있는 다리는 폭파로 날아가지 않고 직선으로만 낙하하여, 주위에 미치는 영향을 최소화하는 것을 알 수 있습니다.

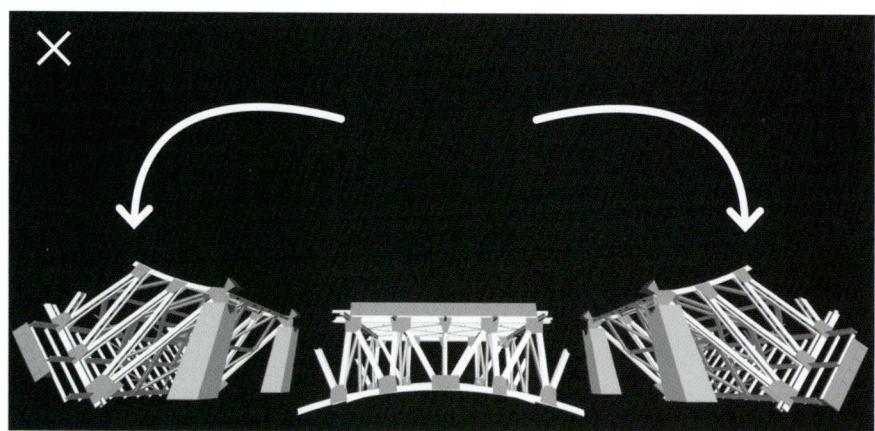

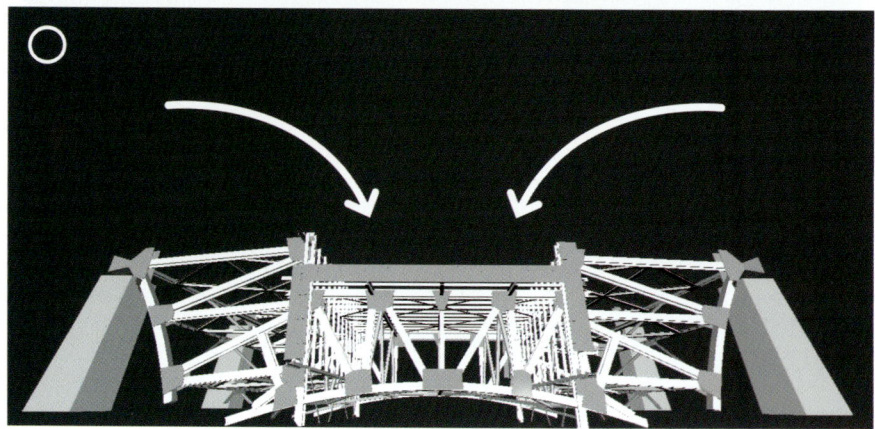

2 Shape에 의한 객체 분할

이런 움직임을 만들려면 역시 파괴 시뮬레이션 툴 RayFire를 사용합니다. 이 툴에서는 다리 모델의 객체 분할, 물리 계산에 따른 낙하 운동의 재현이 가능해서 Space Warp의 각 파라미터를 이용하여 분할된 3개의 다리에 레퍼런스 동영상과 유사한 시뮬레이션을 해보겠습니다.

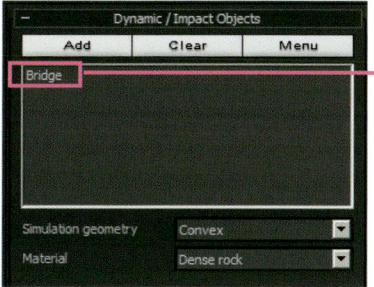

분할한 객체를 RayFire안에 있는 [Dynamic/Impact Objects]에 적용

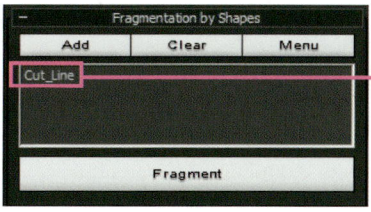

[Fragmentation by Shapes]에는 분할에 사용하는 Shape을 적용하기

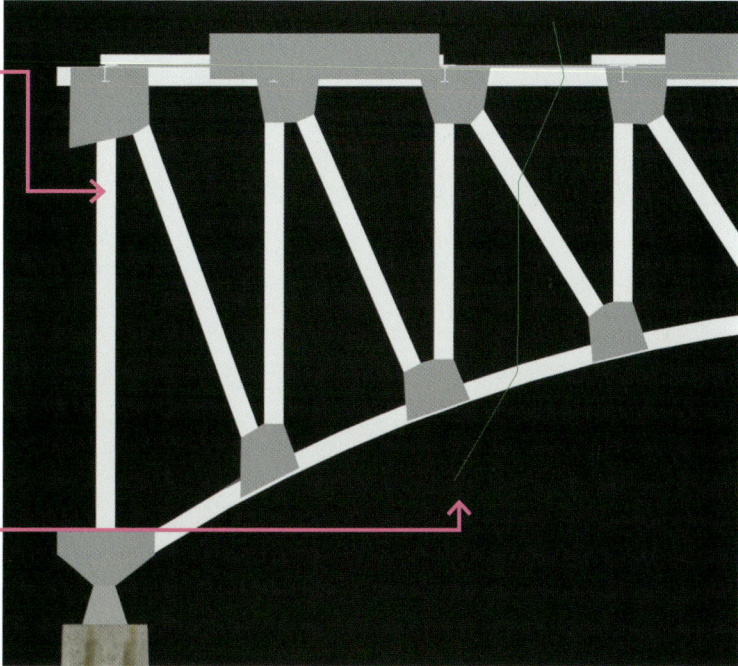

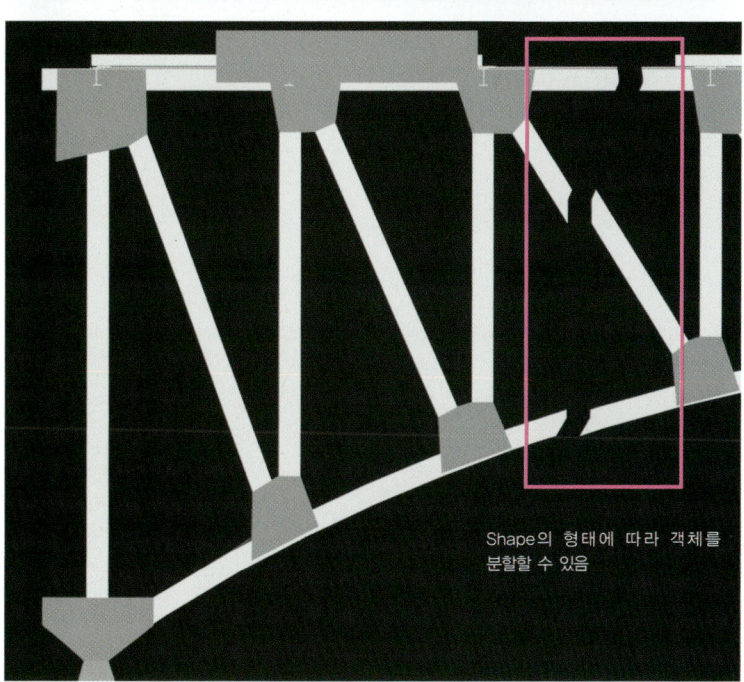

Shape의 형태에 따라 객체를 분할할 수 있음

3. 다리 붕괴 시뮬레이션

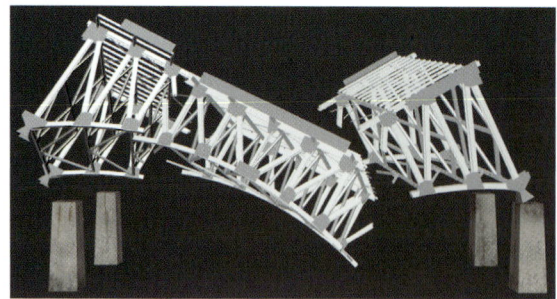
3개의 객체를 동시에 시뮬레이션할 때 서로 간섭해서 좋은 결과를 얻기 어려움

좌우 다리와 중앙에 있는 다리를 2번에 걸쳐서 시뮬레이션 하기

● 첫 번째 시뮬레이션

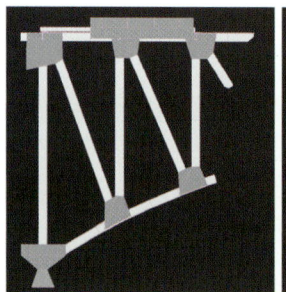
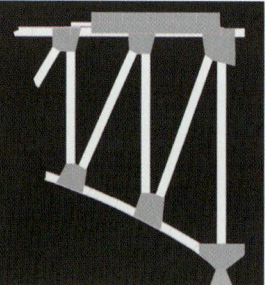
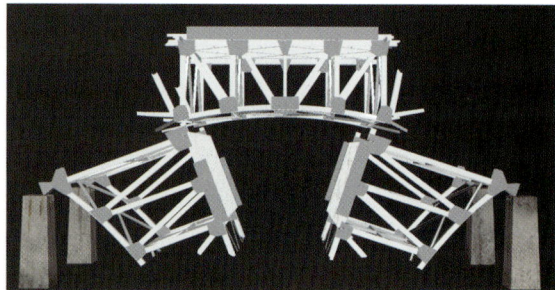

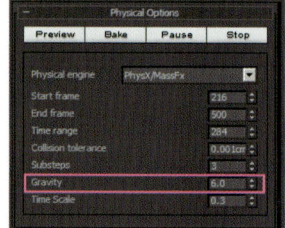
좌우의 다리를 [Sleeping Objects]에 넣고 시뮬레이션 하기

과도한 바운드를 하지 않도록 [Gravity]에 높은 값을 넣음

● 두 번째 시뮬레이션

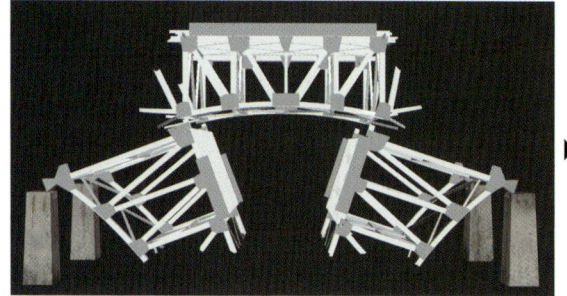
두 번째는 중앙다리만 시뮬레이션. 좌우 다리의 낙하에 맞춰서 움직임 조정하기

대략의 다리 움직임 완성

4 FFD에 의한 객체 애니메이션

시뮬레이션을 통해 대략적인 폭파 동작이 완성되었다면 다음은 세세한 부분의 움직임을 만듭니다. 분할된 3개의 다리 객체 중 중심에 있는 다리는 파괴됨과 동시에 낙하하기 때문에 좌우 교량보다도 지면과의 충돌이 강하고, 철골도 흔들리고 있음을 알 수 있습니다. 이 움직임에는 [FFD] 모디파이어를 사용합니다. 격자 모양으로 구성된 FFD는 각 컨트롤 포인트를 이용하여 객체에 다양한 변화를 줄 수 있는 매우 유용한 도구 중 하나입니다. 중심의 다리 모델에 이 FFD를 적용하면, 충돌 타이밍에 맞춰 포인트 애니메이션을 추가하고 철골이 휘는 효과도 만들어 줄 수 있습니다. 다리 상부의 부속들이 낙하하면서 충돌하는 움직임을 수동으로 추가해서 애니메이션을 재현하는 등 각 부분에 최적의 움직임을 만들어 줍니다.

● **FFD(Free-Form Deformation)**
격자 내의 컨트롤 포인트를 조정하는 것으로 객체를 다양한 형태로 변화시킬 수 있음

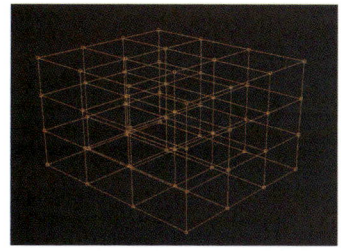

베이스 모델

변형 예 ①

변형 예 ②

[기타 각 부분의 동작]

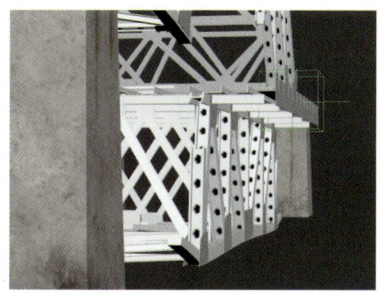

[지면 충돌 시 철골의 휘어짐을 표현]

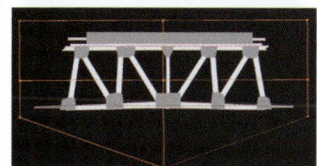

● **다리 상부의 부속물 낙하**
낙하 중에는 헬퍼 중앙의 다리와 연결되어 따라감. 지면 충돌 후에는 RayFire의 시뮬레이션으로 움직임을 추가함.

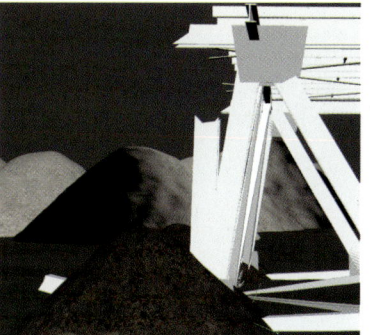

● **지지대에 충돌하는 철골**
시뮬레이션은 하지 않고 수동으로 회전을 추가하여 충돌 타이밍에 맞춰 움직임을 추가함.

STEP 04 '폭발의 파편' 생각하기
- 날아가는 파편의 실루엣이 중요하다

Cloth로 파티클용 객체를 모델링

마지막 STEP에서는 흩날리는 파편을 만들겠습니다. 레퍼런스 동영상에서는, 폭발할 때 설치 지점에서 많은 파편들이 날아가고 있습니다. 이것이 다리의 철골 파편인가?라고 생각했지만 날아가는 파편들의 움직임이 문득 종이처럼 잘게 잘린 고무조각 같은 질감입니다. 잘 살펴 보면 폭탄을 검은 테이프 등으로 설치해서 폭발과 함께 날아가는 것으로 보입니다.

1 파편의 발생 위치와 파티클의 이벤트 구성

상황이 파악되었다면 제작에 들어갑니다. 움직임이나 객체 제작에는 Particle Flow를 사용합니다.

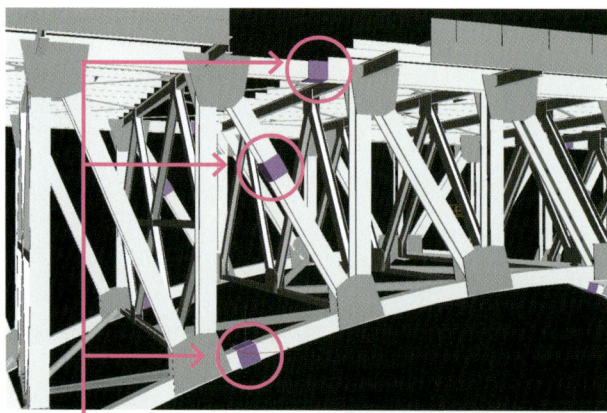

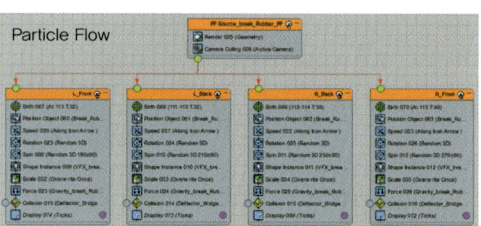

각 이벤트에서 파티클 수와 미세한 움직임을 조정하기 위해 폭파 위치에 맞는 이벤트를 4개로 나누기.

조정 완료 후 파티클의 움직임

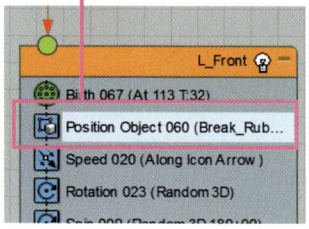

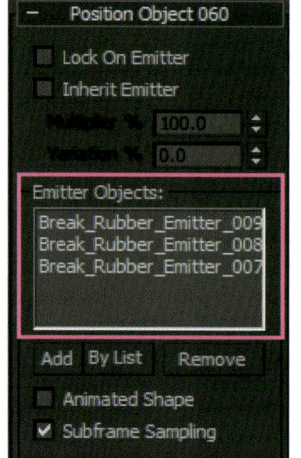

다리의 폭파 부위에 각자 파티클을 발생원 객체를 준비. [Position Object]에 발생 장소 지정하기

2 Cloth의 적용

파티클로 사용하는 객체로, 테이프처럼 팔랑거리는 실루엣으로 인식할 수 있는 것이라고 생각해서 파편을 [Cloth] 모디파이어에 적용합니다. 파편은 3개 정도의 패턴으로 준비합니다.

Cloth용 평면 객체
충돌판정용 박스 객체

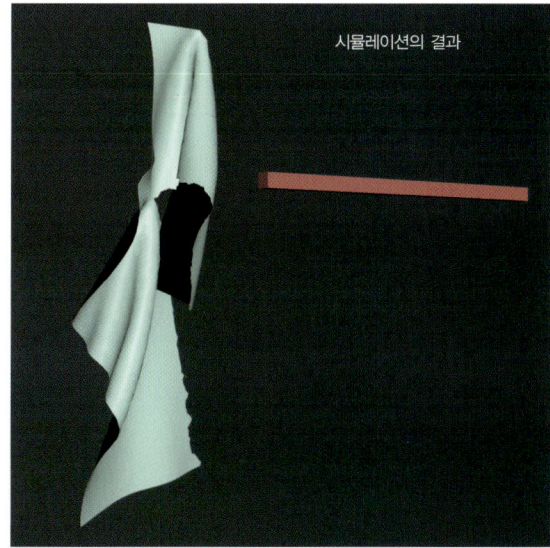

시뮬레이션의 결과

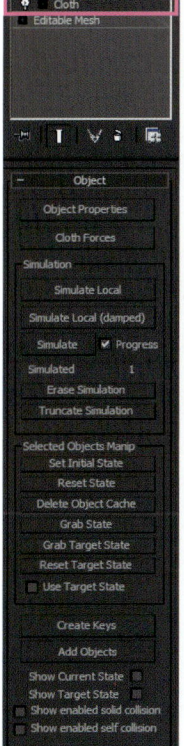

천의 질감설정

충돌판정의 설정

3 파티클용 객체의 제작

시뮬레이션 중 적합한 형태로 되었다면 객체로 통합하고, 그대로 파티클 객체로 응용할 수 있습니다.

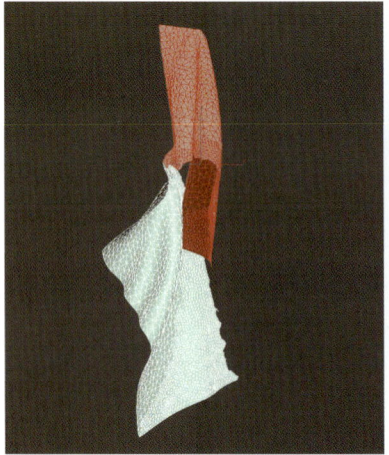 

파티클의 소재로, 적합한 형태로 조정.   통합한 객체

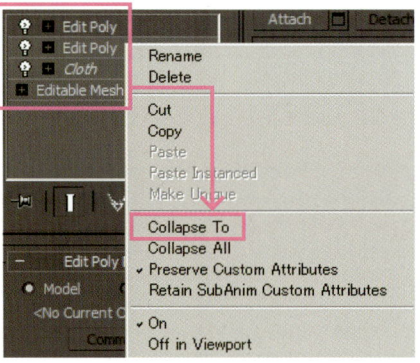 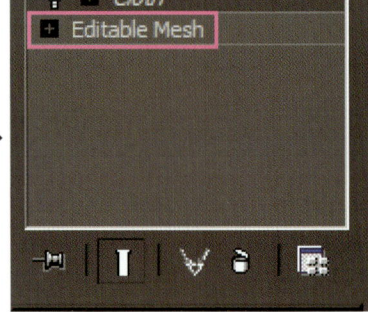

모디파이어를 합쳐서 1개의 객체로 묶어 놓음.

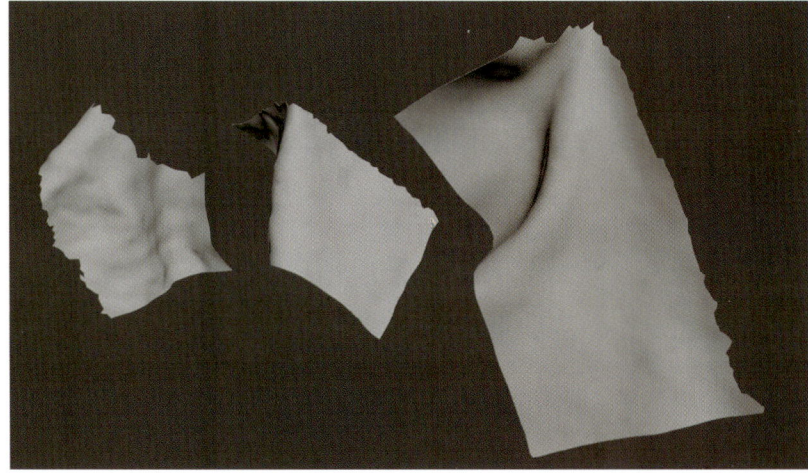

이 작업을 반복해서 파티클용 객체를 여러 개 준비.

4 실루엣의 변화 비교

이렇게해서 다리 폭파로 인해 흩날리는 파편을 완성했습니다.

파편이 평평한 객체일 경우.

파편이 Cloth 특성의 객체일 경우.

COLUMN

이펙트 제작할 때 알아두어야 할 **10**가지 주의사항

05 » 모두 다 달라서 모두 좋……지 않다.

메인 이펙트에 연동되는 형태와 움직임을 만든다

사람들은 "모두 다르니까 좋다"라고 말하지만, 이펙트의 관점에서 보면 그렇지 않은 경우도 있습니다. 폭발이나 화재 등 현실의 자연 현상을 제작할 때는 물론, 상상 속의 이펙트를 제작할 때도 마찬가지입니다.

이펙트를 하나의 소스로 완성하기는 어렵습니다. 폭발을 하더라도 불꽃이나 폭발에 의한 연기나 먼지 등의 2차 소재를 추가하면 좀 더 화려하고 설득력 높은 결과를 얻을 수 있게 됩니다.

상상 속의 이펙트도 2차적인 소재를 더해서 화려함과 퀄리티를 높이려는데 결합된 소스의 형태와 움직임에 따라 개연성 없는 효과가 될 수도 있습니다.

이렇게 안타까운 이펙트가 되지 않으려면, 가장 핵심으로 보여주고 싶은 이펙트의 움직임이나 질감, 색상 등은 특징에 맞게 제작하는게 좋습니다.

개성도 중요하지만, 때로는 같은 길과 같은 목표를 지향하는 것도 중요합니다.

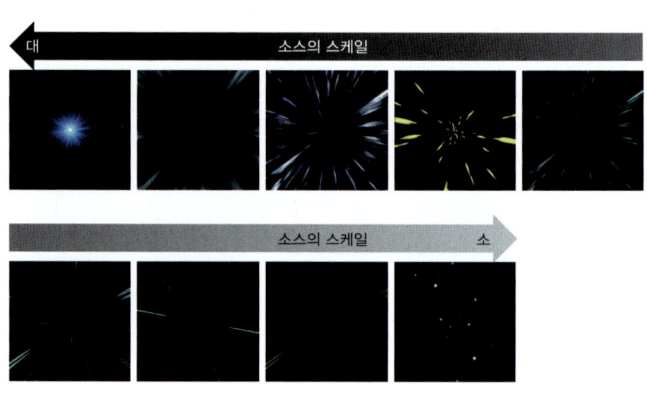

❶ 메인 소스를 기준으로, 2차 소스의 질감 및 움직임을 결정
❷ 모든 소스를 통합해서 합성하여 완성

제작 포인트
- 메인 소재에 맞춘 움직임, 질감, 색상을 고려하여 2차 소재를 만들기
- 각 2차 소재는 스케일감을 조정하여 만들기
- 움직임의 속도는 대상의 크기가 크면 느리게, 작으면 빠르게 하기

CHAPTER
003

액체

물질의 3가지 성질(고체, 액체, 기체) 중 하나인 액체는 이펙트 제작에서도 손꼽힐 정도의 고난이도를 자랑하는 분야입니다. 이번 챕터에서는 액체에 관련한 다양한 원리 및 구조, 움직임 등을 관찰하면서 제작해 보겠습니다.

THEME | 01 | 비

물 계열의 이펙트는 지금까지 도전할 기회가 있었지만, 이펙트 아티스트에게 물은 꺼려지는 소재입니다. 물은 3D CG 중에서도 렌더링 비용이 높은 반사요소가 많은데가 주제에 따라 시뮬레이션이 필요하기 때문에 시종일관 마음이 편하지 않습니다.

이번 예제의 '비'는 상공에서 물방울이 떨어지는 자연 현상의 하나입니다. 여기에서는 비가 내리는 매커니즘에서 접근하여 구름과 비의 관계에 주목하고 설명합니다.

평소 낯익은 것도 하나하나 풀어보면 지금까지 느끼지 못한 매력을 많이 찾아낼 수 있을 것입니다.

주요 제작 프로그램

- Autodesk 3ds Max 2015
- Adobe After Effects CS6.0
- Phoenix FD v2.2

STEP 01

'비'를 생각하기 - 비가 내리는 구조 조사해보기

기압 · 기온 · 습도가 구름과 비를 발생시키는 3대 요소

비가 구름에서 발생하는 것은 모두 알고 있다고 생각되지만, 어떤 구조로 비가 만들어지는 것일까 요? 먼저 구름에 대해 알 필요가 있습니다.

1. 비와 구름의 구조

공기 중에는 많은 수증기뿐만 아니라, 티끌이나 먼지가 감돌고 있습니다. 이것은 상승기류에 의해 상공으로 날아올라서 수증기는 기압에 의해 물로 변하고 티끌이나 먼지에 붙습니다. 이 덩어리를 운립(雲粒)이라고 하며, 무수한 운립이 모여서 구름을 형성합니다. 운립은 구름의 주요한 성분일 뿐만 아니라, 비의 발생에 대해서도 크게 관여하고 있습니다. 구름이 발생한 후에도 상승기류가 계속되면 공기가 스며들고 내부에는 점점 운립이 증가합니다. 증가한 운립은 구름 안에서 서로 부딪쳐 큰 수증기가 되어서 상승기류의 힘으로는 상공에서 머물 수 없게 될 정도의 크기가 되어 떨어지는데 이 낙하하는 운립이 '비'가 됩니다. 눈도 이 구조와 동일하며 원인은 모두 같은 현상에서 발생됩니다.

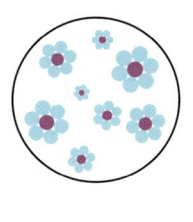

	수증기	바다 및 지면에서 증발한 것
	응결핵	공기 중에 떠도는 작은 티끌이나 먼지
	운립	응결핵에 수증기가 붙어서 물방울로 변화된 것. 구름의 주성분

비가 내리기 위한 주요한 3가지 조건

기압
저기압이 되면 상승기류가 발생하고, 수증기 및 먼지가 위로 올라감

조건이 모인 경우......

운립 하나하나가 점점 커져서 그 무게로 상승기류로 뜨지 못하게 됨

기온
상공으로 갈수록 기온이 내려가서 (100m 위로 올라갈수록 약 -0.6℃) 물방울이 되기 쉬움

지상에 '비'로 낙하하기

습도
수증기를 만들 정도로 운립이 늘어나서 비가 내릴 확률이 올라감

'비의 파문(잔물결)'을 생각하기 - 파문의 움직임이 중요했다

연속하는 고리의 간격은 일정하게 애니메이션을 추가한다

수면에 빗방울이 부딪히면 동심원 형태로 고리가 펼쳐집니다. 이것은 소리가 공기의 진동으로 전해지는 것처럼 수면에 규칙적인 상하 운동이 일어나는 것으로 발생합니다.

1 파문의 연속 이미지(일부 발췌)

수면 전체에 파문이 발생하는 것을 만들기 위해 After Effects에서 연속 이미지를 만듭니다(기본 소스). 파문의 크기는 달라도 발생하는 고리는 항상 일정한 간격을 유지하면서 퍼져나갑니다. 애니메이션을 추가할 때 이 점에 주의하면서 레퍼런스 동영상을 참고하여 고리가 퍼지는 속도를 조정하는 것입니다.

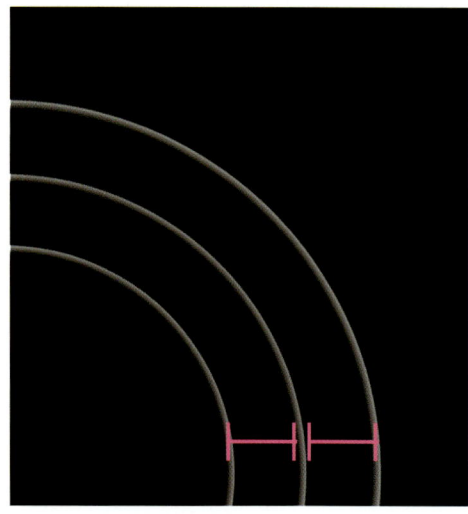

파문의 폭이 균등하게 넓어짐

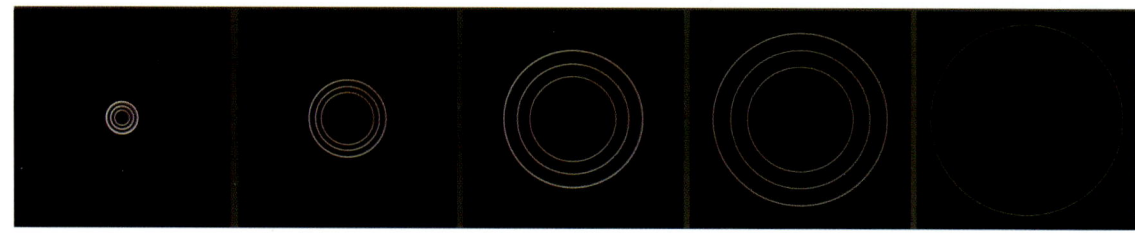

2 파문 이미지를 파티클로 배치하기

그럼, 파문의 연속 이미지가 완성되면 3ds Max로 이동해서 Particle Flow의 준비를 합니다. [Shape Instance]에 이미지를 적용하고, 지면 전체에 파문이 넓어지도록 파티클의 수량 및 스케일 사이즈를 조정합니다.

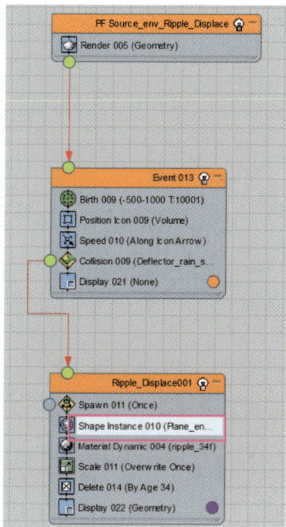

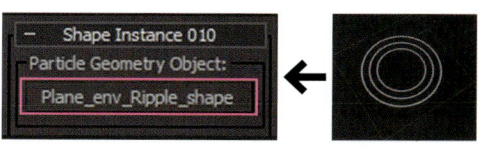

파문의 연속이미지

파티클의 모습

Shape Instance를 사용해서 After Effects에서 제작한 파문의 연속 이미지를 파티클로 적용하기

렌더링 이미지

3 [Displace] 모디파이어의 적용

마지막으로 렌더링된 파문 소스를 STEP 03에서 소개하는 '물보라'에 [Displace] 모디파이어를 적용하여, 오브젝트에 파문의 요철을 만듭니다. 파문은 비를 표현하는 것 중에서도 특징적인 현상이므로 정성스럽게 만들면 비 내리는 효과를 더욱 훌륭하게 만들 수 있다고 생각합니다.

비트맵 등으로 오브젝트의 돌출이 가능한 모디파이어

Dispalce 적용 전   Dispalce 적용 후

STEP 03 '물보라' 생각하기 - 3가지 프로세스가 중요하다

액체 시뮬레이션이 가능한 Phoenix FD로 물보라를 재현하기

STEP 03에서는 비가 내릴 때의 물보라를 만듭니다. 물보라는 왕관 모양으로 흩날리는 특징적인 형태를 띠고 있으며, '밀크 크라운'이라는 명칭으로도 불리고 있습니다.

오래 전에 우유 광고에서도 사용되었기에 많이 익숙할 것입니다. 레퍼런스 동영상을 1프레임씩 유심히 보면서 조사해 봅니다.

1 물보라의 추이

아래는 물보라의 대략적인 특징입니다.

❶ 빗방울이 떨어진 장소에서 왕관형태로 물이 올라옴
❷ ①에서 올라온 물이 침몰, 수면에 움푹 들어감
❸ 움푹 들어간 곳의 반동으로 기둥 모양의 물이 다시 올라옴

이 3가지 과정이 물보라의 주요 움직임이 될 것입니다.

그런데, 이 물보라를 오브젝트와 텍스쳐 애니메이션 등으로 처리하는 방법도 생각했지만, 이번에는 플루이드 플러그인으로 잘 알려진 Phoenix FD를 사용하기로 했습니다.

Phoenix FD는 FumeFX처럼 불이나 연기를 시뮬레이션 할 뿐만 아니라 물과 같은 액체 시뮬레이션도 할 수 있는 플러그인입니다. 앞서 설명한 3가지 프로세스를 대량으로 완벽하게 만들려면 Phoenix FD가 오브젝트와 텍스쳐 애니메이션보다 적합하다고 생각합니다.

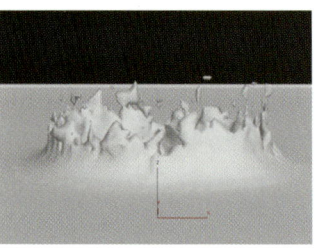

포인트1
빗방울이 착수하여, 왕관형태의 물보라가 일어남

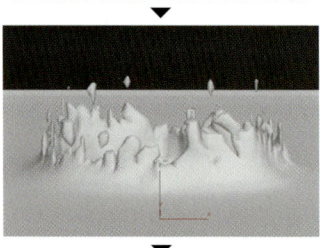

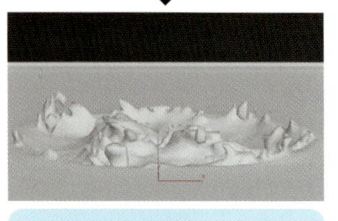

포인트2
솟아 올랐던 물보라가 떨어져서 수면이 움푹 패임

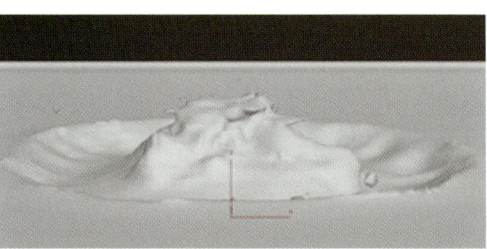

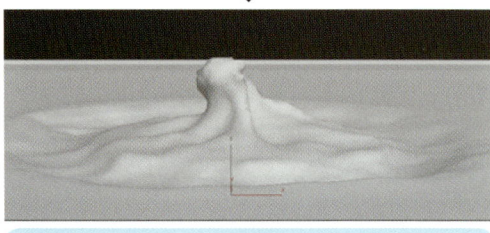

포인트3
뛰어올랐던 물보라가 가라앉고 수면의 움푹 패임이 생김

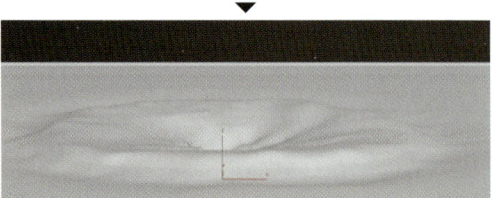

2. Initial fill up

사용하는 소프트웨어가 정해지면 바로 테스트합니다. 레퍼런스 동영상처럼 물이 고여 있는 상태에서 시작하려면, [Liquids] 파라미터의 [Initial fill up]를 체크해서, 시뮬레이션을 시작할 때 임의의 높이로 물을 채운 상태로 조정합니다.

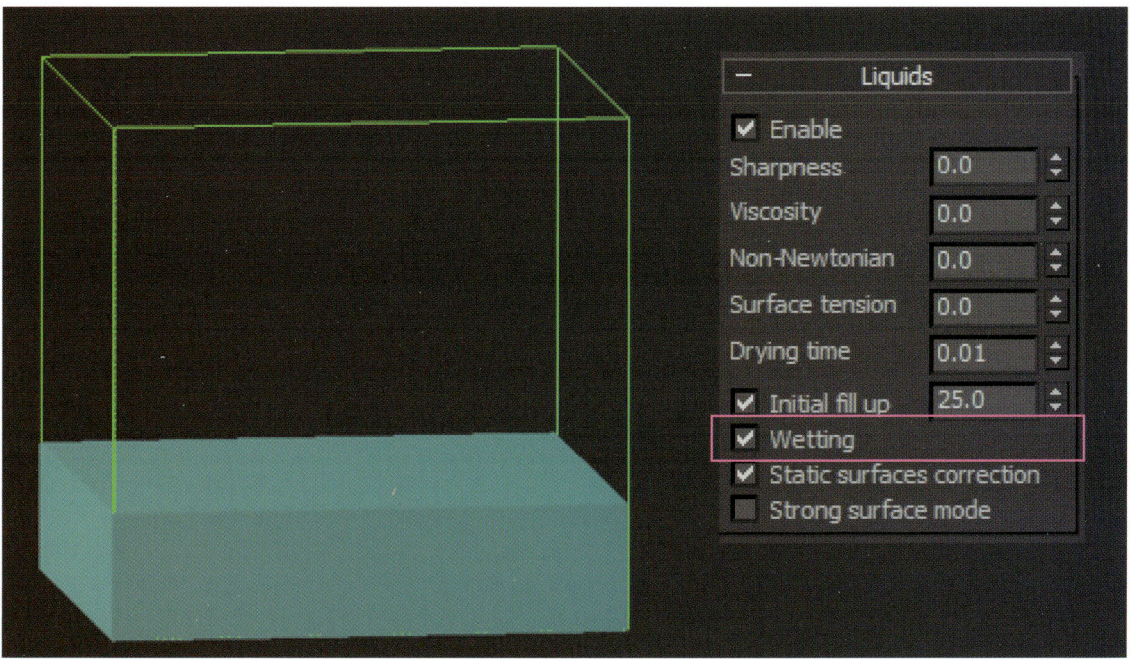

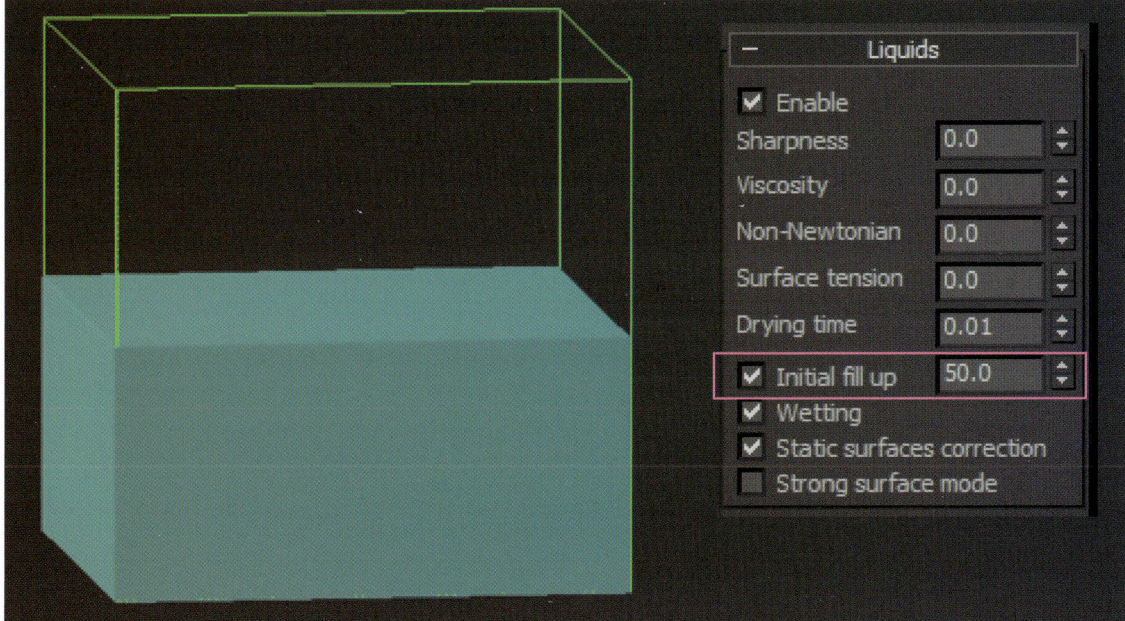

시뮬레이션을 시작하기 전 액체를 채운 상태. 값이 높을수록 수위가 올라감

3. 충돌판정용 객체의 선택

물이 모였으면, 물보라를 일으키기 위한 충돌 객체를 준비하여 수면에 부딪혀 봅니다. 반복 테스트를 한 결과, 사용하는 충돌 객체는 실제 빗방울 모양인 '만두형'이 아닌 수직으로 뻗은 눈물형 객체로 맞추는 것이 좋습니다. 만두형 객체로 충돌시키면 수면의 요동이 너무 커져서 원했던 수면의 질감을 낼 수 없기 때문입니다.

	물보라의 형상	수면의 변화

 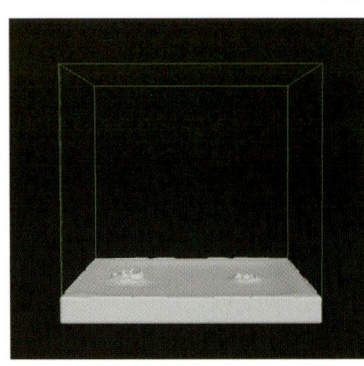 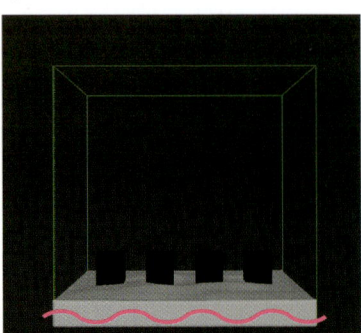

'눈물형'을 세로로 늘린 개체 | 대량으로 낙하될 때도 안정감이 있고 사용하기 쉬움. 실제 물보라의 형상에 비해 조금 잔잔한 느낌. | 흔들림의 폭도 작고 안정. 수면의 얕은 웅덩이의 표현에 적당함

 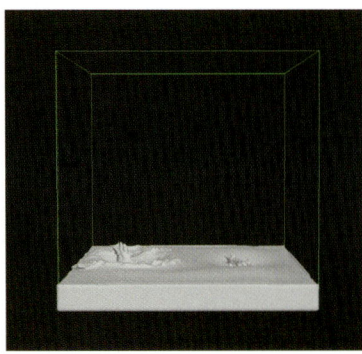 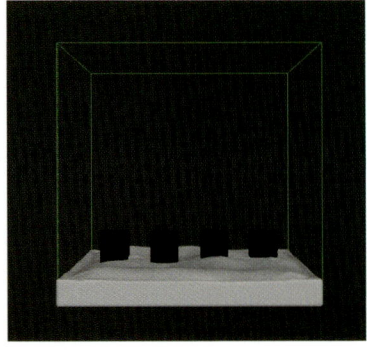

실제 비 형태에 가까운 '만두형' 개체 | 실제 물보라에 가까운 형상과 움직임이 보이지만, 안정감이 부족하고, 대량으로 시뮬레이션하면 물의 반응이 너무 강해짐 | 수면의 움직임이 크고, 연못이나 바다 등 바닥이 깊은 수면에 적합

결과

'비'의 물보라에는 눈물형 개체가 적당하다고 판단

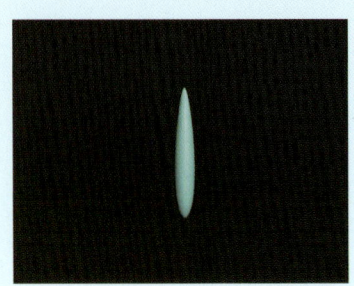

4　Particle Flow로 배치한 충돌용 객체

테스트가 끝나면 실제 씬에서 물보라 시뮬레이션을 합니다. 실전에서는 대량의 비가 쏟아지는 그림을 만들기 위해서, 방금 테스트에서 사용된 객체를 Particle Flow에 등록해서 충돌용 객체를 준비합니다. 그때 각 객체의 크기를 미세하게 조정하고 싶은 경우는 스크립트의 [PFlow Baker]를 사용해서 파티클을 객체화하는 것으로 대응합니다. 이 스크립트를 잘 활용하여 이상적인 물보라가 되도록 객체마다 길이와 크기 등을 조정합니다.

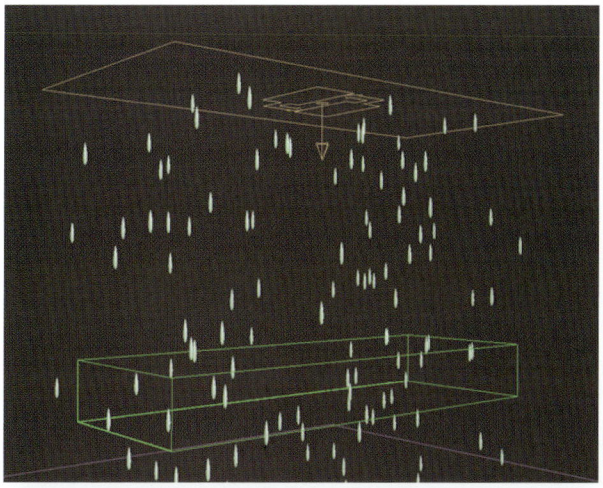

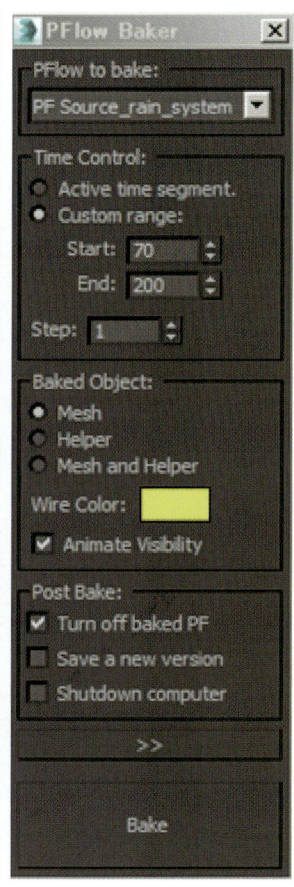

[PFlow Baker]를 적용해서 파티클을 오브젝트화. 각각의 개체에 이동 및 스케일의 미세조정을 할 수 있음

물보라의 시뮬레이션 결과

재질 적용 전

완성판

STEP 04 '수면의 거품'을 생각하기 - 물과의 경계가 중요하다

흔들흔들한 움직임, 물과의 경계면 팽창에 주목

마지막으로 수면의 '거품'을 만들어 봅니다. 거품은 물보라와 수면의 요동 등에 의해 물과 공기가 섞이면서 발생합니다. 우선 거품이 되는 객체를 레퍼런스를 참고하여 배치한 다음 헬퍼를 이용하여 움직임을 추가합니다.

1 노이즈 콘트롤러의 적용

거품은 가볍고 수면상의 다양한 영향에 의해 불규칙한 움직임을 하기 때문에 수작업이 아닌 노이즈 콘트롤러를 이용합니다. 거품 객체에 자식으로 붙인 헬퍼의 포지션 트랙을 적용하여 이동값에 랜덤한 애니메이션을 더할 수 있어서 흔들거리는 거품의 움직임을 만들 수 있습니다.

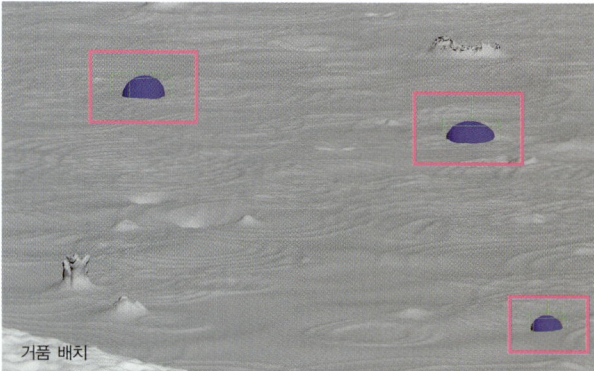

거품 배치

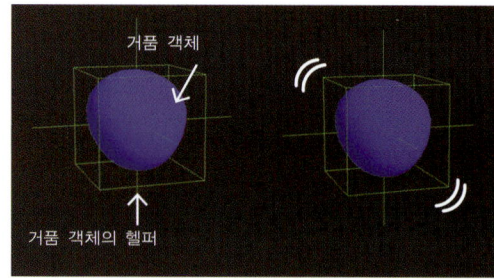

거품 객체
거품 객체의 헬퍼
X, Y, Z의 위치 좌표에 랜덤한 애니메이션이 적용됨

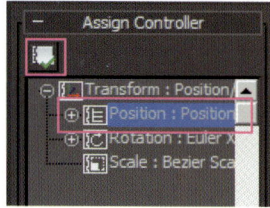
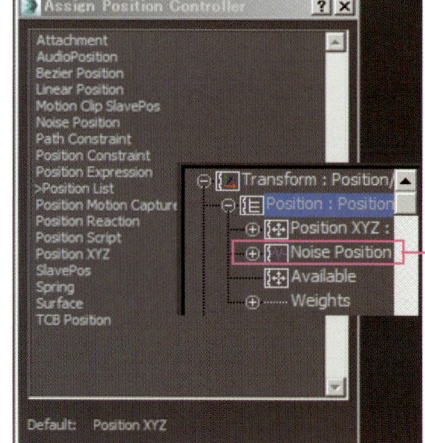
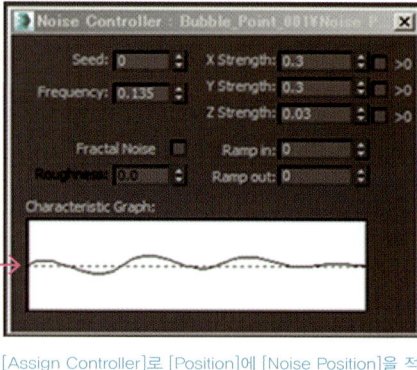

[Assign Controller]로 [Position]에 [Noise Position]을 적용하기

2 [VrayDistanceTex] 맵

배치와 움직임이 완성되면 마지막으로 거품과 수면의 경계에 있는 팽창을 만듭니다. 이 팽창은 주로 표면 장력에 의해 일어나는 현상입니다.

이 현상을 만들려면, 먼저 [VRayDistanceTex] 맵을 사용하여 거품의 경계면만을 하얗게 뺀 흑백 영상 소스를 준비합니다.

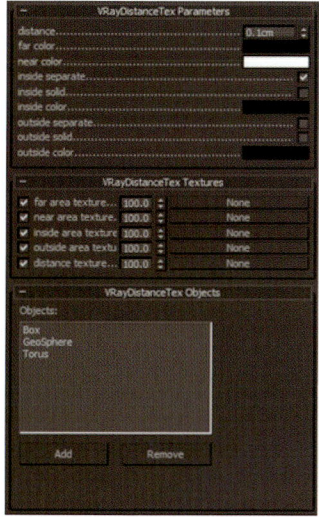

객체의 서페이스 부분에 색을 붙일 수 있는 맵. 거리에 따라 영향범위의 변경도 가능

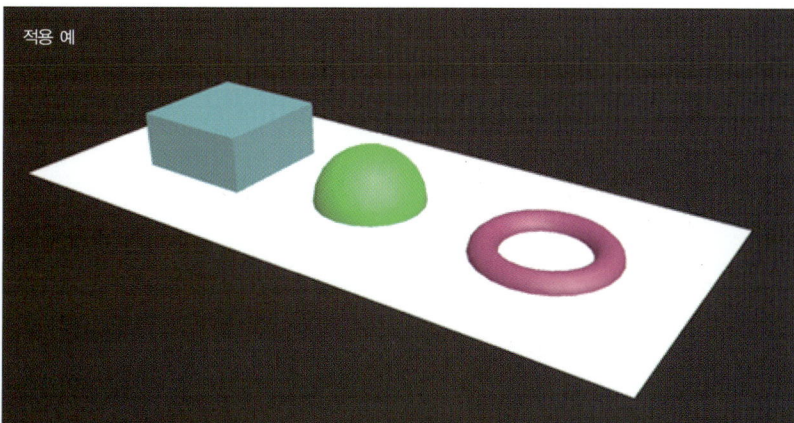

적용 예

렌더링 결과

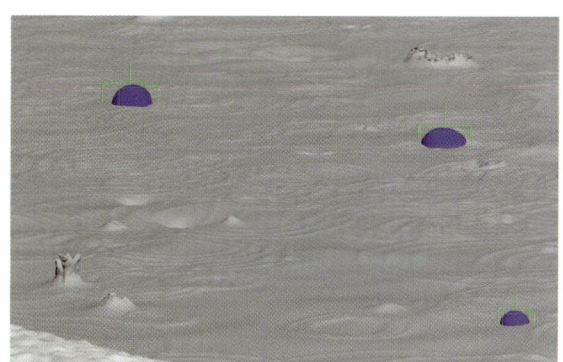
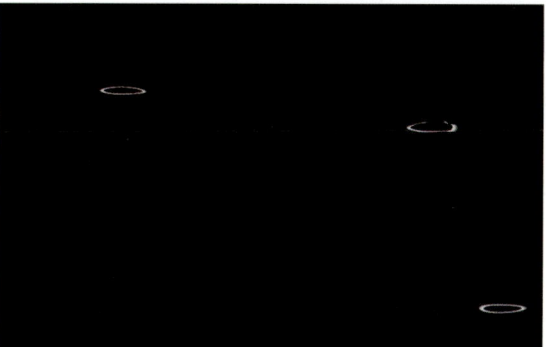

[VrayDistanceTex] 적용 후

3 [Displace] 적용의 변화

다음으로 그 소스를 [Displace] 모디파이어에 적용하여 거품과 물 경계에 솟아오른 것처럼 할 수 있습니다.
이제 거품이 완성되었습니다.

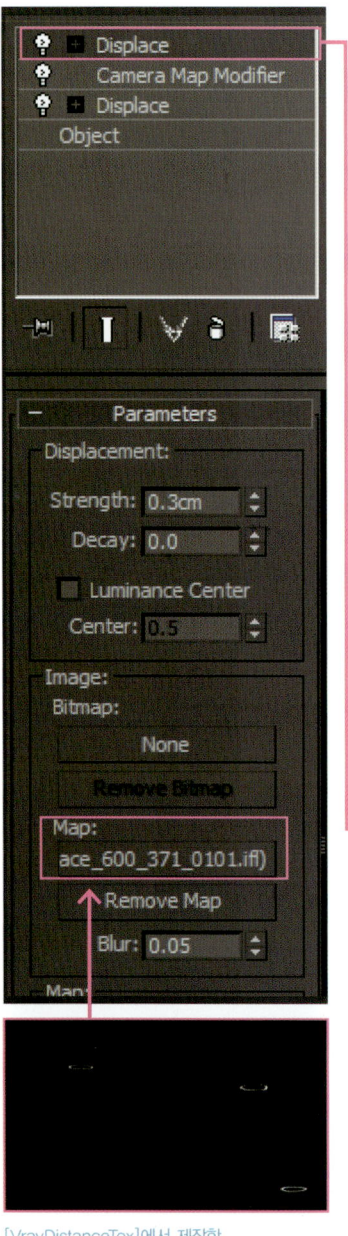

[VrayDistanceTex]에서 제작한
Displace용 시퀀스 소재

[Displace] 적용 전

[Displace] 적용 후

COLUMN

'비 제작의 실패 사례'에서 생각하기
- '변화를 감지하는 힘'으로 매력있는 이펙트를 목표하기

실패에서 얻는 인상적인 알아차림

책이나 강좌들을 보면 아무래도 잘 완성된 결과들이 주로 소개되지만, 매번 눈물 없이 말할 수 없는 많은 실패가 있기 마련입니다. 그중에서도 '비'를 제작할 때 특히 인상 깊었던 '실패 사례'가 있었기에 이번 기회에 소개하고 싶었습니다.

여기서 소개한 STEP 대로 진행하면서 비가 조금씩 완성에 가까워질 무렵이었습니다. 그 때에 만들어진 비의 그림이 **1** 입니다. 완성된 그림과 비교하면 라이팅이나 합성 문제로 아직 미완성이었습니다. 다만 몇 번을 반복해도 레퍼런스 동영상과 같은 느낌이 나오지 않아서, 다시 한 번 원본 동영상과 제작한 동영상을 비교해보면서 무언가를 깨달았습니다. 그것은 '물의 깊이'였습니다.

원본 동영상보다 필자가 만든 동영상이 수심이 더 깊은 느낌입니다. 원인을 찾아본 결과 '수면이 장시간 크게 상하로 물결치고 있는' 것을 발견했습니다. 즉, **2** 처럼 수심이 얕은 경우는 바닥과의 거리가 짧기 때문에 중력과 표면 장력, 바닥에서의 마찰에 민감합니다. 따라서 수면의 상하 운동은 깊으면 깊을수록 작아집니다. 즉, 이 수면의 상하 운동이 레퍼런스 동영상보다 높고 길기 때문에 '수심이 깊구나'라고 느꼈던 것입니다.

시뮬레이션을 다시 시도해보지 않고도 실패를 통해 깨달은 것이 있습니다. 그것은 '사람은 의식, 무의식으로 사물의 변화에 매우 민감'하다는 것입니다. 특히 이번 비처럼 평소에 보는 것에서는 작은 위화감을 더 크게 느끼게 된 것 같습니다. 즉, 이런 '환경의 변화를 느끼는 능력'을 제작에 도입할 수 있다면 설득력 있고 매력적인 이펙트를 낼 수 있지 않을까 하는 생각입니다. 그 힘을 갈고 닦으려면 역시 실제 현상을 이해하고 만들어 보는게 좋다고 강하게 느꼈습니다.

제작 중간의 그림

완성 동영상

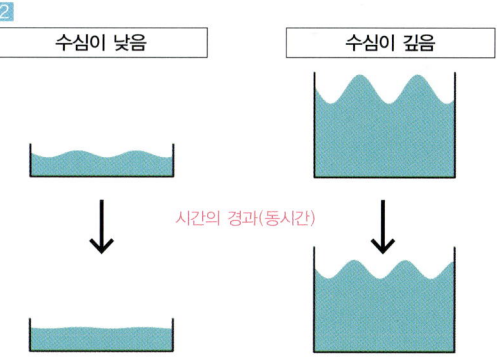

수심이 얕은 경우는 바닥과의 거리가 짧아서, 중력 및 표면장력, 바닥에서의 마찰에 영향을 받기 쉬움

레퍼런스 동영상보다 수면의 상하 운동이 높고, 길기 때문에 「수심이 깊다」고 느꼈다

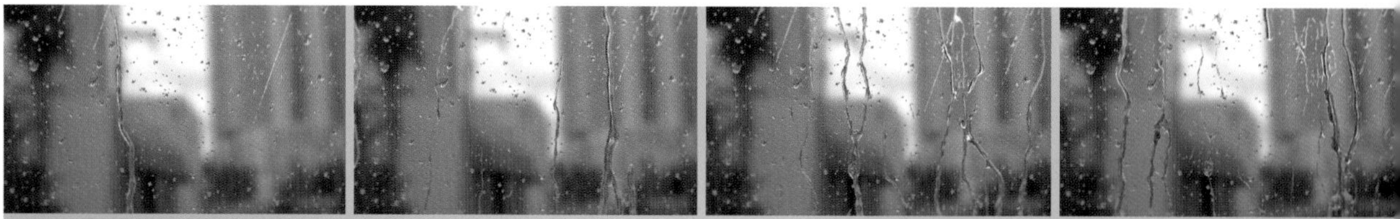

CHAPTER 003

불 | 파괴 | 폭발 | **액체** | 빛 | 연기 | 기타

THEME | 02 | 액체

유리창에 내리는 비

이번에는 '유리창에 내리는 비'입니다. 가끔 '모사를 해서 실제 제작에 뭔가 영향이 있느냐'라는 질문을 받습니다.

나중에 설명하겠지만, '유리창에 내리는 비'에서는 창문을 따라 흐르는 빗물의 속도나 구불구불한 움직임, 뭉쳐진 물방울 형태 하나하나에 다양한 현상이 결합되어 있다는 것을 알게 됩니다.

이 프로세스를 해결하려면 3D CG에서 어떤 기능을 사용하면 좋을지, 최선의 방법은 무엇인지에 대해서 고민합니다.

모사를 할 때는 부가적으로 무언가를 만들려고 하지 말고 자연스러움을 보여주는 것이 좋습니다. 모사에서 이런 '자연미'는 자연현상을 통해 찾을 수도 있는 것이죠.

주요 제작 프로그램

- Autodesk 3ds Max 2015
- Adobe After Effects CS6.0
- FROST 1.4.3

STEP 01

'계면장력' - 빗방울이 창에 달라붙는 메카니즘

물질이 갖는 분자간 힘의 작용으로 빗방울이 창문에 달라붙음

비가 오면 창문에 물방울이 남아 있거나, 흘러내리는 모습을 볼 수 있습니다. 평소 무심코 보는 현상이지만, 이것이 '계면장력'이라는 힘이 작용하고 있다는 것을 알고 계신가요? 계면이란 주로 액체, 고체, 기체의 다른 물질이 서로 접하는 경계에 관한 것을 말합니다. 비가 유리에 달라붙어 있는 이유도 이 계면에서 일어나는 현상으로 설명이 가능할 것 같습니다. 비슷한 명칭으로 '표면장력'이 있는데, 접하는 경계 물질(기체와 액체/고체)에 따라 달라지는 것뿐, 기본적으로는 동일한 물리적인 현상입니다.

1 유리 창문에 내리는 비의 구조

그런데, 이 계면 장력은 분자가 지닌 '분자간의 힘' 작용이 크게 관련되어 있습니다. 분자들은 다양한 이유로 같은 분자들끼리 뒤섞이려고 하는 성질이 있습니다. 이 인력을 분자간의 힘이라고 하고, 물질 내부에서는 전방향에서 균등한 힘이 작용하기 때문에 결과적으로 안정된 상태가 됩니다. 그러나, 기체나 액체 등은 물질에 따라 분자간의 힘이 다르기 때문에 경계면에서는 힘의 균형이 깨져 버리고 기체를 접하는 액체 표면의 분자는 내부보다 강한 힘으로 액체 방향으로 향합니다. 이 작용으로 인해 경계면상에서 머물려는 현상을 '계면장력'이라고 합니다. 이번 주제인 '유리창의 비'도 공기, 물, 유리 각각이 지닌 분자간 힘이 주요 원인으로 달라붙거나 떨어지는 것입니다.

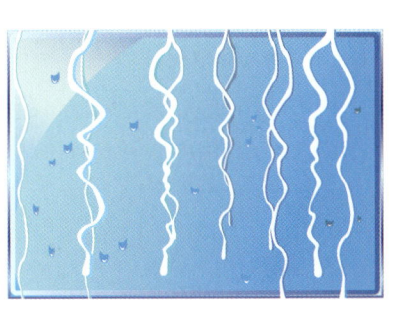

창문에 닿는 비 중에는 수직 유리면에 머무르는 빗물이 존재한다

'계면장력'이라는 현상이 유리면에 빗물을 흡착시키고 있음

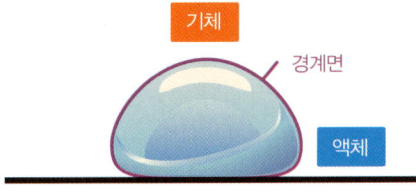

계면장력이란

액체, 고체, 기체에서 다른 물질 간의 경계에서 일어나는 힘. 일반적으로 표면장력이라고도 함.

평평한 판자에 물을 흘리면 반구형 상태로 머무름. 이것은 액체내부의 물분자와 기체와의 경계면의 물분자 안쪽으로 당기는 힘(분자간 힘)이 다르기 때문

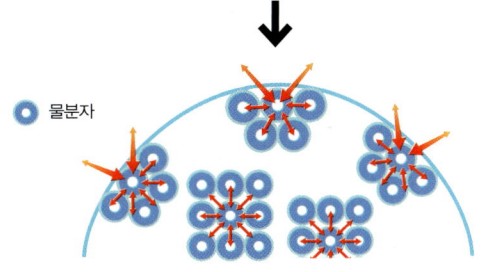

분자간 힘은 동질의 분자가 서로를 잡아당기며 안정하려는 힘. 기체와의 경계면에서는 액체쪽의 분자간 힘이 강하기 때문에 반구의 물방울이 됨

STEP 02 '정지한 물방울' 생각하기 - 형상이 중요하다

모델링한 물방울을 파티클로 배치

레퍼런스 동영상을 보면 Ⓐ 미끄러져 내리는 빗물, Ⓑ 유리에 달라붙어 정지한 물방울, Ⓒ 낙하해서 달라붙는 빗방울, 이렇게 3가지가 유리창으로 떨어지는 비를 구성하는 큰 요소가 될 것입니다. STEP 02에서는 위의 요소 중에서 먼저 Ⓑ 유리에 달라붙어 정지한 물방울을 만들어 봅니다.

1 창에 떨어지는 비의 3 요소

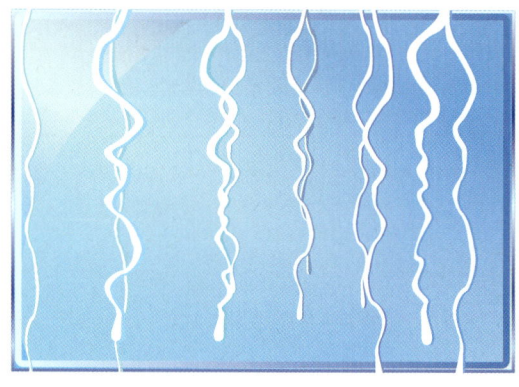

Ⓐ 흘러내리는 빗물

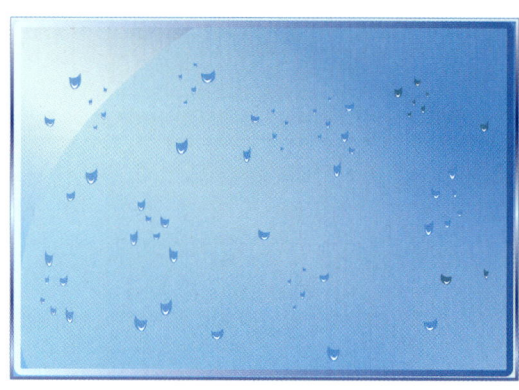

Ⓑ 유리에 달라붙어 정지한 물방울

Ⓒ 낙하하면서 달라붙는 빗방울

2 물방울 모델 준비

정지된 물방울은 표면장력에 의해 유리면에 달라 붙은 상태입니다. 창문 전체에 많은 물방울이 달려 있는데, 모양은 다들 비슷합니다. 중력에 의해 물방울 하부에 많은 물이 고이기 때문에 소위 '눈물 모양의 실루엣'으로 되어 있습니다.

물은 굴절과 반사에 따라 느낌이 다를 수 있으므로, 레퍼런스를 참조해서 모델링을 하는 것이 가장 좋은 방법이라고 생각합니다.

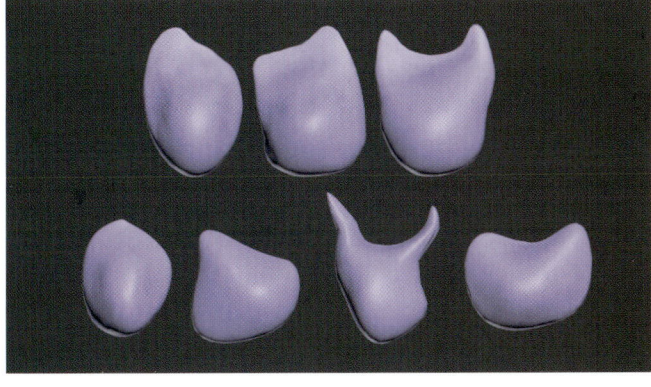

눈물형의 실루엣을 의식하면서 물방울 모델 제작하기

3 물방울의 배치

몇 가지 준비한 물방울 모델을 파티클을 사용하여 창 전체에 배치하면 정지된 물방울은 완성됩니다.

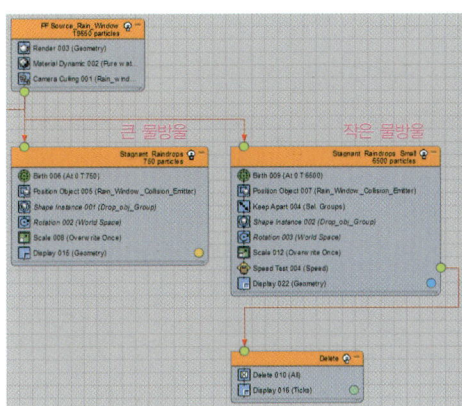

파티클을 사용하여 준비한 물방울 모델을 배치. 큰 물방울과 작은 물방울로 이벤트를 나눠서 값의 미세조정이 쉽도록 구성

STEP 03

'흘러내리는 빗물' 생각하기 - 빗물의 움직임이 중요하다

Data Operator로 섬세한 움직임을 추가하고 FROST로 메쉬화하기

STEP 03에서는 Ⓐ '흘러내리는 빗물'을 재현합니다. Ⓐ는 경계장력의 합력과 중력의 균형이 무너진 결과로 빗물이 창문 아래로 흘러내립니다.

다만, 레퍼런스 동영상을 보면 수직으로 바로 아래로 떨어지는 것은 아닙니다.

1 물방울이 흘러내리는 메카니즘

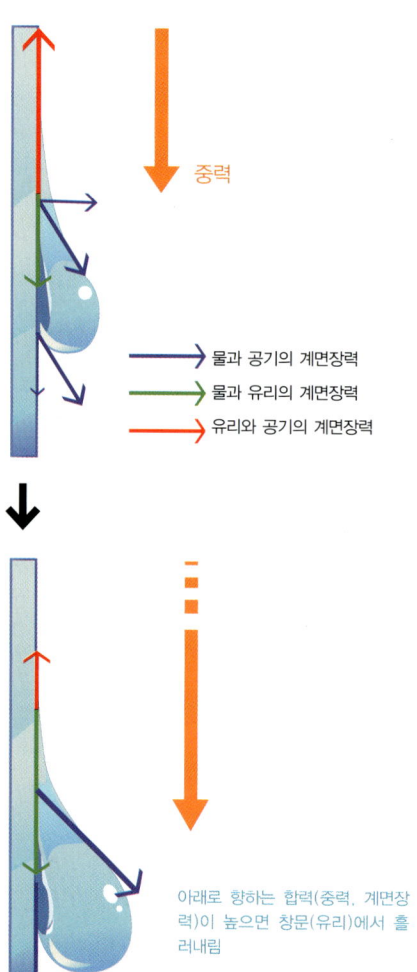

중력

→ 물과 공기의 계면장력
→ 물과 유리의 계면장력
→ 유리와 공기의 계면장력

아래로 향하는 합력(중력, 계면장력)이 높으면 창문(유리)에서 흘러내림

빗물의 움직임

유리면의 상태에 따라 빗물의 움직임이 복잡한 지그재그를 그림

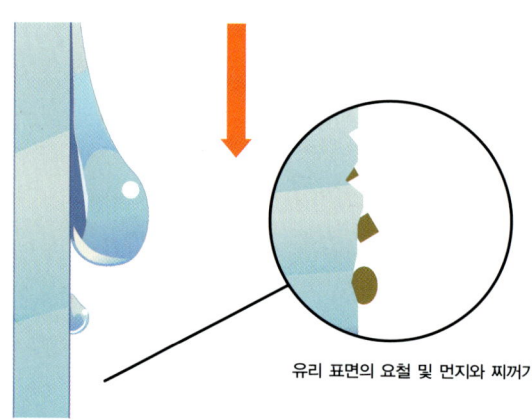

유리 표면의 요철 및 먼지와 찌꺼기

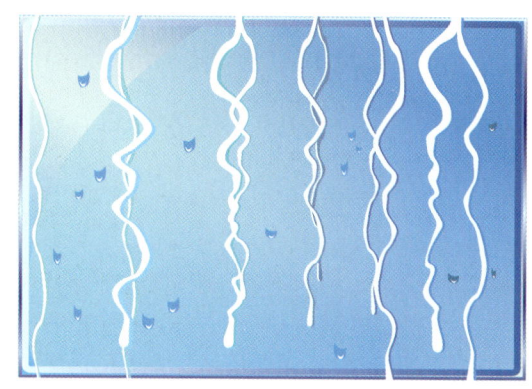

2 파티클의 흐름(흘러내리는 빗물)

우선, 전체 파티클의 흐름을 설명하면, ❶ 쏟아지는 비를 만들기 → ❷ 창과 동일한 위치에 있는 Deflector에 닿으면 파티클이 발생 → ❸ 파티클에 Spawn을 적용해서 물이 흘러 떨어지는 것 같은 움직임과 실루엣 만들기 → ❹ 물이 흘러 떨어지는 곳에 궤적의 여운이 남도록 먼저 쏟아지는 비는 A Deflector보다 위에 발생원을 만들고 적합한 위치에서 충돌이 이루어지도록 배치합니다. ❷❸에서는 충돌 시 Deflector에서 발생하는 파티클이 납작하게 떨어지도록 Space Warp의 [Gravity]를 적용합니다. 그리고 [Wind]의 [Turbulence] 등을 이용해서 파티클의 구불구불한 움직임을 더합니다. B 그때, 이벤트 내에 [Speed by Surface]를 넣고 파라미터를 C와 같이 [Parallel To Surface], [Control Speed Continously]로 변경함으로써 Deflector의 면에서 떨어지지 않고 파티클이 움직이게 됩니다. D

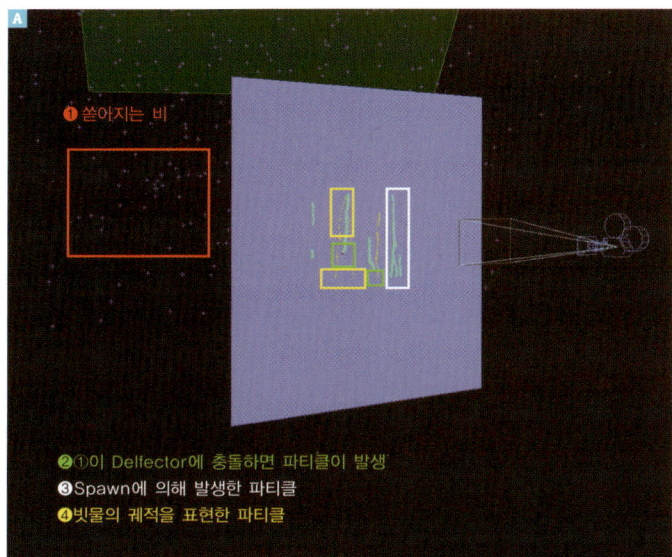
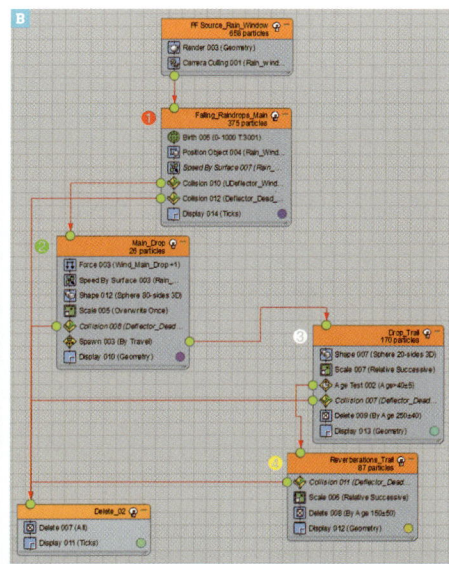

[Speed by Surface]의 [Control Speed Continuosly], [Parallel To Surface]로 변경하면 지정된 객체에 따라 파티클이 이동하게 됨

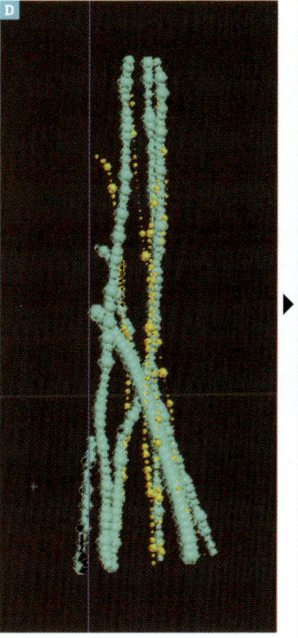
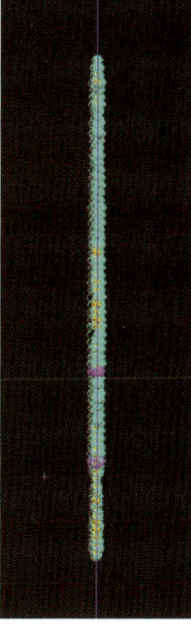

3. Data Operator 사용

그러나, 이대로라면 구불거리는 움직임이나 속도는 일정한 상태로 움직입니다. 실제 빗물들은 미끄러져 내리는 동안 다양한 장애물이 있기 때문에 일정한 속도로 떨어지지 않습니다. 이럴 때 속도에 무작위성을 더하기 위해 Data Operator를 사용합니다. 이 오퍼레이터는 Particle Flow만으로 제어할 수 없는 섬세한 움직임을 노드 형식으로 제어하는 모듈입니다. 이번에는 Speed 값이 랜덤이 되도록 Random 하위 오퍼레이터를 이용해 보았습니다. 간단한 구성이지만 이 노드를 이벤트 내에 적용함으로써 속도가 프레임 단위로 변화하게 되고 레퍼런스 동영상에 가까운 움직임이 실현될 수 있습니다. 움직임을 추가할 때 가장 어려운 곳을 해결할 수 있다면, 다음에는 동영상을 참고해서 Spawn에서 꼬리를 당기는 길이 및 사라지는 타이밍을 조정해서 (4)의 궤적용 파티클을 준비하면 미끄러져 내리는 빗물의 움직임은 완성될 것입니다.

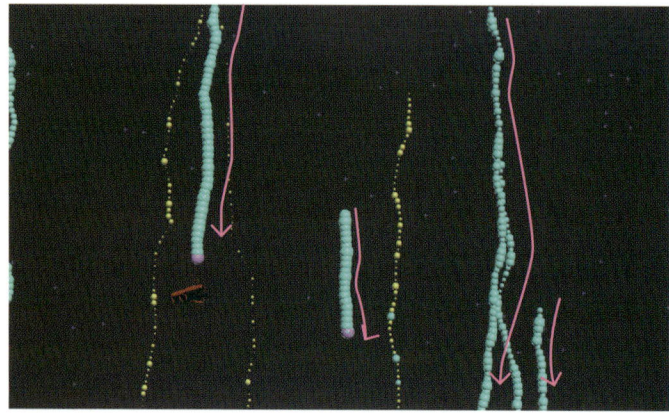

● Data Operator 적용 전
일정한 속도로 파티클이 이동함

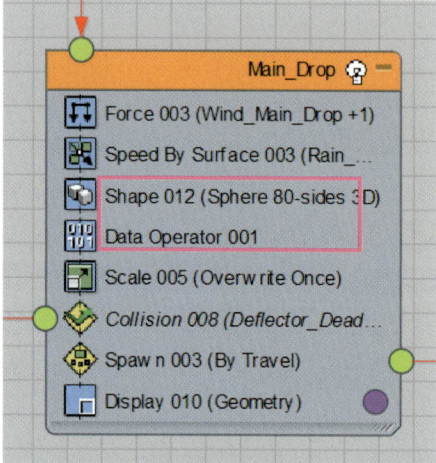

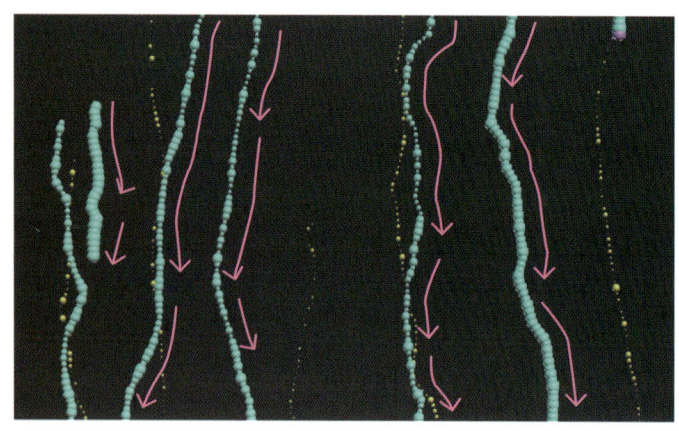

● 적용 후
랜덤한 속도로 파티클이 이동함

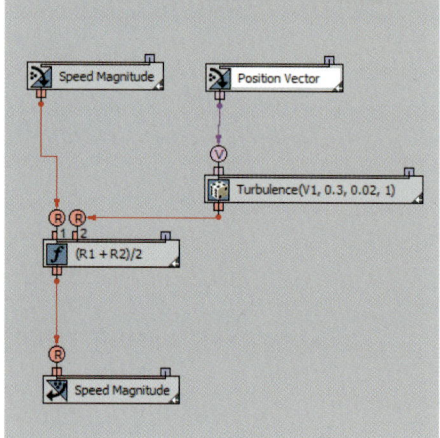

● [Data Operator]의 편집 화면
속도 채널을 [Random] 서브 오퍼레이터와 조합해서 흘러내리는 빗물의 움직임에 무작위성을 추가함

4 FROST의 적용

이대로는 아직 물로 렌더링이 불가능하므로 파티클을 다른 무언가로 변환할 필요가 있습니다. 그래서 이번에는 파티클을 한 줄의 메쉬로 변환할 수 있는 FROST 툴을 사용합니다. 대략 설명하면 양이나 디테일이 세밀하게 조정될 수 있는 메타볼을 상상하면 이해하기 쉬울 것입니다. 이 FROST를 방금 만든 파티클 ❷~❹에 적용하고, 물의 질감이 되는 재질을 더하면 미끄러지는 빗물이 완성되었습니다.

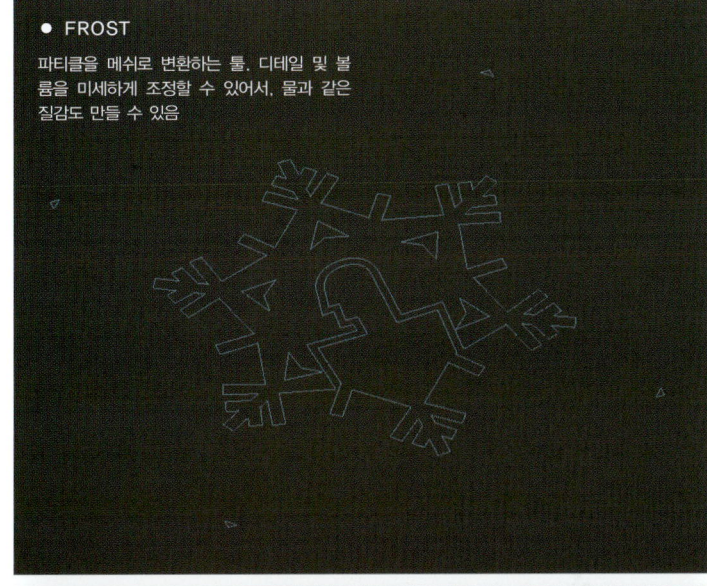

● FROST
파티클을 메쉬로 변환하는 툴. 디테일 및 볼륨을 미세하게 조정할 수 있어서, 물과 같은 질감도 만들 수 있음

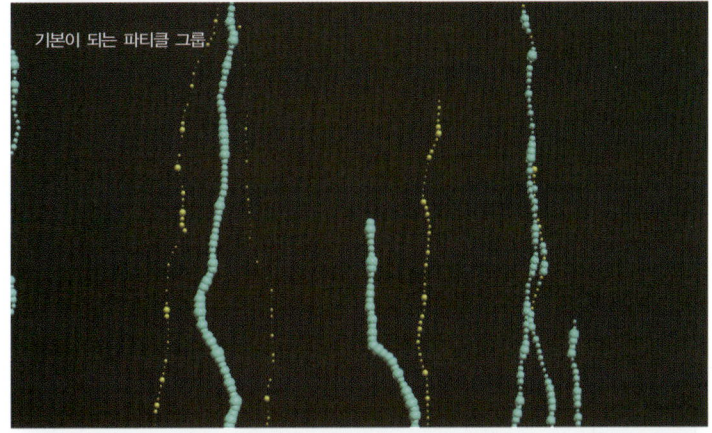

기본이 되는 파티클 그룹.

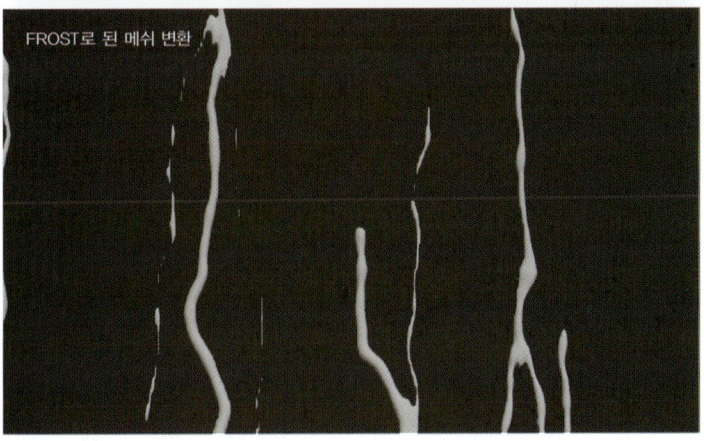

FROST로 된 메쉬 변환

STEP 04
'달라붙는 빗방울' 생각하기
- 낙하하는 비와 그 빗방울 만들기

STEP 03의 시스템을 응용해서 빗방울 만들기

STEP 04에서는 ⓒ의 '낙하하며 유리창에 달라붙는 빗방울'을 재현합니다. 기본적인 제작방법은 STEP 03을 응용하며, 빗방울의 모양과 속도와 같은 창에 충돌할 때의 움직임을 만듭니다.

1 창문에 달라붙는 빗방울

레퍼런스 동영상을 보면 ⓐ의 떨어지는 빗물은 중력에 끌려 떨어지는 반면, 쏟아지는 비는 바람과 대기의 영향으로 45도 정도 각도가 붙은 상태로 떨어지는 것을 알 수 있습니다. 직후에 달라붙는 빗방울도 기울어진 채 창문에 뿌려지고 있으므로, 수직으로 낙하하지 않도록 STEP 03에서 사용한 [Gravity] 등 Space Warp를 적용합니다. 이것으로 낙하하며 창문에 달라붙는 빗방울도 엇갈린 각도를 만들면서 창문에 붙을 수 있습니다.

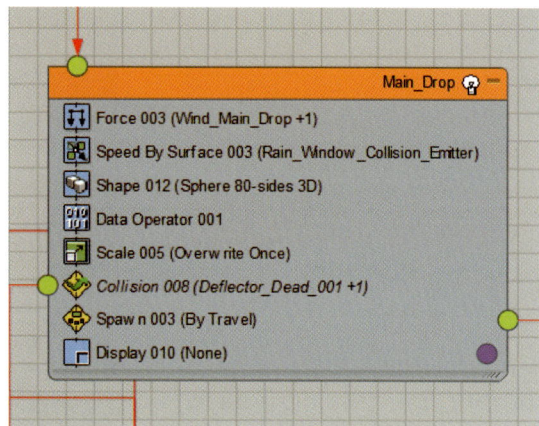

● 미끄러져 내리는 빗물의 이벤트
STEP 03에서 사용한 메인 이벤트를 [Force], [Data Operator]를 빼서 인용

창문에 달라붙는 빗방울

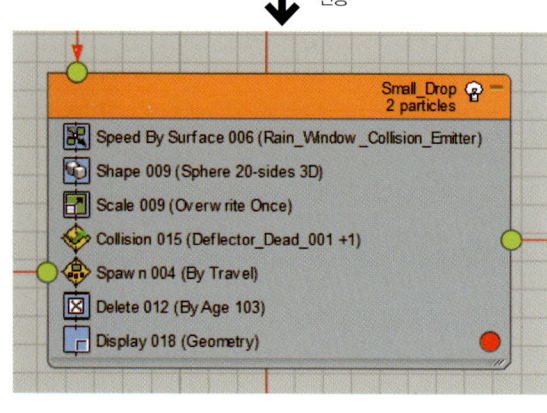

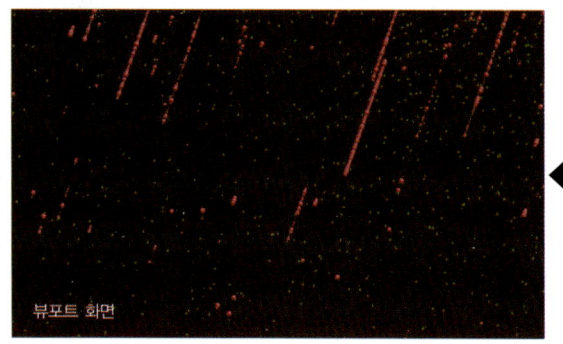

뷰포트 화면

● 달라붙는 빗방울 이벤트
[Delete]의 추가, [Spawn]의 꼬리를 끄는 길이를 조정해서 빗방울을 만듬

2 쏟아지는 비의 생성

창문에 빗방울이 닿는 움직임이 완성되으면 마지막으로 쏟아지는 비도 만듭니다.

새로운 PFSource를 준비하고, 발생량과 속도를 조정합니다. 오퍼레이터 [Scale]로 파티클 모양을 정돈하고 싶지만, 진행방향이 비스듬해져서 이대로 크기조절을 하면 방향이 무시된 형태가 됩니다. 그래서 이벤트에 [Rotation]을 더하고, [Speed Space Follow]로 변경하여 파티클 각도를 진행 방향에 따라 회전시킨 후 스케일을 변경합니다.

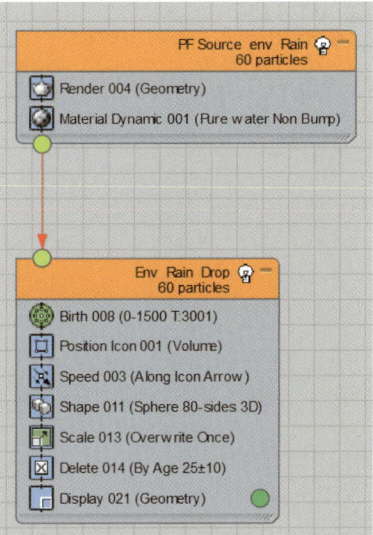

뷰포트 화면

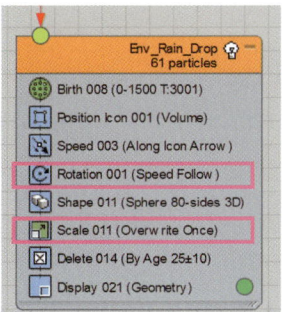
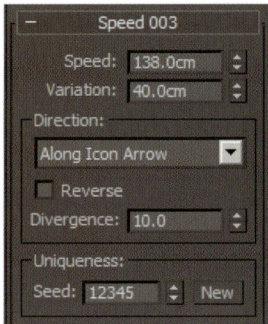
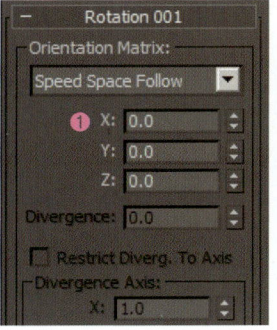
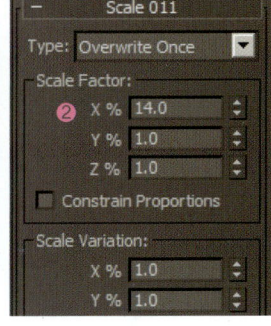

❶ Rotation 오퍼레이터

풀 다운 메뉴에서 [Speed Space Follow]를 선택. 파티클 진행 방향에 맞게 변경이 가능해짐

❷ Scale 오퍼레이터

[Constrain Proportions]의 체크를 해제하여, x, y, z 각 좌표를 개별로 컨트롤할 수 있도록 변경. 진행 방향에 맞춰서 크기 조절함

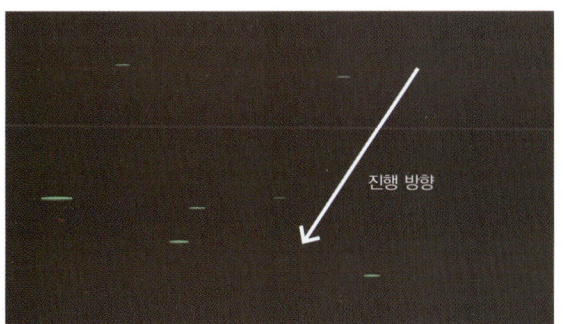
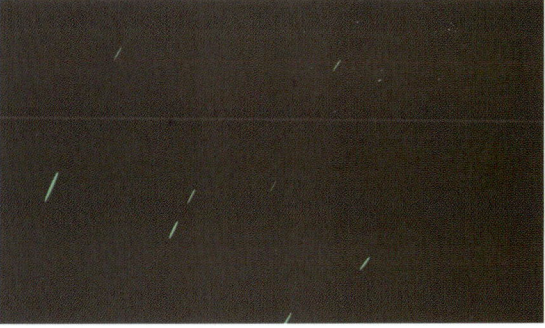

[Rotation] 설정 변경 전

[Rotation] 설정 변경 후

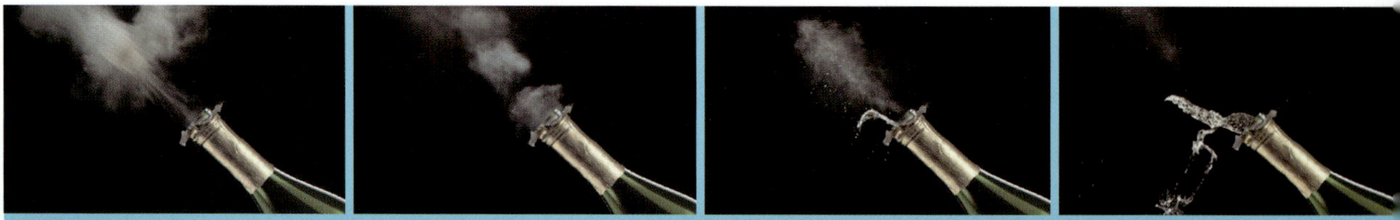

CHAPTER 003

불 | 파괴 | 폭발 | 액체 | 빛 | 연기 | 기타

THEME | 03

액체　연기

탄산수의 분출

이어지는 주제는 '탄산수의 분출'입니다. 자연스럽게 솟아나는 천연 탄산수는 약 2,000년 전부터 음료로 이용되고 있었습니다. 하지만 인공적으로 만들어지는 탄산수의 역사는 18세기 중반 유럽에서 의료용으로 사용된 것이 시초로 알려져 있습니다. 초기는 물에 탄산을 더하는 심플한 것이었는데, 여기에 설탕과 레몬을 추가한 레몬에이드는 대항해시대에 비타민C 부족으로 만연되는 괴혈병이나 황열병 치료로 보급했다고 합니다.

일본에 전해진 시기는 여러 가지 설이 있지만, 함선에 내항한 페리가 반입, 사이다나 라무네(역주. 일본 국민사이다)라 불리는 파생 상품으로 점점 발명되었던 것이죠. (역주. 한국은 1905년 2월 인천 탄산수 제조공장이 만들면서 시작되었습니다) 현재는 시원하고 청량한 탄산 자극으로 피로회복 효과가 있는 것도 알려져서 음료 외에도 다양하게 응용되고 있습니다.

주요 제작 프로그램

- Autodesk 3ds Max 2015
- Adobe After Effects CS 6.0
- FumeFX 3.5.5
- FROST 1.4.3

STEP 01

'탄산수'가 분출하는 구조를 생각하기
- 작은 계기가 큰 현상으로

기압의 변화와 거품 발생이 한 순간에 분출하는 힘으로 변함

탄산 음료를 마시면 자극으로 인해 청량감을 주지만, 때로는 그 자극으로 인한 거품들 때문에 치아를 손상시키기도 합니다. 이것이 이번 주제인 '탄산수의 분출'입니다. 여러분도 아시다시피 탄산이 포함된 용기를 심하게 흔들거나 떨어뜨리고 뚜껑을 열면 급격히 거품이 올라와서 내용물이 넘치게 됩니다. 그렇다면 왜 충격을 가하면 거품이 대량으로 발생하게 되는 것일까요?

1 탄산수가 분출하는 구조

탄산수는 물에 이산화탄소가 포함되어 있는 액체입니다. 그냥 일반적인 기압에서 음료에 적합한 양의 이산화탄소를 용해시킬 수 없습니다. 그래서 액체에 많은 기체를 용해시키기 위해 용기 내의 압력을 증가(일반 공기 중의 3~4배) 시켜서, 많은 이산화탄소가 용해되도록 하고 있습니다. 이 고압력의 용기 내에서는 녹지 않는 기체가 용기 안의 미세한 흠집이나 찌그러진 틈을 타서 들어왔다 나갔다를 반복합니다. 그때 발생하는 것이 '거품'입니다.

이렇게 불안정한 상태에서 세게 흔들거나 땅바닥에 부딪히면 어떻게 될까요. 그렇습니다. 용기 내에 대량의 거품이 발생해서 단숨에 출구로 향하게 됩니다. 이것이 탄산이 분출하는 원인입니다. 참고로, 멘토스, 라무네 등의 이물질을 탄산수에 넣었을 때 거품을 격렬하게 내뿜는 원인은 거품이 발생하는 계기가 되는 미세한 구멍이 표면에 무수히 있기 때문이라고 알려져 있습니다. 천리길도 한 걸음부터. 강렬한 분출도 처음에는 아주 작은 계기에서부터 시작되는 것입니다.

탄산수란?

물에 이산화탄소를 녹인 수용액 중 하나. 탄산천 등 자연적으로 생겨나는 천연 탄산수와 인공적으로 많은 양의 이산화탄소를 물에 녹인 것이 있음

탄산수의 제작 방법

냉수를 넣은 용기에 압력을 가한 탄산가스를 밀봉한 상태에서 용기에 넣음(카보네이션)

물에 대량의 이산화탄소가 녹아 탄산수가 됨

탄산수가 분출하는 원인

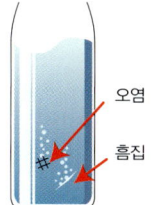

오염
흠집

용기안에는 보통 기압의 3~4배 높은 압력에 의해 대량의 이산화탄소가 포함되어 있기 때문에, 오염이나 흠집 같은 작은 계기로 거품이 발생함

흔들거나 낙하와 같은 강한 충격을 받으면 물에 녹아 있던 대량의 이산화탄소가 기체로 변화해서 용기 내의 공간에 가득참

그 결과, 용기의 뚜껑을 열 때 대량의 기체가 단숨에 빠져나와 액체가 분출되어 버림

STEP 02

'액체의 실루엣과 움직임'을 생각하기
- 넘치는 액체를 재현하기

FROST와 파티클로 넘치는 액체 재현하기

먼저 탄산수의 분출을 만들기 위해 필요한 소스들을 준비합니다. 소스는 ① 가스의 분출, ② 병 입구에서 넘치는 액체, ③ 튀어나가는 작은 물방울, 이렇게 3가지로 나눌 수 있습니다.

여기서는 ② 병 입구에서 흘러넘치는 액체를 제작해보려고 합니다. 이번에도 '이전 챕터에서 사용했던 FROST 플러그인을 사용하였습니다.

1 탄산수의 분출을 위한 3가지 요소

①가스의 분출

②병 입구에서 흘러나오는 액체

③튀어나오는 작은 물방울

2 파티클에 의한 액체의 뒤틀림 재현

우선 액체의 양과 움직임을 제어하기 위해 파티클을 기반으로 사용합니다. 액체의 움직임이 단조롭게 되지 않도록 Space Warp의 [Wind]의 Turbulence와 Frequency로 액체의 뒤틀림을 표현합니다.

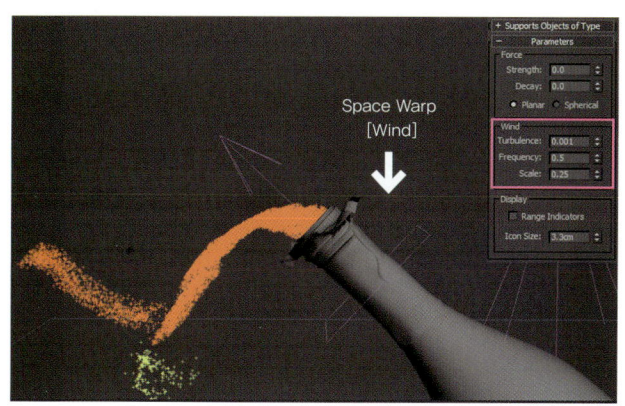

Space Warp [Wind]

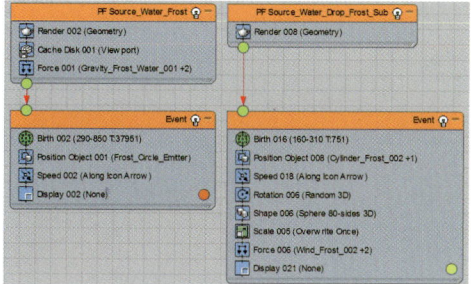

파티클 베이스에서 뒤틀림 및 액체의 실루엣을 생성. [Wind]의 [Turbulence], [Frequency]를 사용하여 뒤틀림을 재현함

3 FROST를 이용한 메쉬화

파티클의 움직임이 완성되었다면 FROST를 적용해서, 파티클을 단일 메쉬화합니다. FROST내 파라미터를 조정해서 액체로 보이도록 실루엣을 갖춥니다.

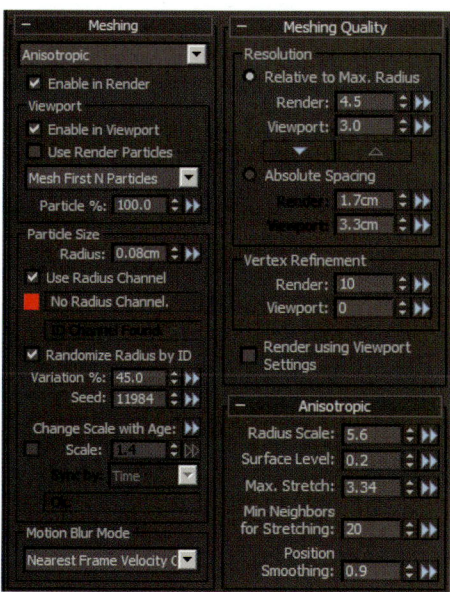

사용한 FROST의 파라미터

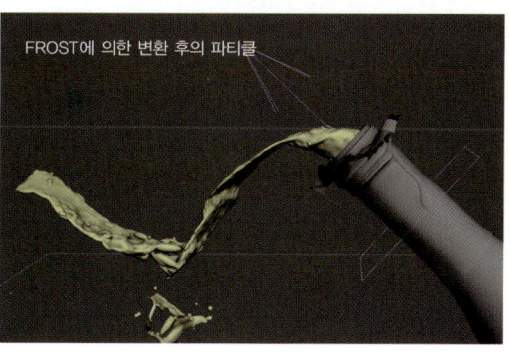

FROST에 의한 변환 후의 파티클

STEP 03 '특징별에 의한 가스의 움직임'을 생각하기
- 분출하는 가스 만들기

가스의 움직임을 3가지 특징으로 나누어 FumeFX로 제작하기

STEP 03에서는 전항 ①의 분출하는 가스를 제작합니다. 용기 안에는 고압력의 압축가스가 충만하고, 코르크 마개를 여는 순간에 격렬한 추진력으로 분출합니다. 레퍼런스 동영상을 보면 가스 분출에는 크게 세 가지 특징이 있다는 것을 알 수 있습니다. 그것은 코르크와 함께 뿜어져 나오는 가스, 퐁퐁하고 조금씩 병 입구에서 나오는 가스, 병 입구에서 천천히 흘러 나오는 가스입니다. 이 3가지 특징으로 나눠서 제작해보려고 합니다.

사용 툴은 연기와 폭발을 제작할 때 조작도 간단하고 편리한 FumeFX 입니다.

1 분출하는 3종류 가스의 움직임

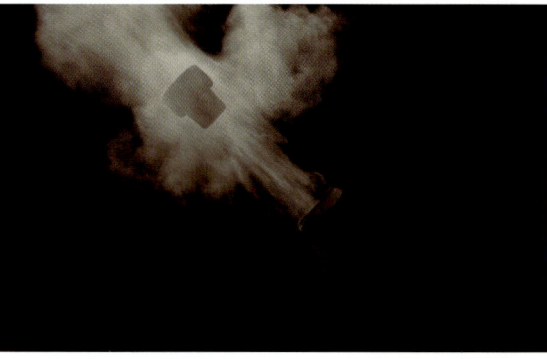

① 코르크와 함께 분출하는 가스

코르크를 벗긴 순간에 기체의 이산화탄소가 다량으로 분출하는 것. 3종류 중에서 가장 강하게 분출함

② 퐁퐁하고 조금씩 병 입구에서 나오는 가스

①의 가스가 분출한 후에 발생하는 가스.
작은 덩어리의 가스가 여러 템포 좋게 뿜어져 나오는 것이 특징

③ 병 입구에서 천천히 흘러나오는 가스

천천히 병 입구에서 흘러 나오는 것처럼 방출되는 가스.
방출되는 기세는 약하지만 다른 가스와 비교해서 안정적으로 계속 나옴

2 코르크와 함께 분출하는 가스의 제작

이제, 우선은 코르크와 함께 분출하는 가스를 재현합니다. 처음에 시뮬레이션의 기본이 되는 파티클을 주둥이 부분에 배치해서, 발사하는 기세 및 각도를 조정합니다. 파티클이 준비되면, FumeFX의 그리드를 배치해서 가스처럼 미세한 연기가 되도록 [Turbulence Noise] 등으로 질감을 설정합니다. 그런 다음 코르크와 병을 충돌 오브젝트로 등록하고, 분출하는 가스의 모양에 변화를 줍니다. 가스의 분출과 함께 나온 코르크가 튀어 오르면서 레퍼런스 동영상에 가까운 모양과 움직임을 만들 수 있는 것입니다.

병의 입구에서 부채꼴로 분출하는 파티클과, 바로 나르는 파티클의 양과 속도를 개별로 조정하기 위해 2개의 이벤트를 사용했다.

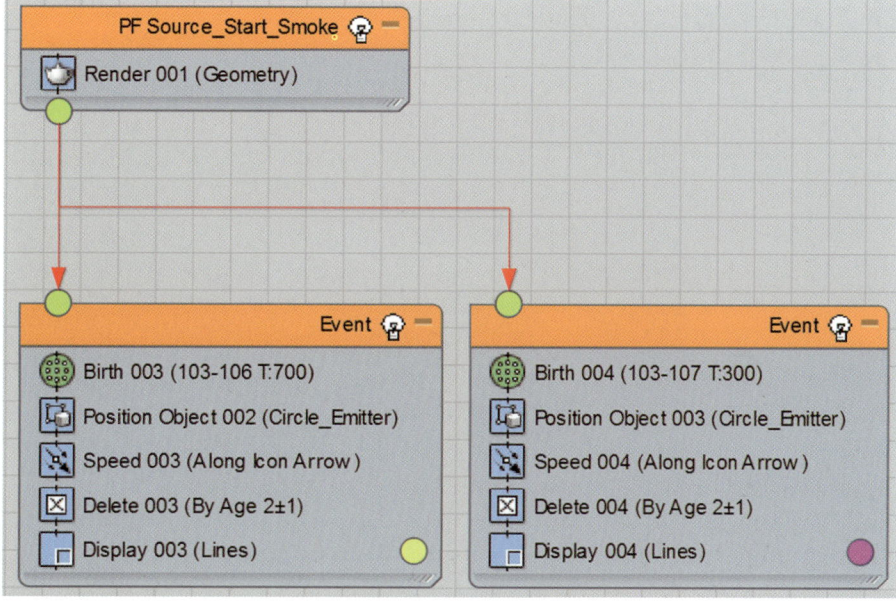

Detail을 올려서 가루 같은 섬세한 연기(가스)를 만듦

충돌 판정에 병, 코르크를 선택. 코르크가 튀어오르면서 가스의 형태가 형성됨

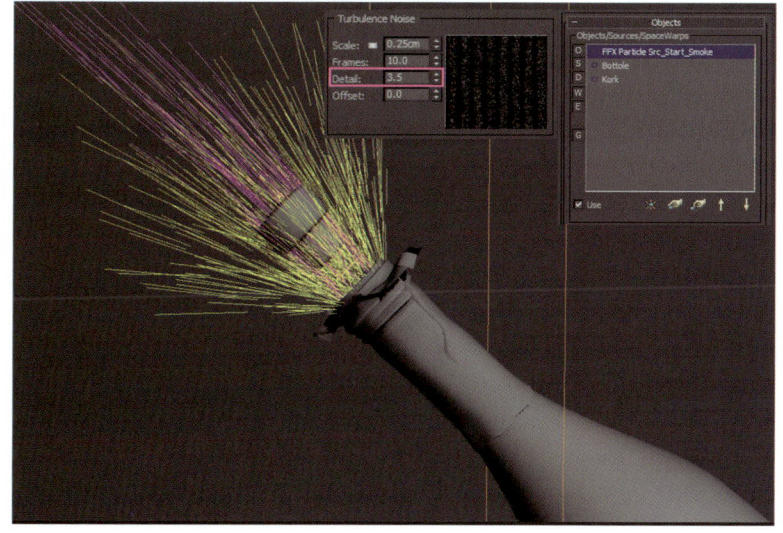

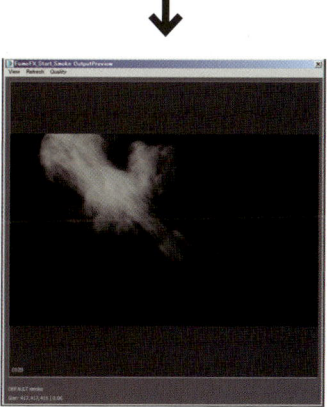

시뮬레이션 결과(프리뷰 화면)

3 퐁퐁하고 조금씩 병입구에서 나오는 가스의 제작

이어서 퐁퐁하고 병의 입구에서 조금씩 나오는 가스를 제작합니다. 분출하는 가스가 분출한 직후 이 가스가 3, 4개 방출되고 있습니다. 여기서는 코르크와 함께 분출하는 가스와 동일한 파티클을 기본으로 시뮬레이션을 합니다. 같은 그리드 내에 4개의 가스 시뮬레이션을 실시해보니, 서로 부딪혀 꼬인 모양이 잘 나오지 않아서, 하나의 가스당 그리드를 하나씩 시뮬레이션 했습니다.

분출하는 가스의 수의 파티클 이벤트를 준비

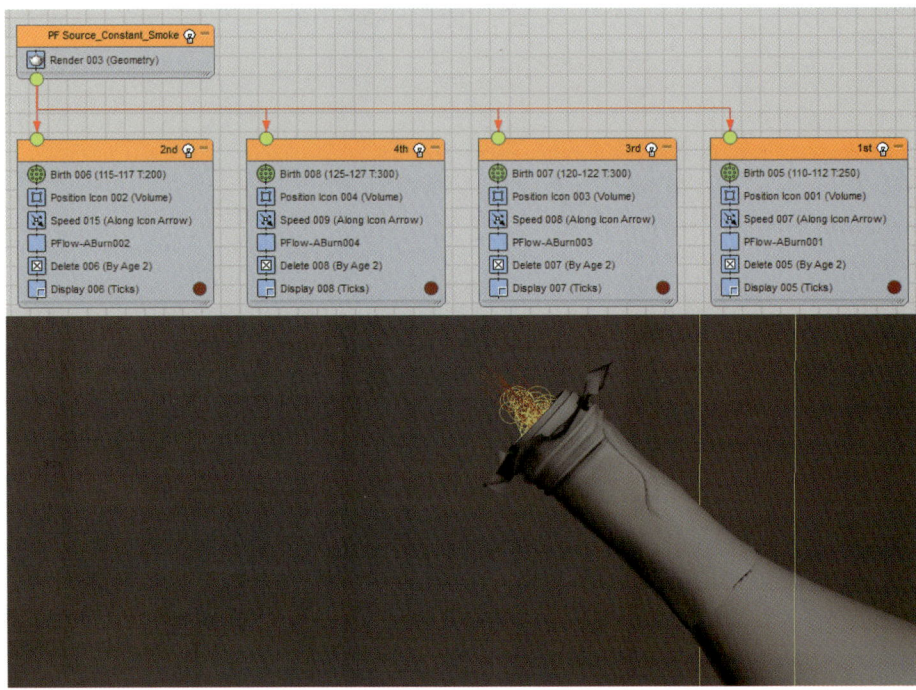

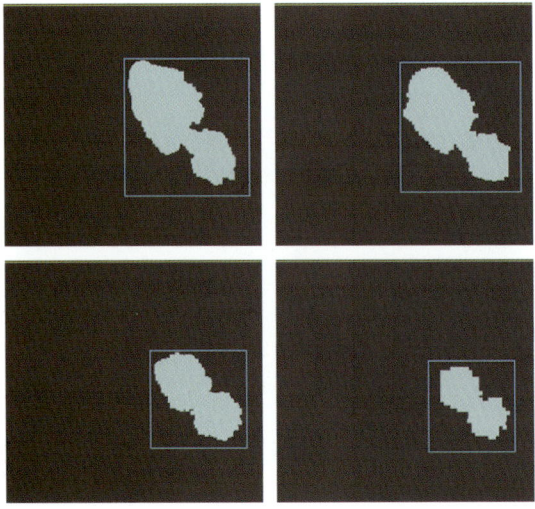

하나씩 가스 형태를 유지하기 위해 시뮬레이션을 분할

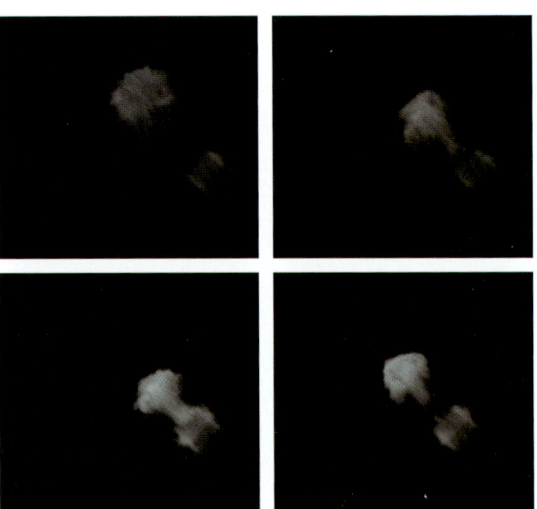

시뮬레이션 결과(프리뷰 화면)

4 병 입구에서 천천히 흘러나오는 가스의 제작

마지막으로 제작하는 것은 병 입구에서 흘러나오는 가스입니다. 이쪽도 마찬가지로 병 입구에서 연기가 나오도록 파티클을 배치하고, 속도 및 양, 너울을 세세하게 조정하여 시뮬레이션 합니다. 화면에 너무 남지 않도록 [Dissipation Min. Dens.], [Dissipation Strength]에서 가스가 사라지는 타이밍을 앞당깁니다.

병 입구에서 조금씩 빠르게 가스가 나오기 때문에 안정적으로 분출되는 가스와 파티클을 나누어서 준비함.

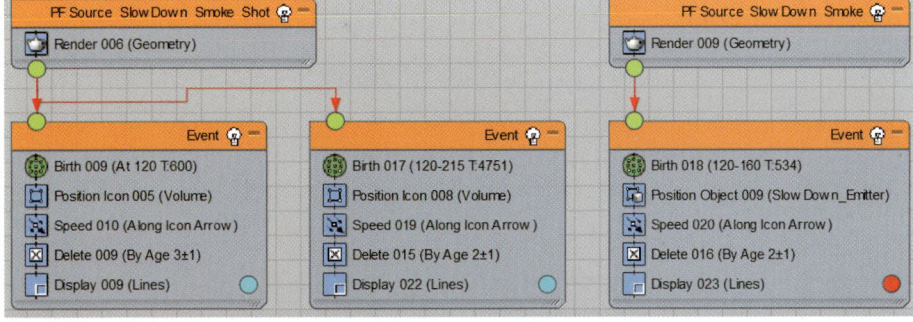

● **FumeFX의 주요한 설정**

Turbulence계의 파티클에서 가스의 물결을, Dissipation 계에서 가스의 사라지는 속도를 빠르게 조정함.

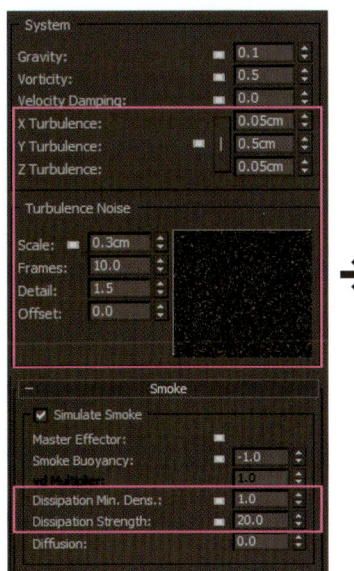

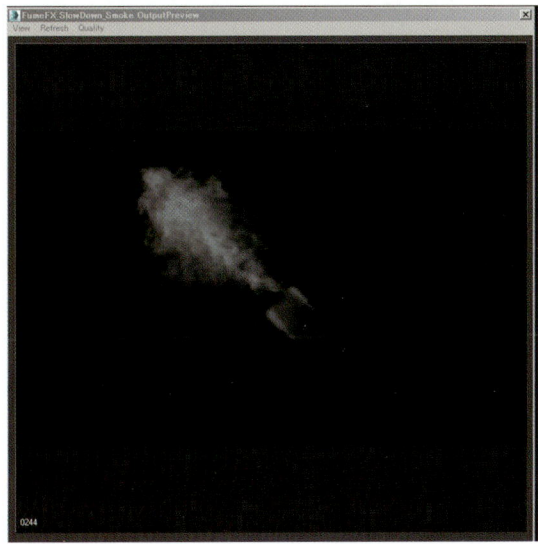

시뮬레이션 결과(프리뷰)

STEP 04

'움직임의 특징과 액체의 입자' 생각하기
- 흩날리는 물보라 만들기

3가지의 특징별로 물보라의 움직임과 양을 결정하기

STEP 04에서는 마지막 항목 ③의 흩날리는 물보라를 제작합니다. STEP 02에서 제작한 쏟아져 나오는 액체와는 별도로 코르크를 연 순간에 알갱이로 된 액체가 한 번 튀어 오르는 것을 간파할 수 있습니다.

흩날리는 방법에는 각각 특징이 있어, 가스분출처럼 Particle Flow에서 3가지 패턴으로 나누어서 만듭니다. 첫 번째는 가장 기세가 강한 코르크와 동일한 방향으로 날아가는 물보라, 다음은 흩날리는 양이 가장 많지만 즉시 감속되어 지면으로 떨어지는 물보라. 마지막은 양도 속도도 거의 없이 바로 떨어지는 물보라입니다.

1 물보라의 3가지 특징

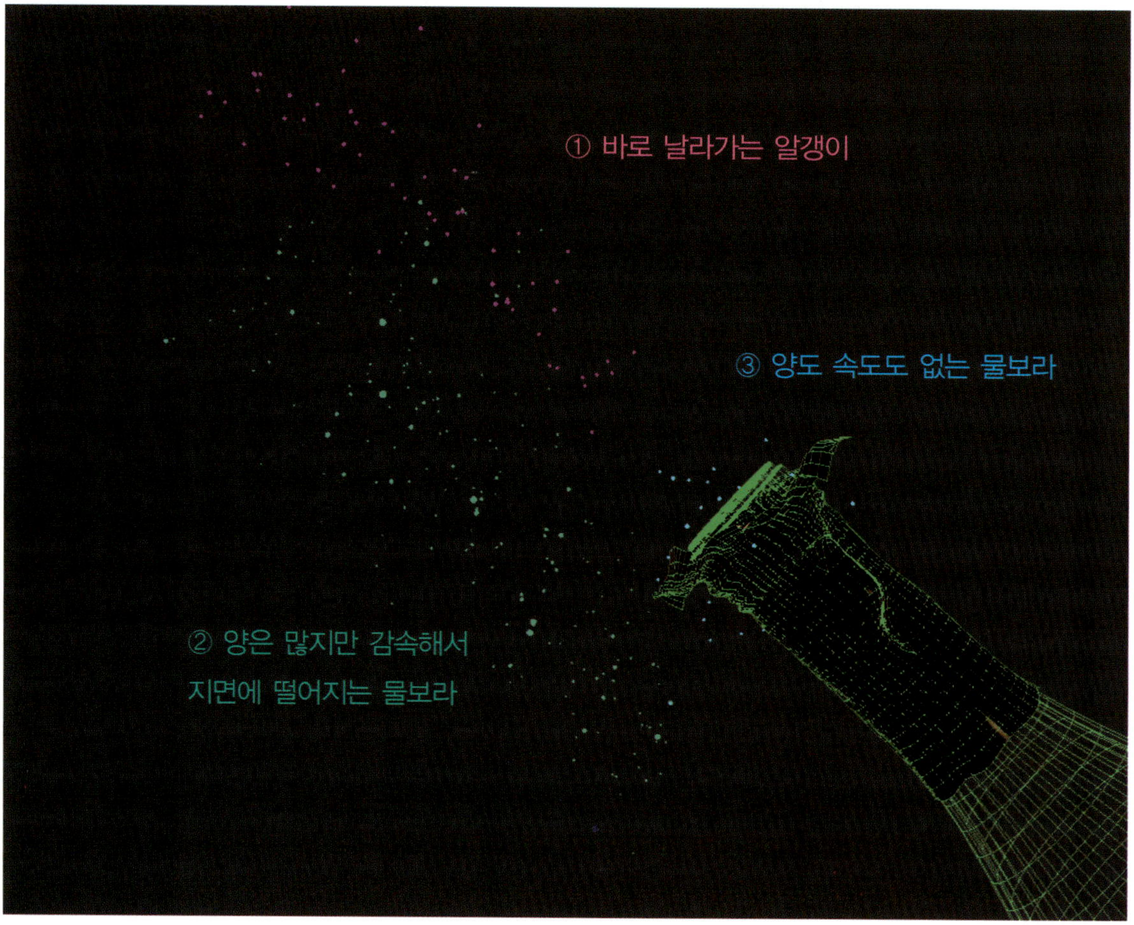

① 바로 날아가는 알갱이

③ 양도 속도도 없는 물보라

② 양은 많지만 감속해서 지면에 떨어지는 물보라

2 3종류 물보라의 Particle Flow

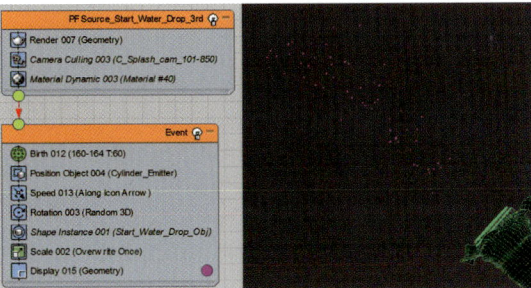

① 바로 날아가는 알갱이

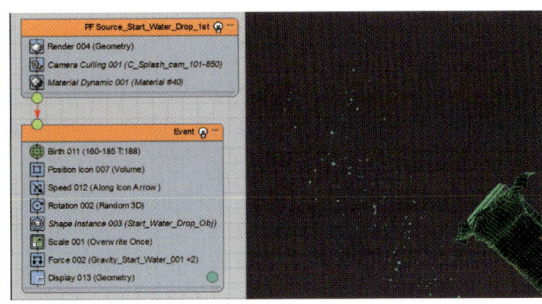

② 양은 많지만 감속해서 지면에 떨어지는 물보라

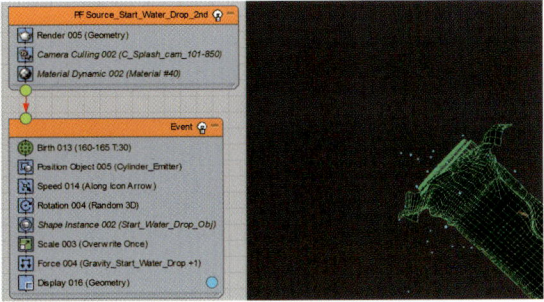

③ 양도 속도도 없는 물보라

3 물보라로 사용하는 오브젝트

2와 같은 특징별로 파티클을 나눴다면 다음으로 물 입자로 날아가는 객체를 준비합니다.

단순히 구가 날아가는 것처럼 보이지만, 중력과 공기 저항을 받고 입자는 흐늘흐늘하게 형태를 바꿔가면서 이동 낙하합니다.

그래서 입자가 되는 객체에 Noise 모디파이어로 애니메이션을 추가하여 항상 모양이 랜덤하게 변화되도록 해서 액체의 입자감을 얻을 수 있도록 합니다.

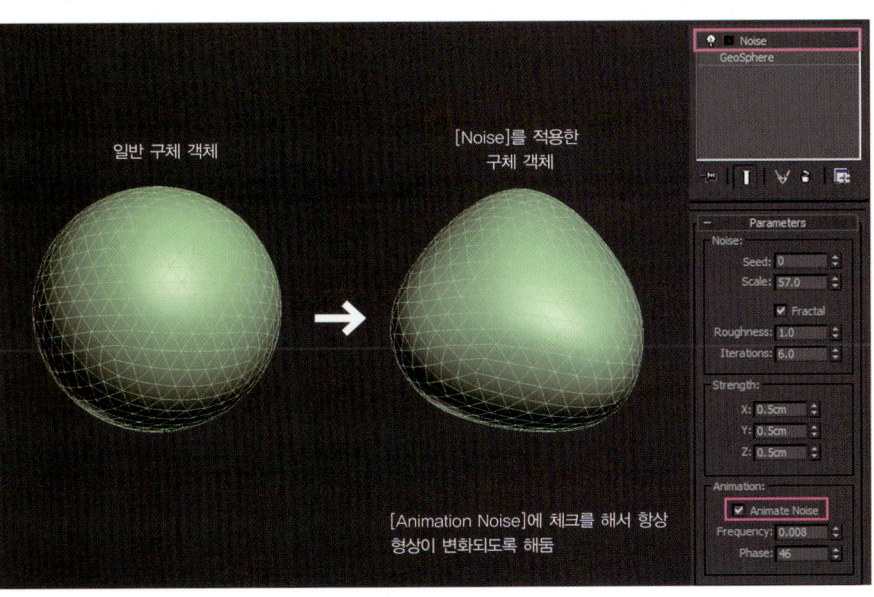

STEP 05 '탄산수의 거품' 생각하기 - 액체 내의 거품 만들기

시도&에러의 횟수 등 제작 용이성을 고려한 방법 찾기

마지막 STEP에서는 STEP 02에서 제작한 넘치는 액체에 탄산 거품을 추가합니다. 말할 나위 없이, 탄산수의 액체에는 거품이 발생하고 있습니다. 액체는 완성했지만 지금은 아직 거품이 포함되지 않았고, [1]처럼 거품이 들어간 최종 이미지와 비교해도 완전히 차이가 납니다.

1 거품 유무에 따른 액체의 비교

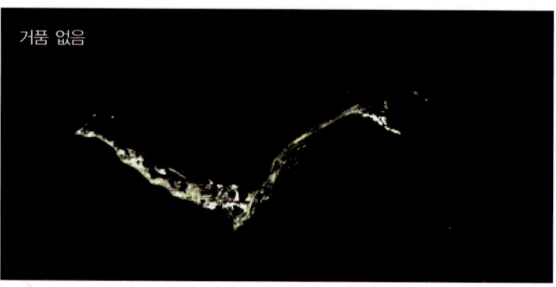
거품 없음

거품 있음

2 거품 제작

거품 제작은, 조금 강제적이지만 액체 제작에 사용한 Particle Flow 이벤트를 차용하여 거품을 (마치 액체에 있는 것처럼) 액체 같은 움직임으로 발생시킵니다. 액체를 형상화해서 직접 내부에 발생시키는 등의 정공법도 있지만, 필자의 경우 PC에서 파티클 생성이 1F에 5분 정도 걸려서 렌더링 프레임수와 시도&에러를 고려하면 그다지 좋은 선택은 아니었습니다. 정확도는 그럭저럭이지만 읽기도 압도적으로 빠르고 미세 조정도 어렵지 않습니다.

우측 그림처럼 STEP 02에서 제작한 액체 기반의 Particle Flow 이벤트를 활용하고, 거품에는 STEP 04에서 제작한 흩날리며 날아가는 객체를 사용합니다.

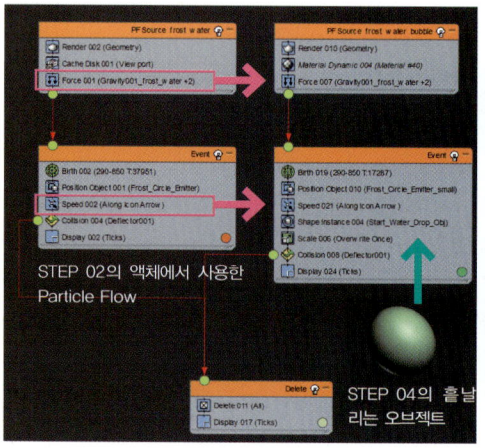

STEP 02의 액체에서 사용한 Particle Flow

STEP 04의 흩날리는 오브젝트

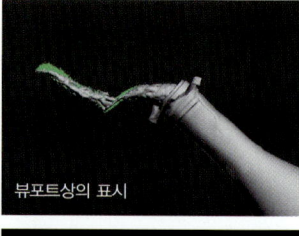
뷰포트상의 표시

완성 그림

STEP 02에서 제작한 액체 기반이 되는 Particle Flow, STEP 04에서 제작한 흩날리는 객체를 활용해서 액체 내부의 거품을 재현

COLUMN

이펙트 제작할 때 알아두어야 할 10가지 주의사항

06 >> 나이와 스케일 크기는 거짓말을 하지 않는다

실제 크기는 이미지의 밸런스와 연출에 도움을 준다

프로젝트에서 규정한 스케일 비율에 맞추기 등의 특별한 경우를 제외하고, 자연 현상처럼 실존하는 이펙트는 실제 크기로 제작하도록 하고 있습니다.

실제 크기로 제작하는 것이 중요한 이유는 예를 들어 20m이상의 건물과 10cm의 빌딩이 있다고 칩시다. 이 두 건물을 무너뜨리면 어떻게 붕괴될까요?

당연히 서로다른 결과가 나올 것입니다. 20m 빌딩에서 무너졌을 때 발생하는 콘크리트의 양과 연기, 땅에 떨어지는 자갈에서 분출하는 모래 먼지 등 "스케일에 따른 연출"을 많이 볼 수 있을 것입니다. 그래서 사물의 크기와 각 소재의 크기에 따른 밸런스는 매우 중요한 연출 요소가 됩니다.

시뮬레이션 소프트웨어에는 유닛 스케일이 포함되어 있으니 실제감 있는 동작과 표현이 목표라면 가급적 처음부터 실제 크기의 이펙트를 만드는 것이 좋습니다.

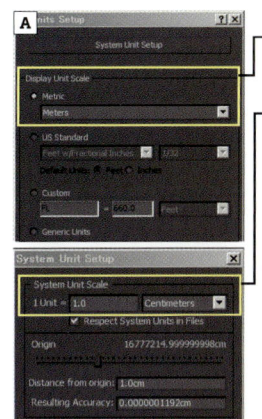

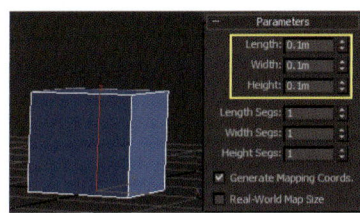

[Display Unit Scale]
뷰포트에서 표시하는 단위

[System Unit Scale]
씬 내부에 규정하는 단위

상기 설정에서 뷰포트에 10cm 사방의 박스를 배치한 경우의 단위 표시

 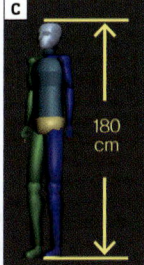

A 유닛 스케일은 시뮬레이션의 움직임에 영향을 미치는 이펙트에도 관련이 있으므로 제작 전에 반드시 확인합시다. / **B C** 씬의 크기에 기준이 되는 객체를 준비했습니다. 보통 눈에 익은 것이 좋으니 인간형 더미를 기준으로 맞춥니다. / **D**에서 맞춘 대략적인 사이즈에 따라 먼지와 나무조각 등을 꼼꼼하게 추가합니다.

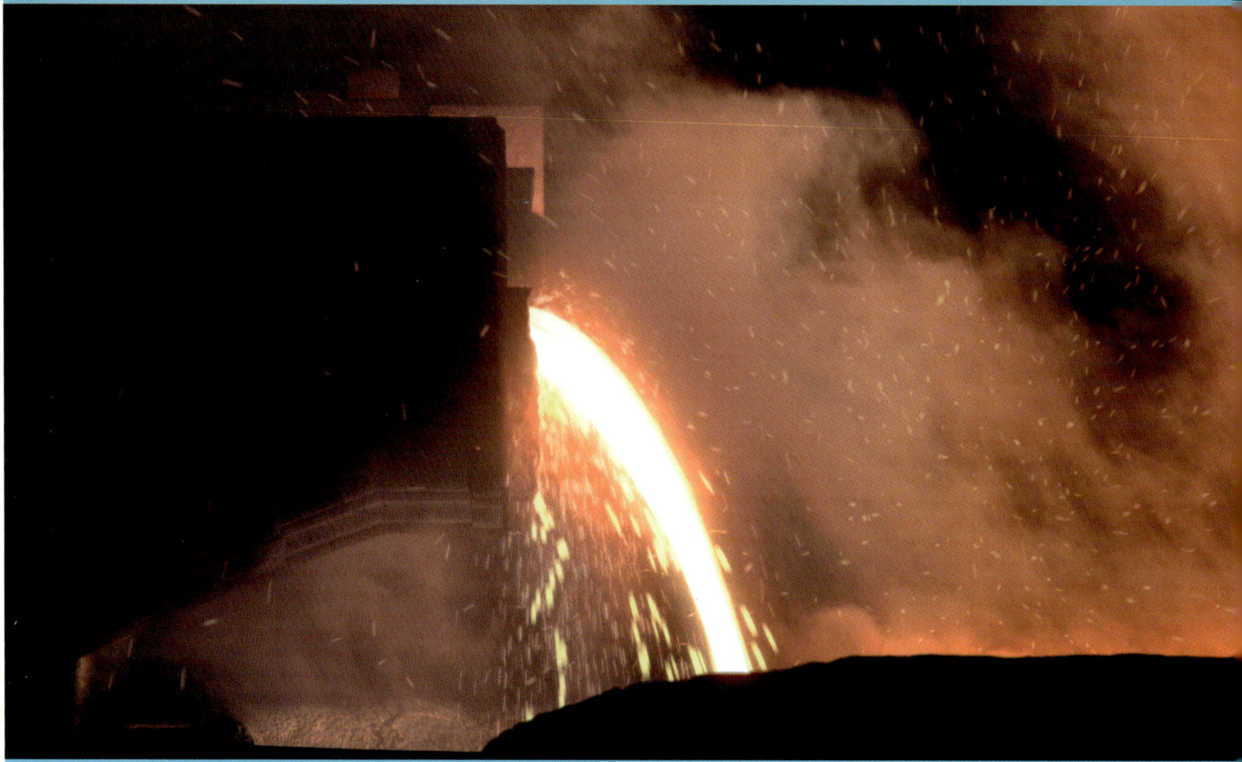

불

파괴

폭발

액체

빛

연기

기타

THEME | 04

용광로

액체　연기

이번에는 「용광로」입니다. 유명한 SF 영화의 라스트 씬에도 등장하기 때문에 알고 있는 분도 많을 것입니다. 용광로는 철의 원료인 철광석을 용융하여 선철을 제조하는 시설입니다. 높이는 약 100m로 매우 커서 마치 빌딩 20~30층의 대형 건물과 유사한 크기입니다. 광대한 면적을 가지는 제철소 중에서도 상징적인 건축물 중 하나가 되고 있습니다. 여기서 만들어볼 예제는 용광로에서 「흘러 나오는 철」, 「특징이 다른 3가지 불꽃」, 「주위를 덮는 연기」 이 3가지입니다. 최대 2,200℃의 고온 철분이 불꽃과 연기에 어떤 영향을 미칠지를 고려하여 제작해 보겠습니다.

주요 제작 프로그램

- Autodesk 3ds Max 2015
- Adobe After Effects CS 6.0
- FumeFX 3.5.5
- Phoenix FD 2.2

STEP 01

'제철과 제강'을 생각하기
- 철과 강이 가능한 과정을 알아보았다

철에서 강철로 대규모 공정을 거쳐 단련되는 친근한 재질

이번에는 제철소의 '용광로'에 도전하기 위해 제철부터 제강까지의 흐름을 조사해 보았습니다. 이 구조를 이해하려면 먼저 철과 강의 차이에 대해 설명해야 할 것 같습니다. 평소 주위의 공산품에 사용되는 철은 엄밀히 말하면 강철이며, 강철은 철에 탄소나 원소를 더해서 주조한 합금입니다.

1 철과 강이 생길때까지의 흐름

이번에 만들 장면은 강철의 원료가 되는 철을 만드는 공정, 이른바 제철에 해당합니다. 제철 작업이 끝나면 전로라고 부르는 큰 가마솥에 철분을 부어 불순물을 제거합니다. 불순물을 제거한 철은 식혀지고 연속 주조라고 부르는 공정에서 미리 정해진 크기로 절단됩니다. 그 후로는 두툼하게 다듬어진 가열·압연기로 철이 강철이 되기 위한 '제강' 공정이 진행됩니다. 모든 공정이 끝나면 각 용도별로 출하되어 냉장고나 자동차 등 공산품으로 사용되는 것입니다. 과거부터 산업의 핵심을 짊어져 온 철강재. 제조 공정도 역동적이다보니 이 책에서도 매력적인 주제가 되고 있습니다.

제련소는
철과 강철을 만들기 위한 시설. 철강 제품의 원천인 철을 추출하기 위한 용광로와 강철을 만드는 전로 등 최대 100m가 넘는 대규모 설비이다.

철과 강철의 차이
철은 원소 기호 중 하나. 제철소에서는 철광석, 석회석, 석탄(코크스)를 이용해서 만든다. 강철은 철에 탄소와 원소를 일정량 포함시킨 합금이다. 가까운 철강 제품들은 대부분 이 강철에 해당함.

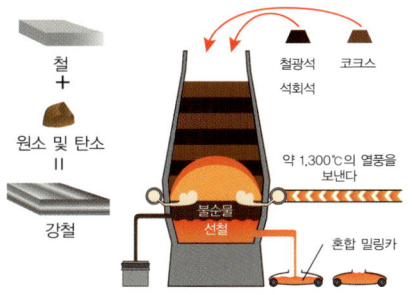

❶ 용광로(고로)

강철의 재료가 되는 선철을 만드는 시설. 로내에 약 1,300℃의 열풍을 가해서 불순물을 제거. 선철은 혼합 밀링카로 부르는 전용 운송차로 전로에 운반

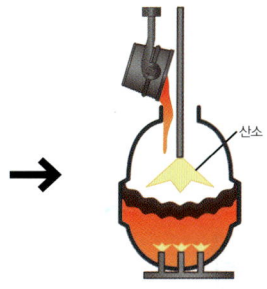

❷ 전로

선철 내에 산소를 주입, 불필요한 탄소와 불순물을 제거하기 위한 시설. 제거작업을 반복해서 선철에서 강철로 변화함

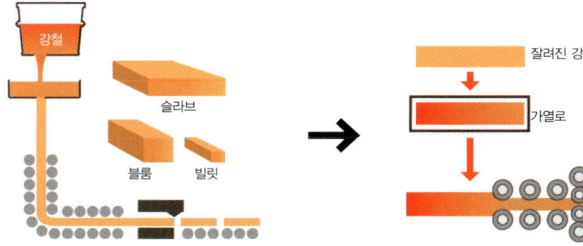

❸ 연속 주조

녹인 강철을 냉각시켜 띠 모양으로 형성해나감. 가스절단기로 슬러브, 블룸, 빌릿이라 부르는 사이즈로 절단시킨다.

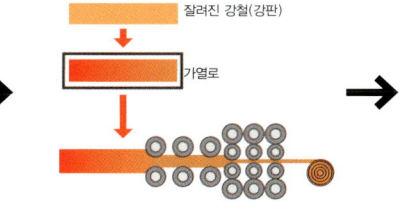

❹ 가연성·압연기

잘라낸 강철을 다시 가열하고, 각 강재에 대응하는 압연설비로 옮김. 롤러로 감아가면서 압축을 가해서 소정의 두께로 정리함

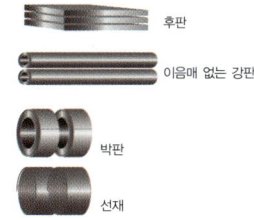

❺ 강재

압연기로 가공된 강철. 용도에 따라 판, 관, 선 상태에 따라 다양한 형태로 만들어짐

'제철' 생각하기 - 흘러나오는 철을 만들기

Phoenix FD로 흘러나오는 제철 만들기에 도전

STEP 01에서 제철·제강의 대략적인 구조를 알아보았습니다. STEP 02에서는 '제철'을 제작해보려고 합니다. 제철은 강철을 만들기 위한 원료입니다. 용광로에서 만들어진 후 전로로 이동하기 위해 일단 용광로 밖으로 배출됩니다. 약 1,300℃의 열풍으로 가열되었기 때문에 철이라고 해도 용암처럼 걸쭉한 액체로 되어 있습니다.

1 '제철'이란

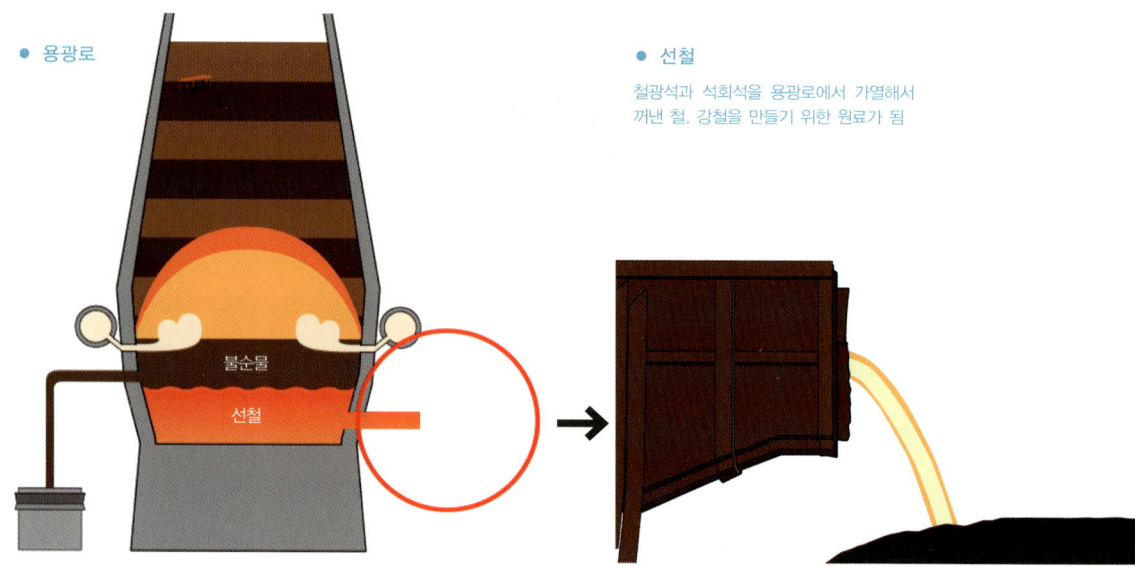

● 용광로

● 선철
철광석과 석회석을 용광로에서 가열해서 꺼낸 철. 강철을 만들기 위한 원료가 됨

2 Phoenix FD에 의한 액체 시뮬레이션 준비

그래서 이번에는 흐르는 제철을 재현하기 위해서, 액체 계열 시뮬레이션이 가능한 Phoenix FD를 사용했습니다.

처음에 발생원이 되는 객체를 준비하고, Material ID를 지정하여 특정 측면에서 물이 나오도록 설정합니다. 레퍼런스 동영상을 보면서 정확한 시뮬레이션을 해 봅니다.

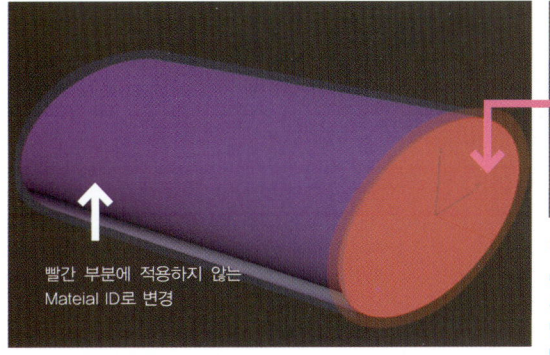

빨간 부분에 적용하지 않는 Mateial ID로 변경

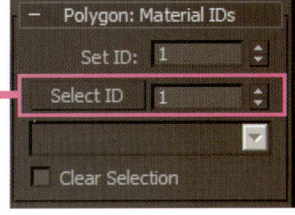

● 액체 발생원의 설정

발생원이 되는 객체에서는 액체를 발생시키는 면을 한정하기 위해서 미리 발생 장소의 Material ID와 그 이외의 ID로 나눔.

● PHX Source로 발생 객체에 적용

Phoenix FD에 액체를 발생하는 객체를 지정하기 위한 소스 아이콘.
먼저 Material ID가 변경되도록 객체를 지정하고, 빨간 영역에 [Polygon ID]를 설정하기

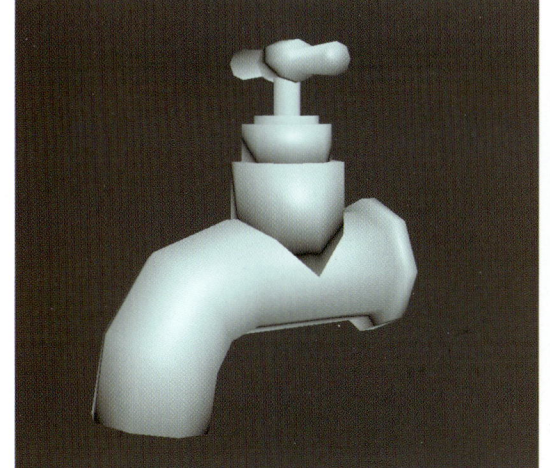

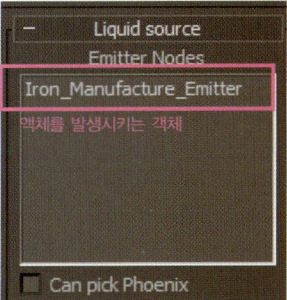

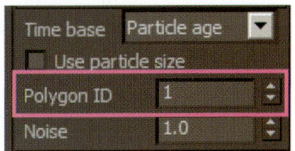

액체 발생장소의 ID

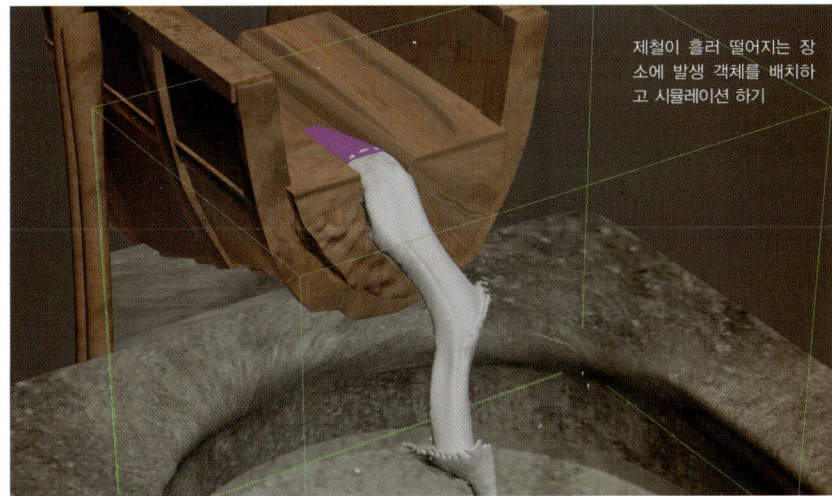

제철이 흘러 떨어지는 장소에 발생 객체를 배치하고 시뮬레이션 하기

3 물 시뮬레이션의 파라미터 조정

선철은 다양한 불순물을 포함하고 있기 때문에 걸쭉한 질감을 가지고 있습니다.

이런 경우 Phoenix FD 파라미터 [Viscosity]에 숫자를 추가하여 물에 점성을 부여합니다.

아래 그림이 흘러나오는 선철의 완성 그림입니다.

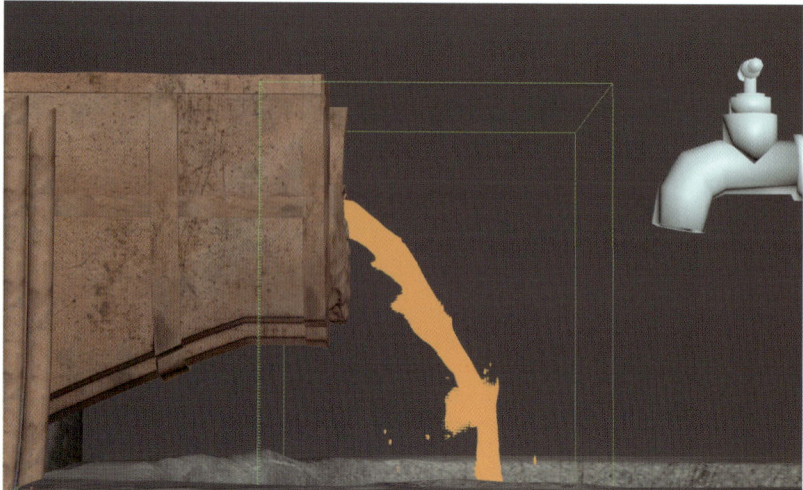

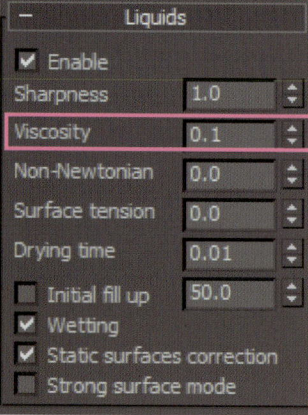

[Liquid] 내 파라미터 [Viscosity]에 숫자를 넣어서 물 시뮬레이션에 점성을 추가함.

STEP 03 — '용광로의 불꽃'을 생각하기 - 특징이 다른 불꽃을 재현하기

크기와 움직임이 다른 불꽃을 세 종류로 분류해서 제작

흘러나오는 선철 제작이 끝나면 주변에 흩날리는 불꽃을 만듭니다.
선철을 따라서 흘러나오는 불꽃 이외에도 용광로 주변에는 많은 불꽃이 난무합니다. 이 불꽃들은 형태나 발생원이나 움직임도 다릅니다.

우선 각 불꽃을 특징에 따라서 분류하고 실제 제작에 들어갑니다. 불꽃은 크게 3가지입니다. 용광로에서 튀어나오는 불꽃(소)과 불꽃(대). 그리고, 선철을 모은 용기에서 나오는 불꽃입니다.

1 선철에서 발생하는 세 종류의 불꽃

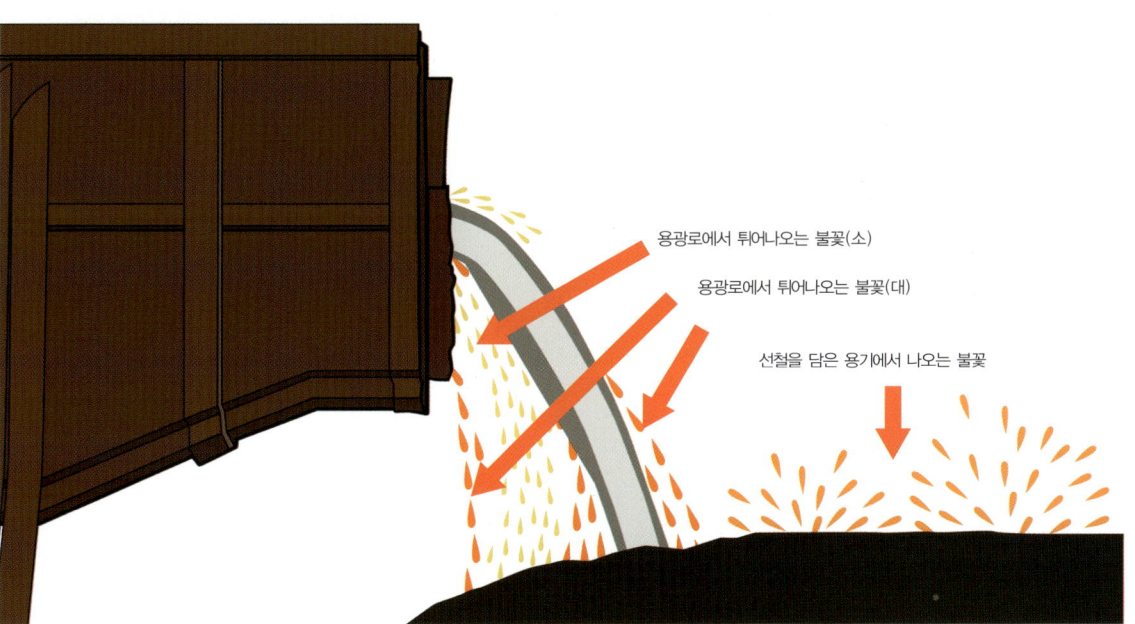

용광로에서 튀어나오는 불꽃(소)
용광로에서 튀어나오는 불꽃(대)
선철을 담은 용기에서 나오는 불꽃

2　용광로에서 튀어나오는 불꽃(소)의 제작

우선 튀어나오는 불꽃(소)을 만듭니다. 이 불꽃은 흐르는 선철의 사출 부분을 주요 발생지로 해서, 다수의 작은 불꽃이 용기를 향해 날아가며 흩어집니다. 제작에는 Particle Flow를 사용. 아래 그림처럼 크고 넓게 날고 있는 빨간 원 내의 요소와, 선철이 흘러나오고 있는 가장 불꽃의 밀도가 높은 녹색 원 내의 요소로 나누어서 PF Source를 준비합니다. 파티클의 크기는 레퍼런스 동영상을 참고로 [Scale] 오퍼레이터에서 보면서 조정하고, 움직임이 잘 갖추어지기 쉬운 Particle Flow에서는 실루엣을 허물기 쉽도록 객체의 서페이스 각도를 이용해서 속도를 추가할 수 있는 [Speed By Surface]를 사용합니다.

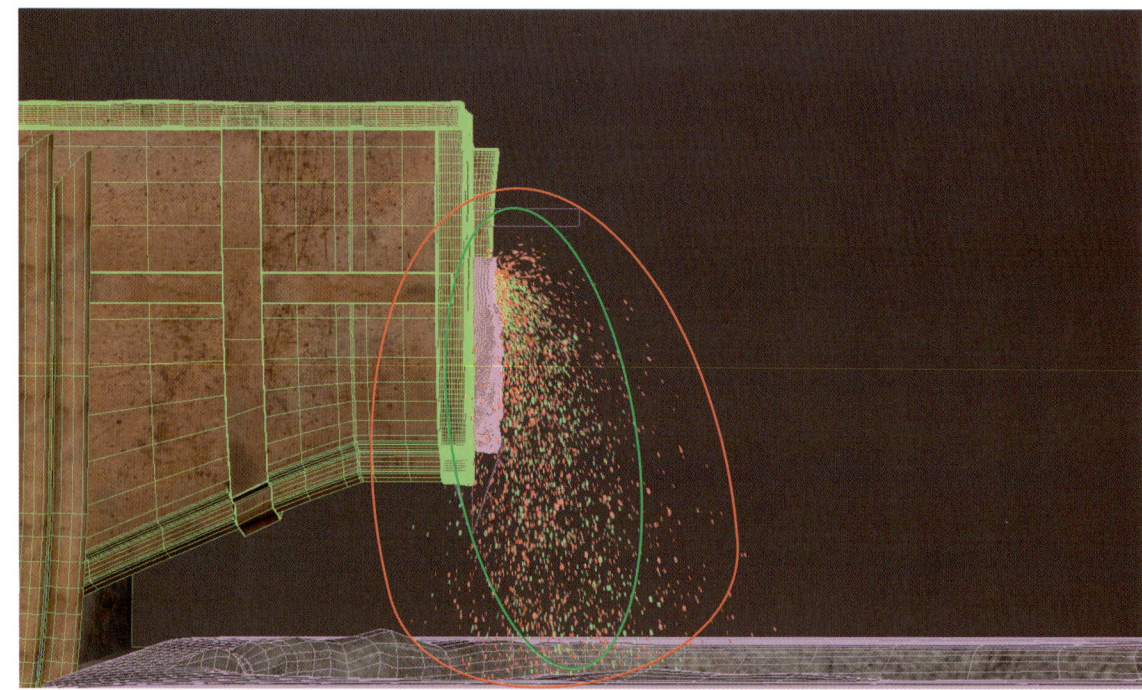

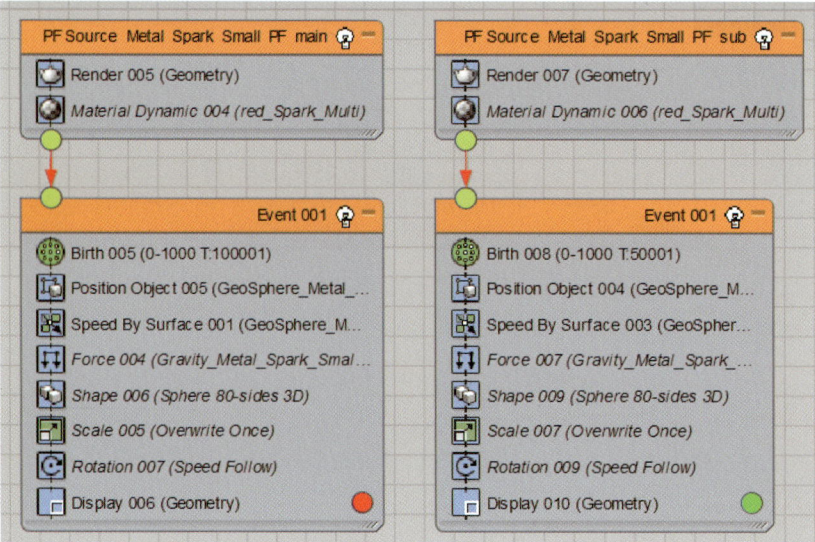

넓고 크게 날아가는 불꽃의 Particle Flow(빨간색)을 베이스로, 내부의 밀도를 올리기 위한 보조 불꽃 Particle Flow(녹색)을 준비.

Speed By Surface, Scale 오퍼레이터를 사용해서 실루엣이 불규칙하게 나타나도록 합니다.

3 용광로에서 튀어나오는 불꽃(대)의 제작

다음으로 불꽃(대)의 제작에 들어갑니다.

불꽃(소)와 마찬가지로, 타입별로 2가지의 PF Source를 준비합니다. 아래 그림의 하늘색 원형은 흘러나오는 쇳물에서 발생한 불꽃입니다. 보라색 원형은 용광로 하부에서 떨어지는 것처럼 보이는 불꽃입니다.

불꽃의 크기는 거의 변하지 않지만, 하늘색 원형 내의 불꽃은 흘러내리는 쇳물의 움직임을 따라서 깨끗한 곡선을 그리면서 비틀비틀 불안정하게 흔들리며 떨어집니다. 하늘색 불꽃은 중력의 속도를 맞추면서 동영상의 움직임을 맞춰주고, 보라색 불꽃의 속도는 [Wind]의 [Turbulence] 및 [Frequency]를 이용하여 적당하게 흔들리는 움직임을 만들어 줍니다.

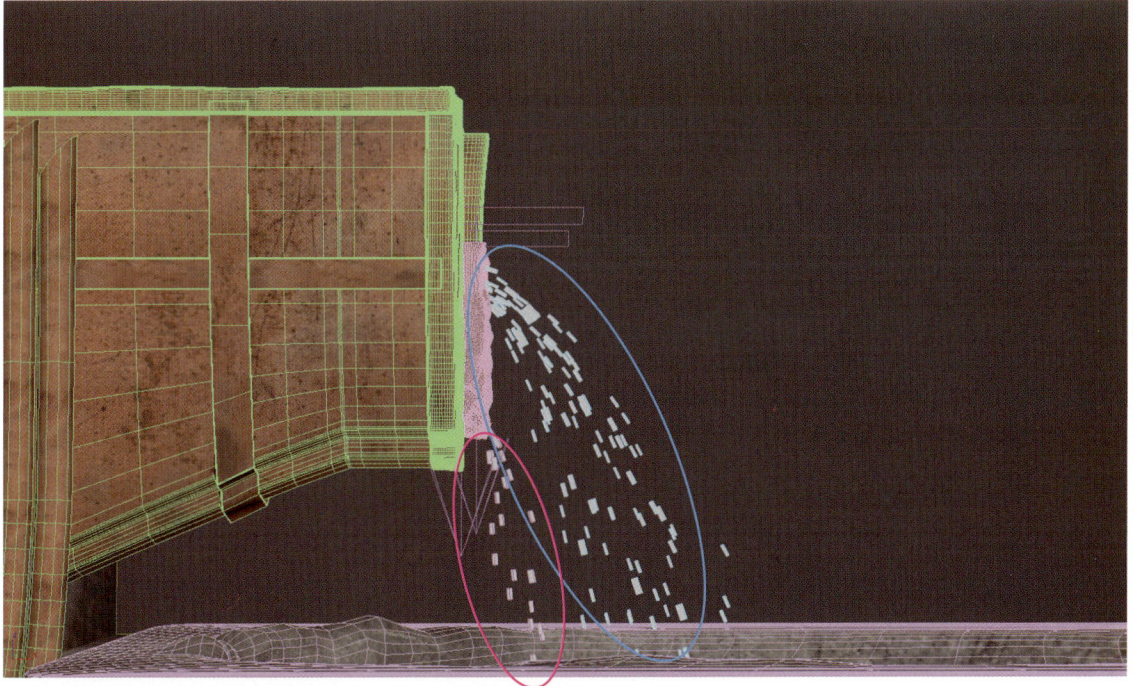

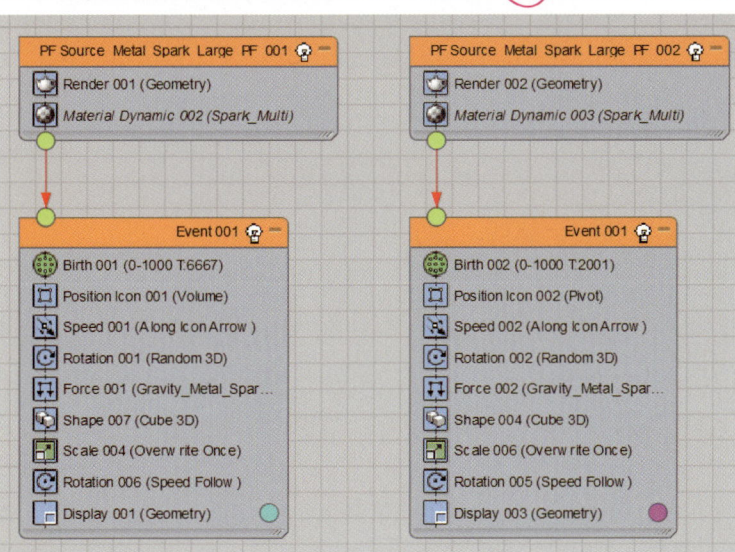

STEP 02에서 제작한 흘러나오는 쇳물에서 가장 가까운 불꽃(하늘색). 입자가 주변에 비해 크고, Scale 오퍼레이터에서 사이즈를 조정함.

보라색 파티클은 용광로에서 떨어지는 불꽃. 속도를 너무 낮춰서 실루엣이 직선이 되지 않도록 [Wind]의 [Turbulence] 등에 랜덤한 움직임을 부여함.

4 선철이 쌓인 용기에서 나오는 불꽃 제작

마지막 세 번째는 선철이 쌓인 용기에서 나오는 불꽃인데, 앞의 불꽃 2개와는 발생원과 움직임의 특징이 크게 다릅니다. 용기 표면에서 불규칙하게 튀어 날아가는 불꽃은 용광로에서 발생하는 불꽃과 똑같이 만들면 이벤트의 수가 방대해집니다.

그래서 Deflector를 지정해서 파티클의 충돌 판정에 추가할 수 있는 [Collision] 테스트와, 파티클을 발생포인트로 만들어서 새로운 파티클을 발생시킬 수 있는 [Spawn] 테스트 이렇게 2가지 불꽃 시스템을 만들기로 했습니다.

아래 그림의 Particle Flow가 그에 해당하는데 구조는 매우 단순합니다. ①의 Flow에서는 Spawn의 발생원이 되는 파티클을 객체로 지정하고, ②의 이벤트를 위해서 중앙에 있는 Deflector의 Collision 테스트를 설치합니다. 베이스 이벤트는 이 2가지 이벤트입니다. 나머지는 발생원이 되는 객체를 Deflector 사이를 왔다 갔다 하면서 불꽃이 흩어지는 구조입니다.

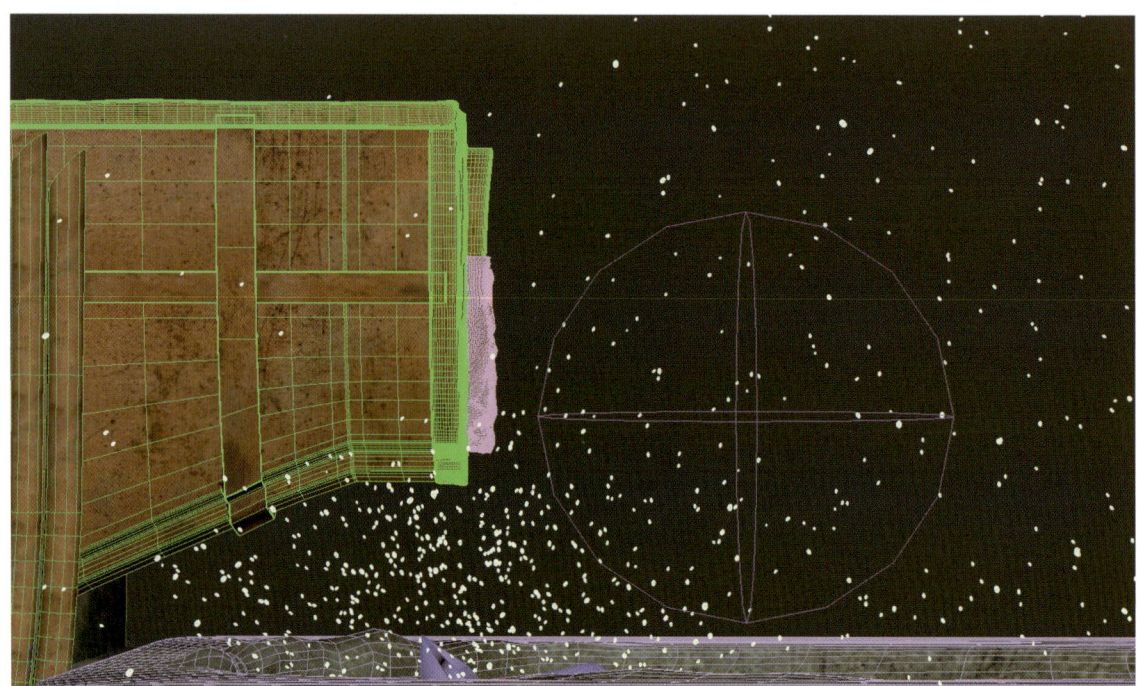

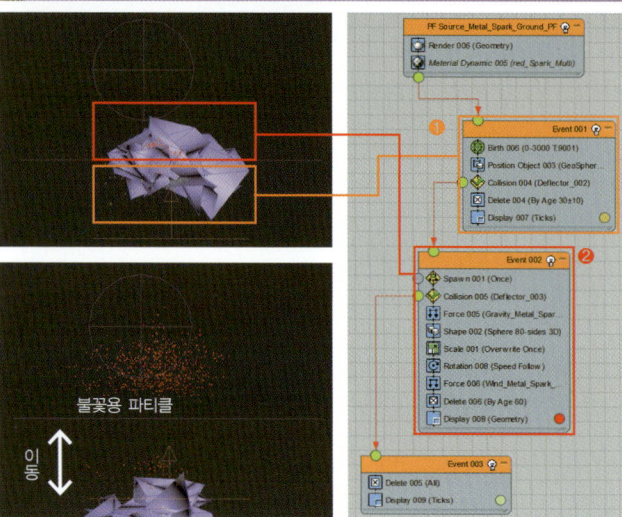

● Spawn을 이용한 불꽃 시스템

①에서 객체로 발생된 파티클이 Deflector에 닿는 것으로 ②의 이벤트로 이행. Spawn 오퍼레이터가 불꽃 파티클을 날립니다. 객체 왕복에 의해 불꽃을 여러 번 발생시킬 수 있습니다.

5 3종류의 파티클 조합하기

제작한 3가지의 불꽃과 그 조합이 아래 그림입니다.

❶용광로의 불꽃(소)

❷용광로의 불꽃(대)

❸쌓인 용기의 불꽃

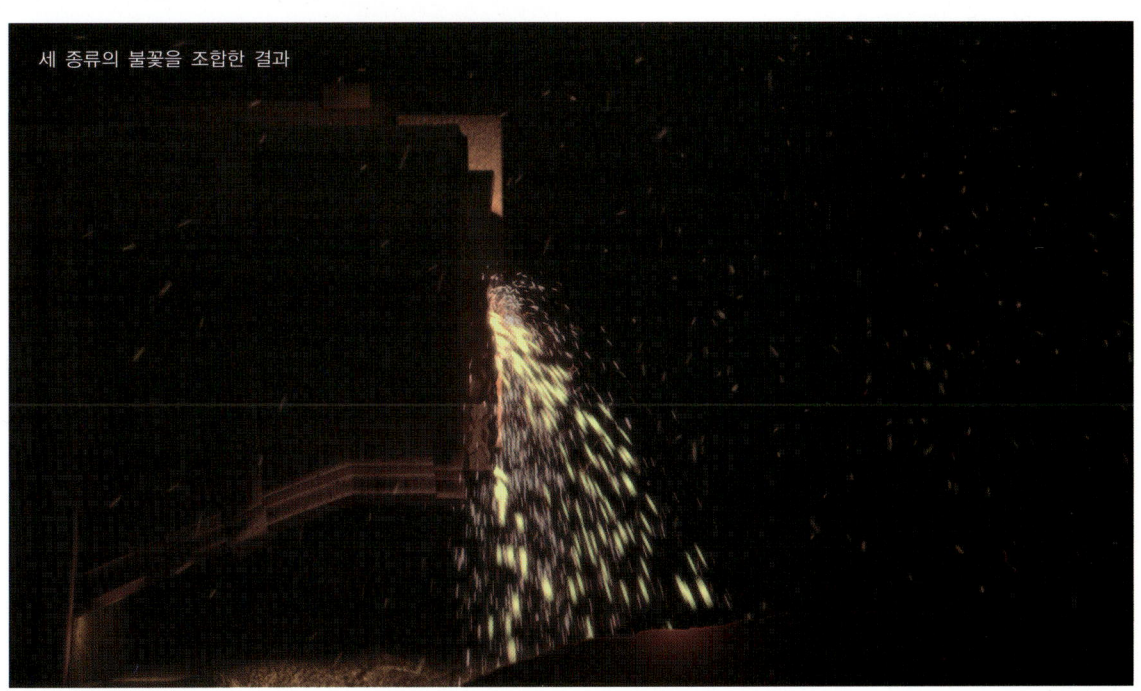
세 종류의 불꽃을 조합한 결과

STEP 04 '연기의 움직임'을 생각하기
- 상승기류에 의한 연기의 뒤틀림 만들기

상승기류에 의한 연기의 뒤틀림은 Vortex로 재현

STEP 04에서는 쇳물이 담긴 용기에서 피어오르는 연기를 재현합니다. 1,500C 이상의 철이 강한 상승 기류를 만들어 내고 있으며, 연기도 격렬하게 피어오르고 있음을 확인할 수 있습니다. 그중에서 한 가지 특징은 피어오르는 연기가 왼쪽으로 감기며 비틀리고 있다는 것입니다. 이것은 쇳물이 흘러 들어가면 용기 속에 소용돌이가 생기고, 그 소용돌이가 상승기류로 전해지면서 연기가 뒤틀리게 되는 것입니다.

1 비틀림을 넣은 연기의 움직임

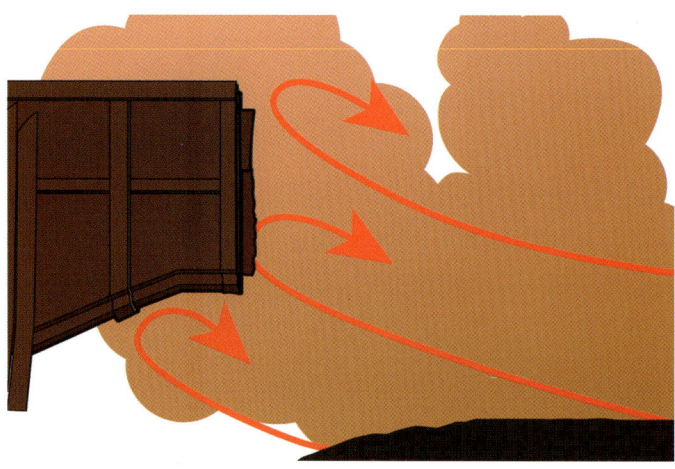

쇳물이 들어가는 용기에서 왼쪽으로 감기면서 뒤틀리는 연기가 발생하고 있음

● 흘러나오는 쇳물을 위에서 본 그림

떨어지는 쇳물에 의해 용기 안에 소용돌이가 생김. 이 회전이 상승기류로 전해져서 연기의 움직임에 영향을 끼침

2 시뮬레이션에 필요한 요소 목록

연기 제작은 친숙한 시뮬레이션 플러그인 Fume FX를 사용합니다. 연기 시뮬레이션은 발생원이 되는 객체와 소스 아이콘을 중심으로, 풍향을 결정하는 [Wind]와 충돌판정 객체에 회전을 더해주기 위해서 Space Warp [Vortex]를 적용하여 연기의 왼쪽 방향으로 뒤틀림이 생기도록 합니다. 그림에서는 조금 알기 어렵겠지만, 세차게 피어오르는 연기에 왼쪽 회전력이 더해진 것입니다.

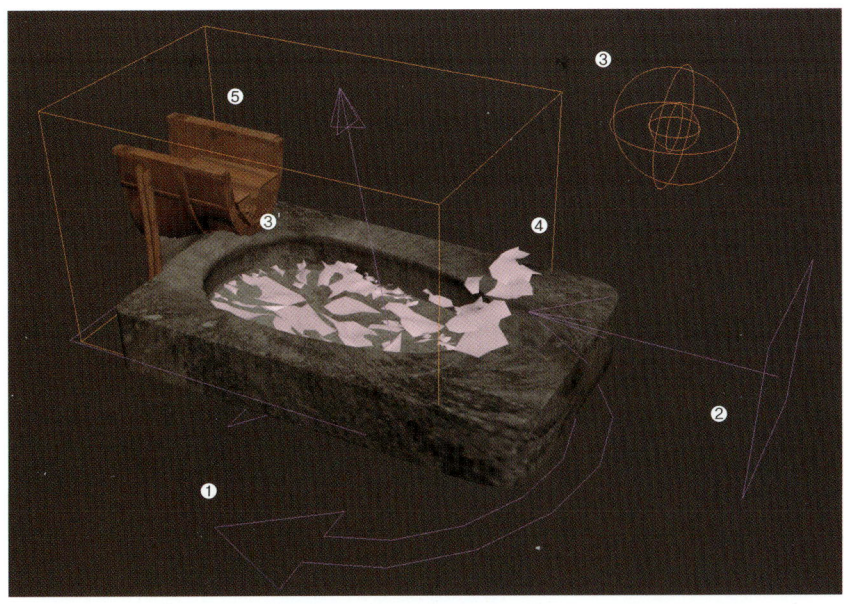 

❶ [Vortex] Space Warp, ❷ [Wind] Space Warp, ❸ Object Source, ❸ 지정 객체, ❹,❺ 충돌 객체

완성 그림

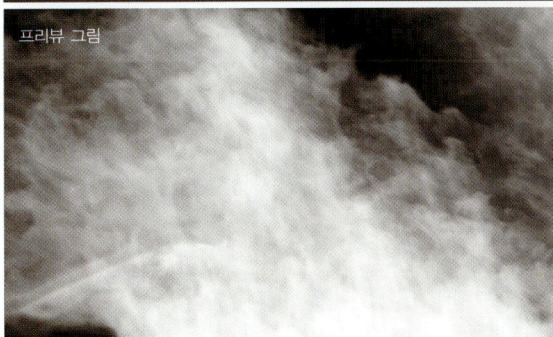

프리뷰 그림

COLUMN

이펙트 제작할 때 알아두어야 할 10가지 주의사항

07 >> 갑자기 닥친 실전은 피한다. 충분한 준비를!

오래 걸릴 것 같은 이펙트는 차분하게

'여기의 컷에 필요한 이펙트는 며칠이 걸릴 수 있을 것 같으니 서둘러서 단숨에 만들어 버리자!'라고 생각하면 온갖 시련과 고생을 겪게 됩니다. 이것을 깨달았을 땐 이미 마감이 눈앞이죠. 아직 퀄리티를 인정할 수 없지만 마감할 수밖에 없습니다. 이런 안타까운 경험을 하는 사람도 많지 않을까요?

제작이 익숙치 않은 이펙트나 대규모 시뮬레이션이 필요한 이펙트에서는 완성을 서두르다 못해 '일단 제작한다'는 말을 하기 쉽습니다. 이펙트뿐만 아니라 완성된 그림이 보이지 않는 상태에서 제작에 들어가는 것은 '사막을 걷다 보면 언젠가는 오아시스에 도착할지도 모른다.'는 것처럼 무의미하고 위험한 행위입니다.

당연하겠지만, 시간이 걸리는 제작물은 다 그만한 이유가 있습니다. 초조하게 만들지 말고, 일단은 완성된 이미지 레이아웃을 그려 보고 자료를 모으는 등 시간을 확실히 투자해서 제작에 들어가는 습관을 가지는 것이 중요합니다.

이펙트 제작의 흐름

자료, 아이디어 검색
- 프로젝트의 맛을 이해하기
- 레퍼런스될 동영상 및 자료 찾기
- 러프한 그림으로 이미지 구성해 보기
- 사내에서 자신의 아이디어에 대한 어드바이스를 받기

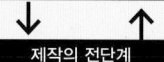

제작의 전단계
- 소프트웨어의 검증
- 자사 내의 라이브러리에서 활용할 수 있는 소재 찾기
- 각 소프트웨어의 사양을 팀과 공유할 수 있는지 확인

제작의 시작
- 처음에 대략적으로 필요한 소재를 모아서 제작 고민하기
- 합성툴로 가편집해서 마지막 분위기를 보기
- 시도&에러의 횟수를 늘리기

그림이 정해졌다면

포장의 단계
- 소재의 퀄리티 올리기
- 시뮬레이션이 필요한 소재는 본방용 해상도로 최종 렌더링 준비하기
- 완성을 향한 합성 작업

완성

장기간의 이펙트에서는 노란색 테두리에 있는 워크플로우를 얼마나 많이 반복할 수 있는지가 중요합니다. 그림이 거의 결정된 상태로 막바지 단계에 들어가는 것이 이상적입니다.

초조한 상태에서 제작에 들어가면, 작업 시간을 낭비할 수 있으니 주의를!

CHAPTER
004

빛

빛은 어둠을 비추는 역할을 할 뿐만 아니라 온도와 컬러를 느끼게 하는 역할도 합니다. 빛을 잘 조절하면 화면을 인상적으로 연출할 수 있습니다. 이번 챕터에서는 빛이 포인트가 되는 주제들이 소개됩니다.

CHAPTER 004

불 | 파괴 | 폭발 | 액체 | 빛 | 연기 | 기타

THEME | 01 |　　　빛　연기

아크 용접

'빛'편의 첫 번째는 '아크 용접'입니다. 용접이라고 하면 불꽃과 연기가 펑펑나고, 빛이 반짝반짝하는 이펙트의 요소가 아주 많습니다.

이번 주제는 사전 지식이 거의 제로인 상태에서 시작했던 것도 있고 공부가 되었던 것도 많아서 괴로워하면서도 즐겁게 제작할 수 있었습니다. 그러면서도 과거에 배웠던 것과 새로 배운 것에는 연관성이 있다는 것을 느꼈습니다. 즉, 이전에 소개한 '모닥불' 편에서 보았던 불꽃의 움직임과 '오두막의 폭파' 편에서 슬립스트립에 의한 연기의 움직임에는 모두 공통적인 부분이 있었다는 것을 알게 되었습니다. 이런 연결 고리를 느낄 때마다 '세상에 불필요한 지식은 없다'는 것을 다시 한번 느낄 수 있었습니다.

주요 제작 프로그램

- Autodesk 3ds Max 2013
- Adobe After Effects CS 5.5
- FumeFX 3.5.5
- Krakatoa MX 2.1.8

'아크 용접이란 무엇인가' 생각하기
- 용접의 구조를 조사하다

아크의 발생과 기기의 구조를 조사했다

아크 용접은 한마디로 '전류를 사용해서 금속을 녹여 금속끼리 붙이는 공법'입니다. 아크는 두 개의 다른 전극을 가까이 가져갈 때 방전하는 강력한 에너지 반응을 말합니다. 가까운 예로, 전기 코드가 쇼트날 때의 창백한 빛도 아크의 일종이라고 합니다. 열은 최대 6,000℃나 되며, 금속의 융점이 최대 5,000℃ 가량이라는 것을 감안하면 쉽게 용접된다는 것을 알 수 있습니다.

1. 용접 토치의 구조

용접을 위한 기기나 구조는 용도나 장소에 따라 많은 종류가 있는데, 이번 레퍼런스 동영상에서는 사람이 용접 토치 기기를 사용하는 '반자동 아크 용접'을 하고 있는 것을 볼 수 있습니다. 이 기기에는 아크를 발생시키는 용접용 와이어에 전기를 보내는 기능, 녹인 금속과 아크를 공기로부터 보호하기 위한 쉴드 가스를 분사하는 등 용접에 필요한 기능이 갖춰져 있습니다. 일반적으로 '아크 용접'이라고 부르는 것은 이 '반자동 아크 용접'을 말합니다. 이를 근거로 용접하는데 필요한 요소를 레퍼런스 동영상을 바탕으로 만들어 보겠습니다.

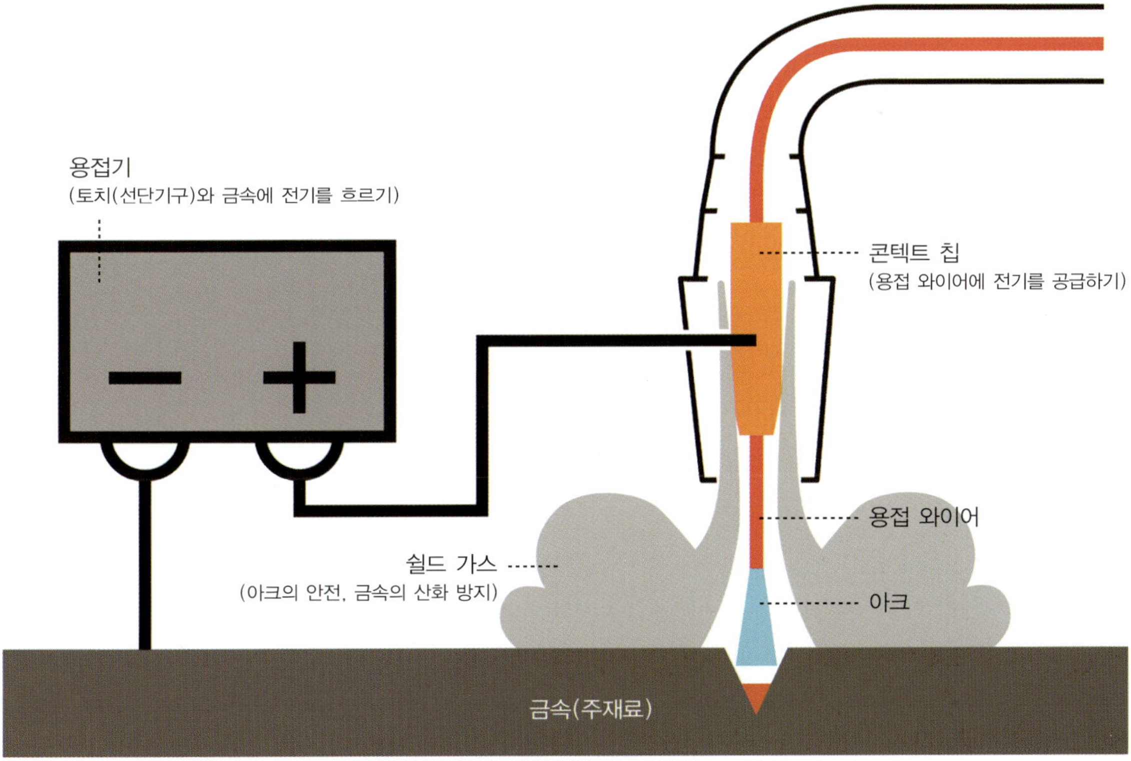

용접기
(토치(선단기구)와 금속에 전기를 흐르기)

콘텍트 칩
(용접 와이어에 전기를 공급하기)

쉴드 가스
(아크의 안전, 금속의 산화 방지)

용접 와이어

아크

금속(주재료)

STEP 02　'용접 흄' 생각하기 - FumeFX로 흄을 재현하기

Fluid Mapping으로 디테일한 질감 재현하기

동영상을 보면 용접 부분에서 많은 연기가 나오는데 잘 보면 '용접 흄(Fume)'이라 부르는 연기가 보입니다. 이것은 녹인 금속이 기체가 되어 공기 중에서 냉각된 미세입자의 집합체를 말합니다. 먼저 이 '용접 흄'을 재현하는 것으로부터 시작하겠습니다.

1　FumeFX의 설정

'흄(Fume)'은 FumeFX로 만드는 것이 좋습니다. 속도와 발생 타이밍을 참고하여 파티클 기반으로 시뮬레이션을 실행합니다. 발생원은 랜덤하게 형태를 변형한 개체에 적용하고, 동영상처럼 연기가 뿜어나오는 타이밍에 맞춰 크기를 조절합니다. 개체는 [SDeflector]에 [Collision Spawn]이 반응하여 스케일의 움직임에 따라 파티클이 발생하게 됩니다. 이렇게 하면 파티클 이벤트의 양과 발생 타이밍을 제어할 수 있습니다.

이 연기가 '용접 흄'

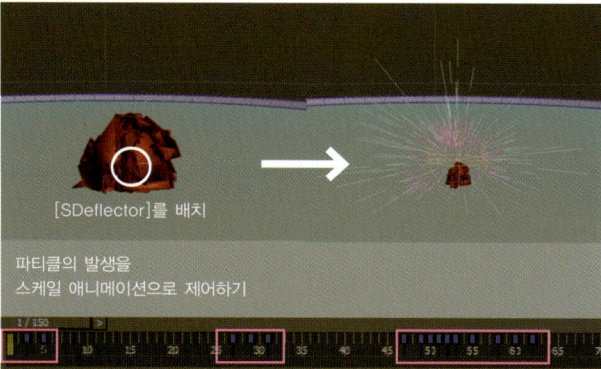

[SDeflector]를 배치

파티클의 발생을 스케일 애니메이션으로 제어하기

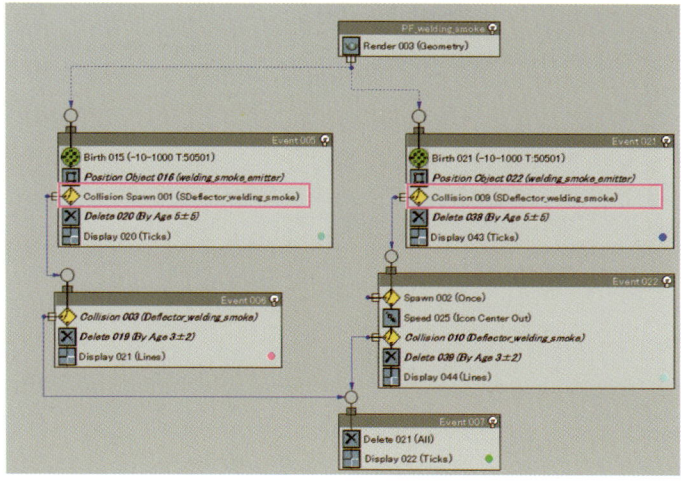

[SDeflector]에 접촉하는 것으로 이벤트가 이동하는 것처럼 설정하기

2 Fluid Mapping에 의한 질감표현

다음으로 FumeFX에서 시뮬레이션을 합니다.
파라미터를 조정한 후 시뮬레이션을 해보지만, 생각한 것처럼 연기가 잘 만들어지지 않습니다. 그럴 때는 [Fluid Mapping]을 사용해 봅니다.

Fluid Mapping을 적용하면 시뮬레이션한 연기와 불의 움직임에 따른 형상에 3D 맵을 추가할 수 있습니다. 이번에는 Blur Studio가 제공하는 3D 맵 [Electric]을 적용해서 디테일 있는 연기가 되도록 조정했습니다.

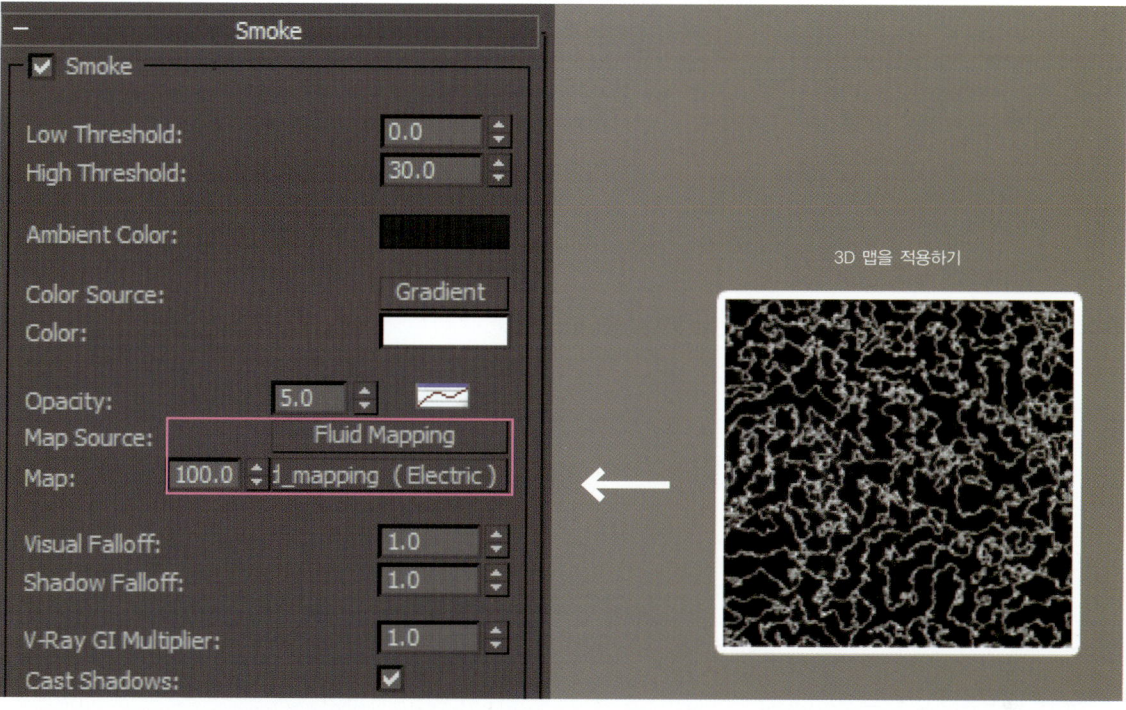

3D 맵을 적용하기

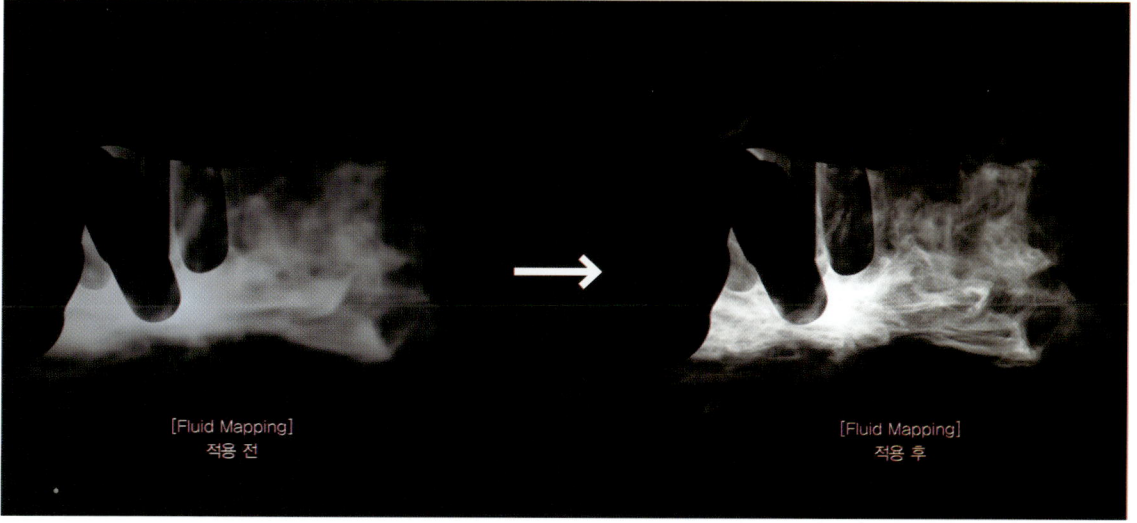

[Fluid Mapping] 적용 전

[Fluid Mapping] 적용 후

STEP 03 '불꽃'을 생각하기 - '스패터(Spatter)'의 움직임이 중요했다

네 종류 불꽃의 움직임을 준비해서 Scale로 크기의 추이를 재현하기

용접을 표현할 때 가장 중요하다고 생각되는 '불꽃'을 만듭니다. 불꽃이라면 '모닥불' 편과 '라이터의 점화' 편에서도 소개했듯이 연소되는 소재 및 발화 방법에 따라 크게 움직임이 바뀌는 것을 알 수 있습니다. 그럼 아크 용접에서는 어떤 원인에 의해 불꽃이 나오는 것일까요?

용접에서 발화가 발생되는 원인은, 주로 용접 시 녹은 금속 입자 및 슬래그라 부르는 비금속계 입자의 소재가 원인인 듯 합니다. 그런 소재에 의해 발생되는 용접 불꽃을 '스패터(Spatter)'라고 합니다.

1 아크 용접의 불꽃

용접에는 주로 두 종류의 불꽃이 있습니다.

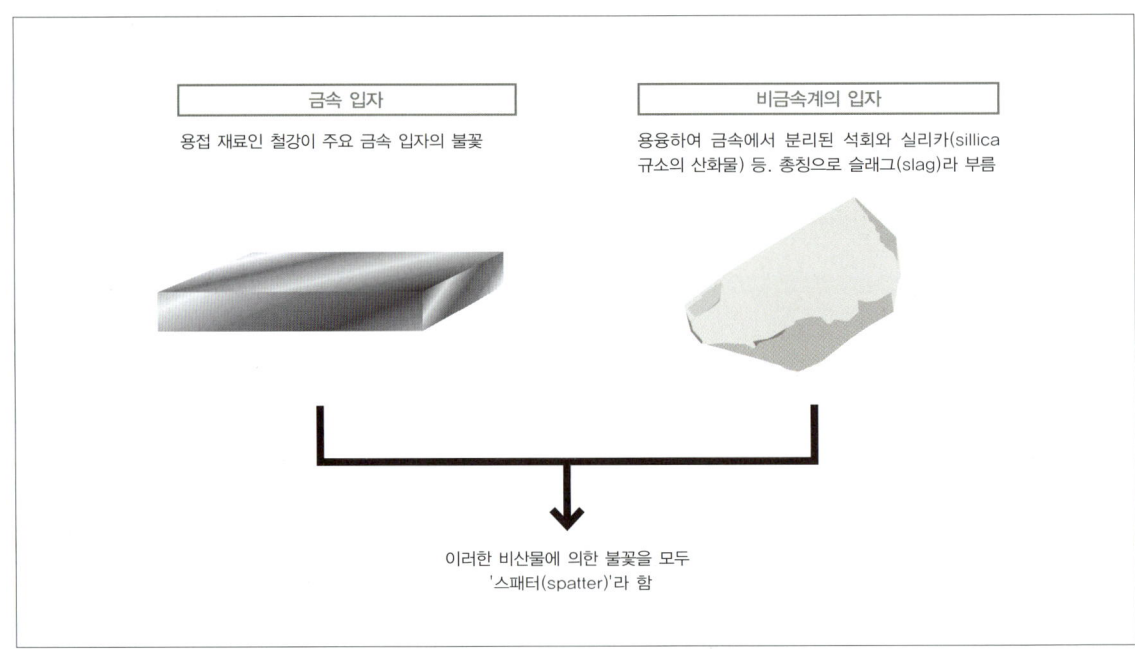

금속 입자
용접 재료인 철강이 주요 금속 입자의 불꽃

비금속계의 입자
용융하여 금속에서 분리된 석회와 실리카(sillica 규소의 산화물) 등. 총칭으로 슬래그(slag)라 부름

이러한 비산물에 의한 불꽃을 모두 '스패터(spatter)'라 함

2　불꽃(스패터)의 주요한 움직임

용접 불꽃을 만들 때 우선 주목할 것은 '어떤 움직임을 하고 있는가' 입니다. 동영상의 불꽃은 크게 네 종류로 나뉘어져 있다는 것을 알 수 있습니다. ① 발생한 불꽃이 장애물에 닿아 사라짐 ② 바닥 등 장애물에 닿아 바운드하기 ③ 바닥 등 장애물에 부착하기 ④ 공중에서 불꽃끼리 부딪혀 확산하기, 이렇게 네 종류가 불꽃의 주요 움직임으로 보입니다. 이 부분을 Particle Flow로 만들어 봅니다.

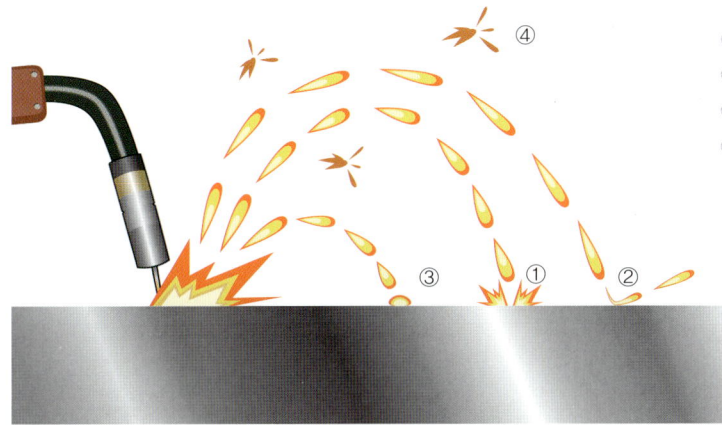

① 발생한 불꽃이 장애물에 닿아 사라짐.
② 바닥 등 장애물에 닿아 바운드하기.
③ 바닥 등 장애물에 부착하기.
④ 공중에서 불꽃끼리 부딪혀 확산하기.

3　①~③의 불꽃

①~③의 동작은 발생 순간의 위치나 조건에 큰 차이가 없으므로 양과 속도를 쉽게 제어하기 위해 하나의 PFSource로 관리합니다.

움직임당 입자량은 [Split Amount]에 할당합니다.

① 바닥면 등의 객체에 부딪치는 순간에 불꽃이 사라지도록, [Collision]에 [Delete]가 포함된 이벤트로 보냅니다. ②는 ①과 같이 Delete에 보내지 않고, 바닥면에 닿으면 불꽃이 바운드 하도록 합니다. ③은 지정된 바닥에 닿으면 그 자리에 있는 일정 기간 머물도록 이벤트를 만듭니다.

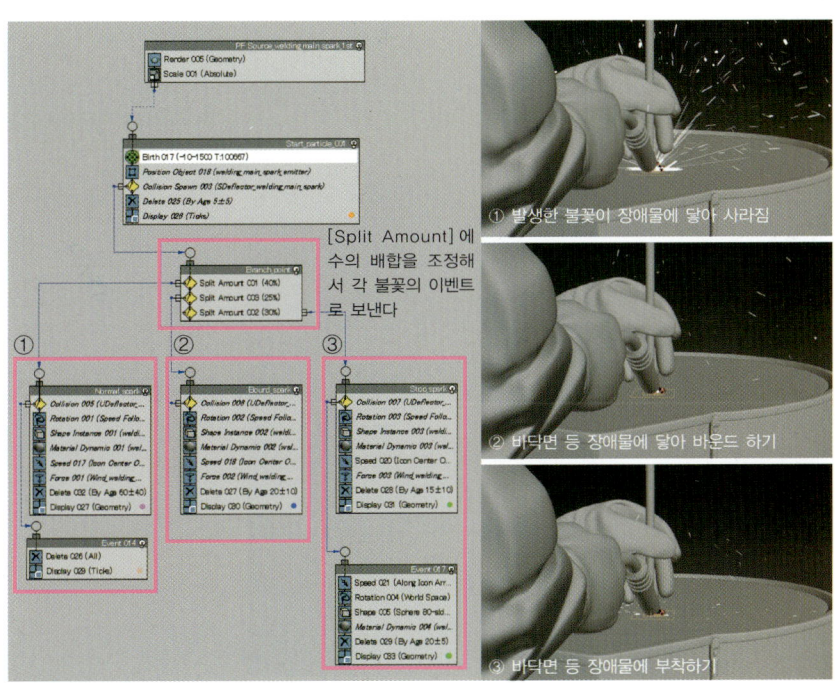

4 불꽃끼리 부딪혀 확산하는 불꽃

동영상처럼 각 불꽃의 수와 속도를 조정할 수 있게 되었다면, 다음은 ④의 불꽃끼리 부딪혀서 확산하는 불꽃을 만듭니다. 공중에서 확산되는 불꽃을 만들 때는 파티클에서 새로운 파티클을 임의로 방출하는 [Spawn]이 효과적입니다. ①~③처럼 파티클을 날린 뒤, 적당한 위치에서 확산하도록 [Age Test]에서 타이밍을 맞춥니다. Age Test에서 보내진 앞의 이벤트에 Spawn을 준비하고, 불꽃끼리 부딪혀서 튀는 것과 같은 움직임과 양을 조정합니다. 이것으로 ①~④의 불꽃 움직임은 완성입니다.

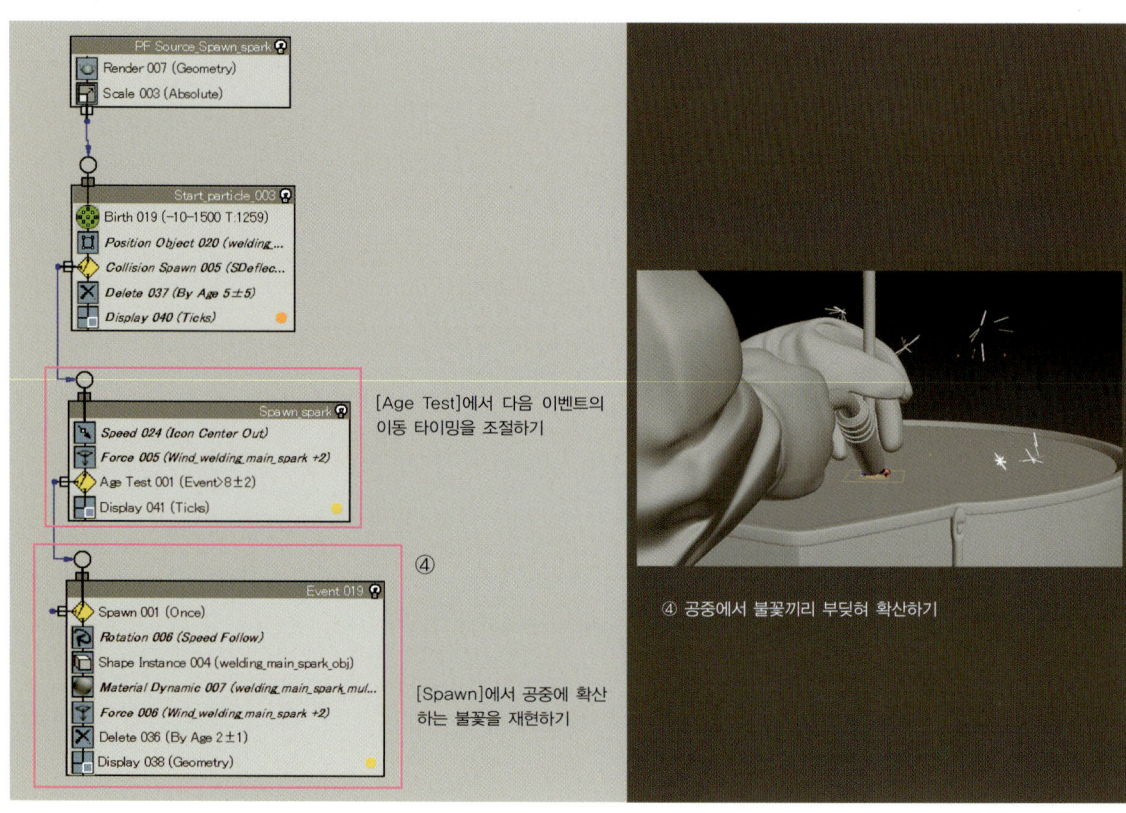

④ 공중에서 불꽃끼리 부딪혀 확산하기

5 불꽃의 형상변화

불꽃의 움직임이 생겼다면 다음에는 형태의 변화를 줍니다. 당초 렌더러의 카메라 블러 기능으로 블러 처리를 할 예정이었으나, 실제 동영상 같은 질감을 얻기 위해서 이번에는 직접 파티클을 변형시켜 불꽃의 형상을 만들어 보기로 했습니다. 미리 불꽃 모양으로 성형해 놓은 개체를 [Shape Instance]에 등록하고, 형태는 이벤트 내의 [Scale]에 키를 추가해서 동영상과 같은 불꽃의 변화를 만들었습니다. 이렇게 하여, 발생 순간에 크게 늘어났다가 감속 및 온도의 저하로 인해 작은 불꽃으로 변화하는 모습을 재현할 수 있게 되었습니다.

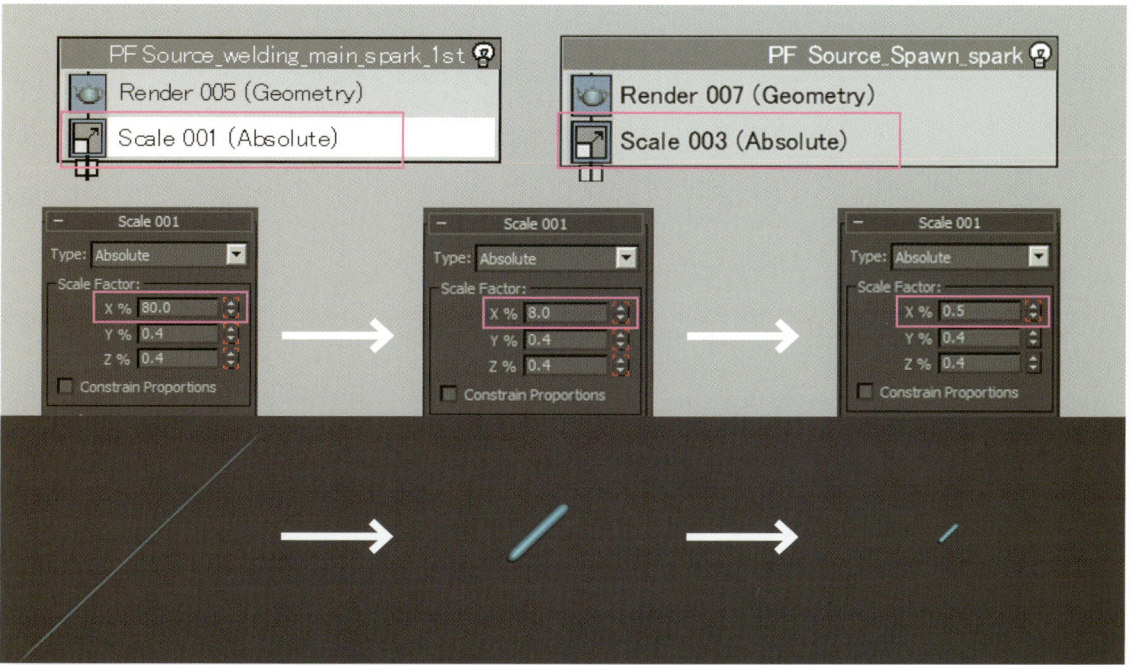

STEP 04 '연소의 연기' 생각하기 - 수지 모양의 연기도 중요하다

Krakatoa로 양과 질감 제어

레퍼런스 동영상을 보면, STEP 02에서 소개한 용접 흄과 다르게 움직이는 연기를 볼 수 있습니다. 용접부를 중심으로 수지 모양의 연기가 다수 발생하고 있어서, 앞서 '광야의 폭발' 편에서 만들었던 수지 연기처럼 가열된 금속에서 발생한 연기 같습니다. 그래서 '광야의 폭발'처럼 FumeFX로 제작하려 했지만, 수지 연기의 꼬이는 움직임을 제어하기 어려웠습니다. 그래서 이번에는 움직임을 컨트롤하기 쉬운 Particle Flow와 Kratatoa로 만들어 볼 것입니다.

1 FumeFX에서의 시행착오

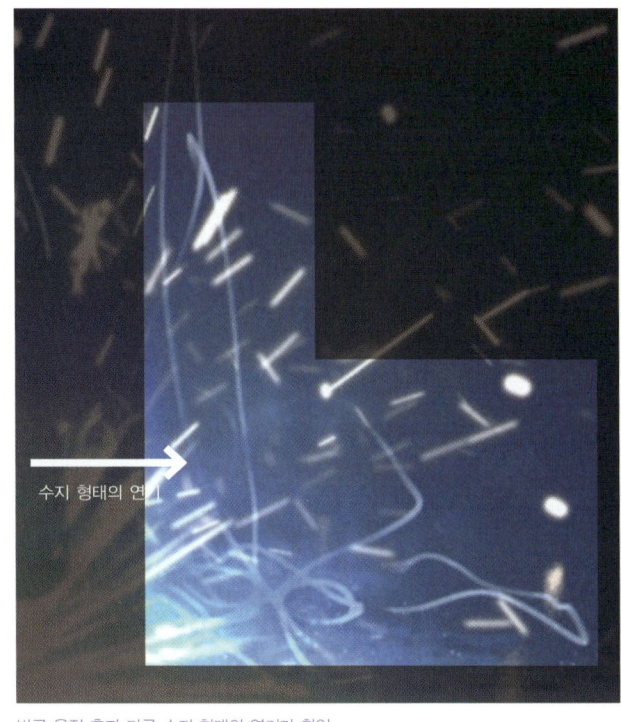

방금 용접 흄과 다른 수지 형태의 연기가 확인

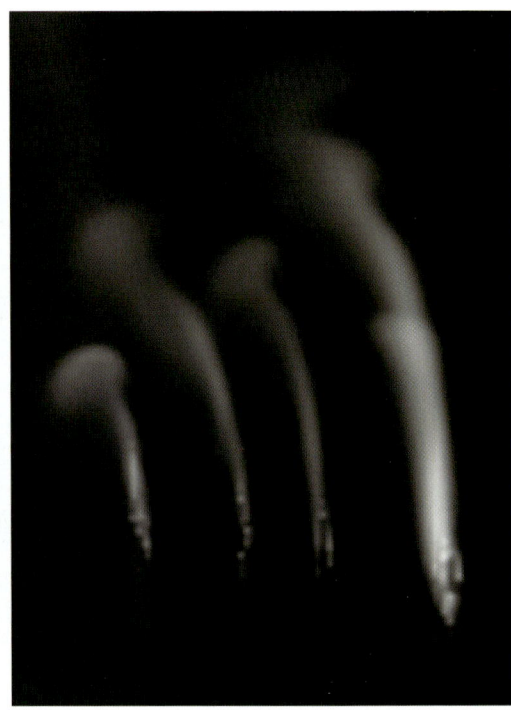

FumeFX에서는 연기가 꼬이는 움직임이 잘 구현되지 않았다

2　Particle Flow와 Krakatoa에서의 재현

바닥의 발생 포인트에서 수지 모양이 되도록 파티클을 발생시킵니다. 다음으로 [Wind]를 적용하고, 너울거리며 올라오는 움직임을 추가합니다.

동영상에 가까운 결과가 나오면 렌더링을 위해 Krakaota를 사용합니다. Krakaota 렌더러는 파티클을 다량으로 발생시킬 수 있어서 연기와 같은 입자 집합을 표현할 때 좋습니다.

이렇게 해서 수지 모양의 연기도 만들 수 있습니다.

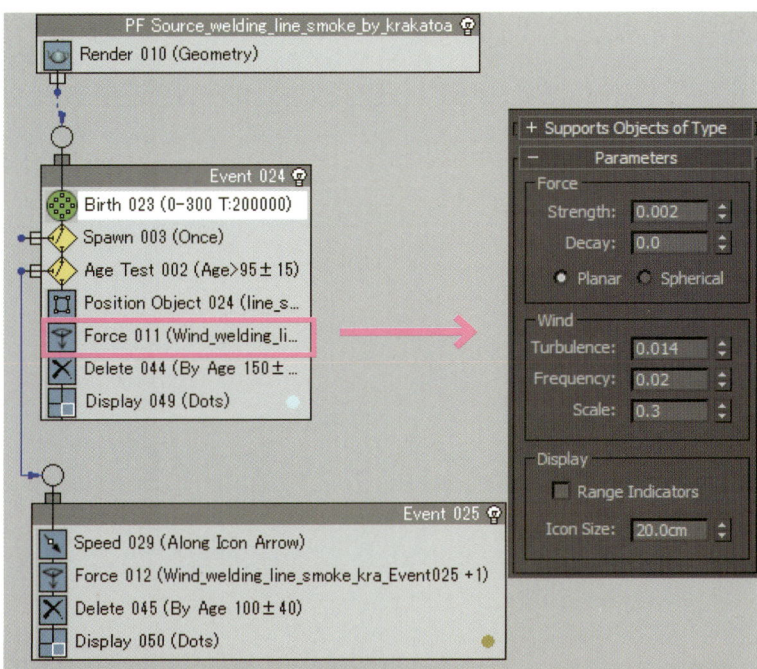

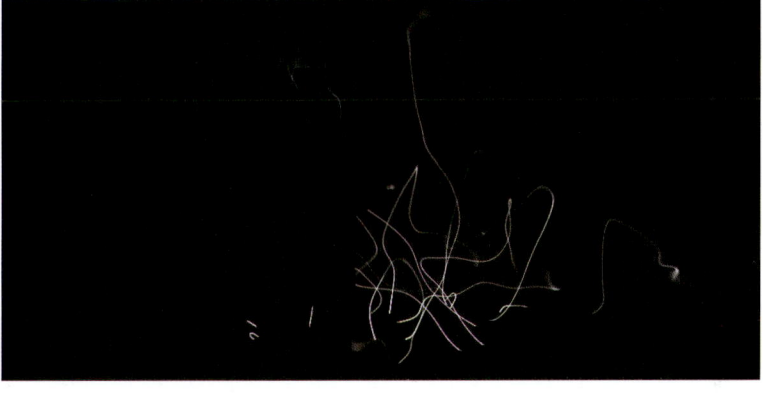

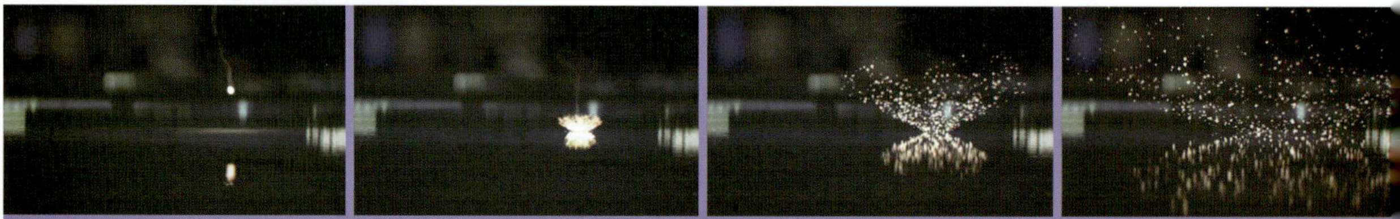

CHAPTER 004

불 | 파괴 | 폭발 | 액체 | **빛** | 연기 | 기타

THEME | 02 — 光

불꽃

불꽃은 다양한 재질에 힘이나 열을 가하면 발생하는 자연 현상으로 딱딱한 금속, 나무, 돌 또는 번개나 쇼트 등 다양한 조건에서 볼 수 있습니다.

이번에는 그중에서도 좀 색다른 '녹인 금속의 입자에서 튀는 불꽃'을 만들어 보고자 합니다. 용접에서 튀는 불꽃은 녹은 금속 알갱이가 연소한 채로 흩어지는 것이 대부분입니다. 이 알갱이는 매우 높은 고열이라서 융점(고체가 액체가 되는 온도)을 넘어 물방울 같은 움직임을 보입니다. 이 물방울 같은 금속 알갱이가 지면에 닿았을 때 발생하는 불꽃이 이번 챕터의 제작 목표입니다. 물론 원래 재질은 녹은 금속이므로 지면에 충돌한 후의 외형적인 변화나 움직임의 차이를 비교해 보는 것도 하나의 재미가 될 것입니다.

주요 제작 프로그램

- Autodesk 3ds Max 2016
- Adobe After Effects CS 6.0
- FumeFX 3.5.5

STEP 01

'불꽃과 발생 방법' 생각하기 - 불꽃을 조정해보았다

'불꽃'은 주로 세 종류의 패턴에서 발생한다

불꽃의 발생 구조는 크게 세 가지로 분류할 수 있습니다. '연소'에 의한 발생, '마찰열'에 의한 발생, '전기'에 의한 발생입니다. '연소'의 불꽃은 가연성 물질이 불에 탈 때 그 파편이 흩어짐으로써 발생합니다. '마찰열'로 인한 불꽃은 딱딱한 금속이나 광물이 강하게 스치거나 강한 충격을 가할 때 흩어진 파편으로 점화됩니다. '전기'에서 일어나는 불꽃은 용접 및 쇼트 등의 큰 방전 현상에 의해 고온과 충격이 발생하여 모재와 전극의 일부가 녹아서 흩어진 파편에 의해 발생합니다.

이 세 가지 발생 방법을 보면 불꽃은 '열을 계기로 흩어진 연소물 파편'을 말합니다. 재질에 따라서는 아래 그림처럼 연기가 많은 물건이나 탄소 함량에 따라 불꽃 형태에 특징이 있는 등 단순해 보여도 실은 매우 깊은 현상이라는 것을 알 수 있습니다.

1 불꽃의 발생과 다양한 특징

불꽃의 발생 방법

불꽃이 발생하는 요인에는 크게 세 종류가 있음.

① 연소
가연성 물질이 타오르는 것으로 연소한 파편이 상승기류나 폭발의 힘으로 주위로 흩어짐.

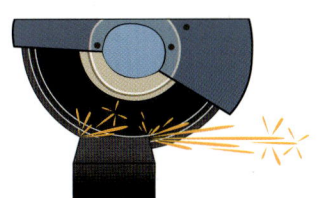

② 마찰열
딱딱한 금속이나 광물이 강하게 스치거나 충격을 가했을 때에 흩뿌려지는 파편.

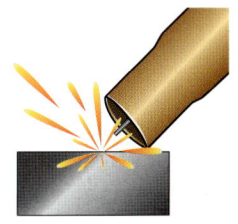

③ 전기
용접 및 쇼트 등 방전으로 모재(금속)와 전극이 녹아서 흩어지는 파편.

불꽃의 다양한 특징

재질에 따라서는 파편의 비산물 외에도 다양한 변화 및 반응이 나타남.

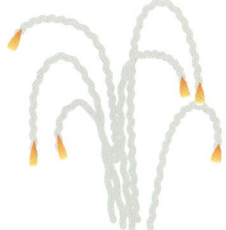

연소되는 소재에 따라 연기가 대량 발생됨.

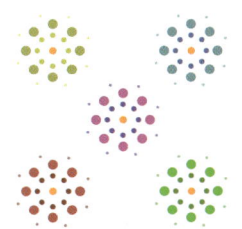

화염색 반응에 의한 컬러 변화

강철의 탄소 함량 등에 의한 불꽃의 형상 변화.

STEP 02 '불꽃 알갱이' 생각하기 - 금속계 불꽃 알갱이를 재현하기

PFlow로 움직임과 크기 등을 일괄적으로 제어하기

이번에는 용접에 의해 발생된 금속계의 불꽃 알갱이가 지면과 충돌해서 확산하는 것까지 재현합니다.

'아크 용접' 편에서도 이 종류의 불꽃 제작에 대해서 일부 소개했으므로 함께 참고하면 불꽃에 대해서 좀 더 이해할 수 있을 것입니다.

1 불꽃의 낙하에서 확산 구조

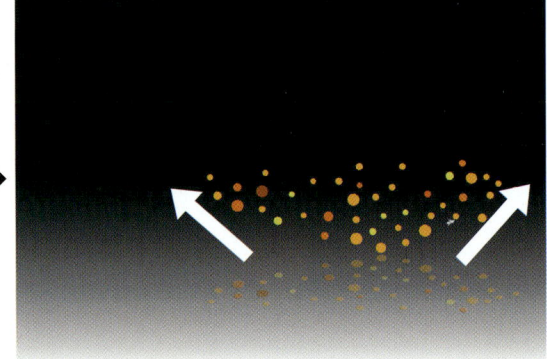

용접 등에 의해 발생한 금속계 불꽃 알갱이가 지면으로 낙하

지면과 충돌한 불꽃은 작은 불꽃으로 분열하며 확산됨

2 연기 소스가 되는 파티클 준비

STEP 02에서는 확산되는 불꽃의 알갱이를 제작합니다. 녹인 금속 알갱이는 액체처럼 불규칙적인 형태로 떨어집니다.

금속 알갱이 객체에 [Noise] 모디파이어를 추가해서 항상 모양이 변하도록 애니메이션을 추가합니다.

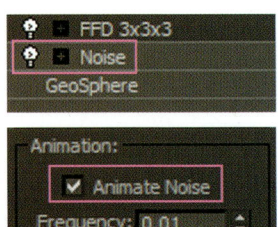

불규칙하게 모양을 변화시키는 불꽃 알갱이에 [Noise] 모디파이어를 적용. 파라미터 안의 [Animation Noise]를 적용해서 프레임마다 Noise 값이 변화되도록 함.

3 Particle Flow에 의한 불꽃의 제어

이 알갱이 객체에 떨어지는 애니메이션을 추가해도 좋지만, 알갱이의 크기 및 위치 조정 등을 일괄적으로 제어할 수 있는 Particle Flow를 이용합니다.

낙하는 [Force]로 [Gravity]와 [Drag]를 적용해서 움직임을 주고, 애니메이션한 알갱이는 [Shape Instance] 내의 [Animated Shape]에 체크를 해서 애니메이션된 파티클로 인식시킵니다.

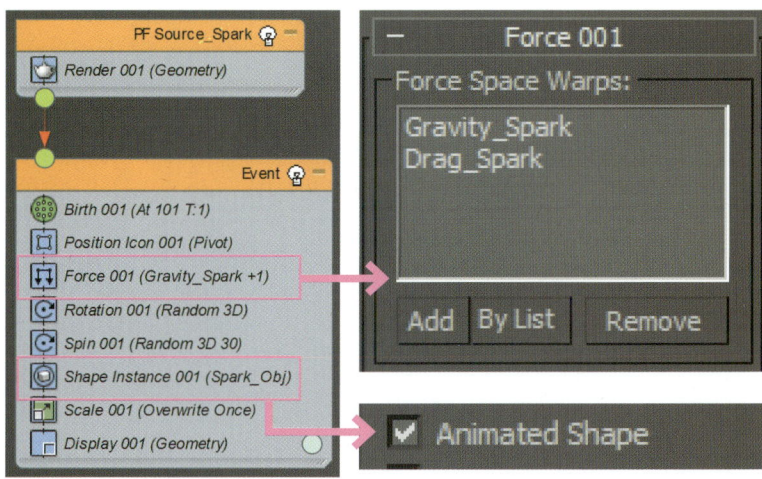

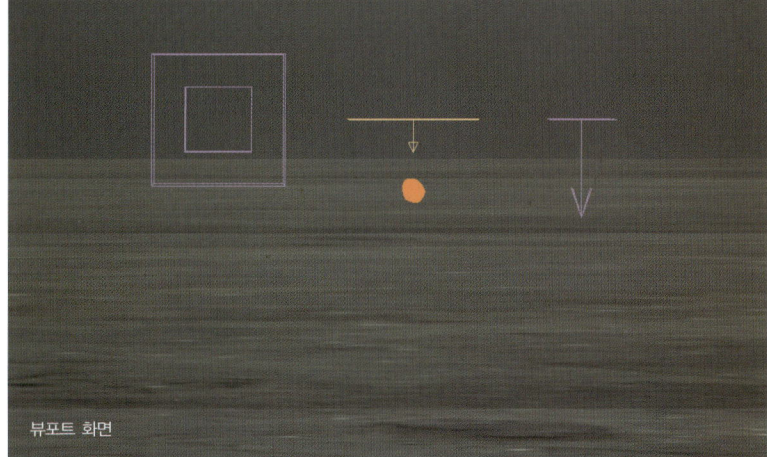

뷰포트 화면

낙하 애니메이션에는 [Gravity]와 [Drag], 파티클은 Noise를 추가한 객체를 적용. [Animated Shape]에 체크해서 애니메이션이 반영되도록 함.

렌더링 결과

STEP 03

'비산 불꽃'을 생각하기 - 실루엣과 움직임 만들기

비산될 때의 실루엣과 사라질 때를 주의해서 각 요소 만들기

STEP 03은 STEP 02에서 제작한 금속 알갱이가 지면에 충돌하여 튄 불꽃을 만듭니다.

지면에 부딪혀 비산하는 불꽃의 대부분은 자갈이나 공처럼 바운드되며 흩어집니다. 이것은 불꽃이 공중에서 냉각되는 것으로 원래 재질인 딱딱한 금속으로 돌아가기 위해, 지면에 고정하지 않고 바운드하는 것으로 생각됩니다.

여기의 불꽃도 금속 알갱이처럼 Particle Flow를 사용하여 제작합니다.

1 지면에 충돌하여 튄 불꽃의 움직임

지면에 충돌한 금속 알갱이는 부채꼴 실루엣을 따라 주위로 확산함.

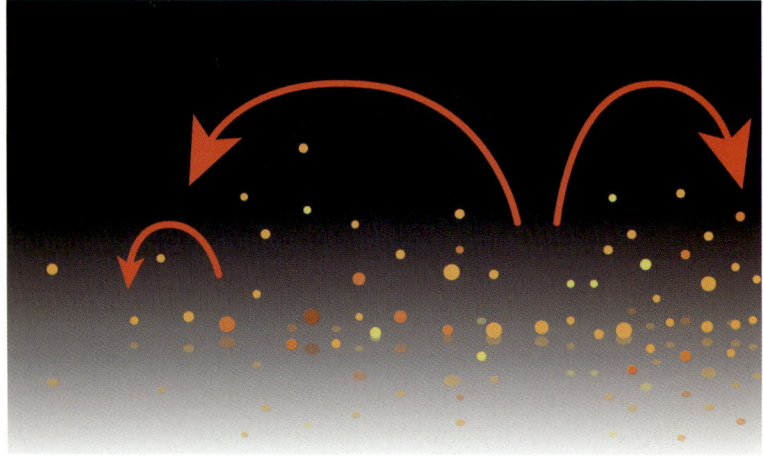

공기 중에서 냉각된 불꽃은 지면에 고착되지 않고 바운드되어 전체로 퍼짐.

2 튄 불꽃의 3요소

튄 불꽃은 아래 그림과 같이 ① 전체에 퍼지는 불꽃 ② 입자 충돌 부분의 밀도를 높이기 위한 보조 불꽃 ③ 수명이 짧은 작은 불꽃의 세 종류로 구성되어 있습니다.

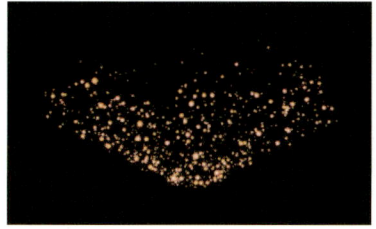
① 전체에 퍼지는 불꽃

② ①의 보조 불꽃

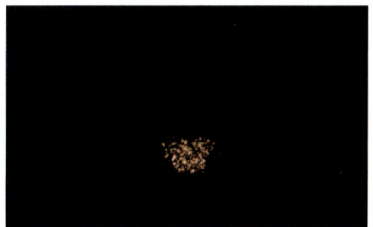
③ 수명이 짧은 작은 불꽃

3 ①과 ②의 불꽃의 제작

우선, ①과 ②의 요소를 제작하겠습니다.

②는 ①을 응용해서 만들기 때문에 같은 PFSource에서 이벤트를 분기하여 만듭니다. 그런데, 불꽃이 움직일 때 중요한 요소는 속도와 양과 크기 등이지만, 가장 주의해야 할 포인트는 불꽃이 발생할 때의 실루엣입니다. 비산한 불꽃의 실루엣이 레퍼런스 동영상과 다르면 크게 비산할 때의 느낌도 그다지 인상적이지 않습니다. 그렇기 때문에 먼저 파티클의 발생원이 되는 객체를 준비합니다. 아래 그림처럼 파티클이 균등하게 발생하도록 형상을 불규칙하게 모델링합니다. 다음으로, 비산해서 흩어질 때의 밀도와 밸런스를 생각해서 중심부에 너무 파티클이 모이지 않도록 객체의 중심을 제거합니다. 객체가 준비되었다면, Particle Flow 내의 [Position Object]를 사용해서 발생원으로 적용하면 밀도가 높은 외부 파티클의 실루엣을 만들 수 있습니다.

발생원의 옆 모습

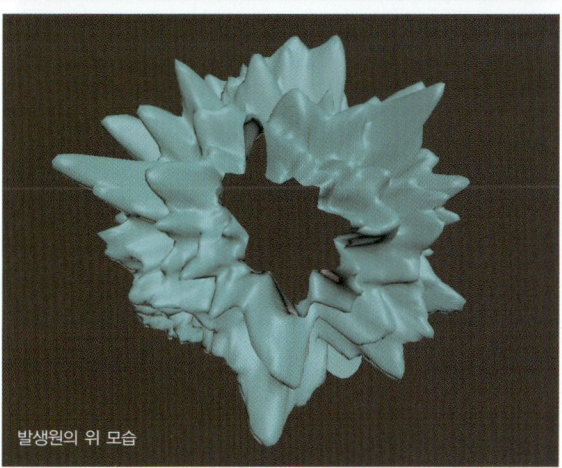
발생원의 위 모습

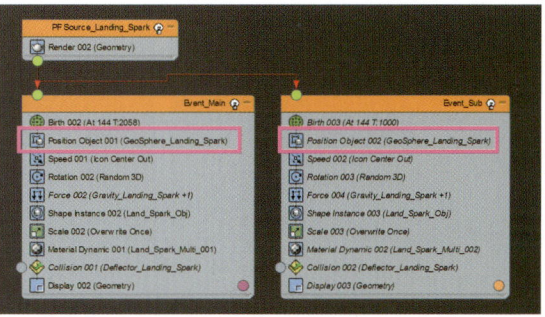
불꽃이 발생할 때의 실루엣을 고려하여 외부에 파티클이 모이기 쉽도록 형상의 발생원을 준비. [Position Object]에서 객체에서 발생하는 것처럼 적용.

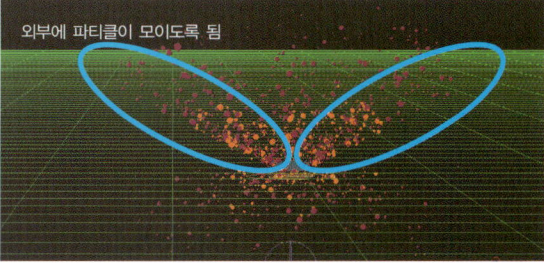
외부에 파티클이 모이도록 됨

4 ③의 불꽃 제작

①과 ②의 불꽃이 완성되면 ③ 수명이 짧은 불꽃을 제작합니다. 방금 제작한 2개의 불꽃에 비해 작고, 지면에 닿지 않고 공중에서 태워버리는 ③의 불꽃. 사라질 때 [Delete]로 한 번에 지워버리는 방법도 있지만, 그것만으로는 조금 아쉬워서 [Scale]의 [Relative Successive]를 사용합니다. 이 기능을 사용하면 파티클을 1프레임마다 몇 % 스케일로 할 것인지를 조정할 수 있게 됩니다. 즉, 아래 그림처럼 10cm의 파티클에 대해 Scale Factor를 90% 주면, 1프레임 움직일 때마다 크기에 따라 90%의 스케일이 되도록 할 수 있습니다. 이 기능은 불꽃이 불타서 파티클이 작아지는 애니메이션을 추가할 수 있기 때문에 좀 더 자연스러운 소멸 표현이 가능합니다.

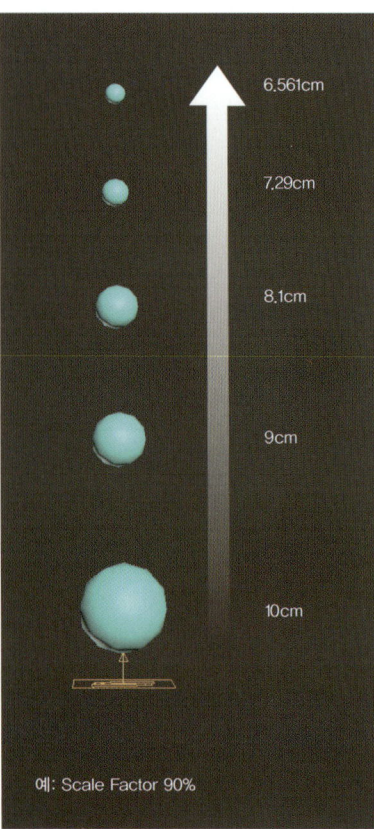

예: Scale Factor 90%

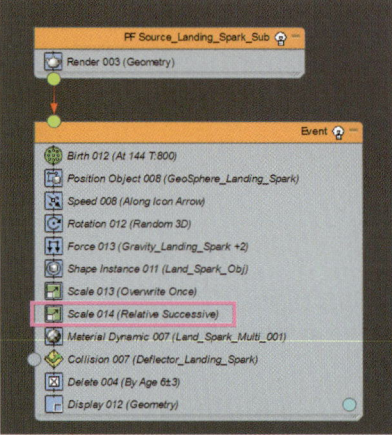

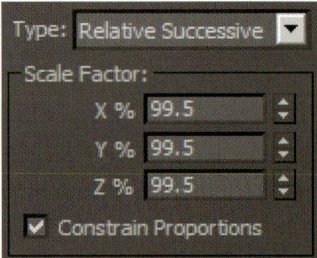

[Scale]에서 [Relative Successive]에 그림처럼 프레임마다 %로 파티클 스케일을 줄일 수 있음. 이에 따라 사라질 때 좀 더 자연스럽게 표현하는 것이 가능

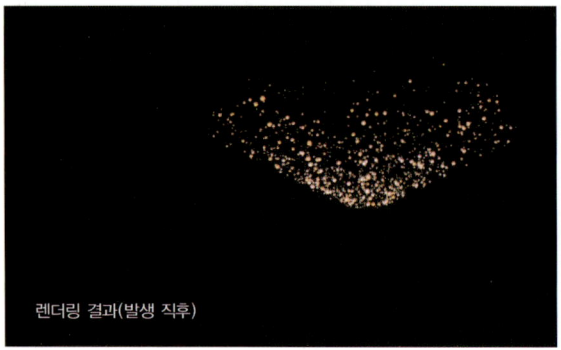

렌더링 결과(발생 직후)

렌더링 결과(확산된 상태)

STEP 04 '금속 입자의 연기'를 생각하기
- 녹인 금속에서 나온 연기를 만들기

연기는 녹인 금속이 증기가 되는 것

STEP 04에서는 확산된 불꽃의 기반이 되는 금속 입자에서 나오는 연기를 제작합니다. 용접에서 흩날리는 불꽃 속에는 스패터 및 슬래그, 용접봉이 용융했을 때 용적이라고 말하는 녹은 금속 알갱이 등이 있습니다. 이러한 불꽃은 약 2,000~3,000°C로 매우 높은 열을 지니며, 흩날리는 동안에도 그 열로 금속이 녹아서 계속 연기가 됩니다.

1 녹인 금속 알갱이에서 나오는 연기

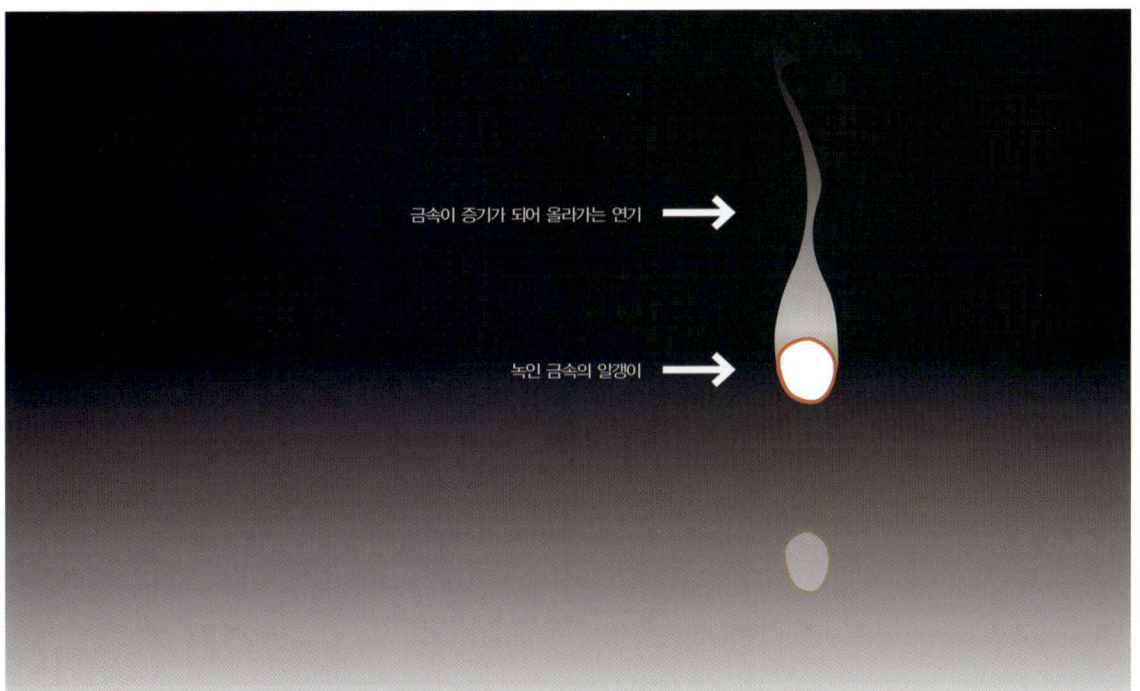

녹인 금속 알갱이는 약 2,000~3,000°C의 고열을 가진다. 열에 따라 계속 녹는 금속이 증기가 되어 공기 중에서 식혀지고 고운 입자가 되어 하얀 연기로 보임.

2 연기의 발생원 준비

연기를 만들기 위해 먼저 발생원이 되는 금속 알갱이부터 준비합니다.

STEP 02에서 제작한 금속 알갱이가 있으니 Mesher에서 객체로 변환하는 등 후에 소스로 이용합니다.

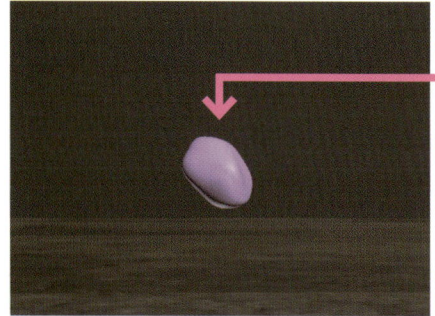

STEP 02에서 사용한 금속 알갱이를 유용. Mesher화에 의해 ObjSource에 적용할 수 있게 함

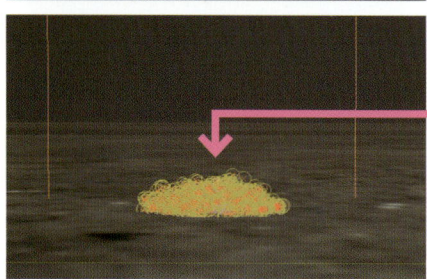

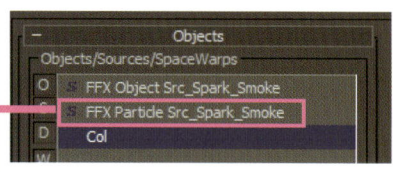

지면에 충돌할 때 확산되는 연기는 파티클 베이스로 시뮬레이션함.

3 연기의 질감

연기 시뮬레이션은 FumeFX에서 수행합니다.

우측 그림처럼 발생원에 적용 및 연기의 움직임을 더하기 위한 준비가 되면 시뮬레이션을 시작합니다.

연기의 주성분은 금속이라서 수증기와는 다르게 점도도 높고 약간 끈적끈적한 느낌이 좋다고 생각합니다.

이것으로 금속 알갱이에서 나오는 연기가 완성되었습니다.

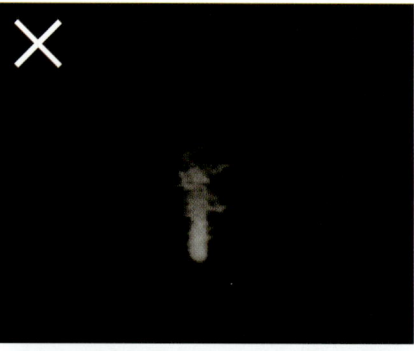

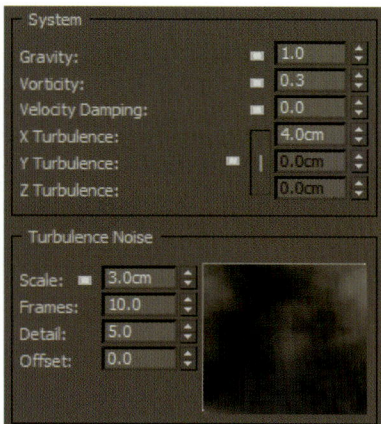

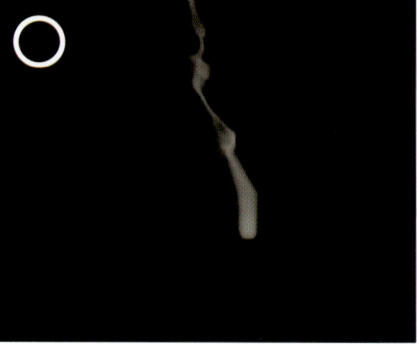

금속 알갱이에서 나오는 연기는 수증기와 같은 보송보송한 질감보다 끈적끈적한 느낌으로.

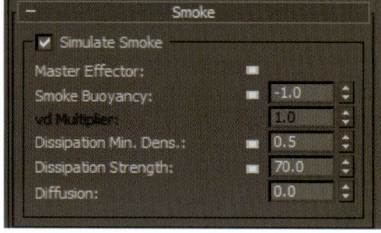

주요 FumeFX 내 파라미터

COLUMN

이펙트 제작할 때 알아두어야 할 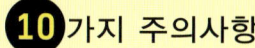가지 주의사항

08 ▶▶ 한 가지 방법에 구애받지 않는다!

'이 방법 밖에 없다'라는 생각은 조바심을 낳는다!

지금의 3D CG 제작에는 실로 많은 소프트웨어와 플러그인 등 편리한 도구가 존재합니다.

이펙트 툴도 많다 보니 흔히 '익숙한 툴과 익숙한 제작 방법에 너무 의지한다'는 경우를 볼 수 있습니다. 3D CG 제작은 퀄리티와 속도가 요구되는 작업이므로 가급적 자신이 익숙한 방식으로 제작하게 됩니다. 그러나 만들어 본 적 없는 이펙트를 제작해야 하는데 제작 방법도 한계가 있다면 마감 등의 압력에 마음만 초조해지게 됩니다.

그렇게 되지 않기 위해서라도 평소에 '새로운 툴'이나 '제작 기법'을 조금씩 준비해 놓는 것이 좋다고 생각합니다. '이 방법 밖에는 만들 수 없다'는 생각은 위험합니다. 어떤 상황에서라도 제작할 수 있는 준비가 되어 있어야 합니다.

한 가지 제작 방법만 알고 있는 상태
(완성까지의 전망이 불안함)

많은 제작 방법을 알고 있는 상태
(전망이 좋고, 표현력도 높음)

제작 방법을 많이 알고 있다면 다각도로 접근할 수 있기 때문에 표현력도 다양해지고 초조해지지도 않습니다. 또한 제작 초기부터 어느 정도 제작 과정이 예상되어 일정까지 예상할 수 있어서 꼼꼼하게 제작할 수도 있습니다.

THEME | 03 |

빛

선향불꽃(스파클러)

이번에는 '선향불꽃(스파클러)'입니다. 선향불꽃의 작지만 힘과 덧없음을 겸비한 매력은 옛날부터 지금까지 사람들의 마음을 사로잡아 왔습니다. 0.08g이라는 소소한 화약 불꽃에 새우, 녹말이라는 일본 특유의 문화를 강하게 느낄 수 있고, 일본의 대표적인 전통예로써의 의미도 있습니다. 당시에는 향로나 화로에 꽂아 놓고 위에서 타오르는 모습을 보고 즐기는 것이 일반적으로 선향불꽃을 즐기는 방법이였습니다. 그 모습이 향기로운 모습과 겹쳐져서 향불이라 불리게 된 것이라고 전해집니다.

다음 페이지의 각 STEP에서는 선향불꽃의 특징과 제작 방법을 중심으로 소개합니다.

주요 제작 프로그램

- Autodesk 3ds Max 2015
- Adobe After Effects CS 6.0
- GhostTrails 3.61

STEP 01

'선향불꽃' 생각하기 – 변화무쌍한 일본 발상의 전통 불꽃

4단계의 불꽃 흐름으로 일본의 여름을 장식하다

정신없이 춤추던 힘찬 불꽃이 시간이 지나 점차 사라져 가는 것을 볼 때면 다른 불꽃에서 찾아보기 힘든 깊숙한 정취를 느끼게 합니다. 이렇듯 뿌리깊은 인기를 자랑하는 선향불꽃은 크게 두 가지 종류가 있습니다. 하나는 '장수모란(長手牡丹)'이라고 부르는 종이에 화약을 싼 타입. 또 하나는 지푸라기에 직접 화약을 붙인 '스보테모란' 타입.

불꽃은 4단계로 나뉘어져 있으며, 그 모습에서 선향불꽃의 매력이 더욱 잘 전달되기 쉬운 꽃이나 나무 명칭으로 되어 있습니다. 이런 부분들을 생각하면서 관찰해 보면 그 어느 때보다 선향불꽃을 즐길 수 있다고 생각합니다. 그리고 불꽃을 보면 정말 다양한 표정을 보여준다는 것을 알게 됩니다.

CHAPTER 004

1 선향불꽃에 대해

선향불꽃이란?

손으로 잡는 불꽃의 한 종류. 0.06~0.08g의 화약을 종이에 감싸는 타입(장수모란)과 짚이나 대나무 자루 끝에 직접 붙이는 타입(스보테모란)이 있음.

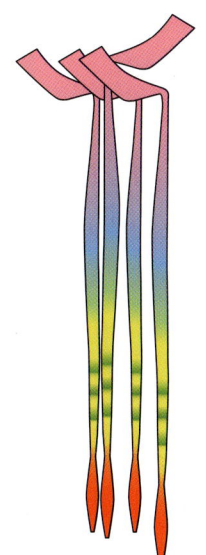

● **장수모란**
닥종이라는 소재의 종이를 이용한 타입. 끝에 화약이 감싸져 있음

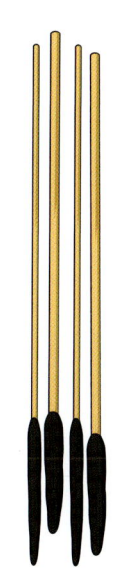

● **스포테모란**
짚대 끝에 화약을 직접 붙이는 타입.

선향불꽃의 화약

선향불꽃의 불꽃은 4단계로 나뉘어져서 그 모습에 따라 꽃이나 나무 이름이 붙여져 있음.

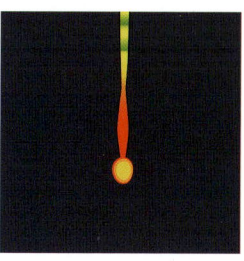

● **모란**
점화 후 서서히 커지는 불 덩어리. 주위에 작게 튀는 불꽃을 포함해서 부르는 경우도 있음.

● **솔잎**
가장 격렬하게 불꽃이 타는 단계. 크게 늘어나는 불꽃은 마치 솔잎과 같음.

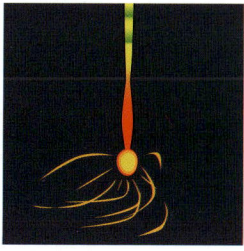

● **버드나무**
기세가 떨어지기 시작. 긴 곡선의 불꽃을 볼 수 있음.

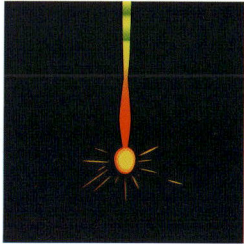

● **흩어지는 국화**
솔잎보다 작은 불꽃이 4단계 중에서 가장 오래동안 꺼지지 않고 지속됨.

STEP 02 '모란의 구조와 움직임' 생각하기
- 모란 재현하기

2개의 움직임의 특징을 추가해서 모란의 움직임을 재현하기

STEP 02에서는 선향불꽃의 시작이자 핵심인 모란 구슬을 제작합니다. 이 불덩어리는 화약 성분인 유황과 질산 칼륨 등이 용융하여 물처럼 표면장력이 일어나서 둥근 형태가 나타납니다. 연소 중 주로 두 가지 행동을 파악할 수 있습니다.

---

1 선향불꽃의 화약

선향불꽃에서 사용하는 화약은 흑색 화약이라 부르는 숯을 원료로 한 연료. 기본적으로 철분을 넣지 않는 것이 특징입니다.

주요 원료

● **황**
모란(불덩어리)을 오래 유지하는데 사용됩니다.
혼합비율: 20~30%

● **질산 칼륨**
열 분해에 의해 다른 성분의 연소를 돕는다.
혼합비율: 약 60%

● **목탄(송연 등)**
선향불꽃의 독특한 불꽃을 일으키게 하는 소재.
혼합비율: 약 20%

● **흑색 화약**
철분을 사용하지 않는 것이 특징. 불꽃반응과는 다른 부드러운 발광의 불꽃을 만들 수 있음

---

2 모란의 주요 움직임

연소 중에는 두 가지 움직임을 알 수 있습니다. 첫 번째는 바람과 공기이동의 영향으로 흔들리는 움직임과 두 번째는 화약이 불타서 표면장력이 약해져서 지면에 떨어지는 움직임입니다.

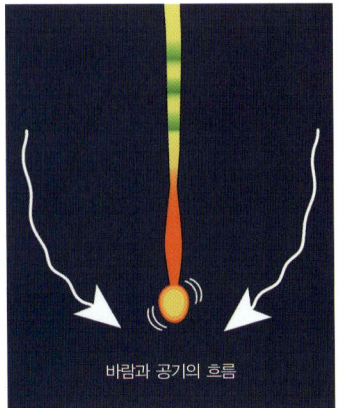

바람과 공기의 흐름

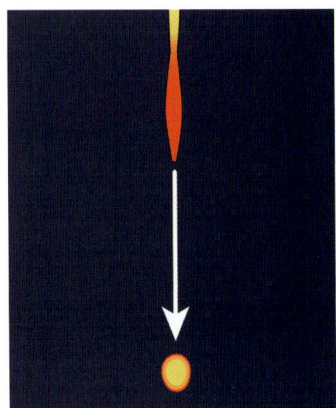

3 모란의 흔들림 제어

우선 첫 번째의 움직임인 환경에 따른 흔들림을 만들어 봅니다. 흔들림은 Noise 모디파이어를 사용해서 표현하는데, 불의 끝으로 갈수록 흔들림의 영향이 강해지도록 조정하고 싶어서, Mesh Select로 Noise의 적용 범위를 지정합니다. Soft Select를 체크해서 영향력을 그라데이션화시켜 흔들리는 힘을 균형있게 배분합니다.

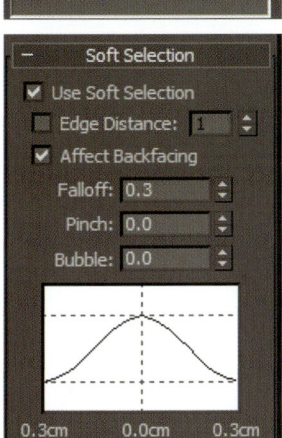

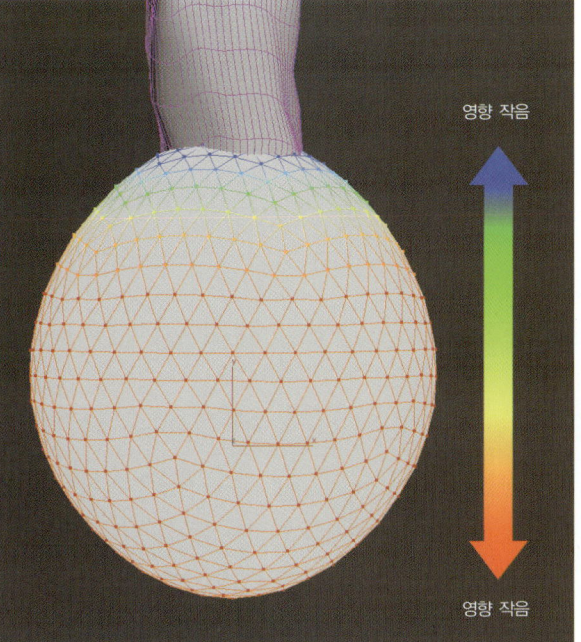

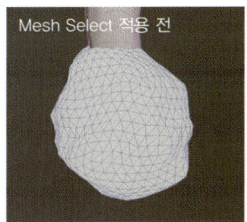

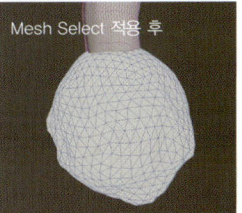

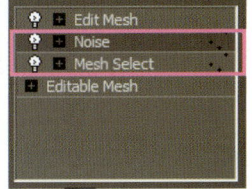

4 모란의 낙하 애니메이션

두 번째의 낙하는 직접 애니메이션으로 간단하게 움직임을 제어합니다. 바람이나 낙하 시 저항을 예상하고 직선 낙하가 아니라 시작 위치에서 낙하 예상 위치까지 어긋나도록 해서 좀 더 자연스러운 낙하로 보이도록 합니다.
이것으로 모란의 제작은 완료입니다.

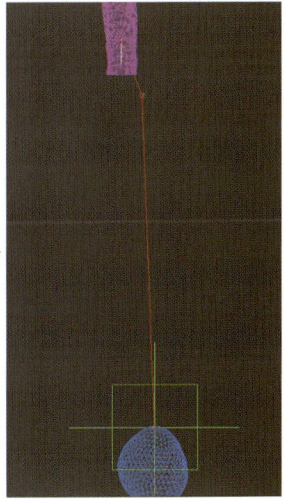

STEP 03 '솔잎' 생각하기 - 격렬한 움직임에 대응한 방법으로 제작

1F에서 변화하는 움직임에 대응하기 위해 불꽃을 객체로 재현

STEP 03에서는 선향불꽃 중에 불꽃이 가장 격렬하고 화려한 솔잎 만들기에 도전합니다. 솔잎은 모란의 하단 반원 모양으로 많은 불꽃을 흩어지게 합니다.

불꽃은 날아간 화약이 일정한 거리까지 이동한 후 파열되며 끝에서 여러 줄기의 불꽃을 날리는 특징이 있습니다. 그 실루엣은 솜털처럼도 보이고 여럿이 겹치면 솔잎에 비유되어 매우 아름다운 불꽃의 궤적을 볼 수 있습니다.

1   솔잎이 가능한 구조

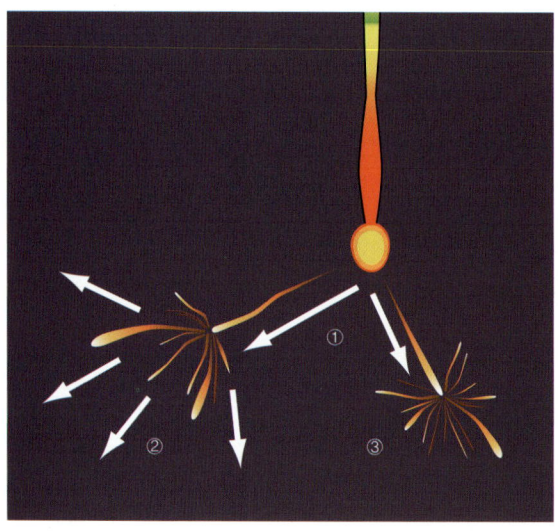
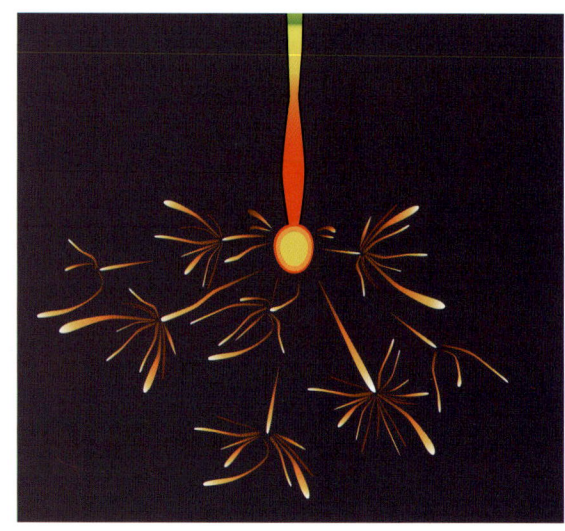

① 모란에서 불똥이 주위로 날아감. ②③ 불똥이 날아서 부채꼴, 원형으로 흩날림   화약이 연속으로 겹쳐지면서 솔잎이 생김

2 솔잎의 제작테스트

먼저 이 불꽃의 움직임을 파티클로 만들 수 있는지를 테스트합니다. 모란에서 튀어나오는 불꽃 파티클 이벤트에 [Age Test]를 넣고, 어느 정도 거리까지 흩어지면 Spawn이 있는 이벤트로 전환하는 플로우를 만듭니다. 이것으로 실제 솔잎의 불꽃과 유사한 구조로 파티클을 날릴 수 있습니다. 그러나 파티클 알갱이의 복잡한 모양이 1프레임마다 어지럽게 변하는 솔잎을 표현하기에는 어렵다는 것을 알게 되었습니다.

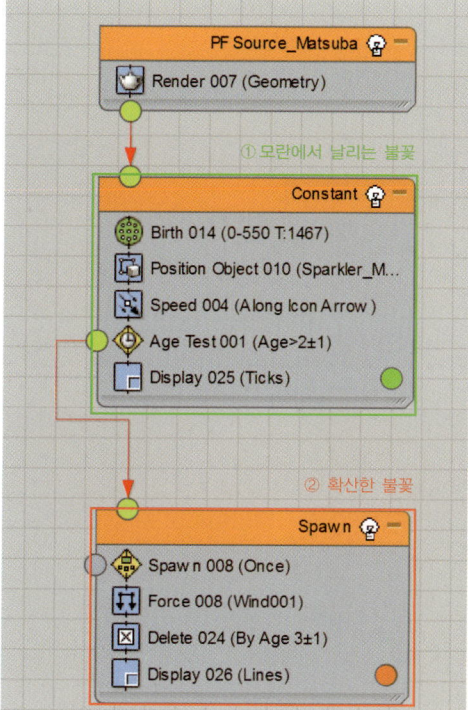
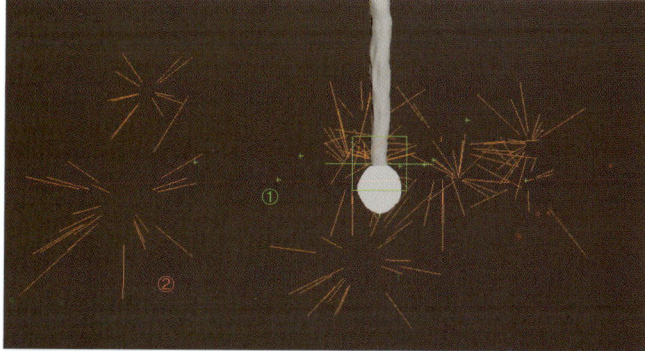

파티클 입자를 표시한 상태

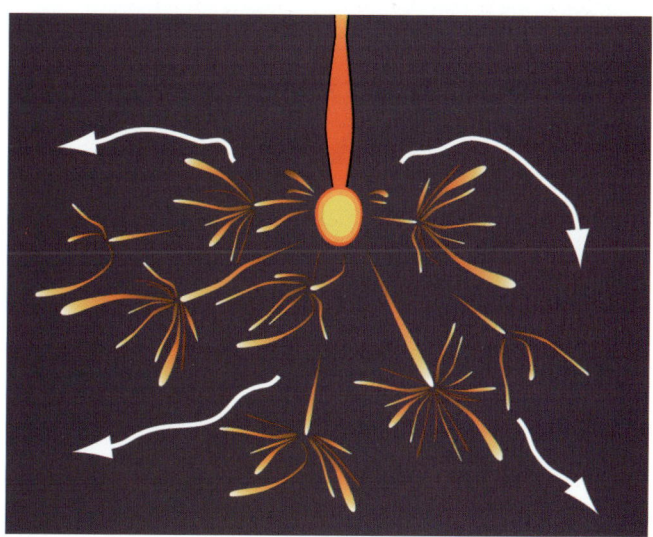

불꽃은 오른쪽과 같은 복잡한 형태를 1프레임마다 격렬하게 변화시키기 때문에 파티클 알갱이와 움직임만으로는 대응할 수 없음.

3 불꽃 객체의 준비와 기점의 조정

그래서 한 프레임에서 옮겨가는 솔잎의 불꽃에 대응하기 위해, 미리 불꽃 모양으로 만든 객체를 파티클로 발생시키기로 했습니다. 우측 그림처럼 여러 패턴의 스파크를 준비할 수 있으면 각 객체의 기준점을 밑으로 이동시켜 둡니다. 이것은 객체를 파티클에서 발생시키면 기준점이 발생의 중심이 되기 때문에 적합한 발생 위치에서 스파크를 발생시키는데 필요한 준비가 됩니다.

Particle Flow내에서 불꽃의 복잡한 형태를 표현하는 것은 움직임을 포함하여 매우 어렵기 때문에 미리 불꽃 객체를 제작. 불꽃의 특징이나 실루엣을 고려해서 약 10가지 패턴을 준비함.

기점 조정 전

기점 조정 후

● 기점의 조정

파티클에서 객체를 발생시킬 때, 각 기준점 발생 및 이동, 회전축이 되기 위해 기준점을 불꽃의 원점으로 이동시켜 둠. 이렇게 해서 발생원으로부터 부자연스러운 위치에서의 발생을 피할 수 있음.

4 불꽃 객체를 사용한 Particle Flow

다음으로 Particle Flow에서 [Shape Instance]에 스파크 객체를 적용하여 모란 주위에서 흩어지도록 설정합니다. 솔잎 불꽃의 기초가 완성되면 다음에는 레퍼런스 동영상을 참고로 불꽃의 양과 크기를 조정하여, 실제의 솔잎에 가까운 실루엣과 움직임에 가깝게 맞춰 주면 됩니다.

이제 솔잎이 되는 불꽃이 완성되었습니다.

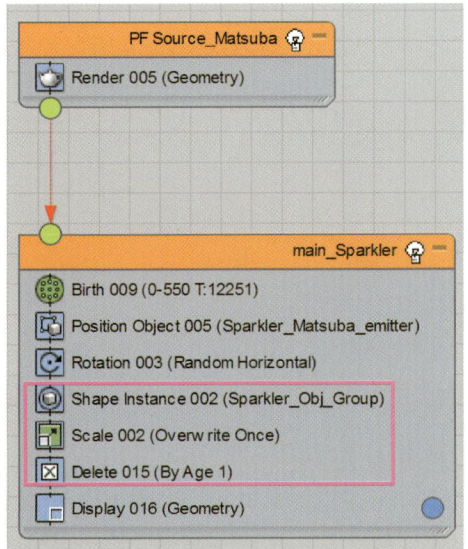

준비한 불꽃 객체를 [Shape Instance]에 적용. 그 밖에 [Scale] 및 [Delete]에 의해 레퍼런스 동영상과 마찬가지로 전체 실루엣과 행동 변화를 제어함.

완성된 솔잎

STEP 04 '버드나무와 흩어지는 국화'를 생각하기
- 불꽃의 특징을 포착하여 만들기

GhostTrail로 양 불꽃의 특징을 재현하기

솔잎의 제작이 끝나면, 다음 단계인 버드나무와 흩어지는 국화를 제작합니다. 버드나무는 그 이름 그대로 바람에 나부끼는 버드나무처럼 불꽃이 길게 늘어지는 모습이 특징입니다.

마지막 4단계 흩어지는 국화는 끝날 때 팟팟하고 모란을 중심으로 난무하는 불꽃으로 기세도 작고 다른 불꽃에 비해 길이도 짧아지고 있습니다.

1 플러그인 GhostTrail의 특징

이 2가지의 단계를 재현하기 위해서, '촛불' 편에서도 사용한 3ds Max의 플러그인 'Ghost Trails'를 사용합니다. 이 플러그인은 스플라인이나 파티클의 궤적을 메쉬로 표현할 수 있습니다.

스플라인에 적용한 GhostTrails

파티클에 적용한 GhostTrails

2 Noise에 의한 휨 추가

버드나무는 궤적을 길게 발생하도록 설정하고 Noise 모디파이어를 사용하여 조금 휘어짐을 추가하여 직선형이 되지 않도록 합니다.

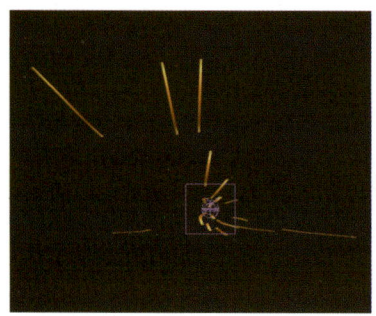
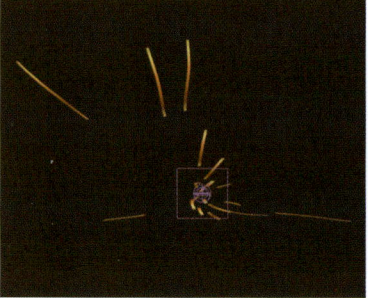
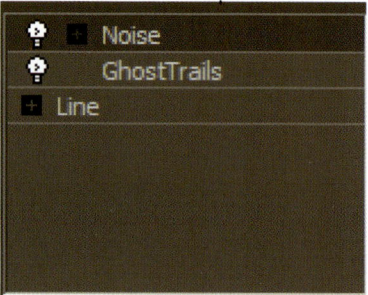

Noise 모디파이어에 의한 직선의 불꽃 움직임에 휘어짐을 더함

3 흩어지는 국화의 파티클 설정

흩어지는 국화는 버드나무보다 궤적은 짧고, 심하게 튀지 않는 속도로 조정합니다.

파티클은 Noise를 추가한 Collision용 Deflector가 발생원에 충돌하여 Spawn이 있는 이벤트로 전환되어 불꽃이 무작위로 날리도록 설정합니다.

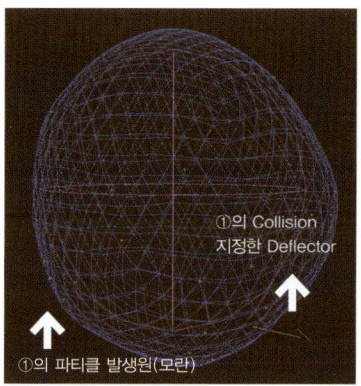

①의 Collision 지정한 Deflector

①의 파티클 발생원(모란)

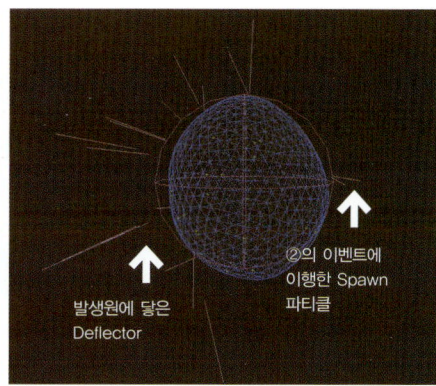

발생원에 닿은 Deflector

②의 이벤트에 이행한 Spawn 파티클

흩어지는 국화가 되는 파티클의 랜덤화를 위해 파티클 발생원(모란)에 Deflector가 닿으면 Spawn에 의해 발생하는 파티클을 적용. 닿는 타이밍은 스케일에 애니메이션을 추가하여 임의로 설정.

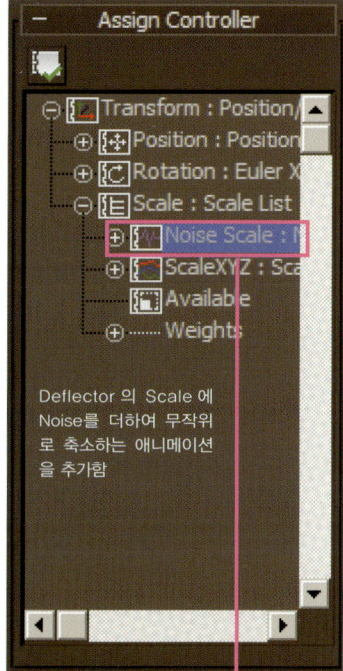

Deflector의 Scale에 Noise를 더하여 무작위로 축소하는 애니메이션을 추가함

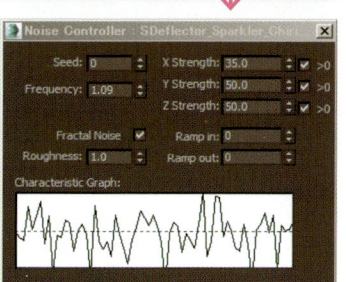

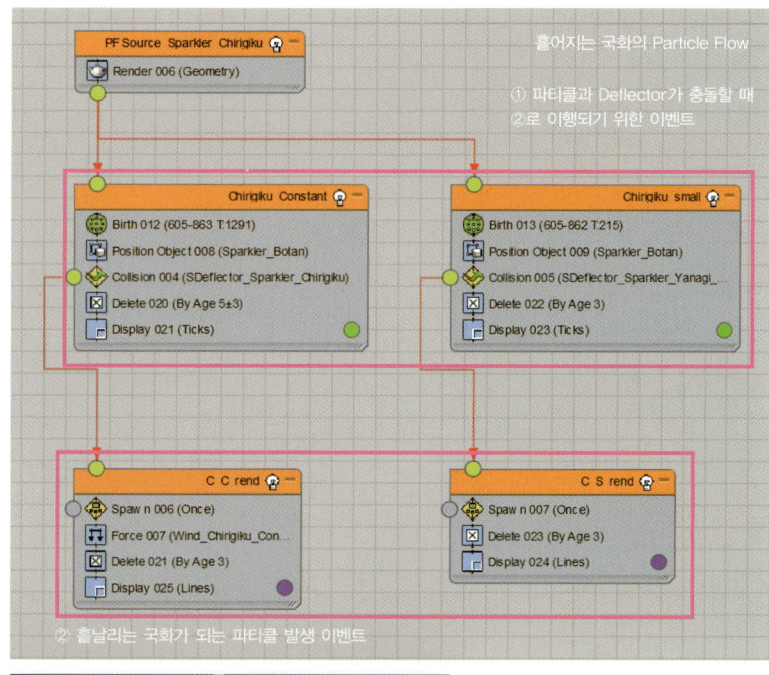

흩어지는 국화의 Particle Flow

① 파티클과 Deflector가 충돌할 때
② 로 이행되기 위한 이벤트

② 흩날리는 국화가 되는 파티클 발생 이벤트

흩날리는 국화(프리뷰 화면)

COLUMN

이펙트 제작할 때 알아두어야 할 10가지 주의사항

09 >> 독불장군이 되지 않는다!

다른 업무 담당자와의 연계가 효율성의 지름길

첫 번째 [칼럼 1]에서도 언급했듯이 이펙트는 다른 부서와의 데이터 교환이 빈번하게 발생하는 부서입니다. 그러나 매일 묵묵히 일정에 쫓기다 보면 해당 업무를 담당하는 사람과의 협업이 소홀해지면서 독불장군이 되기 쉽습니다.

이펙트가 배경, 캐릭터 파트와의 관련성은 끝이 없습니다. 부숴버려야 할 배경 모델이나, 작업한 씬의 카메라 레이아웃, 캐릭터 애니메이션이 변경되는 경우는 흔합니다. 이런 부분을 그대로 다 받아들이면 이펙트 제작이 1보 전진 2보 후퇴가 될 수도 있습니다. 연락을 나누거나 소통을 하지 못해서 작업이 늦어지거나 중단되는 것은 효율적인 진행에 치명적인 영향을 주게 됩니다.

소통을 게을리하지 않도록 하고 모델러와 애니메이터 등 다른 부서의 사람들과 자주 연락하여 독불장군이 되지 않도록 합시다. 혼자되는 것은 집에 있을 때만으로 충분합니다.

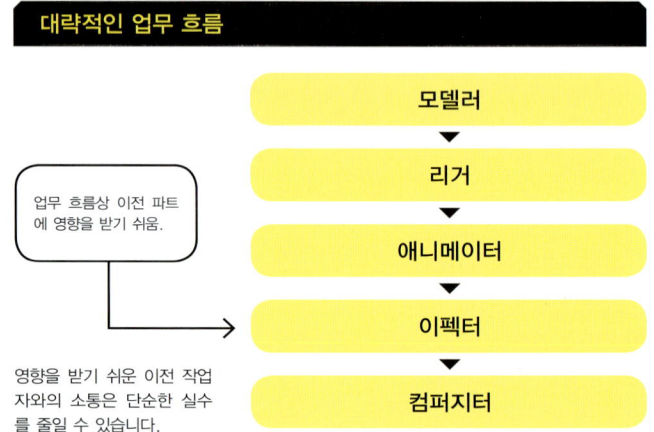

대략적인 업무 흐름

모델러 → 리거 → 애니메이터 → 이펙터 → 컴퍼지터

업무 흐름상 이전 파트에 영향을 받기 쉬움.

영향을 받기 쉬운 이전 작업자와의 소통은 단순한 실수를 줄일 수 있습니다.

철저한 소통(보고, 연락, 상담)

소통
- 이전 데이터로 작업하고 있지 않는가
- 일과 다른 이펙트를 만들고 있지 않는가
- 서로의 진행 상황을 파악하고 있는가 등…

소통은 이펙터 뿐만 아니라 사회인이라면 중요한 것입니다.

팀 제작에 독불장군은 필요 없어요.

팀 제작의 독불 장군은 실수는 커녕 작업의 퀄리티 저하에도 영향을 줍니다. 팀에서 자신이 뭘 할 수 있는지 적극적으로 생각해 봅시다.

CHAPTER
005

응용편

마지막 챕터에서는 실사 이펙트 제작을 하고 싶은 분을 위한 '모사용 슬로우 영상의 준비에서 그 제작까지'를 해설한 주제와 지금까지 배웠던 물리현상과 제작 기법을 응용해서 만드는 '창작 이펙트'를 소개합니다.

CHAPTER 005

불 | 파괴 | 폭발 | 액체 | 빛 | 연기 | 기타

원 동영상

모사 이미지

THEME | 01 | 불

불(火)문자

응용편에서는 '직접 촬영한 동영상을 바탕으로 모사'에 도전합니다. 지금까지는 CG 제작만 했었지만, 이번에는 촬영 준비에서부터 불(火)문자 소스의 제작, 실제 촬영 프로세스까지 많은 내용을 소개하려고 합니다. 레퍼런스 동영상 촬영은 처음이라서 주변 분들의 도움을 받아 도전하게 되었습니다.

근처에 불을 다룰 수 있는 장소가 있는지, 카메라는 무엇을 쓸 것인지, 촬영 시간은 어떻게 되는지, 어떤 동영상을 찍을지 등과 같은 산적해 있는 문제들로 고생하는 일도 자주 있었습니다. 그런 와중에도 염원했던 촬영까지 해낼 수 있었던 건 아주 귀중한 경험이었다고 생각합니다.

주요 제작 프로그램

- Autodesk 3ds Max 2013
- Adobe After Effects CS5.5
- FumeFX 3.5.5

STEP 01

'촬영 도구'를 생각하기 - 필요한 도구 준비하기

'친근한 물건으로 손쉽게' 컨셉으로 촬영 도구를 준비

오랫동안 기대하던 '스스로 제작한 동영상을 바탕으로 한 모사'가 마침내 시작되었습니다. 우선 동영상 제작까지의 내용을 소개하겠습니다.

STEP 01에서는 불(火)문자를 만드는데 필요한 주요 도구를 소개합니다. 촬영에서 가장 중요한 카메라입니다. '친근한 물건으로 손쉽게'라는 컨셉에 맞춰 '스마트폰 카메라로 촬영' 할 것입니다.

1. 촬영에 사용하는 스마트폰

스마트폰의 카메라 기능은 매우 우수합니다. 필자가 사용하는 iPhone 6의 경우 240fps로 동영상 촬영이 가능한 '슬로우 모션 모드' 기능이 있습니다. 촬영 해상도는 HD 사이즈에 해당하고, 동영상 소스로는 조금 모자라도 모사를 하는 데는 문제없이 사용할 수 있을 것 같습니다.

2. 불(火)문자를 만들기 위한 재료

굵은 스테인레스 와이어와 가느다란 와이어, 등유를 스며들게 하기 위한 수건이 불(火)문자의 주요 재료가 됩니다. 불(火)문자 소재를 걸어둘 그물과 폴도 준비합니다. 연료인 등유는 연료병이라고 부르는 캠핑용 병에 넣어둡니다. 위험한 불을 다루기 때문에 언제든지 끌 수 있도록 소화 스프레이도 반드시 준비합니다. 근접에서 고화질 슬로우 모션 동영상을 제작할 수 있는 놀라운 시대가 되었습니다.

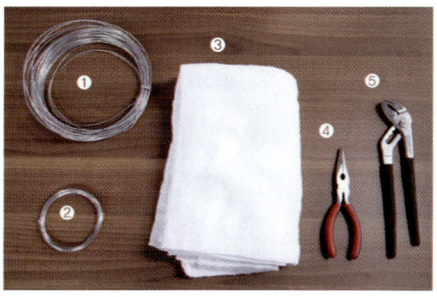

❶ 직경 2.0mm 와이어
❷ 직경 1.2mm 와이어
❸ 타올
❹❺ 와이어를 성형하는 도구
❻ 소화기
❼ 등유(연료병)
❽ 철망
❾ 지지용 폴

STEP 02 '불(火)문자 재료' 생각하기 - 문자 만들기

문자 크기는 A3 사이즈로, 2종류의 와이어로 제작

STEP 01에서 준비한 재료를 이용하여 문자 제작을 합니다. 문자는 'CGWORLD'라는 단어에서 세 개를 따서 'C', 'G', 'W'로 하였습니다. 그 이유는 후기에서 소개하기로 하고, 문자는 와이어와 타올로 제작합니다.

1 와이어로 문자 만들기

불에 태울 문자를 정했으면 그 다음은 폰트 디자인입니다. CGWORLD의 로고디자인에 맞춰 3개의 문자를 준비합니다. **A** 처럼 하나는 A4 복사지 2장을 붙여서 A3 사이즈로 제작합니다. 이 형태를 참고해서 2.0mm 와이어를 펜치로 제작하고, 전체를 1.2mm의 얇은 와이어로 보강합니다 **B** **C**.

2 와이어에 타올 감기

와이어로 만든 문자가 완성되면 그 위에 타올을 감습니다. 실제 불타는 소재가 되기 때문에, 불의 높이나 세기가 잘 맞도록 감는 양이나 두께가 일정하도록 주의하면서 와이어에 타올을 감아갑니다. 요령은 '2번 이상 겹쳐 감지 않는다' 입니다. 너무 적게 감으면 사라지는 것이 빠르고, 너무 많이 감으면 등유가 너무 많이 스며들어서 수건을 감는 방식에 따라 불의 모양이 결정된다고 해도 과언이 아닙니다.

STEP 03

'설정에서 촬영까지'를 생각하기
- 실제로 동영상을 촬영하기

안전에 유의하여 촬영에 임하고 등유의 양이나 바람의 방향도 주의

필요한 도구와 재료가 준비되면 촬영에 들어갑니다. 이번 촬영은 캠핑장에서 진행했습니다. 촬영장에 도착하면 먼저 촬영할 장소를 정합니다. 촬영을 위해서는 불을 다루기 위해 안전을 최우선으로 생각해야 합니다. 다른 이용자에게 폐가 되지 않도록 주변에 불에 타 넘어질 물건이 없는 안전한 곳을 찾습니다.

1 연소 테스트

촬영 장소가 정해지면 연소 테스트를 합니다.
불(火)문자로 태우는 소재와 비슷한 수건에 등유를 스며들게 하고 불의 타오르는 규모나 바람에 의해 휩쓸리는 강도를 확인합니다. 마지막으로 소화기로 불을 끄는 데까지 실제로 진행합니다. 실전에서 사고가 없도록 준비합니다.

2 문자 세팅

모든 안전이 확인되었으면 문자 세팅을 합니다. 불(火)문자는 철망에 붙여서 태우므로, 문자는 철사로 고정시킵니다.

문자를 걸 철망

나란히 정렬한 상태

3. 문자에 등유 바르기

철망에 문자를 부착했으면 등유가 타올에 스며들게 하는 작업을 합니다. 등유가 스며들려면 문자 전체에 바르지 않고 앞면에만 연하게 칠합니다. 양면 모두 등유를 스며들게 하면 불이 너무 강해져서 불(火)문자가 잘 나타나지 않습니다.

도화선과 함께 휘발할 부분에 다시 등유를 칠합니다. 마지막으로 등유를 스며들게 하는 공정이 끝나면 회색볼로 주변 라이팅을 확인합니다. 이것으로 문자 설정이 완료되었습니다.

❶ 문자 전면에만 등유를 바름

❷ 철망에 건 후에 재차 등유 바름

❸ 도화선에는 얼룩이 없도록 전면에 바름

❹ 회색볼로 주변 라이팅을 확인

4. 촬영 설정

불(火)문자가 준비되었으면 기다렸던 촬영입니다. 촬영은 iPhone 6의 슬로우 모션 기능을 이용합니다. 설정은 삼각대에 스마트폰을 고정시키면 됩니다. 앞에서 언급한 카메라 기능이 있다면 iPhone 6 이외의 스마트 폰으로도 촬영할 수 있습니다.

5 촬영

이제 촬영을 하겠습니다. 삼각대를 고정해서 흔들림 없이 촬영합니다. A3 크기의 글자라고 해도 불의 기세가 생각보다 강해서 주위의 안전이 확보되었다면 모두 탈 때까지 그대로 촬영합니다. 스며든 등유의 양과 바람 등 다양한 영향으로 불(火)문자가 타는 방식은 크게 변하기 때문에 납득할만한 불(火)문자가 찍힐 때까지 시간이 허락하는 한도에서 촬영합니다. 필자의 경험으로는 햇볕이 좋고 바람이 온화한 오전이 촬영에 가장 적합한 시간인 것 같습니다.

촬영 1회차

촬영 2회차

촬영 3회차

촬영 4회차

STEP 04 '불(火)문자'를 생각하기 - 불타오르는 불은 인화점이 중요하다

화염 전파라는 불의 특성을 이용한 인기 이벤트

여기서부터는 촬영한 동영상을 바탕으로 불(火)문자를 만들어 봅니다. 먼저 불(火)문자에 대해 알아보겠습니다. 불(火)문자란 글자 모양으로 제작한 타올이나 탈지면에 등유를 묻힌 후 점화시켜 불을 문자형으로 연소시키는 것을 말합니다. 캠프에서는 캠프파이어와 나란히 열리는 대중적인 이벤트 중 하나이므로 실제로 제작한 적이 있는 분이나 앞에서 본 분도 많지요?

1 불(火)문자 제작 과정

불이 등유를 묻힌 문자로 옮겨가는 모습인데, 여기에도 제대로 된 명칭이 있습니다. 점화된 작은 연소 부위에서 연료와 공기가 서로 섞인 가스로 인화되어 서서히 타오르는 모습을 '화염 전파'라고 합니다. 이 현상을 이용해서 만드는 것입니다. 연료가 등유인 이유는 등유가 인화점(연료가 공기와 섞이지 않는 온도)이 40도 이상이고, 타오르는 기세가 연료 중에서는 매우 느려서 안전성이 높기 때문입니다. 참고로 다루기 어렵다는 휘발유는 인화점이 약 −40도라서 등유와 비교하면 인화점이 낮고 조금만 불을 가까이 해도 폭발적으로 활활 타오릅니다. 불(火)문자를 만들 때에는 반드시 등유를 사용하세요.

등유와 휘발유의 차이

등유의 인화점 약40℃ / 휘발유의 인화점 약−40℃

화염전파
점화한 연소 부위에서 기화된 연소 가스로 인화해 타오르는 현상에 대한 것

불(火)문자의 완성

인화점이란
액체가 발화해서, 연소하는 가스(혼합기)가 되는 온도

등유와 가솔린은 약 80℃ 정도의 위험도 차이가 있음!

STEP 05 '화염전파' 생각하기 - 불과 연기의 활활 타오름을 만들기

[Intensity]에서 불과 연기의 움직임을 맵으로 컨트롤하기

불(火) 문자를 재현하기 위해서 필요한 요소를 3가지로 나누어서 제작하고자 합니다.

첫 번째는 '인화'입니다. 불의 제작은 FumeFX를 사용합니다. 방금 STEP 04에서 소개한 화염전파에 대해 설명했으니 이 움직임을 만들기 위해서 맵을 이용한 시뮬레이션을 하겠습니다.

1 보통의 시뮬레이션의 경우

보통 FumeFX에서 시뮬레이션하면, 적용한 전체 개체에서 불이나 연기가 동시에 발생해 버립니다.

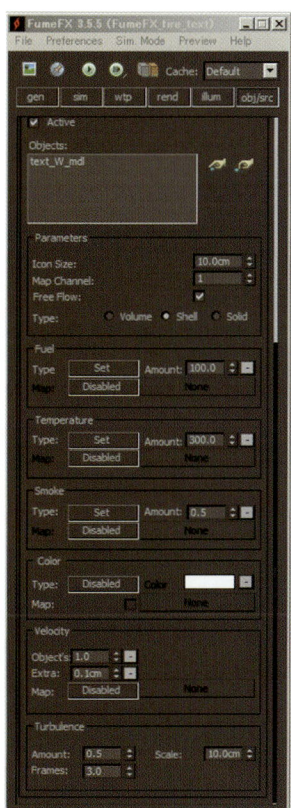
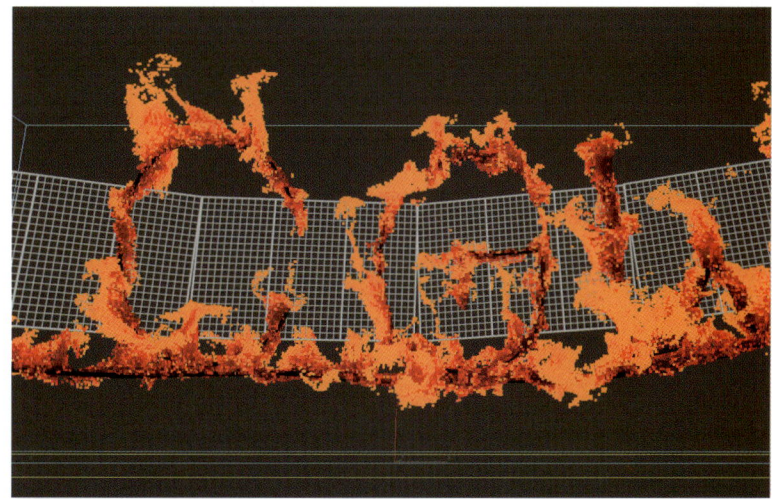

렌더링 이미지

기본 설정으로 시뮬레이션하면 선택한 개체 전체에서 동시에 불이 발생함.

2 Intensity 효과

이를 위해 서서히 불타고 퍼져나가는 움직임을 표현하기 위해 [Intensity]를 적용합니다. 이 설정을 적용하면 흰색에서 검정으로 맵의 전이에 의해 각 채널의 발생량을 조정할 수 있습니다. 각 문자에 적용하고 있는 Object Src 내의 Fuel, Smoke의 Map을 Intensity로 변경합니다. 맵은 컬러 변화의 조절을 쉽게 할 수 있는 [Gradient Ramp]를 사용하고, 불이 타오르고 퍼지는 타이밍에 맞춰 컬러를 조정해 나갑니다. 조정이 완료되면 시뮬레이션을 수행합니다. 하얀 부분에만 불과 연기가 발생하고 있는 것을 확인할 수 있을 것입니다.

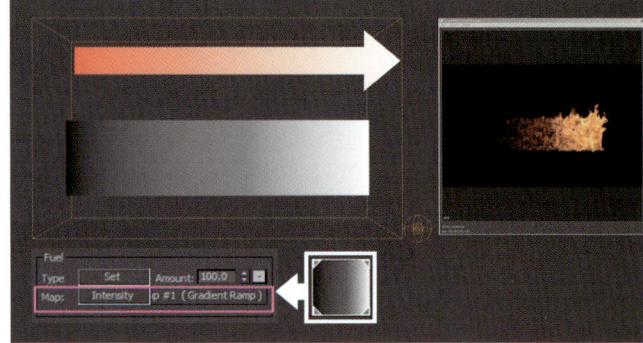

Object Src내의 [Map]을 [Intensity]로, 흰색과 검은색 변화에 따라 Amount를 조절할 수 있음

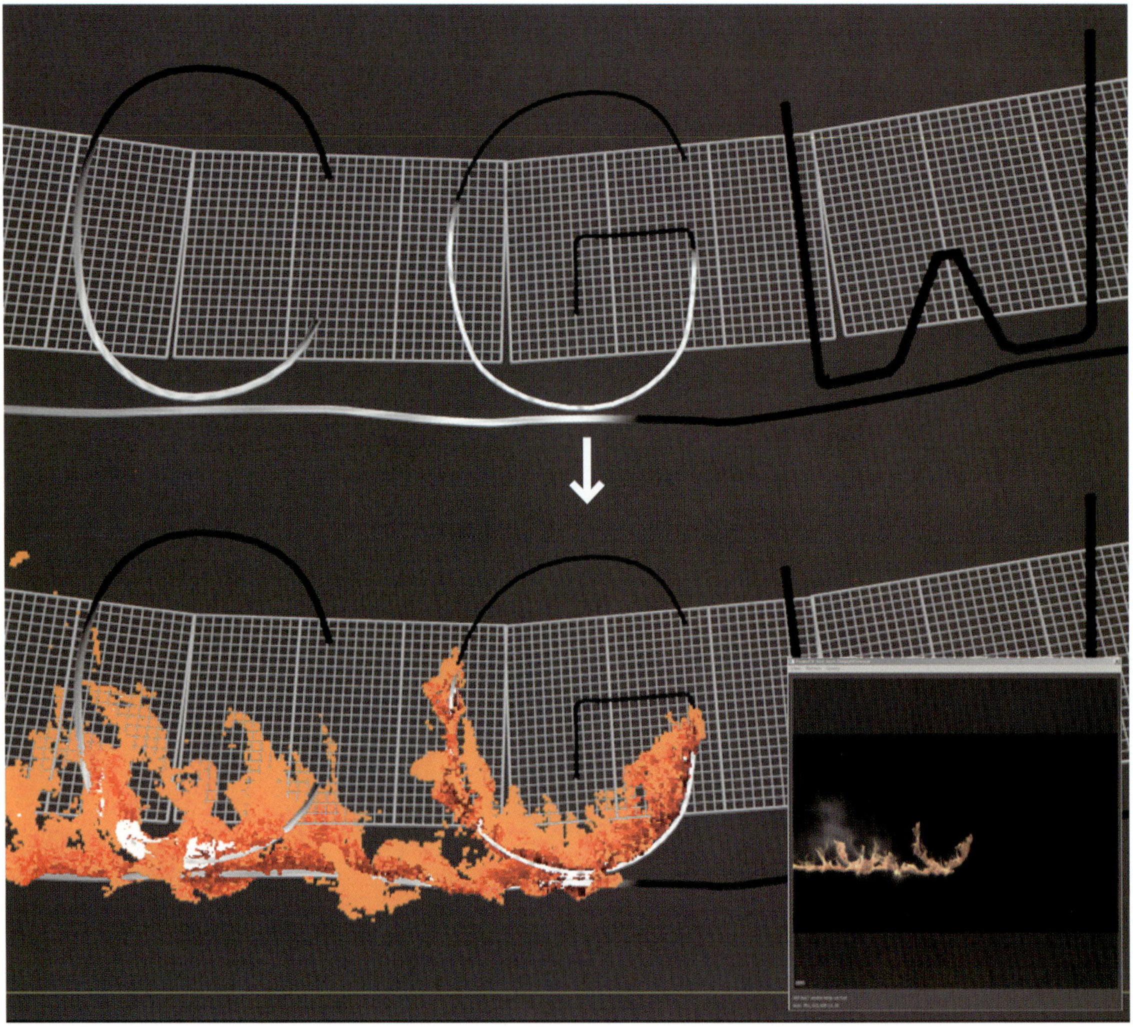

STEP 06 '불(火)문자의 불'을 생각하기
- 불의 형태와 흔들리는 움직임이 중요했다

[Turbulence]와 [Turbulence Noise]의 차이를 이해하고 불의 흔들림 만들기

다음으로 불(火)문자의 '불'에 대해 주목합니다. 촬영할 때 눈 앞에서 불(火)문자를 본 인상은 '어쨌든 무섭다' 입니다. A3 사이즈라 그리 크지 않지만, 움직이는 약 1,000℃의 열기는 아름다운 감정을 넘어 공포가 느껴집니다. 불 자체를 신으로 숭배하는 곳도 있다고 하는데 왠지 그 기분을 알 것 같기도 합니다.

1 주변 공기의 흐름

제작 전에 먼저 불의 움직임에 대해 생각해 보겠습니다. 연기를 보면 알 수 있듯이 촬영할 때는 거의 바람도 없이 매우 부드러운 환경이었지만, 불 모양은 크게 나선형으로 회전하고 있는 것을 확인할 수 있습니다.

이것은 '모닥불' 편에서 소개했던 것처럼 불을 유지하기 위해 계속 돌아가는 것 같습니다. 아마도 주위 공기를 들이마실 때 일어나는 '공기의 흐름'이 주요 원인인 것 같습니다. 공기를 들이마시면 불 주위에 기압이 낮아 떨어진 공기의 끌어들임이 일어나기 때문에 바람이 약한 환경에서도 불은 심해질 것입니다.

연소하는 기압이 떨어지기보다는 주위 공기가 불쪽으로 흘러 들어옴

2 Turbulence와 Turbulence Noise

이 소용돌이 모양의 움직임을 만들려면 "Turbulence"와 "Turbulence Noise"를 사용해야 합니다. 지금까지 몇 번 사용했는데, 이 두 가지 차이는 영향을 미치는 곳이 있습니다.

Turbulence는 불의 각 돌기 부분에 x, y, z축의 회전을 가하는 반면, Turbulence Noise는 불 전체에 걸쳐 넘실거리는 움직임을 제어할 수 있습니다. 예를 들어 Turbulence는 나뭇잎 부분에 영향을 미치고, Turbulence Noise는 나무 전체에 움직임을 주는 파라미터라고 말하면 이해가 빠를 것입니다.

● x, y, z Turbulence
나무의 일부(낙엽 및 가지 등)에 영향을 미침

● Turbulence Noise
나무 전체에 영향을 미칠 수 있음

3 불의 실루엣 조정

불의 너울이 추가되었다면 불의 실루엣을 정하는 파라미터 [Burn Rate], [Heat Production], [Expansion] 등을 중심으로 불의 기세, 돌기 부분의 증가, 전체 볼륨의 느낌을 동영상에 맞게 조정합니다.

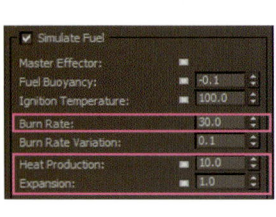

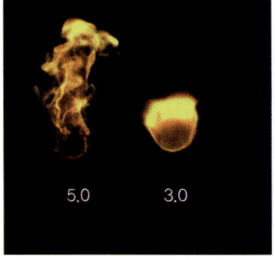

Expansion

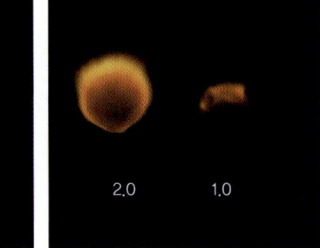

Burn Rate

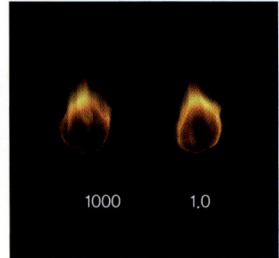

Heat Production

4 불의 컬러 변화

모양이 갖춰졌으면 마지막으로 컬러를 정합니다. 모닥불과 마찬가지로 불(火)문자도 약 800~1,000도가 되므로 [어두운 빨강] → [흰색에 가까운 노란색]의 컬러 변화는 낮은 온도에서의 불의 변화가 됩니다. 불의 컬러 변경은 [Rend] 탭 내의 [Color]를 사용합니다. 컬러의 변화는 컬러 바를 Key mode로 함으로써 Opacity의 커브와 함께 색상과 밀도를 조정할 수 있습니다.

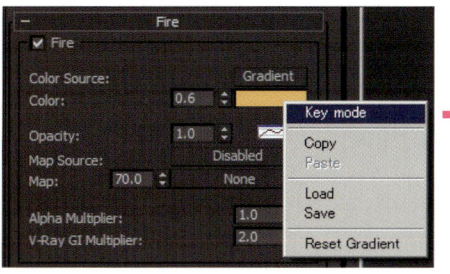 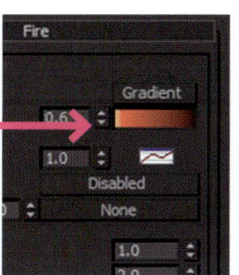 

[Rend] 탭의 컬러를 [Key Mode]로 변경하고, 색상 패턴을 Opacity에 맞춰 조정할 수 있음.

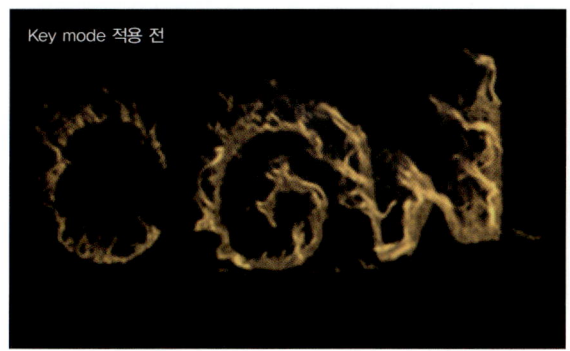 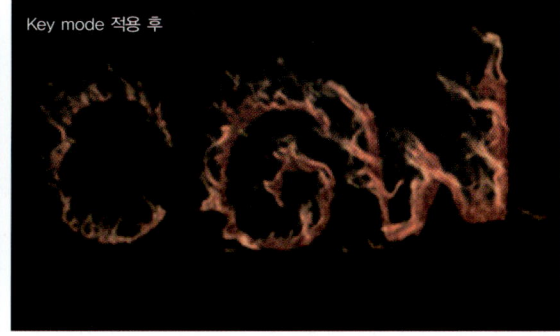

Key mode 적용 전 / Key mode 적용 후

5 모사와 사진의 비교

모사와 실제 동영상의 비교는 이곳입니다. 너울거리는 형태와 색조 등 촬영한 진짜 불(火)문자와 비교하면 어떨까요.

모사 / 사진

"불(火)문자의 끝" 생각하기 - 꺼져가는 불과 연기 만들기

STEP 07

Mask 맵과 Amount 값으로 꺼져가는 타이밍을 만들기

마지막은 문자가 다 타오르는 곳을 만드는 것입니다. 불은 연료와 산소가 모두 없어지면 꺼집니다. STEP 05에서 사용한 Intensity에서 연료 채널 Fuel을 컨트롤한 것처럼 불이 다 타버린 표현도 맵에서 조절할 수 있습니다.

---

1 Mask 맵의 사용 예제

처음 STEP 05에서 각 문자로 사용한 Gradient Ramp 맵을 Mask 맵의 [Map]에 적용합니다.

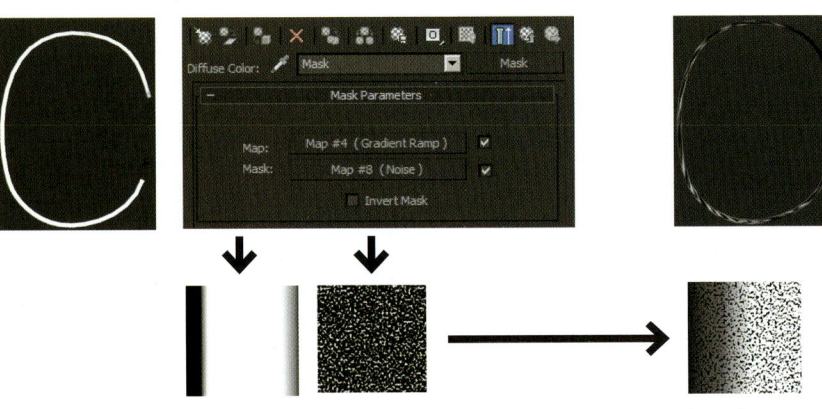

Mask 맵의 [Map]에 Gradient Ramp, [Mask]에 Noise를 적용하기

[Noise]맵을 Mask로 사용 가능

---

2 Intensity에 의한 불의 추이

다음으로, [Mask]에는 흰색에서 검정색으로 변하는 Noise 맵을 적용하고, High, Low의 파라미터가 검정에 가까워지도록 애니메이션시킵니다. 이것으로 Intensity에서 컨트롤했던 불과 연기의 발생양이 자연스럽게 줄어들어가고 서서히 불 문자가 다 타버린 모습을 만들 수 있습니다.

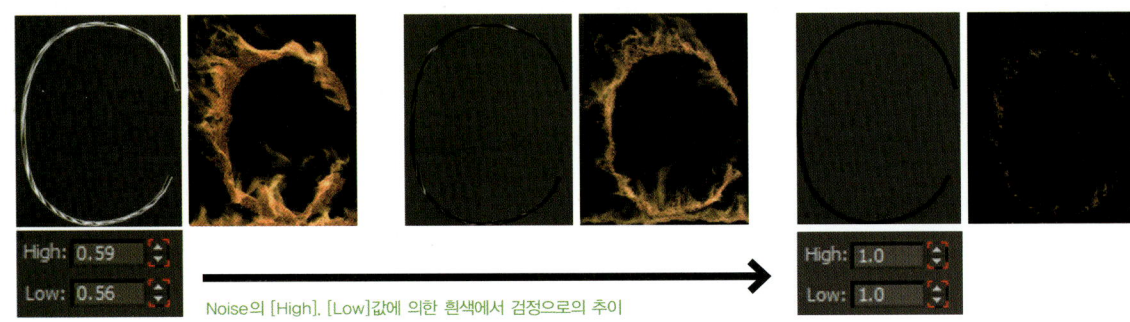

Noise의 [High], [Low]값에 의한 흰색에서 검정으로의 추이

3 Amount의 컨트롤

이제 도중에 연료가 소모되어 불의 기세가 약해질 것을 가정하고 타오르는 타이밍에 맞춰 Fuel의 [Amount] 값을 줄여나갑니다.

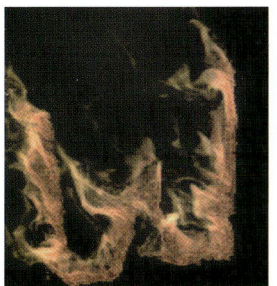
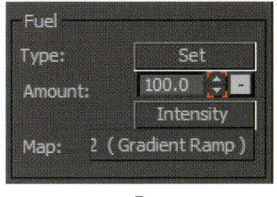

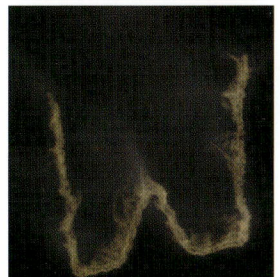
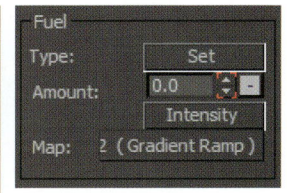
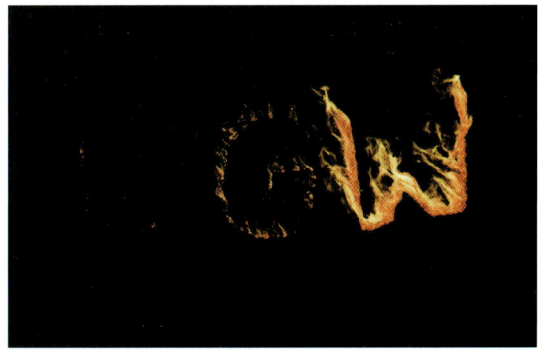

[Intensity]와 [Amount]의 컨트롤을 조합하여 꺼져가는 불을 재현할 수 있음.

COLUMN

서두에서 언급한 문자 선택의 숨겨진 이야기 하나.
사실 불(火) 문자의 촬영은 두 번 했고, 1차 촬영에서는 아래 사진 **1** 처럼 "CGWORLD"의 다섯 글자를 불태워봤는데 잘 되지 않았습니다. **2** 는 회사명에서 "J,E,T"를 써서 해봤는데, 자세히 보면 "J"의 글자가 거꾸로 되어 있습니다. 그래서 두 번째 촬영은 "CGW" 문자로 결정했습니다. 이런 실패도 이제 좋은 추억이 될 날이 올 것입니다.

1 문자가 너무 작아서 불(火)문자가 되지도 않고, 기고하는 매체명을 불태운다는 다소 공격적인 논란 / **2** 초보적인 뼈 아픈 실수. 2회째는 채용하지 않았지만 제대로 찍었습니다. / **3** 큰 몸을 동그렇게 구부려서 촬영하는 필자. 불이 뜨거워서 무서웠어요.

THEME | 02

빛　연기　기타

마법진 만들기

이 책의 집대성으로, 마지막으로 도전하는 것은 '자연현상을 응용한 창작 이펙트'입니다.

지금까지 '자연 현상을 모사한다'라는 개념으로 이펙트 제작을 소개해 왔습니다. 모사와 창작의 큰 차이점은 '제작자의 취향에 따라 디자인이나 표현의 폭이 무한'하다는 것입니다. 하지만 화려하고 멋진 이펙트의 기반에는 현실에서 일어나는 자연 현상이 반드시 있다고 필자는 생각합니다. 그래서 자연 현상에 따라 외형이나 표현에 얼마나 변화가 일어나는지를 검증하는 의미에서 이펙트를 두 가지 속성으로 나누어 제작했습니다.

자연 현상이 이펙트 제작에 얼마나 영향을 미치는지 확인해 보기 바랍니다.

주요 제작 프로그램

- Autodesk 3ds Max 2013
- Adobe After Effects CS5.5
- FumeFX 3.5.5

STEP 01 화염의 마법진 이펙트를 만들기

자연현상을 응용한 화염 속성 이펙트

이번 응용편에서 소개하는 화염 속성 이펙트의 흐름을 **1**~**9**로 나눠서 설명합니다.

1 화염의 마법진 이펙트 흐름

1~**3**에서는 구름 같은 연기에 휩싸인 배경 틈새에서 불이 그려지는 마법진이 연출됩니다. **4**~**6**에서는 지면의 충격파로 불이 제거되고, 주위에서 입자나 에너지들이 중앙으로 흡수되는 그림이 이어집니다. 마지막으로 **7**~**9**에서는 모은 에너지가 화염에너지가 되어 전방으로 방출되고 마법진 입자의 여운이 남고 있습니다.

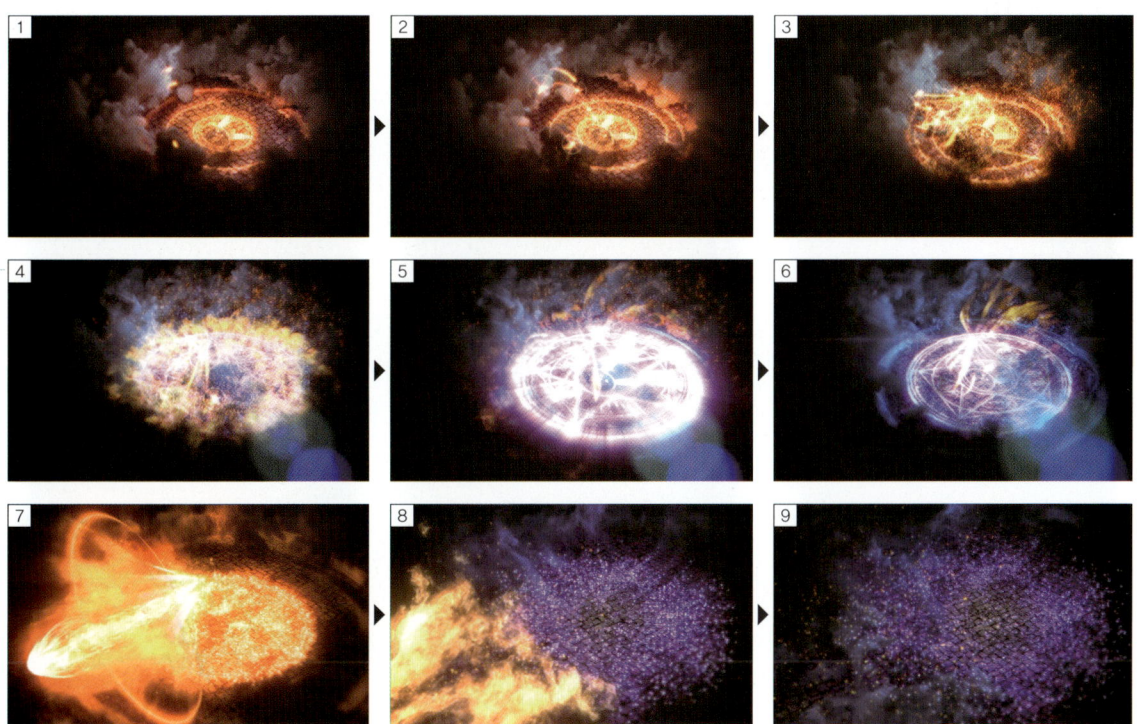

2 응용한 지금까지의 제작

화염 속성 이펙트는 과거에 사용한 세 가지 자연 현상을 응용합니다.

마법진 이펙트에는
'불 문자'편에서 연료를 타고 타오르는 현상의 화염 전파.

화염구 에너지탄 이펙트는
'전차포' 편에서 포탄과 충격파의 비주얼과 그에 따른 주위의 영향을 응용.

에너지탄 이펙트 발사 후의 여운은
'오두막의 파괴' 편에서 소개한 공기의 돌출로 인한 기류 '슬립스트림'을 참고로 각 요소의 중심이 되는 이펙트를 제작합니다.

마법진 발생 이펙트 '불 문자'

화염구 에너지탄 이펙트 '전차포'

이펙트 후의 여운 '오두막의 폭파'

STEP 02 화염전파를 응용한 마법진이펙트

마법진의 디자인에서 불을 발생시키기까지

STEP 01의 이펙트 흐름 ①~③ 내에서, 룬문자에 불이 전해지고 마법진이 발생하는 이펙트를 보여주고 있습니다. 이것은 '불문자'에서 사용한 자연 현상인 '화염전파'를 응용해서 제작한 것입니다. 이 현상을 간략히 설명하면, 불은 글자에서 기화된 연소가스가 물체의 일부에 점화하면 그 주위가 인화점에 도달하기 때문에 연속적으로 불이 전해져간다는 것입니다. 이러한 불문자 현상은 FumeFX를 이용해서 제작했습니다 (자세한 내용은 p259, 260을 참조하세요).

1 Illustrator에 의한 마법진의 생성

다음으로 마법진 이펙트의 제작에 대해 설명합니다. 우선 필요한 것은 마법진의 디자인인데, 지금은 창작이펙트이므로 필자의 사진이기도 한 토끼의 일러스트를 중앙에 배치하여 도전적인 디자인으로 만들어 보았습니다. 물론 주변에서 말리겠지만 그런 분위기에서도 꿋꿋하게 디자인을 완료한 후, 마법진이 등장할 때 각 도형에 애니메이션을 넣고 싶은 부분을 골라서 별도로 추출합니다.

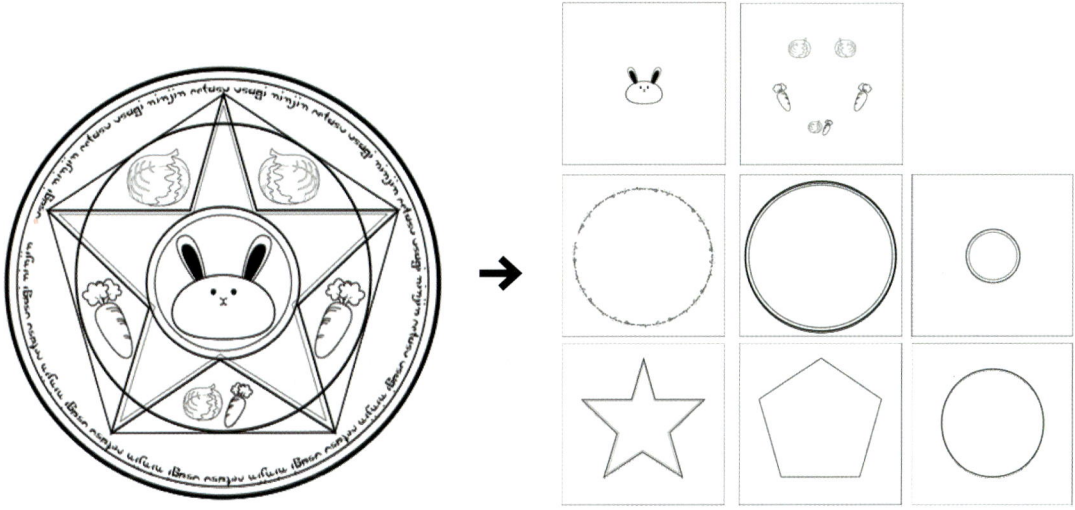

2 마법진 이펙트의 추이

분할한 도형을 After Effects에서 조합해서 마법진 애니메이션을 추가하고, 앞서 '불문자' 편에서 소개한 FumeFX의 [Intensity]를 사용해서 불을 시뮬레이션합니다.

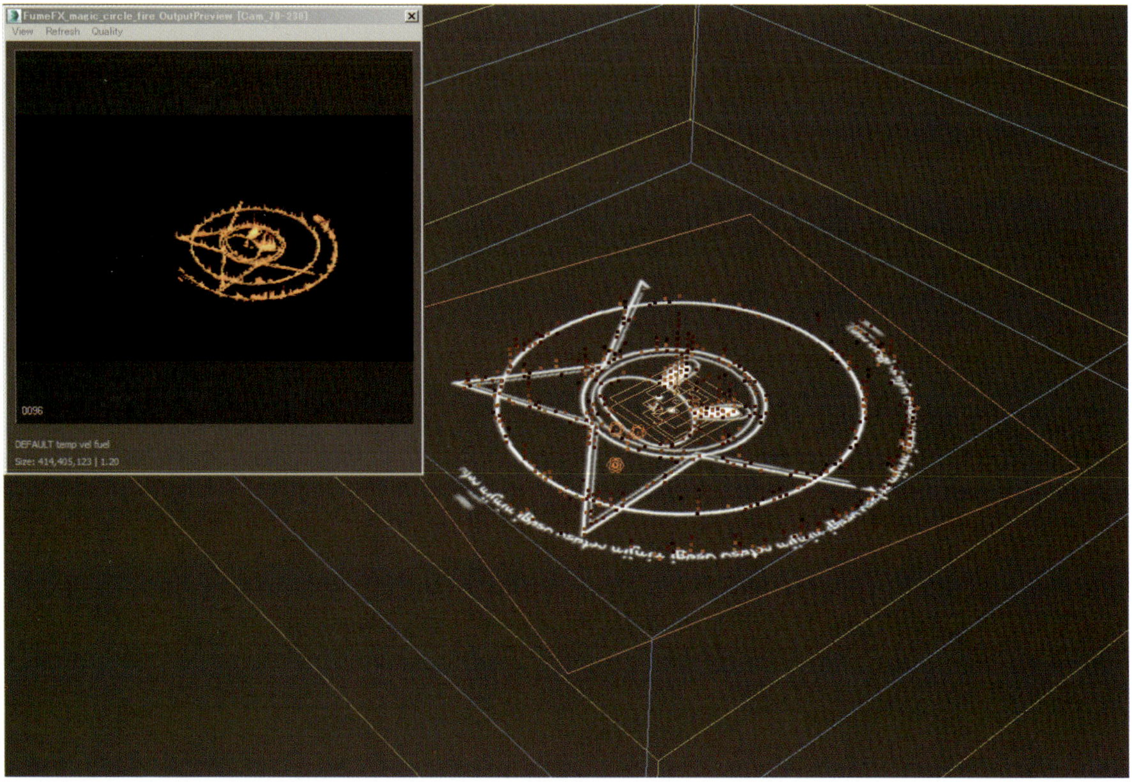

마법진의 애니메이션에 맞춰 불이 발생

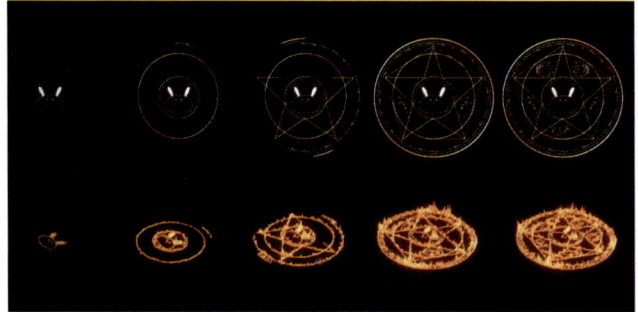

시뮬레이션 그림

STEP 03 전차포를 이용한 에너지탄 이펙트

슬립스트림을 응용해서 빔의 여운을 만들기

큰 요소가 되는 '충격파와 에너지탄'을 앞서 소개했던 '전차포'의 표현에서 응용해 보겠습니다.

1 전차포의 충격파와 포탄의 흐름

전차포는 시속 약 6,480km의 엄청난 속도로 발사되기 때문에, 주위의 영향을 계산하기 어렵습니다. 특히 발사 시 급격한 압력에 따른 충격파 때문에 그 위력을 표현하려면 광범위한 스케일의 시각 효과들이 필요합니다.

이렇게 강력한 임펙트를 창작 이펙트에도 응용할 수 있지 않을까요? 전차포의 충격파와 포탄이 날아가는 과정에서 필요한 요소를 추출해보았습니다. (우측 그림)

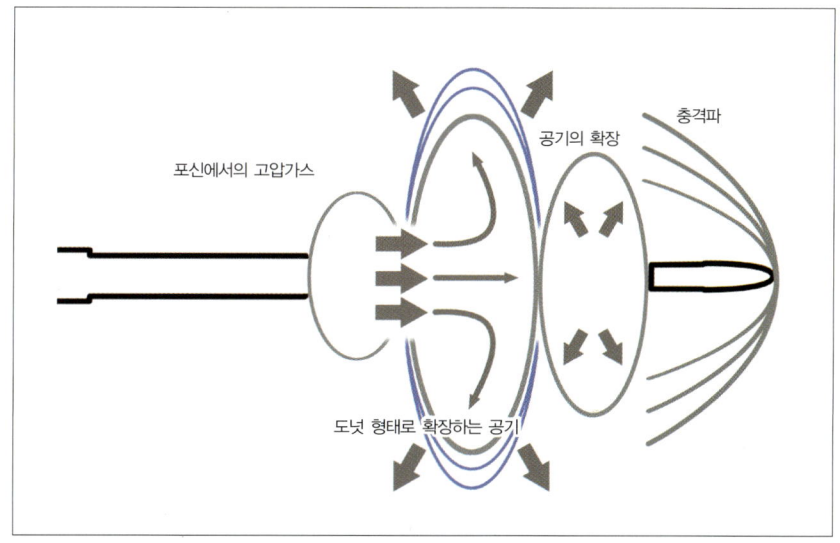

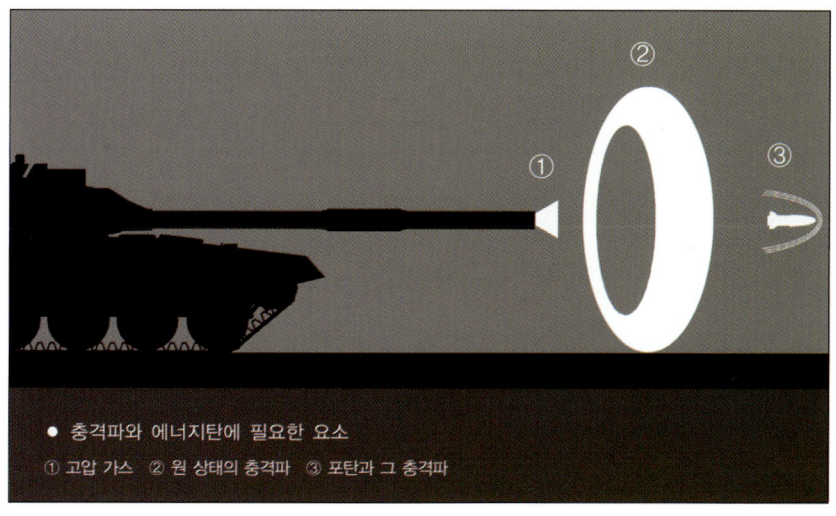

● 충격파와 에너지탄에 필요한 요소
① 고압 가스 ② 원 상태의 충격파 ③ 포탄과 그 충격파

2 전차포의 이펙트를 정리해본 요소

이 정보를 바탕으로 요소별로 제작한 이펙트 소스가 우측의 4개입니다. 주로 이러한 소재를 결합하여 충격파와 에너지탄 이펙트를 만듭니다.
이 소스들의 애니메이션이나 크기의 조정 등을 제어하기 쉽기 때문에 모두 3ds Max에서 제작했습니다. 최종 전차포 이펙트 그림은 우측 아래입니다.

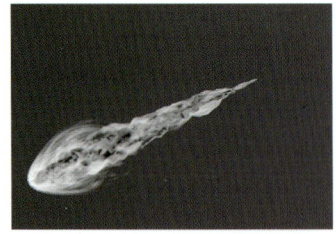
포탄과 그 충격파

포신에서의 고압가스

원 형태의 충격파 ①

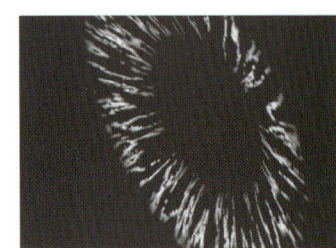
원 형태의 충격파 ②

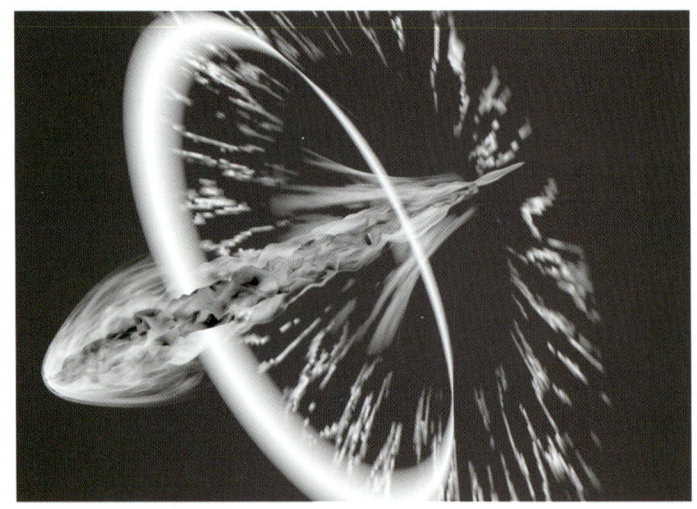
전체 요소를 합친 그림

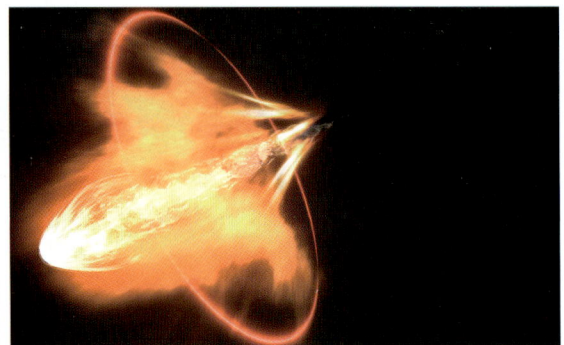

3 차와 전차포의 슬립스트림

충격파와 에너지탄이 완성되었으니, 이 두 이펙트를 더욱 강조하기 위한 이펙트를 추가해보겠습니다. 현실에서는 질량이 큰 물체가 공간을 빠르게 움직이면 주변 공기의 흐름에 큰 변화를 초래하는데 이 현상을 슬립스트림이라고 합니다. A 는 이전 '오두막 파괴' 편에서 설명한 그림입니다. 물론, 전차포에서도 비슷한 현상이 일어나고 있습니다. B 창작 이펙트에 대해서도 슬립스트림을 고려한 이펙트를 추가함으로써 좀 더 설득력과 박력있는 이펙트가 표현될 것이라는 희망을 가져봅니다.

자동차 이동 시의 슬립스트림

전차포의 슬립스트림

4 슬립스트림의 재현

소스는 FumeFX에서 제작하지만, 슬립스트림을 표현할 때의 포인트는 발사 후에 생기는 공기의 돌출입니다. 이쪽은 구형의 객체를 충돌용으로 지정하고 후방에서 유연하게 연기를 몰아내는 기류를 표현합니다.

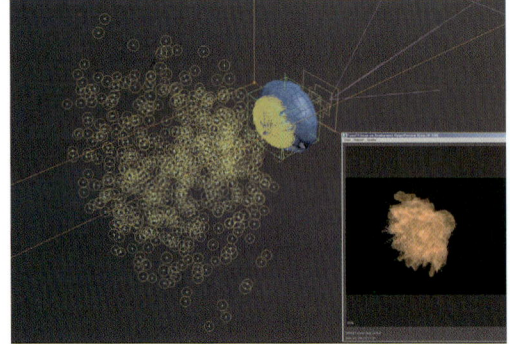

자동차 이동 시의 슬립스트림

후방에서 기류의 돌출을 구체의 충돌 객체로 재현

시뮬레이션 결과

완성 그림

STEP 04 번개의 마법진 이펙트를 만들기

번개의 구조에서 이펙트 제작까지

불꽃 속성이 포인트인 이펙트 제작에 이어서, 전체적인 흐름은 그대로 가고 속성만 변경하여 새로운 이펙트를 제작했습니다.

아래 그림을 보면 알 수 있듯이 자연 현상 '번개'를 응용한 이펙트입니다.

1 번개의 마법진 이펙트의 흐름

1~4에서는 번개 마법진의 출현. 5에서 에너지를 모으며, 6~9에서 에너지탄을 발사부터 소실까지 표현합니다. 불꽃 속성과 베이스는 그대로지만, 컬러나 핵심을 바꾸기만 해도 이펙트의 인상이 크게 변한다는 것을 알 수 있을 것입니다. 다음은 번개가 포인트인 번개 이펙트 제작을 소개하겠습니다.

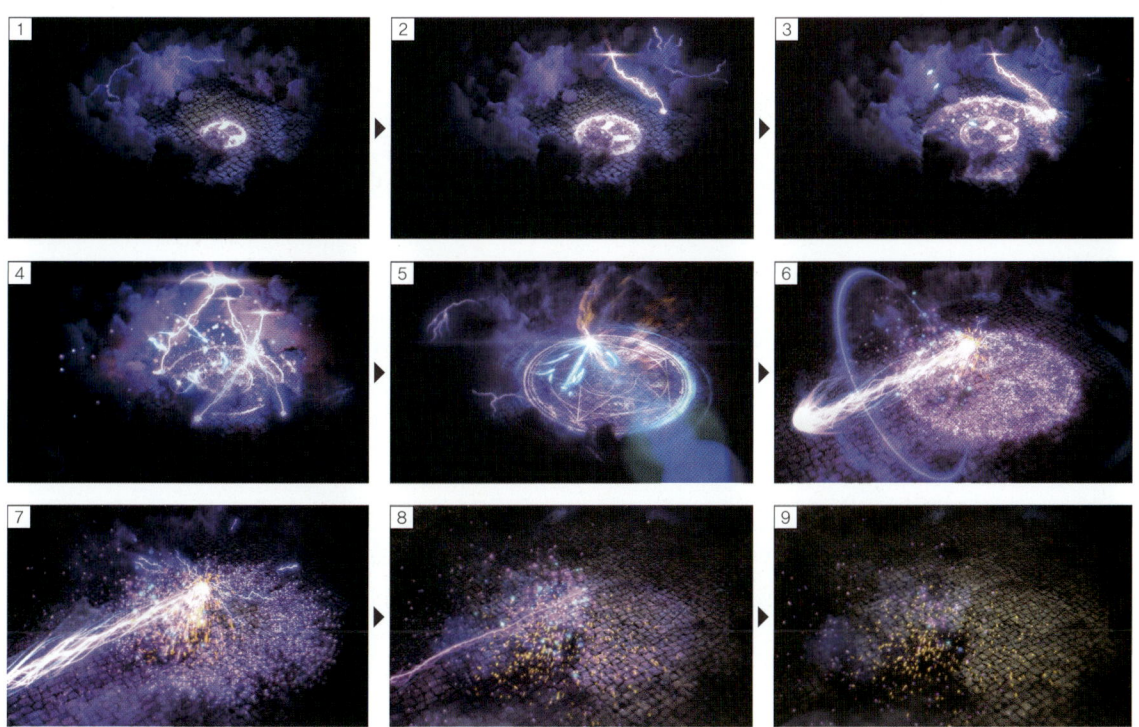

2 번개의 구조

번개 이펙트를 제작하기 전에, 실제 번개가 발생되는 메카니즘을 조사해 보았습니다. 일반적으로 번개는 적란운이 성장한 '번개 구름' 내에서 발생합니다. 이 번개구름 내부에서는 크고 작은 다양한 얼음 알갱이가 상승기류를 따라 빠르게 날아다니고, 알갱이끼리 충돌과 마찰을 반복하여 플러스와 마이너스 알갱이로 나뉘어져 구름 내부에 자기장이 발생합니다. 가까운 예로 정전기 발생이 이에 해당합니다. 학창 시절에 책받침을 문질러서 머리를 곤두세우는 놀이를 했던 독자도 있지 않습니까? 구름 내부에서 이 상태가 계속되면 전기가 끝없이 쌓이기 때문에 공기만큼 저항력이 높지 않은 구름 속에서는 방전이 시작됩니다. 이 방전 상태일 때 지상의 서로다른 성질의 극성과 결합되어 공기 중으로 단숨에 방전이 되는 것을 '벼락'이라고 합니다. 이 구조를 바탕으로 이펙트를 제작해 나가겠습니다.

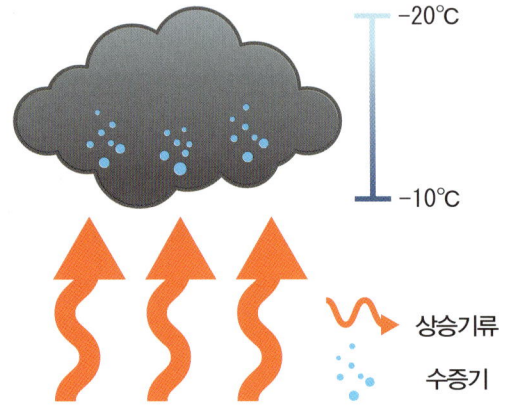

번개란?
크고 작은 얼음 알갱이가 구름 내에서 충돌/마찰되어 전기가 발생하여 방전하는 현상

번개가 일어나는 주요 조건
- 상공의 기온이 −10℃ ~ −20℃
- 강한 상승 기류가 발생하고 있음
- 구름에 다량의 수증기가 포함되어 있음

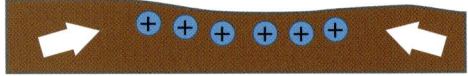

구름 위아래로 +가 치우치고 내부에서는 방전이 시작됨(구름 방전) 지상에서는 + 성질을 가진 알갱이가 끌어당겨짐.

구름 안에서 크고 작은 다양한 얼음 알갱이가 충돌·마찰을 반복하면, +와 −로 갈라진 전극 알갱이가 발생한다

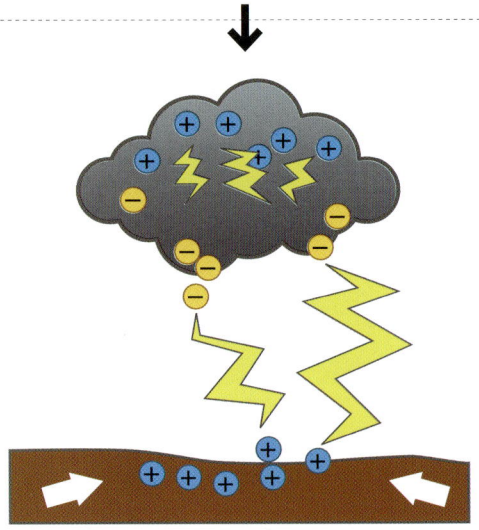

공기 중 저항력이 한계를 넘으면 단숨에 지상을 향해 방전됨(벼락)

| **3** | **구름과 번개를 베이스로 제작한 이펙트** |

번개 속성 이펙트에서는, 주로 두 지점에서 실제 번개 현상을 응용한 이펙트를 제작합니다. 구름 속에서 발생하는 번개는 구름 방전. 마법진 발생 시 일어나는 번개는 '벼락'을 참고합니다.

완성 그림

구름 방전을 기반으로 한 이펙트

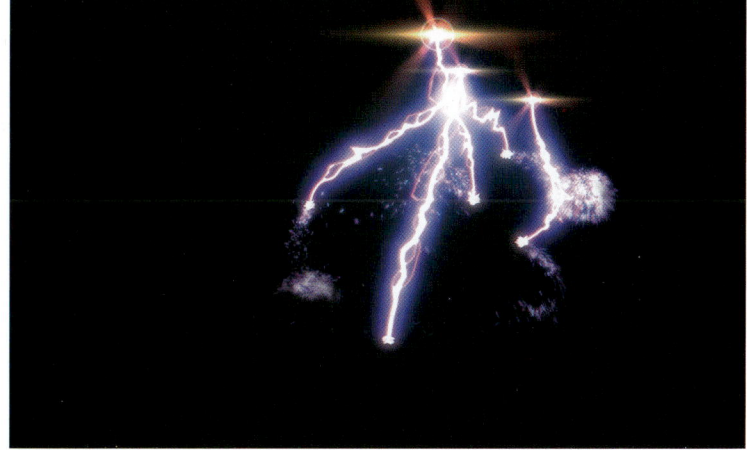
벼락을 베이스로 한 이펙트

4 구름 방전 이펙트의 제작

구름 내부 또는 근처에서의 방전을 표현하기 위해 손으로 그린 번개 애니메이션을 몇 가지 준비했습니다. 구름 방전 특유의 번개 변화 또는 격렬한 점멸 효과 등을 After Effects내에서 컨트롤하고, 시퀀스를 붙인 평면을 구름 내부에 세심하게 하나씩 붙입니다.

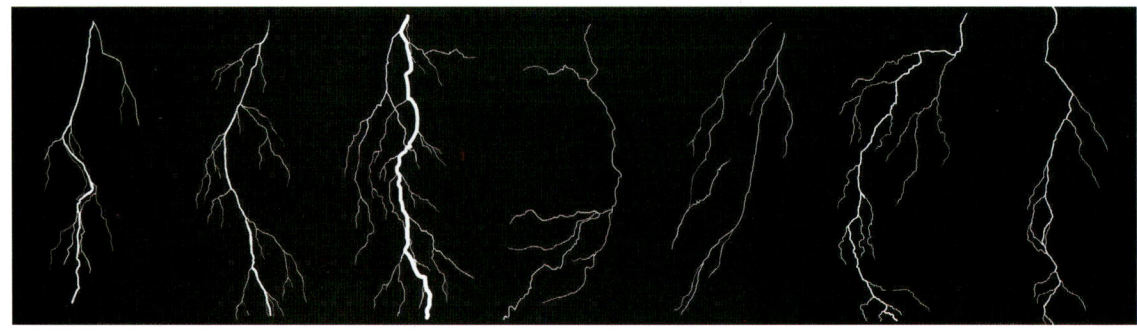

● 손으로 그린 번개 패턴
실루엣이 다른 번개를 여러 종류로 준비. 각 소재에서 2t~6t 동영상을 그림

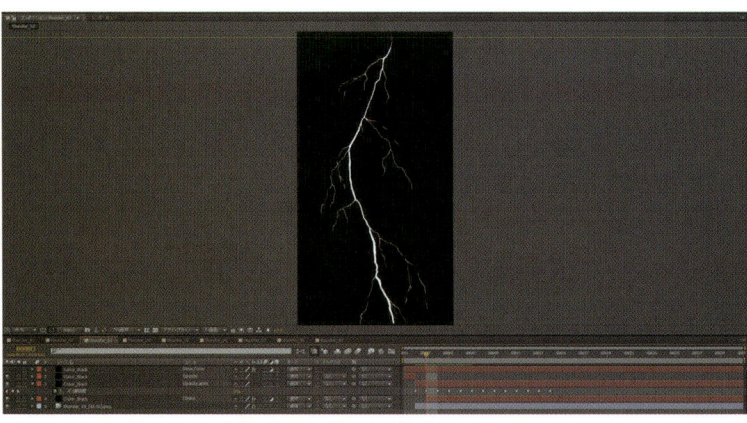

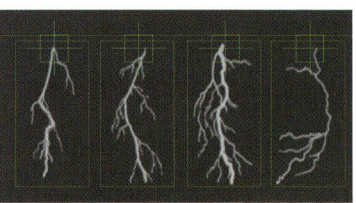

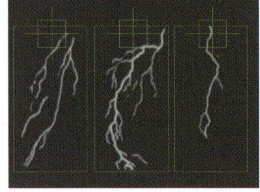

● After Effects에서의 편집
그린 구름의 시퀀스 소스를 바탕으로 불투명도와 초크를 사용하여 점멸 애니메이션이나 사라질 때의 동작을 제어합니다. 우측 그림은 편집한 번개 소재를 출력하고, 3ds Max의 애니메이션 텍스쳐로 제공한 것.

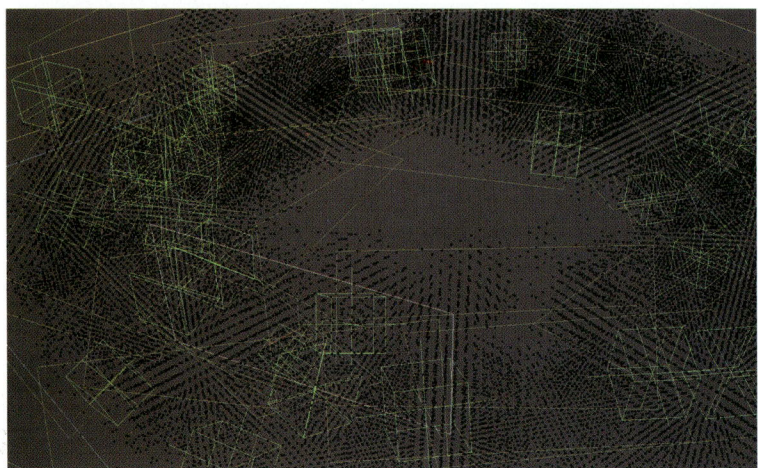

● 번개 소재의 배치
주위를 둘러싼 구름 이펙트의 위치에 맞춰 번개 소스를 배치한 그림. 출현하는 타이밍은 모든 Opacity 애니메이션으로 제어하고, 한쪽으로 치우치지 않도록 주의합니다.

5. 마중방전(스트리머)의 번개 소재의 배치

여기에서는 마법진을 그리는 번개를 제작합니다. 상공에서 뻗어 나오는 번개와는 별도로, 스트리머라고 부르는 지상에서 발생하는 마중 방전을 응용한 이펙트 소재를 배치합니다.

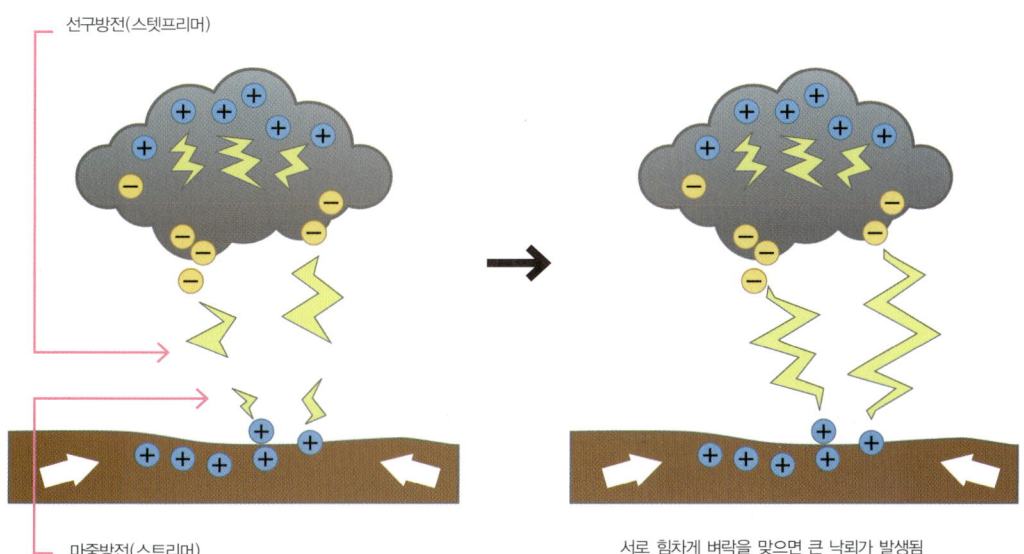

● 마중방전과 선구방전

벼락은 상공에서 지상으로 떨어지는 것으로 생각하기 쉽지만, 실제로는 마중방전(스트리머)이라는 지상에서의 번개도 동시에 발생합니다. 구름에서 발생하는 선구방전과 지상의 마중방전이 상공 약 60m~200m 위치에서 만나면서 큰 번개가 발생합니다.

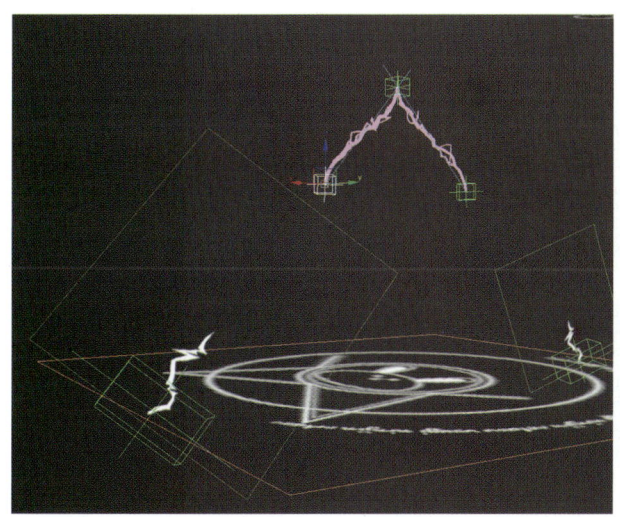

스트리머 소재의 배치

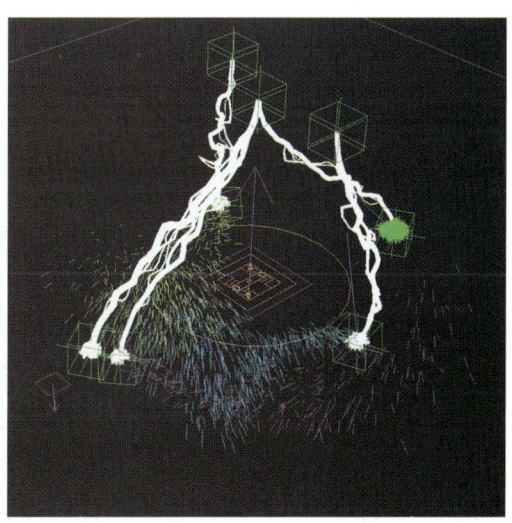

낙뢰 이펙트의 요소를 모두 조합한 그림

STEP 05 번개 속성의 에너지탄을 만들기

번개를 구성하는 요소를 빼내 이펙트로 어레인지 하기

STEP 05에서는 에너지탄(번개 속성)의 제작을 소개합니다. 아래 그림을 보면 알 수 있듯이, 에너지탄은 6가지 소재로 구성되어 있습니다. 발사의 기본적인 프로세스는 전차포의 에너지탄과 다르지 않지만, 번개를 연상케하는 소스로 대체함으로써 번개 속성의 이펙트로 정리해야 합니다. 그럼 제작 방법을 하나씩 살펴보겠습니다.

1 에너지탄(번개 속성)의 6요소

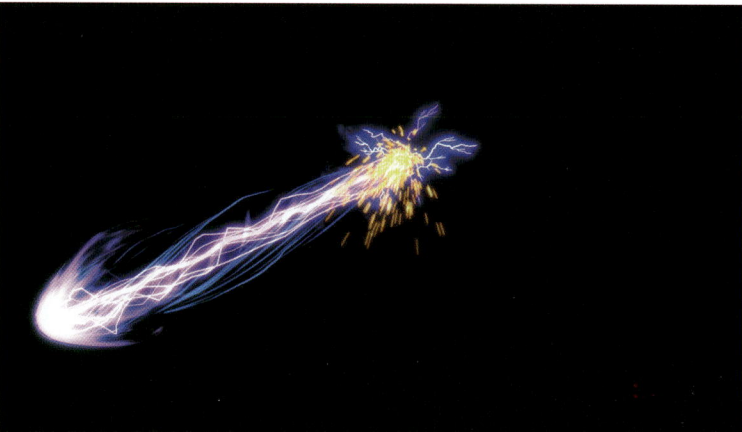

에너지탄 완성 그림

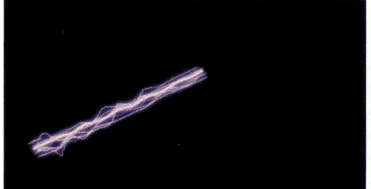

① 번개나 아크 방전을 이미지화한 이펙트

③ 빛의 형태를 모사한 이펙트

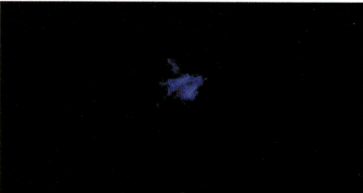

⑤ 번개에 의해 발생한 연기 이펙트

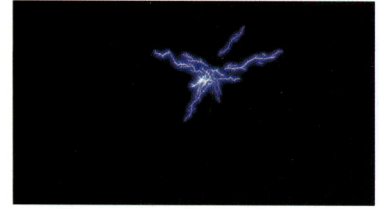

② 발사구에서 발생하는 번개

④ 불꽃을 이미지화한 이펙트

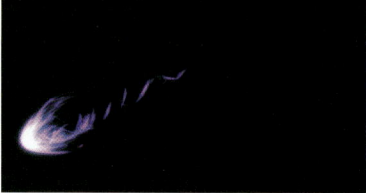

⑥ 에너지탄의 맨 끝부분

2 ① 번개나 아크 방전을 이미지화한 이펙트의 제작

먼저 ①번 번개나 아크 방전을 이미지화한 이펙트를 제작합니다. 이것은 직선 스플라인을 이용해서 제작할 예정입니다. 나중의 공정에서 필요하니 **A**처럼 미리 정점을 선 위에 추가해 놓습니다. 그 다음 [Line]에서 정점 레벨로 가서 Soft Selection을 선택해서 각 정점이 걸리는 영향 범위를 조정합니다 **B**. 이 영향은 다음 모디파이어인 [Linked X Form] **C**에서 효과를 발휘합니다. [Linked X Form]는 그림처럼 부모인 객체(이번에는 헬퍼)를 선택하면 서로 부모 관계를 맺을 수 있습니다. 앞에서 Soft Selection으로 정점 레벨의 영향범위를 정했기 때문에, 서브 객체 수준에서 부모관계의 영향 정도가 변화했습니다.

그 결과 **D**처럼 신축성 있는 스플라인이 되었습니다. 헬퍼와 부모를 붙였다면 다시 [Edit Spline]에서 Soft Selection을 다시 걸고 **E**, [Noise]에서 정점을 랜덤하게 이동시키면 번개 같은 실루엣이 되는 것을 알 수 있습니다 **F**.

여기까지 되었다면 [Renderable Spline]을 적용해서 스플라인에 메쉬를 가지는 원형 두께를 정합니다 **G**. 심지어 여러 복사본을 반복해서 실루엣이 균등해지지 않도록 각 스플라인의 두께를 조정한 후 **H**, 에너지탄 발사에 맞춰 [Linked XForm]에서 부모를 붙인 헬퍼에 신축 애니메이션을 더하면 **I**, 소재 ①의 완성이 됩니다 **J**.

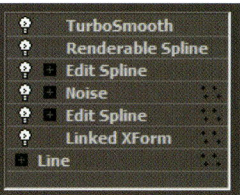
모디파이어 리스트

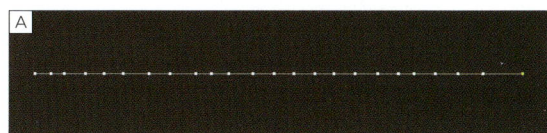
스플라인을 준비. 정점을 라인상에 추가

[Line]에서 Soft Selection을 사용해서, 다음 모디파이어 [Linked XForm]에 걸리는 정점의 영향력을 조정

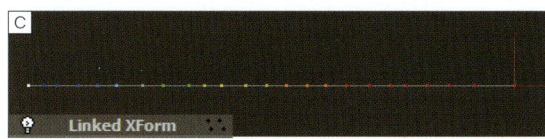
[Linked XForm]을 사용해서 헬퍼와 스플라인을 서브객체 레벨로 부모 관계를 맺음

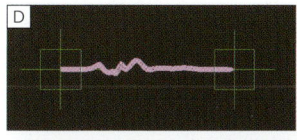

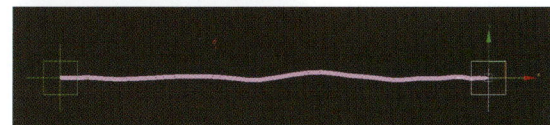
B에 의해 정점에 걸리는 영향력이 변화하기 때문에 위 그림같은 신축 애니메이션이 가능해짐

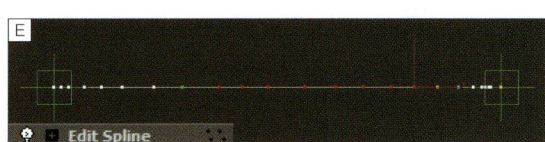
다시 [Edit Spline]으로 Soft Selection으로 정점의 영향력을 수정함

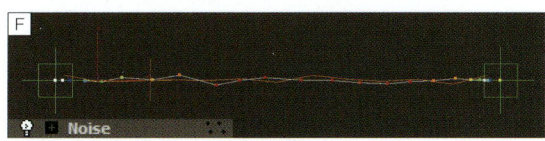
[Noise]를 적용해서 정점을 랜덤 이동 시킴

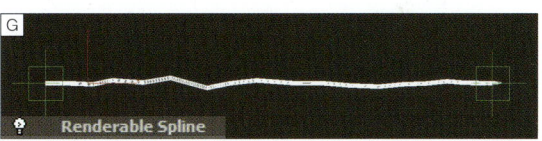
[Renderable Spline]에서 스플라인을 객체화해서, 파라미터로 적절한 크기 조정

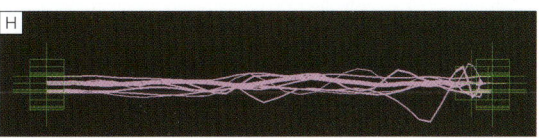
객체화한 스플라인을 복수 복사해서, 실루엣이 균등하지 않도록 굴곡를 조정하기

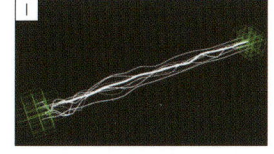
신축 애니메이션 추가

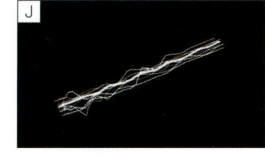
렌더링 결과

3 ② 발사구에서 발생하는 번개 제작

다음으로, ② 발사구에서 발생하는 번개 소스를 제작합니다. 먼저 앞서 언급한 손으로 그린 번개 소스 A 처럼 애니메이션하는 번개 소스를 시퀀스로 준비합니다. 소스가 생기면 평면 객체에 적용하여 B, 파티클을 이용해서 움직임 및 발생량의 제어를 하기 위해 Particle Flow 이벤트 [Shape Instance] 오퍼레이터로 평면 객체를 적용합니다 C. 그 때 파티클 발생마다 시퀀스 시작부터 번개 애니메이션이 시작되는 것처럼 [Bitmap] 머티리얼 내 [Synd Frames to Particle Age]를 체크합니다 D. 번개가 준비되면 파티클 이벤트를 각자 조정해서 이상하는 그림을 목표로 합니다 E.

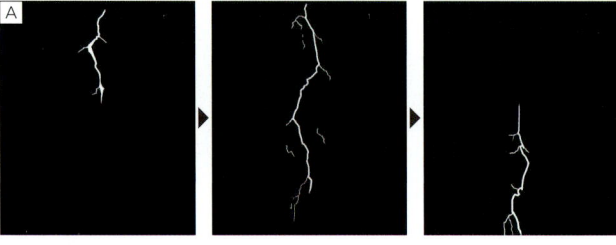

시퀀스의 번개 애니메이션 그리기

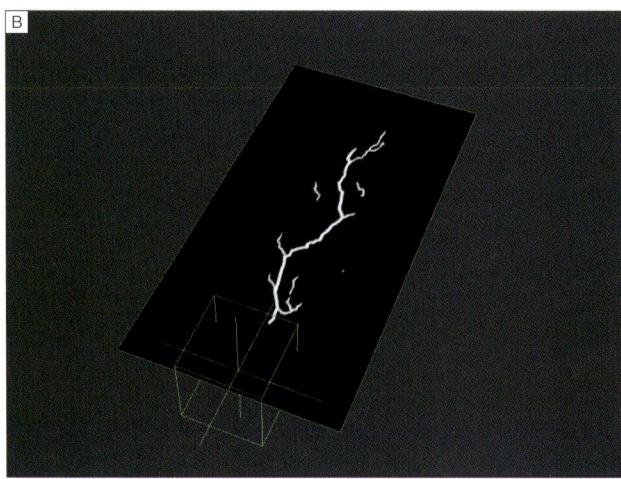

평면 객체에 적용하기

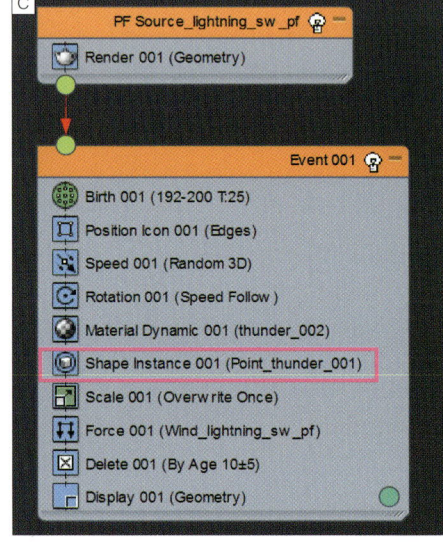

[Shape Instance]에 평면 객체를 적용

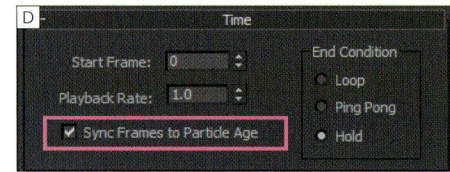

[Bitmap] 매터리얼 내 [Sync Frams to Particle Age]에 체크하기

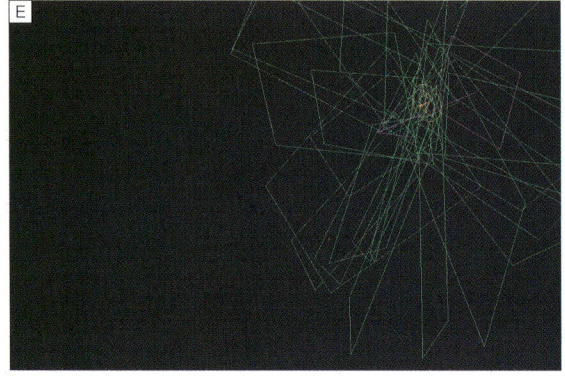

뷰포트에서 본 배치 그림

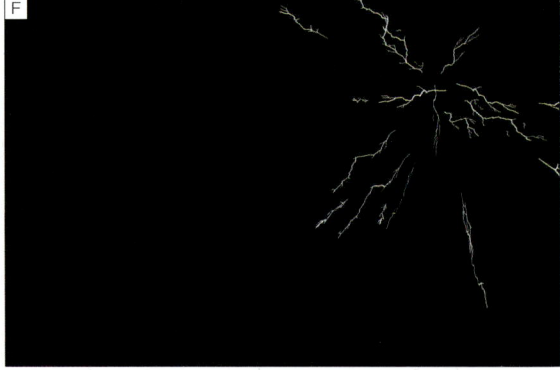

렌더링 결과

4 ③ 빛줄기를 모사한 이펙트 제작

이어서 ③의 빛줄기와 같은 에너지탄의 포인트가 되는 소스를 제작합니다.
베이스는 A 실린더 객체에서 만듭니다. [Edit Poly]로 상하의 메쉬를 제거하고 B, [Displace]에서 표면을 凸凹로 해둡니다 C.

[Twist]로 실린더 전체를 비틀어주고 D, [FFD]로 모양을 갖추었다면 [Noise]로 약간 전체 형태를 허물어 [Turbo Smooth]로 메쉬를 더해줍니다 E. 객체가 준비되었다면 머티리얼을 적용해서 F 에너지탄 위치에 배치합니다 G.

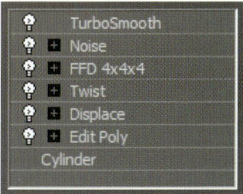

모디파이어 리스트

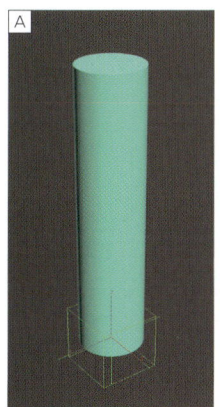
실린더 객체를 준비

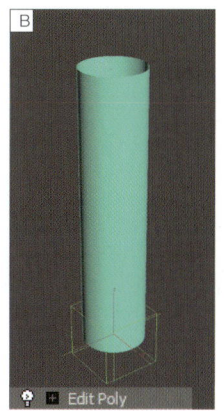
[Edit Poly]로 상하 메쉬를 제거

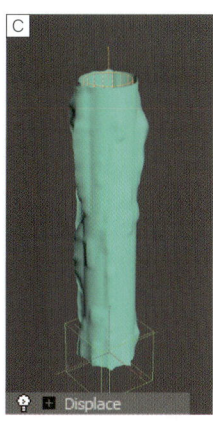
[Displace]에서 객체의 형태를 凸凹로 붕괴

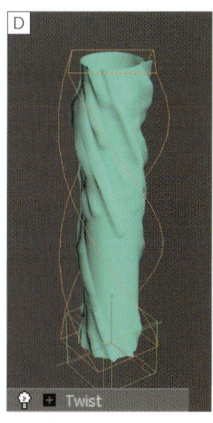
[Twist]로 전체를 비틀어줌

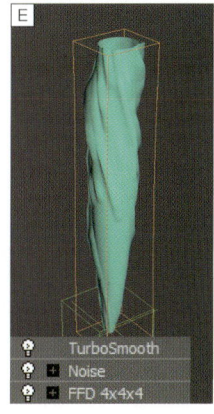
[FFD]로 형태를 조정, [Noise]는 전체의 형태를 왜곡시킴

머티리얼을 준비해서 객체에 적용

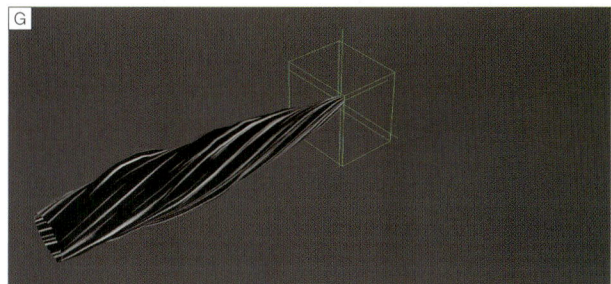
적절한 위치에 배치

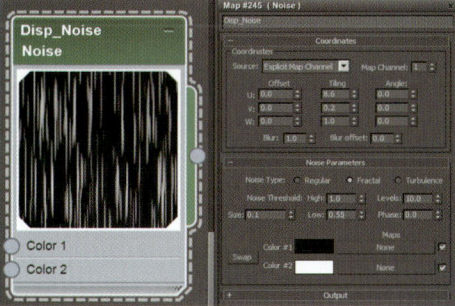

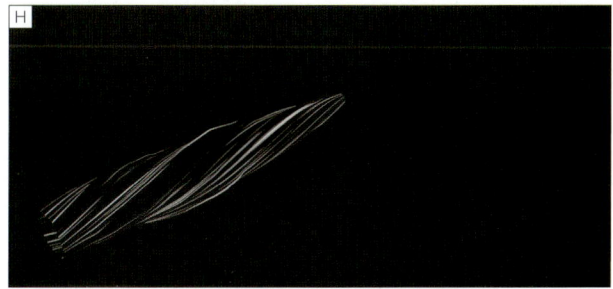
렌더링 결과

5 ④ 불꽃을 이미지화한 이펙트

④는 아크 용접처럼 주위로 비산하는 불꽃을 이미지화한 소스입니다. 이쪽은 Particle Flow를 이용해서 제작할 것입니다. A 는 Particle Flow 이벤트의 전체 그림입니다. 불꽃이 지면에 닿을 때의 바운드 움직임을 표현하기 위해, [Collision] 테스트로 Deflector를 적용해서 불꽃 파티클이 Deflector에 닿으면 바운드하도록 설정합니다 B .

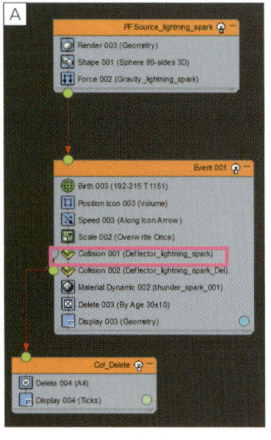

Particle Flow 전체 그림

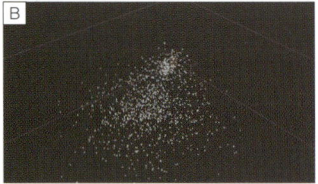

[Collision] 테스트에 따라, 지면에 배치한 Deflector에 부딪히면 바운드함

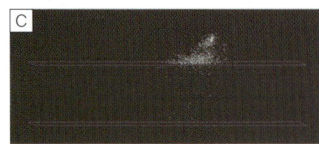

아래 Deflector는 통과해버린 파티클을 제거하기 위한 그릇 역할

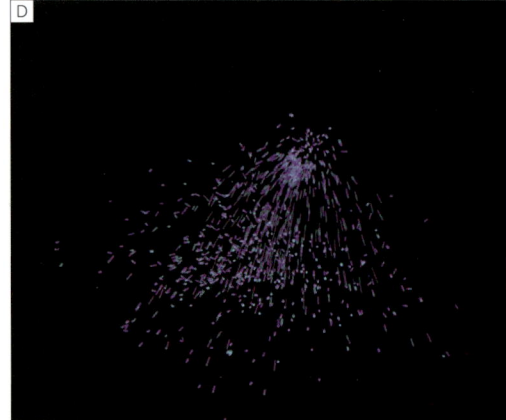

렌더링 결과

6 번개에 의해 발생된 연기 이펙트의 제작

⑤의 소스는 번개의 열에 의해 발생하는 연기를 FumeFX에서 제작합니다.

베이스는 파티클과 객체 모두를 발생원으로 연기를 시뮬레이션합니다. Particle Flow는 A B . 객체는 소스 ①을 발생원으로 합니다 C . 번개의 열에 의해 발생하는 연기는 수증기와 녹은 금속이 증기로 변화한 것(아크 용접에서 설명한 [흄Fume])이 주요 소스이므로, Turbulence, Turbulence Noise 파라미터를 조정해서 모락모락보다 뽀송뽀송한 질감을 목표로 합니다 D . E 는 시뮬레이션 후의 프리뷰 화면이고 F 는 렌더링 결과입니다.

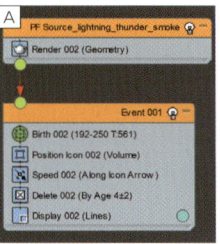

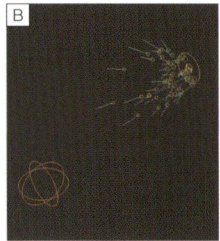

연기의 발생원이 되는 파티클과 그 이벤트

객체는 번개 이펙트에서 적용

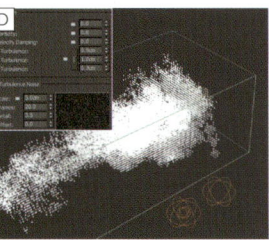

부드러운 질감을 목표로 하기 위한 [Turbulence], [Turbulence Noise]에서 파라미터 조정

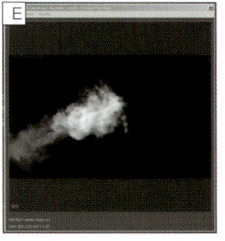

시뮬레이션 후의 프리뷰 화면

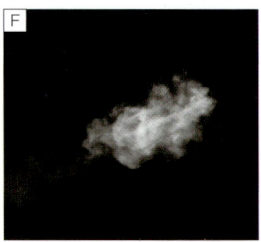

렌더링 결과

7

⑥ 에너지탄의 끝부분

⑥은 에너지탄의 끝부분 소스입니다. 이것은 에너지탄의 주축 소스이기 때문에 전차포 에너지탄의 파생 이펙트와 공유하여 사용합니다. 구체를 타원형으로 크기 조절하고 A, [FFD]로 세밀한 실루엣의 조정과 비틀림을 추가합니다 B. 사용하는 맵은 C 입니다. 그대로 객체에 맵을 더해도 D 와 같이 돼버리므로 E 와 같이 [UVW Map]에서 UV를 조정하고 렌더링합니다. 렌더링 결과는 F 입니다.

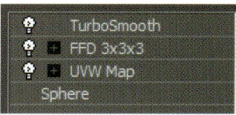

모디파이어 리스트

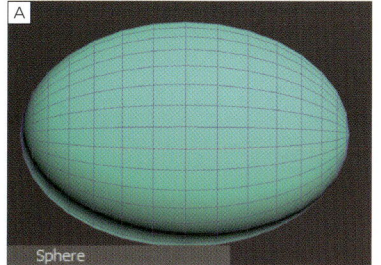

모디파이어 리스트

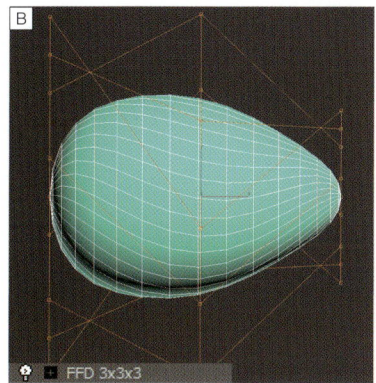

FFD로 실루엣 조정과 비틀림을 추가

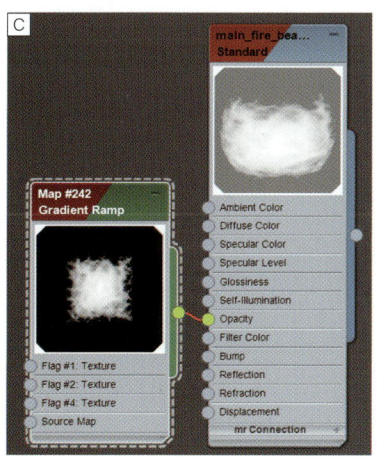

적용하는 매터리얼을 준비

디폴트의 UV에서는 원하는 모양이 되지 않음

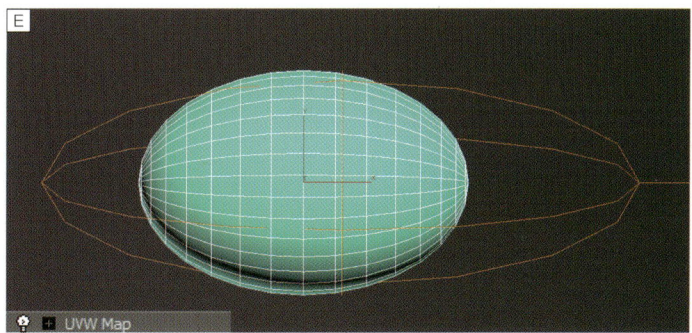

UVW Map에서 적절한 매핑이 되도록 함

렌더링 결과

8 ⑥의 소재에서 뻗어나가는 궤적 이펙트

마지막으로, 에너지탄의 끝부분 소스에서 늘어나는 궤적을 제작합니다. 이 역시 소스 ③과 마찬가지로 실린더 객체를 기반으로 만듭니다. 처음에 실린더를 준비하고 A, [Edit Poly]로 위아래면 제거 B, [Noise]로 실루엣을 허물고 C, [Twist]로 객체 전체에 비틀림을 더합니다 D. [FFD]에서 최종적인 실루엣을 조정하여 E, F 의 머티리얼을 적용해서 렌더링 결과를 확인합니다 G. 앞단계에서 제작한 끝부분과 조합하여 렌더링한 결과가 H 입니다.

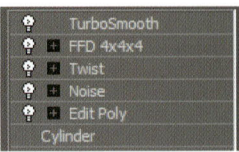

모디파이어 리스트

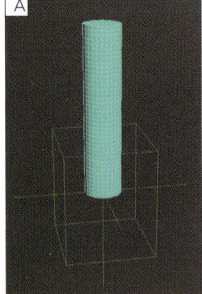

실린더 객체를 준비

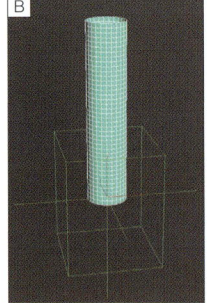

[Edit Poly]로 상하 메쉬를 제거

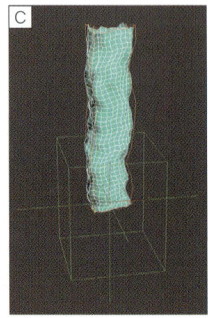

[Noise]로 실루엣을 허물고

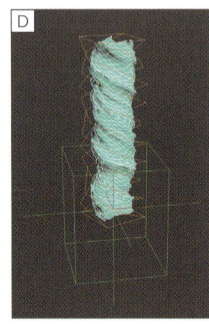

[Twist]로 비틀림을 더한다

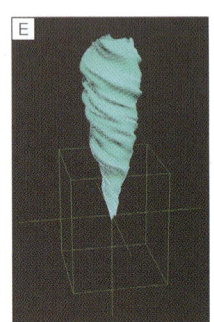

[FFD]에서 최종적인 실루엣을 조정

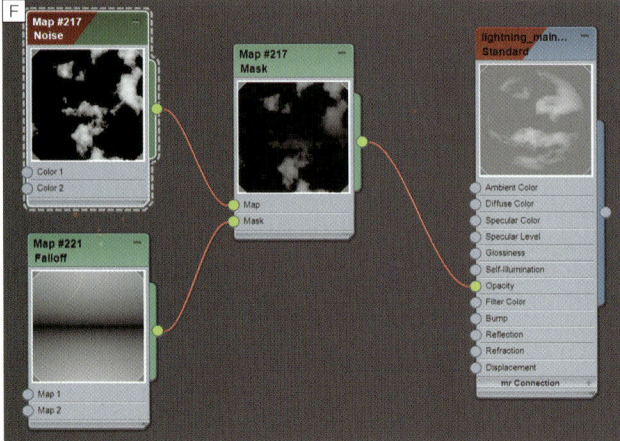

적용한 매터리얼을 적용

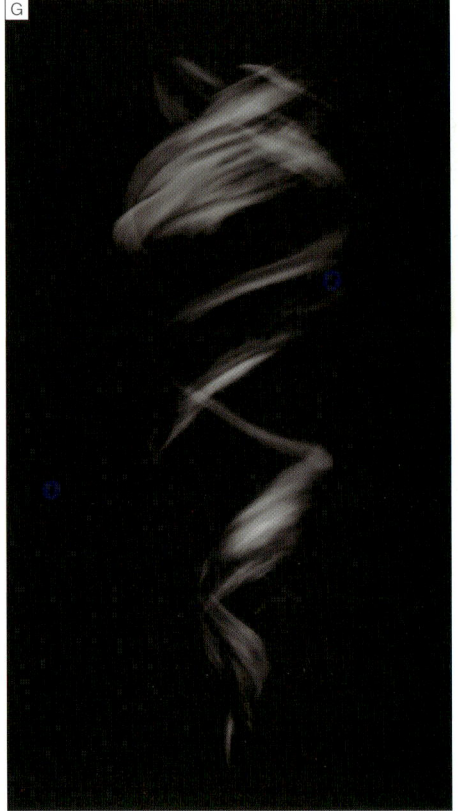

궤적의 렌더링 결과

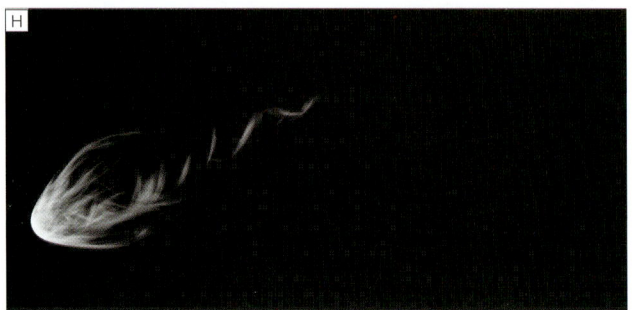

에너지탄 끝부분과 궤적을 조합한 렌더링 결과